WITHDRAWN

HARVARD LIBRARY

WITHDRAWN

Das Juditbuch im Wien des 17. und 18. Jahrhunderts

Österreichische
Biblische Studien

Herausgegeben von Georg Braulik

Band 35

Frankfurt am Main · Berlin · Bern · Bruxelles · New York · Oxford · Wien

Elisabeth Birnbaum

Das Juditbuch im Wien des 17. und 18. Jahrhunderts

Exegese – Predigt – Musik – Theater – Bildende Kunst

Internationaler Verlag der Wissenschaften

Bibliografische Information der Deutschen Nationalbibliothek
Die Deutsche Nationalbibliothek verzeichnet diese Publikation in der
Deutschen Nationalbibliografie; detaillierte bibliografische
Daten sind im Internet über http://dnb.d-nb.de abrufbar.

BS
1735.52
.B576
2009

Gedruckt auf alterungsbeständigem,
säurefreiem Papier.

ISSN 0948-1664
ISBN 978-3-631-59571-8

© Peter Lang GmbH
Internationaler Verlag der Wissenschaften
Frankfurt am Main 2009
Alle Rechte vorbehalten.

Das Werk einschließlich aller seiner Teile ist urheberrechtlich
geschützt. Jede Verwertung außerhalb der engen Grenzen des
Urheberrechtsgesetzes ist ohne Zustimmung des Verlages
unzulässig und strafbar. Das gilt insbesondere für
Vervielfältigungen, Übersetzungen, Mikroverfilmungen und die
Einspeicherung und Verarbeitung in elektronischen Systemen.

www.peterlang.de

Inhaltsverzeichnis

Vorwort	11
Einleitung	13

Vulgata und Septuaginta — 21
Vulgata — 21
- Geschichte der Vulgata — 21
- Bedeutung der Vulgata — 22
- Das Juditbuch in der Vulgata — 23

Vergleich des Juditbuches in Vulgata und Septuaginta — 24
- Allgemeines — 24
- Spezielles — 25
  - Unterschiede in den erzählerischen Passagen — 25
  - Unterschiede in den direkten Reden — 33
- Fazit — 45
- Spezielle Schwerpunkte der Septuaginta — 45
- Spezielle Schwerpunkte der Vulgata — 47

Historischer Kontext — 51
Politische Voraussetzungen — 51
Bevölkerung — 52
Religiöse Voraussetzungen — 52
Theologische Kontroversen — 55
Theologie und Naturwissenschaft — 56
Kulturelle Aspekte — 57
Bildungs- und Gesundheitswesen — 58
Fazit — 59

Judit in der Exegese — 61
Vorbemerkungen — 61
Cornelius a Lapide — 63
- Biografisches — 63
- Methode — 63
- Zentrale Fragen bei Lapide — 64
  - Zeitliche Einordnung — 64
  - Moralische Aspekte — 66

Giovanni Stefano Menochio SJ — 76
- Biografisches — 76
- Methode — 76
- Zentrale Themen bei Menochio — 77
  - Zeitliche Einordnung — 77
  - Moralische Aspekte I: Judits Charakter — 77
  - Moralische Aspekte II: Zum Charakter der Feinde — 80

Dom Augustin Calmet — 80
- Biografisches — 80
- Methode — 81

Zentrale Themen bei Calmet	81
Historizität und zeitliche Einordnung	81
Judits Charakter	84
Hochmut als Torheit und Anmaßung	88
Franz Xaver Widenhofer	89
Biografisches	89
Methode	89
Zentrale Themen bei Widenhofer	90
Historizität und zeitliche Einordnung	90
Judits Charakter	91
Sonstige Themen	93
Ignaz von Weitenauer	93
Biografisches	93
Methode	93
Zentrale Themen bei Weitenauer	94
Historizität und zeitliche Einordnung	94
Judit als bescheidene Heilige	96
Über das Höllenfeuer	97
(Martin) Johann Jahn	97
Biografisches	97
Methode	97
Zentrale Themen bei Jahn	98
Fazit	100

Judit in Verkündigung und Predigt — 103

Vorbemerkungen	103
Allgemeines zur Predigt	103
Judit in der Leseordnung	104
Judit, typologisch und allegorisch betrachtet	105
Die Psychomachie des Prudentius (404/5): Judit, typologisch	105
Judit als Allegorie	107
Judit in der Predigt: Abraham a Sancta Clara	108
Biografisches	108
Zur Predigtmethode	108
Judit in den Predigten	110
Heiligen-Predigten	110
Anlasspredigten	118
Sonstige Predigten	120
Judit in Abrahams Schriften	123
„Mercks Wien" und „Lösch Wien", 1679/1680	123
„Auff, auff, ihr Christen"	124
Judit in den Predigthilfen des 18. Jahrhunderts am Beispiel von Spanners „Polyanthea sacra" (1702)	127
Personen des Juditbuches als abschreckende Beispiele	127
Personen des Juditbuches als Vorbilder	128
Allgemeine moralische Lehren	129
Ignaz Wurz	130
Biografisches	130

Zur Predigtmethode	130
Predigten mit Bezug auf das Juditbuch	131
Predigten mit Bezug auf Judit selbst	131
Predigten mit anderen Bezügen aus dem Juditbuch	138
Predigten mit Zitaten aus dem Juditbuch	140
Jdt 16,26 als Predigtmotto	141
Adrian Gretsch OSB	142
Biografisches	142
Zur Predigtmethode	142
Predigten mit Bezug zum Juditbuch	142
Predigten mit Bezug auf Judit selbst	142
Predigten mit Zitaten aus dem Juditbuch	147
Fazit	148
Abraham a Sancta Clara	148
Ignaz Wurz	149
Adrian Gretsch	150

Judit im Oratorium   151

Vorbemerkungen   151

Antonio Draghi: Giuditta (1668/1669)   152
- Biografisches   152
- Inhalt und Aufbau   152
- Theologische Auswertung   153
  - Vergleich mit der biblischen Vorlage   153
  - Theologische Aussagen   155
- Judit als selbstbewusste Verteidigerin ihres Volkes   157

Alessandro Scarlatti / Pietro Ottoboni: Giuditta (1695)   158
- Biografisches   158
- Inhalt und Aufbau   158
- Theologische Auswertung   160
  - Vergleich mit der biblischen Vorlage   160
  - Theologische Aussagen   161
- Judit als zielstrebig planende Frau   163

Johann Michael Zacher: Die Heldenmüthige Judith in einem teutschen Oratorio (1704)   164
- Biografisches   164
- Inhalt und Aufbau   165
- Theologische Auswertung   166
  - Vergleich mit der biblischen Vorlage   166
  - Theologische Aussagen   167
- Judit als keusche und gehorsame Heldin   169

Carlo Agostino Badia / Nunzio Stampiglia: La Giuditta (1710)   170
- Biografisches   170
- Inhalt und Aufbau   171
- Theologische Auswertung   172
  - Vergleich mit der biblischen Vorlage   172
  - Theologische Aussagen   173
- Judit als siegesgewisse Heldin   174

Giuseppe Porsile / Bernardino Maddali: Il Trionfo di Giuditta (1723) 175
  Biografisches 175
  Inhalt und Aufbau 175
  Theologische Auswertung 177
    Vergleich mit der biblischen Vorlage 177
    Verwendung des Bibeltextes 177
    Theologische Aussagen 180
  Judit als Gottes untadelige Dienerin 182
Pietro Metastasio: La Betulia Liberata (1734) 184
  Biografisches 184
  Oratorien 185
  Zur Entstehungsgeschichte von La Betulia Liberata 187
  Inhalt und Aufbau 188
  Theologische Auswertung 191
    Unterschiede zur biblischen Vorlage 191
    Verweise auf das Juditbuch 193
    Verweise auf andere biblische Bücher 199
    Verweise auf andere autoritative Schriften 203
    Fazit 206
    Das Gottesbild 208
  Philosophische Aspekte 211
    Ein philosophischer Gottesbeweis als Oratoriendialog 211
    Die zwei Bekehrungen als Ausformung von Pascals „Pensées" 214
  Judit als heilige Heldin und demütiges Werkzeug 215
  Die Vertonungen von Metastasios „Betulia Liberata" 220
    Georg Reutter d. J. (1708-1772) 220
    Andrea Bernasconi (1706-1784) 220
    Ignaz Holzbauer (1711-1783) 221
    Florian Leopold Gassmann (1729-1774) 222
    Wolfgang Amadeus Mozart (1756-1791) 223
    Francesco Piticchio (1760-1800?) 224
    Antonio Salieri (1750-1825) 225
    Exkurs: Heutiger Umgang mit Metastasios Libretto am Beispiel dreier Aufführungen von Mozarts „Betulia liberata" in den Jahren 2004-2006 227
Fazit 228
  17. Jahrhundert 228
  Metastasio 230

Judit im Theater 233
Vorbemerkungen 233
Nicolaus Avancini: Fiducia in Deum sive Bethulia liberata (1642) 235
  Biografisches 235
  Inhalt und Aufbau 236
  Theologische Auswertung 241
    Vergleich mit der biblischen Vorlage 241
    Theologische Aussagen 244
  Judits Charakter: Eine Frage der Perspektive 251

Judith und Holofernes: Volksschauspiel (um 1760)	253
Einleitendes	253
Aufbau	254
Theologische Auswertung	255
Unterschiede zur biblischen Vorlage	255
Verwendung des Bibeltextes	256
Theologische Aussagen	261
Judit in allen Facetten	262
Fazit	263

Judit in der bildenden Kunst 265
Vorbemerkungen 265
Paolo Veronese: „Judith mit dem Haupt des Holofernes" (um 1582) 267
  Biografisches 267
  Bildbeschreibung 268
  Bildinterpretation 268
Carlo Saraceni: „Judith mit dem Haupt des Holofernes" (um 1615) 269
  Biografisches 269
  Bildbeschreibung 270
  Bildinterpretation 270
Alessandro Varotari, genannt: Il Padovanino: „Judith mit dem Haupt des Holofernes" (ca. 1620/25) 271
  Biografisches 271
  Bildbeschreibung 272
  Bildinterpretation 272
Simon Vouet: „Judith mit dem Haupt des Holofernes" (um 1640) 273
  Biografisches 273
  Bildbeschreibung 274
  Bildinterpretation 274
Peter Paul Rubens: „Judith" (vor 1611) 276
  Biografisches 276
  Bildbeschreibung 276
  Bildinterpretation 277
Weitere Darstellungen im Wien des 17. Jahrhunderts 278
  Judit in der Kirche Santa Maria Rotunda 278
  Paulus Moreelse: Judit als Handzeichnung 278
Francesco Solimena: „Judith zeigt dem Volk das Haupt des Holofernes"(um 1730) 279
  Biografisches 279
  Bildbeschreibung 280
  Bildinterpretation 280
Franz (Xaver) Karl Palko: „Judith mit dem Haupt des Holofernes" (1745) 281
  Biografisches 281
  Bildbeschreibung 281
  Bildinterpretation 281
Franz Anton Maulbertsch: „Judith mit dem Haupte des Holofernes" (um 1750) 282
  Biografisches 282
  Bildbeschreibung 283
  Bildinterpretation 284

Martin Johann Schmidt, genannt „Kremser-Schmidt": „Judith zeigt dem Volke das Haupt des Holofernes" (1785)   285
  Biografisches   285
  Bildbeschreibung   285
  Bildinterpretation   286
Fazit   286

Resümee   289
Zusammenfassung   289
  Vulgata und Septuaginta   289
  Wien   290
  Exegese   290
  Predigt   292
  Oratorien   293
  Theater   295
  Bildende Kunst   296
Verhältnis zwischen Bibelexegese und anderen Rezeptionsformen   297
Beispiel eines Vergleichs mit heutiger Juditforschung   298
  Der Herr zerbricht Kriege? (Jdt 16,2)   299
  Der Herr zerschmettert die Feinde?   300
  Ein intertextueller Bezug als Entscheidungshilfe?   302
  Polysemie und Ambivalenz als Zugang zum Juditbuch   303
Abschluss   304

Literaturliste   307

ANHANG   319
Draghi/Anonymus: Oratorio di Giuditta   319
Badia/Stampiglia: La Giuditta   324
Porsile/Maddali: Il Trionfo di Giuditta   329
Francesco Piticchio: Eingefügte Arien und Ensembles zu Metastasios „Betulia liberata"   342

Bibelstellenverzeichnis   345

Namensverzeichnis   351

Abbildungsverzeichnis   355

Vorwort

Die vorliegende Studie wurde im Wintersemester 2007 an der Katholisch-Theologischen Fakultät der Universität Wien als Dissertation angenommen. Für die Veröffentlichung wurde sie teilweise überarbeitet.

Prof. Dr. Michael Weigl hat die Arbeit als Doktorvater betreut und trotz großer räumlicher Entfernung von Amerika aus begleitet. Ihm sei herzlich gedankt. Mein Dank gilt weiters Prof. Dr. Schwienhorst-Schönberger, der mir als mein Institutsvorstand wichtige Hinweise und Anregungen für die Überarbeitung gegeben hat. Prof. DDDr. James Loader danke ich für die Erstellung des Zweitgutachtens. Weiters danke ich den Professoren Dr. Herbert Seifert von der Musikwissenschaft und Dr. Alfred Noe von der Romanistik für ihre nützlichen fachspezifischen Hinweise in Sachen Musik und Literatur.

Vor allem danke ich aber Prof. Dr. Georg Braulik, der mir die Aufnahme in die Reihe „Österreichische Biblische Studien" ermöglicht hat.

Nicht zuletzt bedanke ich mich bei meinem Mann, meiner Mutter und meinen Kindern für ihre verständnisvolle Ermutigung und Unterstützung.

Wien, im August 2009
Elisabeth Birnbaum

Einleitung

Die vorliegende Arbeit versteht sich als rezeptionsgeschichtliche Arbeit. Rezeptionsgeschichte in der von Hans Robert Jauß entwickelten Programmatik ermöglicht die „sukzessive Entwicklung eines im Werk angelegten, in seinen historischen Rezeptionsstufen aktualisierten Sinnpotentials,…"[1], geht also davon aus, dass in einem Text immer schon eine Vielfalt an Verstehensmöglichkeiten zu finden ist, die sich zu unterschiedlichen Zeiten je anders aktualisiert. Sie rechnet mit einer Sinnoffenheit des Textes und gehört damit zu den rezeptionsästhetischen Ansätzen, die durch Paul Ricoeur u. a. Eingang in die systematische Theologie gefunden haben und in unterschiedlichen rezeptionsorientierten Modellen seit den 90-er Jahren des 20. Jahrhunderts auf biblische Texte angewendet wurden.[2]

Dahinter steht die These, dass der Sinn eines Textes nicht mit dem vom biblischen Autor intendierten Sinn identisch ist, sondern diesen übersteigt, ja, dass es den einen Sinn des Textes nicht gibt. Das Sinnpotential eines Textes wird durch die Rezeption aktualisiert, der Leser/Hörer/Betrachter gestaltet Sinn wesentlich mit.

Die Rezeptionsgeschichte eines biblischen Buches zu untersuchen, empfiehlt sich meiner Meinung nach insbesondere dort, wo sehr ambivalente, ja widersprüchliche Auslegungen vorliegen, und zwar aus zwei Gründen: Zum Ersten kann anhand einer Untersuchung von speziellen Auslegungen in bestimmten historischen Kontexten gezeigt werden, dass Interpretation immer im Zusammenhang mit zeitgeschichtlichen Bedingungen steht. Diesen Zusammenhang aufzudecken kann aber nur in einer historischen Rückschau gelingen, da es schlechterdings unmöglich erscheint, gegenwärtige Bedingungen des Verstehens aus einer distanzierten objektiven Sicht beurteilen zu können. Zum Zweiten sind gerade die kontroversen Auslegungen eines Buches der Beweis dafür, dass ein Text die intentio auctoris nicht nur übersteigt, sondern ein oft konträres Sinnpotential mit beinhaltet. Gelegentlich halten sich solche konträren Auslegungen im Bewusstsein der Rezipienten hartnäckiger als autorenkonforme. Daher empfiehlt etwa Ulrich Luz die biblischen Texte auf ihre Folgen zu befragen, also den Blick für die Wirkung und die Rezeption der Texte zu öffnen.[3]

Das Juditbuch kann als Musterbeispiel eines ambivalenten Sinnpotentials gelten. Wenige biblische Bücher wurden im Laufe ihrer Geschichte so unterschiedlich bewertet und so kontrovers diskutiert wie dieses. Heute lässt sich gar keine einheitliche Tendenz in der Interpretation mehr ersehen. Nicht einmal über die Frage, ob Judit denn eine positive oder negative Figur für Frauen sei, ob sie

---

1   Jauß, Literaturgeschichte, 171.
2   Dieckmann, „Rezeptionsästhetik", 4.
3   Luz, „Wirkungsgeschichte/Rezeptionsgeschichte", 1601.

den Interessen der Frauen oder doch eher patriarchalen Strukturen diene, herrscht Einigkeit.[4] Die Erkenntnis, gerade dem Juditbuch nicht mit einer bestimmten Deutung ein für allemal gerecht werden zu können, formulierte Mieke Bal mit dem heute viel zitierten Begriff von einer „*ideo-story*".[5] Margarita Stocker geht einen Schritt weiter und zieht in ihrem oftmals rezipierten Buch den Schluss, dass die vielschichtige Auslegung und Verwendung Judits nur die getarnten Interessen der jeweiligen Gemeinschaft widerspiegeln. Dabei gehe es letztlich darum, Gottes Zustimmung für die eigene Gewalttat für sich zu postulieren.[6] Ob dieser letzten These uneingeschränkt zuzustimmen ist, ist fraglich. „The saint who murderered for her people"[7] bleibt jedenfalls für die Auslegung eine Herausforderung.

Ein Gespräch mit der modernen Judit-Exegese war schon deshalb nicht Inhalt der Arbeit. Der heutige Zugang der Bibelwissenschaft zu diesem Buch ist geprägt von methodischer Vielfalt.[8] Zahlreiche Studien sind in den letzten Jahrzehnten entstanden, unter anderem aus narratologischer, tiefenpsychologischer, rezeptionsästhetischer, jüdischer, feministischer, soziologischer oder intertextueller Perspektive. Craven vergleicht diese Arbeiten mit einem Bild, einer „double spiral in three dimensions", die ein komplexes, sich ständig weiter bewegendes Muster ergibt, ein Chaos, dem aber eine Ordnung zu Grunde liegt. Ein lineares Fortkommen der Forschung sei nicht zu beobachten.[9] Haupttendenzen lassen sich derzeit nicht finden. Es würde demnach den Rahmen der Arbeit sprengen, diese Vielfalt der Auslegungen einerseits auch nur ansatzweise umfassend zu beschreiben und andererseits mit den hier erzielten Ergebnissen zu konfrontieren.

Die vorliegende Arbeit befasst sich daher ausschließlich mit Rezeptionsgeschichte, näherhin mit der Auslegung des Juditbuches im 17. und 18. Jahrhundert in Wien. Auslegung wird hier im weiten Sinn verstanden, nämlich nicht nur als exegetische Erschließung des Textes, sondern auch als Ausdeutung in Verkündigung und Predigt sowie in künstlerischen Genres.

Dahinter steht die These, dass biblische Stoffe nicht nur, oft nicht einmal hauptsächlich als Texte rezipiert werden, sondern ihre (moralischen) Aussagen in Form von Predigten verhandelt, ihre Protagonisten in Theater, Oratorium und

---

4   Vgl. etwa die gegensätzlichen Bewertungen von M. Hellmann (Judit – eine Frau im Spannungsfeld zwischen Autonomie und göttlicher Führung) einerseits und P. J. Milne („What shall we do with Judith?") andererseits.
5   Bal, „*Head Hunting*", 264.
6   Stocker, *Judith*, 91.
7   Moore, Judith, 61.
8   Vgl. den Forschungsüberblick von T. Craven, „The Book of Judith".
9   Dies., 209f.

Oper charakterisiert und nicht zuletzt, ihre Tiefendimensionen als Bild sichtbar gemacht werden. Die Umarbeitung des Bibeltextes in andere Gattungen zieht zwangsläufig eine Adaption nach sich, die aber nicht negativ verstanden werden muss. So sieht insbesondere die heutige Literaturwissenschaft in diesem Prozess eine Transformation eines Zeichensystems in ein anderes, das zwei künstlerisch gleichwertige Gattungen nicht in Konkurrenz, sondern in Konvergenz bringt.[10] Die künstlerische Ausdeutung der biblischen Gestalten ist dabei schon deshalb als wichtiger Gesprächspartner von Exegese und Predigt ernst zu nehmen, weil ihre Wirkung oft nachhaltiger das Verständnis der Menschen prägt als Letztere.

Auslegung von Bibeltexten ist einerseits geprägt von den zeitgeschichtlichen und soziokulturellen Kontexten, in denen die Rezipienten leben, andererseits prägt die Auslegung selbst wieder ihre Rezipienten, ihre Leser, Zuhörer oder Betrachter. Dem ersten Aspekt gilt das Hauptinteresse dieser Arbeit, der zweite wird nur implizit mit bedacht und kann Thema einer Folgearbeit werden.

Der Schwerpunkt dieser Arbeit liegt also in der Untersuchung von Rezeptionen des Juditbuches, wie sie in konkreten Auslegungen bzw. Adaptionen des Bibeltextes in Form von Bibelkommentaren, verschriftlichten Predigten, Theater- und Oratorienlibretti sowie Gemälden vorliegen. Die Vielfalt der Disziplinen stellt dabei den Versuch dar, ein möglichst umfassendes Bild der Rezeption zu dokumentieren und dieses mit ihrem jeweiligen soziokulturellen und zeitgeschichtlichen Kontext ins Gespräch zu bringen. Konkret soll gefragt werden, ob sich Umstände herausarbeiten lassen, die zu einer bestimmten Deutung des Juditbuches führen, und welche Funktion das Buch in der jeweiligen Gattung erfüllt. Der zeitimmanente Vergleich verschiedener Auslegungsarten macht dabei auch für heutige Überlegungen Sinn, insbesondere im Bereich der Hermeneutik. Die Frage, welche zeitgeschichtlichen, soziokulturellen und theologischen Umstände welche Form von Bibelauslegung begünstigen, ist für jede Zeit zu stellen, sicher auch für die unsere, aber wohl erst aus einer gewissen zeitlichen Distanz heraus zu beantworten.

Die ausgewählten Jahrhunderte sind nicht willkürlich herangezogen: Sie markieren den wichtigsten Paradigmenwechsel in der Rezeptionsgeschichte des Buches. Der Paradigmenwechsel hat mehrere Aspekte: In exegetischer Hinsicht kam durch die Reformation eine jahrhundertelang gepflegte Auslegungsweise in Verruf, nämlich der geistige Schriftsinn; andererseits war die Kanonizität des Juditbuches durch die Ablehnung der Protestanten plötzlich gefährdet. Sowohl die Historizität als auch die moralische Integrität der Juditgestalt wurden in Frage gestellt und als Begründung für die Ausscheidung aus dem Kanon herangezogen. Die katholische Bibelauslegung stand damit vor der Aufgabe einer Neubesinnung und Neupositionierung. Dieser Umbruch, dessen Wurzeln also im

---

10   Nischik, „Literaturadaption," 377.

16. Jahrhundert liegen, wurde im 17. Jahrhundert begonnen und vollzog sich endgültig an der Schwelle zum 18. Jahrhundert, wo die beginnende Aufklärung den Umgang mit Bibeltexten und moralischen Fragen noch einmal veränderte. Die Vernunft und das Festhalten am Sittengesetz, wie es Kant formulierte, erschienen nun als Garant für Frieden und selbstverwalteter Mündigkeit. Das brachte auch Konsequenzen für die künstlerische Adaption der biblischen Stoffe mit sich: Die Bibelauslegung in jeglicher Form begann, den Bibeltext und seine Protagonisten vorwiegend unter den Gesichtspunkten von Wahrscheinlichkeit und Sittlichkeit zu befragen. Ob diese Umbrüche sich auch auf die Auslegung des Juditbuches ausgewirkt haben, war eine wichtige Frage meiner Arbeit.

Die regionale Beschränkung auf Wien folgt einerseits den Gesetzen der Machbarkeit, andererseits aber ist gerade Wien in jenen Jahrhunderten in seiner kulturellen Verflochtenheit, seinem Schwanken zwischen Konservatismus und Neuerungen und seinem Standort inmitten Europas ein gutes Beispiel für unterschiedlichste Zeitströmungen und ihre Auswirkungen auf die Rezeption einer ambivalenten Frauengestalt.

Ziel der Arbeit war es erstens, eine möglichst große Bandbreite an Rezeptionsdokumenten zu sammeln, vorzulegen und zu diskutieren, und sie so für weitere Untersuchungen nutzbar zu machen. Nicht nur die Bibelwissenschaft, insbesondere die Geschichte der Exegese, sondern auch die weithin unbearbeitete Geschichte der Predigt, sowie Disziplinen wie Theater-, Musik- oder Literaturwissenschaft können durch die neu erschlossenen Quellen profitieren. Zweitens will die Arbeit anhand der erschlossenen Quellen die Art und Weise der Verknüpfung von Auslegung und ihrer zeitgeschichtlichen Einbettung sichtbar machen und Tendenzen aufweisen. Macht es einen Unterschied, ob über Judit in Kriegszeiten oder in Friedenszeiten gesprochen wird? Wird Judit verwendet, um Herrschaftsansprüche zu legitimieren? Gewinnt das Juditbuch in Zeiten von Katastrophen und Not mehr und/oder andere Bedeutung als in ruhigen Epochen?

Drittens wird auch die Frage nach dem Verhältnis von theologischer Bibelauslegung in Exegese und Predigt und künstlerischen Adaptionen gefragt: Worin unterscheiden sich die Auslegungsarten bzw. lassen sich überhaupt prinzipielle Unterschiede erkennen? Diese Frage wird im letzten Teil der Arbeit näher beleuchtet.

Zur Vorgangsweise
Der Schwerpunkt der Arbeit lag in der oft mühevollen und schwierigen Auffindung und Aufarbeitung der Quellen. Die Exegeten, die für Wien Bedeutung hatten und dort auch gedruckt wurden, mussten erst ausfindig gemacht werden. Die Arbeit an den Predigten erwies sich als besonders zeitaufwändig, da viele Bände gedruckter Predigten danach durchgesehen werden mussten, ob irgendwo Judit erwähnt wurde. Manchmal fanden sich innerhalb einer Predigt gleich mehrmals

Hinweise, manchmal wurden aber auch Hunderte von Seiten vergeblich durchblättert. Viele der Oratorienlibretti lagen nicht in gedruckter Form vor, sondern mussten aus der handschriftlichen Partitur abgeschrieben werden. Zuvor erforderte es langwierige Recherchen, um herauszufinden, welche Werke im fraglichen Zeitraum überhaupt in Wien aufgeführt wurden. Sehr kompliziert gestaltete sich auch die Suche nach Gemälden, die sich zu fraglichen Zeit in Wien befunden haben. Einerseits gibt es Werke ausländischer Künstler, die nach Wien gebracht worden waren, andererseits schufen österreichische Künstler wie Anton Maulbertsch Judit-Gemälde, die sich aber heute nicht mehr in Wien befinden.[11]

Zuletzt musste erhebliche Übersetzungsarbeit geleistet werden: Abgesehen von den Bibelversionen des Juditbuches selbst wurden auch die lateinischen und französischen Exegesen, das ebenfalls lateinische Jesuitendrama Avancinis und die italienischen Oratorien von mir übersetzt und aufbereitet.

Die Arbeit gliedert sich in drei Abschnitte:
(1) Die hier untersuchten Exegeten, Prediger und Künstler des 17. u. 18. Jahrhunderts gründeten (mit Ausnahme von Johann Jahn) ihre Auslegungen auf die Vulgata. Die Vulgataausgabe des Juditbuches ist jedoch um ein Fünftel kürzer als die Septuaginta und stimmt mit dieser nur zur Hälfte des Textes überein. Daraus ergeben sich zwangsläufig unterschiedliche Schwerpunkte. Daher wird in einem ersten Schritt eine genaue Gegenüberstellung der beiden Textversionen vorgenommen. Die Unterschiede in Darstellung und Chronologie werden kapitelweise untersucht, die Reden der Protagonisten auf ihre theologischen Aussagen hin überprüft und die sich daraus ergebenden Schwerpunktsetzungen ausgeführt.

(2) In den sechs folgenden Kapiteln kommen die gesammelten Rezeptionsdokumente zu Wort: Nach einer kurzen Beschreibung der wichtigsten Voraussetzungen in politischer, sozialer, theologischer und künstlerischer Hinsicht werden die gesichteten Werke des 17.und 18. Jahrhunderts in den fünf Kategorien: Exegese, Predigt und Verkündigung, Musik, Theater und Bildender Kunst vorgestellt und kommentiert.

Die Auswahl der Exegeten erfolgte nach den Kriterien der Bedeutsamkeit, des Wien-Bezuges (der Kommentar muss [auch] in Wien gedruckt worden sein) und der Relevanz für die Fragestellung. Für das 17. Jahrhundert erfüllten diese Kriterien Cornelius a Lapide, einer der meist zitierten Exegeten überhaupt, Giovanni Stefano Menochio, dessen knapper, nüchterner Kommentar gelegentlich bereits die Vorgangsweise der historisch-kritischen Exegese vorwegnimmt, so-

---

11 Trotz zahlreicher Versuche, mit dem Puschkin-Museum in Moskau Kontakt aufzunehmen, sogar über den Botschafter persönlich, gelang es nicht, irgendeine Form der Antwort zu erhalten.

wie Dom Augustin Calmet, der mit überraschenden Datierungen und moralischen Beurteilungen neue Aspekte einbringt. Im 18. Jahrhundert werden die Kommentare seltener, hier fanden sich dennoch drei interessante Auslegungen: jene von Franz Xaver Widenhofer, der an konservativen Meinungen festhält, Ignaz von Weitenauer, der sich um eine neue Datierungsthese bemüht und von Johann Jahn, der als Einziger die Septuaginta auslegt und dessen Zweifel an der Historizität des Juditbuches ihn mit der offiziellen Kirche in Schwierigkeiten geraten ließen.

Die Kommentare interessierten in mehrerer Hinsicht: Einerseits wird der Frage nachgegangen, welche Themen von den Exegeten überhaupt aufgegriffen wurden, welche Aspekte des Juditbuches also „fragwürdig" waren. Schon hier lassen sich bedeutsame Tendenzen aufweisen. Welche biblischen Aussagen als wichtig hervorgehoben wurden, welche Fragen an den Text gestellt werden, und vor allem, was als selbstverständlich und daher als nicht untersuchungswürdig übergangen wurde, lässt die Situation transparent werden, auf die der Kommentar Antwort gegeben hat. Andererseits interessiert die Methode, die der Exeget angewendet hat, um zu seinen Ergebnissen zu kommen und schließlich die Ergebnisse selbst. Ob in diesem Zusammenhang die Art der Methode die Art der Ergebnisse bedingt, kann hier nicht eingehend diskutiert werden, wird aber ansatzweise erkennbar.

Das Kapitel „Judit in Verkündigung und Predigt" blickt zunächst in die Leseordnung des 17. und 18. Jahrhunderts, um herauszufinden, ob Judit im Gottesdienst präsent war. Im ersten Hauptteil wird auf die wichtigste Schrift zur Allegorisierung Judits eingegangen, auf die Psychomachie des Prudentius. Danach befasst sich das Kapitel mit Wiens bedeutendstem Prediger des 17. Jahrhunderts, mit Abraham a Sancta Clara. Dessen gedruckte Predigten sowie zentrale Schriften wurden auf die Erwähnung Judits hin durchgesehen, die Ergebnisse systematisiert und ausgewertet. Im 18. Jahrhundert wird exemplarisch die „Polyanthea sacra" von A. Spanner vorgestellt, ein Predigthilfebuch, das deutlich macht, zu welchen Themen auf das Juditbuch zurückgegriffen wurde. Zwei wichtige Prediger im Wien des 18. Jahrhunderts, Ignaz Wurz und Adrian Gretsch, werden im Anschluss in ihrer Verwendung und Ausdeutung des Juditbuches untersucht.

Auch hier bestand das Hauptinteresse darin, die Frage deutlich zu machen, auf die Judit die Antwort war. Berücksichtigt man den Umstand, dass Predigten in den meisten Fällen das Evangelium zum Thema haben, wird die Frage bedeutsam, wozu und in welchen Kontexten man Judit dennoch eingefügt hat. Zur Unterstreichung welcher Aussagen wurde Judit herangezogen, in welchen Zusammenhängen diente das Juditbuch welchen Zielen?

Das Thema „Musik" ließ sich schnell auf das Oratorium einschränken, da der Juditstoff in beiden Jahrhunderten in Wien nicht als Oper aufgeführt wurde. Hier wurden Oratorien ausgewählt, die im fraglichen Zeitraum in Wien gespielt wurden (meist als Uraufführung, aber in einem Fall auch als Gastspiel). Im

17. Jahrhundert fanden sich 5 Oratorien, im 18. Jahrhundert etwa ebenso viele, jedoch alle auf dasselbe Libretto, nämlich das des berühmtesten und meist vertonten Librettisten aller Zeiten, Pietro Metastasio. Ohne auf musikalische Aspekte einzugehen, wurden die Libretti auf ihre Verwendung des Bibeltextes hin angesehen. Auslassungen und Hinzufügungen von Personen, chronologische und inhaltliche Abweichungen wurden dargestellt, das Gottesbild des Librettos herausgearbeitet, theologische Schwerpunkte eruiert und beschrieben. Diese Ergebnisse werden mit der zeitgeschichtlichen Situation und gegebenenfalls dem Aufführungsanlass ins Gespräch gebracht. Wieder schien mir die Frage bedeutsam zu sein, welche Aspekte des Juditbuches die Librettisten als zentral ansahen, worin das Aktuelle des Juditbuches für die Gegenwart der Künstler bestand. Gerade in künstlerischen Auslegungen lässt sich dieser Frage nachgehen, da der Künstler in aller Regel gewisse Freiheiten in der Darstellung hat. Er muss nicht bestimmte Darstellungsweisen wählen, er kann mit seinen Protagonisten frei umgehen. Um so mehr interessiert, wofür er sich in Form und Inhalt entscheidet und zu welcher Aussage er dadurch gelangt. Was ihm vorgegeben ist, sind die Umstände seiner Zeit, die „Anlässe" im weitesten Sinn, die ihn zur Verwendung des Juditbuches und zu seiner spezifischen Darstellungsart geführt haben. Diese beiden Aspekte, das Wie? und das Warum? stehen im Mittelpunkt des Interesses dieser Untersuchung.

Ebenso wird im Kapitel „Theater" vorgegangen. Im 17. Jahrhundert fand sich ein Werk des berühmten Autors Nicolaus Avancini als Beispiel für ein Jesuitendrama, im 18. Jahrhundert ließ sich ein Volksschauspiel entdecken, das einen überraschend bibelnahen Zugang aufweist.

Der letzte Punkt, „Judit in der bildenden Kunst", brachte zunächst die Schwierigkeit mit sich, herauszufinden, welche Bilder mit Juditdarstellungen sich im fraglichem Zeitraum in Wien befanden. Im 17. Jahrhundert gelang es 5 Gemälde internationaler Künstler zu eruieren, dazu einen Stich von Rubens, von dem angenommen werden kann, dass er auch in Wien reproduziert wurde. Im 18. Jahrhundert fiel die Suche leichter, da nun auch heimische Künstler einschlägige Werke schufen, die sich jedoch teilweise heute im Ausland befinden. Die Juditdarstellungen wurden beschrieben und danach vor allem in ihrer Aussage über Judit beurteilt. Dabei spielt ein vorhandener oder auch fehlender Gottesbezug eine wichtige Rolle.

(3) Die Ergebnisse dieser vielfältigen Rezeptionen wurden im letzten Teil der Arbeit zusammengefasst und auf ihre Tendenzen hin untersucht. Hier wird auch die Wechselwirkung von zeitlichem Kontext und Auslegung sowie das Verhältnis von theologischer und künstlerischer Bibelauslegung diskutiert.

Im Anhang finden sich neben einem Namens- und Bibelstellenverzeichnis auch die Libretti jener Oratorien, die nicht in gedruckter Form vorliegen, sondern nur aus der handschriftlichen Partitur abgeschrieben werden konnten. Ich habe mich bemüht, das Versmaß vor allem der Rezitative möglichst genau zu eruieren und originalgetreu herauszugeben. Damit soll einer weiteren Untersuchung der Texte gedient werden.

Ein Wort noch zu den Übersetzungen: Um Vergleichsmöglichkeiten zu gewährleisten, wurden die lateinisch abgefassten Kommentare Lapides und Menochios, die französische Auslegung Calmets, das lateinische Drama Avancinis sowie die italienischsprachigen Oratorienlibretti großteils deutsch zitiert. Die Übersetzungen der Werke stammen von mir, durch die Seiten- und Versangaben und durch die vielerorts angefügten originalen Wortlaute soll eine Überprüfung derselben garantiert bleiben.

Die angegebenen Bibelstellen beziehen sich (wenn nicht anders angegeben) auf die Vulgata. Für die bessere Darstellung (nicht für die Untersuchung selbst!) von Ähnlichkeiten und Differenzen zwischen Bibeltext und Libretto/Textbuch habe ich eine deutsche Übersetzung der Vulgata aus dem Jahr 1851 herangezogen, um zeitlich und damit auch sprachlich möglichst nahe an der Abfassungszeit der Libretti/Textbücher zu sein und die Textvergleiche deutlicher visualisierbar zu machen. Das gilt vor allem für die Kapitel „Judit im Oratorium" und „Judit im Theater".

Vulgata und Septuaginta

Vulgata

Geschichte der Vulgata

Die lateinische Bibelübersetzung des Hieronymus, die wegen ihrer Popularität und weiten Verbreitung ca. ab dem 13. Jahrhundert „Vulgata" („die Allgemeine") genannt wurde, entstand ab 383 n. Chr. im Auftrag Papst Damasius' I. Ursprünglich war jedoch nur an eine Revision und Vereinheitlichung der altlateinischen Texte gedacht. Nötig geworden war die Unternehmung wegen der großen Zahl an divergenten lateinischen Übersetzungen, die zu dieser Zeit kursierten und eine einheitliche Schriftlesung oder eine bibelgestützte dogmatische Diskussion erschwerten. In Italien gab es zwar eine lateinische Bibelübersetzung (früher „*Itala*" genannt), die sich durchgesetzt hatte, aber auch diese war durch zahlreiche Überarbeitungen und Hinzufügungen verzerrt worden.[12] Vorlage für diese wie auch für die anderen altlateinischen Übersetzungen war die griechische Septuaginta, die ja ihrerseits großteils eine Übersetzung aus dem Hebräischen darstellt.

Hieronymus revidierte zunächst die Evangelien, die häufig in entstellter Form vorlagen und teilweise auch untereinander vermengt worden waren.[13] (Die übrigen neutestamentlichen Schriften wurden von anonymen Bearbeitern in Hieronymus' Namen „in besseres Latein gebracht")[14] Danach erfolgte eine Revision des Psalters, die allerdings nicht, wie lange Zeit angenommen wurde, mit dem so genannten „*Psalterium Romanum*" identisch ist.[15] Später verfasste Hieronymus jedoch eine zweite Revision des Psalmenbuches, die zunächst in Gallien verwendet wurde und daher den Namen „*Psalterium Gallicanum*" erhielt. Auch die Bücher Ijob, Sprichwörter, Chronik, u. a. wurden von ihm kritisch überarbeitet.

Durch seinen Aufenthalt in Palästina und seine fortschreitenden Hebräischkenntnisse gewann für Hieronymus der Gedanke der *hebraica veritas* eine starke Faszination[16] und er begann, neue Übersetzungen der alttestamentlichen Bücher aus dem hebräischen Urtext anzufertigen, schon um den in Palästina ansässigen Christen ein Hilfsmittel bei Streitfragen im Diskurs mit den Juden zur Verfügung zu stellen. Die Unterschiede zwischen Septuaginta/Itala und dem hebräischen Text bewirkten nämlich oft Verständnisprobleme.[17] Bis ins Jahr 405 über-

---

12   Kaulen, *Vulgata*, 149.
13   Kaulen, *Vulgata*, 157.
14   Fürst, *Hieronymus*, 83.
15   Fürst, *Hieronymus*, 84.
16   Vgl. aber Fürst, *Hieronymus*, 102-104, wo darauf hingewiesen wird, dass Hieronymus schon davor exegetische Fragen vom Hebräischen ausgehend beantwortet habe.
17   Kaulen, *Vulgata*, 165.

setzte Hieronymus sämtliche protokanonischen Bücher des Alten Testaments (mit Ausnahme von: Weisheit, Jesus Sirach und 1 und 2 Makkabäer), weiters die deuterokanonischen Teile von Daniel und Ester sowie die Bücher Tobit und Judit. Letztere lagen ihm nach eigenen Angaben in aramäischer Sprache vor.

Nach anfänglicher teilweise heftiger Ablehnung der Übersetzung (vor allem auch von Seiten des Augustinus) setzte sie sich im Lauf der Zeit immer mehr durch. Ab dem 8. Jahrhundert hatte die Vulgata die alte lateinische Bibelübersetzung, die ab nun „*Vetus Latina*" hieß, abgelöst. Doch auch die Vulgata erlitt etliche Bearbeitungen und fehlerhafte Abschriften. Daher wurden immer wieder Revisionen notwendig, unter anderen gab Alkuin 801 eine korrigierte Version heraus.

Im Konzil von Trient wurde die Vulgata zur verbindlichen Bibelausgabe für Katholiken erklärt. Bibelübersetzungen in Volkssprachen wurden hintangestellt, zeitweise auch verboten. In Barock und Aufklärung verwendete man die Vulgata in der von Clemens VIII. in Auftrag gegebenen Fassung „*Sixto-Clementina*" (1592), einer korrigierten Version der übereilten und fehlerhaften „Sixtinischen Vulgata". Diese Ausgabe behielt im Wesentlichen ihre Gültigkeit bis 1979. Einzelne geringfügige Verbesserungen wurden in Ausgaben von 1734 (Vallarsi), 1889 (kritische Oxforder Ausgabe) und 1907 (Benediktinerorden) nachgearbeitet. Nach dem II. Vatikanischen Konzil wurde die „Nova Vulgata" herausgegeben, eine Übersetzung, die die Erkenntnisse moderner Textkritik berücksichtigt.

Bedeutung der Vulgata

Als über Jahrhunderte gültige Bibelausgabe erlangte die Vulgata einen außerordentlichen Stellenwert. Exegeten, Prediger, Musiker, Autoren, bildende Künstler und ihre Rezipienten in der katholischen Welt bezogen sich in ihren Arbeiten auf sie. Die meisten Bibelübersetzungen in Volkssprachen hatten die Vulgata zur Vorlage. Sogar die Protestanten, die die Vulgata scharf kritisierten, waren von ihr stark beeinflusst. Die Bedeutung der Vulgata für die Volkssprachen selbst ist ebenfalls nicht zu unterschätzen. In vielen Ländern waren Übersetzungen der Vulgata der „Anfang alles nationalen Schriftthums"[18]. Von daher beeinflusste der Text des Hieronymus sowohl den Wortschatz, die Syntax und die Satzbildung der jeweiligen Landessprache.

---

18   Kaulen, *Vulgata*, 5.
19   Fürst, Hieronymus, 85; Franz von Kaulen datiert die Übersetzung mit 404/405; vgl. Kaulen, *Vulgata*, 168.

Das Juditbuch in der Vulgata

Die lateinische Übersetzung des Juditbuches durch Hieronymus entstand nach 400.[19] Entgegen der Tradition, nach der das Juditbuch aus der Septuaginta übersetzt wurde, verwendete Hieronymus nach eigenen Angaben einen heute nicht mehr erhaltenen aramäischen Text. Hieronymus erklärt selbst im Prolog des Juditbuches, er habe für die Übersetzung nur eine kleine Nachtschicht verwendet. Nur, was *in verbis chaldeis* klar und deutlich zu verstehen war, habe er in seine Arbeit hineingenommen, dabei die seiner Meinung nach fehlerhaften Verschiedenheiten anderer Übersetzungen geglättet oder gestrichen und insgesamt eher sinngemäß als wortwörtlich übersetzt. Er nennt auch den Grund für seine Übersetzung: Bei den Hebräern werde das Buch als Hagiografie gelesen und als nicht geeignet beurteilt, Streitfragen zu beantworten. Da aber das Konzil von Nicäa es offenbar zur Zahl der heiligen Schriften gezählt habe, und vor allem, weil ihn seine Freunde gedrängt hätten, habe er seine anderen Arbeiten verschoben und der Übersetzung des Buches jene kleine Nachtschicht gewidmet.[20]

Der aramäische Text ist uns nicht mehr zugänglich, daher sind Vergleiche nicht möglich. Im 19. Jahrhundert ging Philipp Thielmann sogar so weit, in Anlehnung an Otto Fridolin Fritzsche die Übersetzung eines „chaldäischen Textes" überhaupt zu leugnen und vermutete, Hieronymus habe als Vorlage lediglich altlateinische Übersetzungen verwendet.[21] Insbesondere zur Rezension, wie sie in der Handschrift „*Corbeiensis*" vorliegt, entdeckte er große Nähe.[22] Dagegen meinte Otto Wolff, durch die Eile seien zwar Anklänge an die altlateinische Übersetzung unbewusst in den Text gelangt, die Übersetzung sei jedoch durchwegs aus dem chaldäischen Text erfolgt.[23] Auch im 20. Jahrhundert wird im Allgemeinen nicht am ursprünglichen Vorhandensein einer aramäischen Vorlage gezweifelt, wenn auch die Frage selbst keine Priorität mehr zu haben scheint: Robert Hanhart, der die griechischen Rezensionen des Juditbuches genau dokumentiert und ediert hat, meint zwar, durch die nur sinngemäße Übersetzung des Hieronymus verbiete sich eine Rekonstruktion des Originaltextes aus der Vulgata, die Existenz eines solchen stellt er jedoch nicht explizit in Abrede.[24]

Die Qualität der Übersetzung selbst war nicht unumstritten. Franz Kaulen bezeichnet sie neben der des Tobitbuches als am tiefsten stehend.[25] Durch die Eile der Übersetzungsarbeit sei es auch erklärbar, dass sich so viele Anklänge

---

20 *Biblia sacra*, 691.
21 Thielmann, *Textkritik*, 19.
22 Thielmann, *Textkritik*, 32-37.
23 Wolff, *Buch Judith*, 9ff., zitiert bei Thielmann, *Textkritik*, 20.
24 Hanhart, *Text und Textgeschichte*, 10.
25 Kaulen, *Vulgata*, 180.

an die „Itala" fänden. In der Nova Vulgata von 1979 wurde der griechische Text stärker rezipiert, dadurch entstanden einige grundlegende Änderungen.

Trotz der Tatsache, dass sich Hieronymus für die Übersetzung des Juditbuches nur wenig Zeit genommen hatte, galt ihm die Person der Judit sehr viel. Im Prolog des Buches lobt er die Witwe Judit als Beispiel an Keuschheit, die nicht nur den Frauen, sondern auch den Männern zur Nachahmung empfohlen werden könne. Die Keuschheit sei auch der Grund gewesen dafür, dass Judit den „von allen Menschen Unbesiegten besiegt und den Unüberwindbaren überwunden habe."[26]

Vergleich des Juditbuches in Vulgata und Septuaginta

Allgemeines

Das Juditbuch in der Vulgata ist etwa um ein Fünftel kürzer als in der Septuaginta, obwohl Letztere sechs Verse weniger aufweist als Erstere. Andererseits fehlen aber auch einige Textstellen in der Septuaginta, die in der Vulgata sehr wohl vorkommen. Insgesamt stimmen die beiden Texte nur ungefähr zur Hälfte überein. Damit divergieren die beiden Textfassungen mehr als bei jedem anderen Buch. Die Gründe für diese Verschiedenheit wurden in der Forschung oft untersucht, mit durchaus unterschiedlichen Ergebnissen. Auch die Fragen, welchem der beiden Texte der Vorzug gegeben werden sollte bzw. welcher näher am „Urtext" sei, oder auch in welcher Sprache das Buch ursprünglich abgefasst worden sei, wurden kontrovers beantwortet. Durch die Unterschiede verschieben sich jedenfalls auch theologische Aussagen oder Schwerpunkte. Da es sich bei der Septuaginta um die heute gebräuchliche Fassung des Juditbuches handelt und heutige Exegeten durchwegs diese Textform untersuchen und kommentieren, die Exegeten, Prediger und Künstler des 17. und 18. Jahrhunderts jedoch die Vulgata auslegten, erscheint ein Vergleich höchst notwendig.

Heutige Beurteilungen von Exegesen, Predigten oder künstlerischen Darstellungen vergangener Jahrhunderte sind nämlich häufig verzerrt, da sie sich nur am heute gebräuchlichen griechischen Text orientieren, der sich aber gerade im Juditbild nicht unbeträchtlich vom Text der Vulgata unterscheidet.

---

26 *Biblia sacra*, 691: „*invictum omnibus hominibus vinceret, insuperabilem superaret.*"

Spezielles

Unterschiede in den erzählerischen Passagen

Jdt 1

Die Vulgata beginnt ihr Juditbuch mit vier Versen über die Macht und den Stolz des Königs Arphaxad. In den Versen 5-6 wird er von Nebukadnezzar *besiegt*, woraufhin sich dessen Herz erhebt (V. 7). Nebukadnezzar sendet in den Versen 7-10 Boten zu etlichen Völkern, die ihm aber die Ehrenbezeugung verweigern (V. 11). Mit dem Racheschwur Nebukadnezzars in Vers 12 endet das Kapitel.

Die Septuaginta leitet ihr Juditbuch dagegen mit Nebukadnezzar ein, in dessen 12. Regierungsjahr das folgende Geschehen fällt, erst dann wird Arphaxad erwähnt. In Vers 5 wird vom Krieg zwischen den beiden Königen berichtet, aber Arphaxad wird noch nicht besiegt, sondern Nebukadnezzar ruft in den Versen 7-10 die Nachbarvölker *zu Hilfe* gegen die übermächtig erscheinenden Meder. Als die Völker ihn missachten („denn sie hatten keine Angst vor ihm"), schwört er Rache und kann fünf Jahre später Arphaxad besiegen und töten (VV. 13-15). Mit reicher Beute beladen feiert er ein hundertzwanzigtägiges Freudenfest (V. 16).

Unterschiede gibt es in den Größenangaben der Mauern von Ekbatana. In der Vulgata sind sie 70 Ellen breit und 30 Ellen hoch, in der Septuaginta 50 Ellen breit und 70 Ellen hoch, die Stadttore in der Vulgata 100 Ellen hoch (wie die Türme), in der Septuaginta nur 70 (wie die Mauern). Weiters führt die Septuaginta detaillierter als die Vulgata die einzelnen Völker an, zu denen Nebukadnezzar Boten sendet.

Jdt 2

In der Vulgata ist das zweite Kapitel um 10 Verse kürzer als in der Septuaginta. Im Wesentlichen findet sich alles hier Gesagte auch dort: König Nebukadnezzar befiehlt im 13. Jahr seiner Herrschaft (in der LXX erst im 18. Jahr) das Strafgericht zu vollziehen, er lässt den Beschluss vom Kriegsrat absegnen und beruft Holofernes zur Ausführung des Rachefeldzuges. Dieser stellt ein unzählbar großes Heer zusammen, erobert etliche Städte, beraubt und tötet die Bewohner und vernichtet die Ernte.

Die Septuaginta beinhaltet darüber hinaus eine längere Rede des Nebukadnezzar sowie einen detaillierteren Bericht des Feldzuges, in dem vor allem auf die Größe des Heeres verstärkt hingewiesen wird. Hier finden sich neben der unterschiedlichen Zeitangabe auch geografische Differenzen. Holofernes erobert etwa in der Septuaginta (Vers 23) Put und Lud, während er in der Vulgata (Vers 13) Melothi erstürmt.

Jdt 3

Das dritte Kapitel ist in der Vulgata um 5 Verse länger als in der Septuaginta. Die Könige und Fürsten senden Gesandte mit einem Kapitulationsangebot. Sie wollen lieber Nebukadnezzar dienen und sich Holofernes unterwerfen als sterben. Holofernes führt seinen Eroberungsfeldzug fort, und obwohl die Völker ihn mit Musik und Tanz empfangen, können sie laut Vulgata „die Grausamkeit seines Herzens nicht besänftigen" (Vers 11Vg). Er zerstört Städte und Haine, damit nur Nebukadnezzar allein als Gott verehrt werde, zieht weiter, zerstört abermals Städte und bleibt dreißig Tage im Lande Gabaa, um seine Truppen zusammenzuziehen.

Die Septuaginta hat eine um zwei Verse kürzere Rede der Gesandten, die Grausamkeit des Holofernes wird nicht explizit erwähnt. Die geografischen Details divergieren in den beiden Fassungen. Die LXX nennt zum Beispiel als Ort des dreißigtägigen Aufenthalts einen Platz zwischen Gabbai und Skythopolis.

Jdt 4

Das vierte Kapitel ist in der Vulgata um zwei Verse länger. Die Israeliten fürchten sich vor Holofernes (VV. 1-2) und rüsten sich zum Kampf (VV. 3-4). Der Priester Eljakim[27] schreibt an die Bevölkerung der betroffenen Gebiete und fordert sie auf, die Gebirgspässe zu besetzen. Das Volk und die Priester tun Buße und flehen zum Herrn. Eljakim zieht quer durch Israel und ermahnt alle, in Fasten und Gebet zu verharren und an den Sieg des Moses über die Amalekiter zu denken, der nur durch inständiges Gebet errungen worden sei (VV. 11-14).

In der Septuaginta fehlt diese Rede des Hohepriesters. Stattdessen findet sich nach der Schilderung des flehentlichen Gebets des Volkes der Satz: „Und der Herr hörte ihr Rufen und sah auf ihre Not" (V. 13). Außerdem wird in Vers 3 erwähnt, dass die Israeliten erst kürzlich aus der Gefangenschaft heimgekehrt seien und den Tempel neu geweiht hätten.

Jdt 5

Das fünfte Kapitel hat in der Vulgata 5 Verse mehr als in der Septuaginta. Es beinhaltet die Frage des Holofernes nach dem Wesen des widerständigen Volks der Israeliten, Achiors Antwort darauf und die empörte Reaktion der Heerführer. Die Rede Achiors divergiert in den beiden Fassungen deutlich (siehe unter „Unterschiede in den direkten Reden") und umfasst in der Vulgata vier Verse mehr. Auch die Reaktion der Heerführer unterscheidet sich voneinander: In der Vulgata nimmt ihre Antwort bereits die des Holofernes voraus, die Heerführer wollen Achior mit den Israeliten zusammen durch das Schwert töten, um allen Völkern

---

27 Ich zitiere die Eigennamen nach den Loccumer Richtlinien (Fricke, *Ökumenisches Verzeichnis*). In der deutschen Übersetzung der Vulgata wird Eljakim „Eliachim", in der Vulgata „Heliachim" geschrieben.

zu beweisen, dass Nebukadnezzar „der Gott der Erde ist" (Vers 29). In der Septuaginta dagegen betonen sie, dass sie keine Angst hätten und die Israeliten ihrem Heer zum Fraß vorwerfen wollten (VV. 23-24).

Jdt 6

Das sechste Kapitel hat in beiden Fassungen gleich viele Verse. Es schildert die zornige Antwort des Holofernes und seinen Befehl, Achior an die Betulier auszuliefern, die Ausführung des Befehls, sowie Achiors freundliche Aufnahme in Betulia. Die Rede des Holofernes umfasst in der Vulgata nur fünf Verse und wiederholt im Wesentlichen das von den Heerführern Gesagte. Die Verse 7-9 berichten den Befehl zur Auslieferung und dessen Ausführung. In den Versen 10-13 wird erzählt, wie Achior von den Betuliern befreit und nach Betulia vor die Ältesten gebracht wird, wo er den Grund seiner Auslieferung schildert. Die Verse 14-15 beinhalten das anschließende Gebet des Volkes, die Verse 16-18 Trostworte für Achior. Die verbleibenden drei Verse berichten von Usijas Einladung zum Abendessen und vom anschließenden Gebet die ganze Nacht hindurch.

In der Septuaginta ist die Rede des Holofernes drei Verse länger, die (von den Assyrern angestrebte) Vernichtung der Israeliten wird detaillierter geschildert, und am Schluss findet sich der siegessichere Schlusssatz: „Ich habe gesprochen und keines meiner Worte wird unerfüllt bleiben" (Vers 9). Vom Zorn des Holofernes wird nicht explizit gesprochen wie in der Vulgata, eher entsteht der Eindruck von überheblicher Bestrafung Andersdenkender. Die Auslieferung an die Betulier erfolgt erst in den Versen 10-13 und wird etwas länger ausgeführt. Dagegen fällt das Gebet des Volkes (VV. 18-19) kürzer aus, die Trostworte an Achior fehlen gänzlich.

Jdt 7

Das siebente Kapitel ist in der Vulgata um sieben Verse kürzer als in der Septuaginta, wobei in beiden Fassungen Sondergut zu finden ist: Die Vulgata schildert in den Versen 1-3 den Aufzug der assyrischen Truppen vor Betulia. Die Verse 4-5 berichten vom Gebet und von den Kriegsvorbereitungen der Israeliten, in Vers 6 befiehlt Holofernes, die Hauptwasserleitung der Betulier zu durchschneiden, Vers 7 berichtet von weiteren kleineren Quellen. Die Rede der Heerführer Moabs und Ammons an Holofernes mit dem Rat, doch die Quellen bewachen zu lassen, folgt in den Versen 8-9, die Ausführung dessen in Vers 10. Bereits ab Vers 11 wird von der Verzweiflung in Betulia berichtet und von der Forderung nach Kapitulation. Die Verse 19-22 sind Sondergut der Vulgata und enthalten ein ausgedehntes Gebet der Israeliten, die Verse 23-25 schildern Usijas Antwort und das Ultimatum.

In der Septuaginta wird ebenfalls in den ersten drei Versen vom Aufzug der assyrischen Truppen und in den Versen 4-5 von den Vorbereitungen der Israeliten berichtet, wobei das Gebet fehlt und der Aufzug detaillierter geschildert wird. Die Verse 6-7 erzählen, dass Holofernes sämtliche Quellen besetzen und bewachen lässt. Dadurch wirkt der ab Vers 8 folgende Vorschlag der Heerführer, eben dieses zu tun, überraschend. Diese Rede der Heerführer umfasst 8 Verse und betont die erwarteten Folgen des Wassermangels für die Betulier, die dadurch ihren Widerstand büßen sollten. Die Verse 16-18 beinhalten die (nochmalige) Besetzung der Quellen und einen genauen Bericht der Lagerplätze der einzelnen Heere. Die Verse 19-21 erzählen von der Mutlosigkeit und der Entkräftung der Betulier, erst ab Vers 22 folgt die Forderung nach Kapitulation und die Antwort des Usija mit dem Ultimatum. In Vers 32 lässt Usija alle wieder zu ihren Posten zurückkehren.

In diesem Kapitel zeigt sich die unterschiedliche Schwerpunktsetzung deutlich: Die Vulgata betont das Gebet und die Selbsterniedrigung der Israeliten, während die Septuaginta die Macht und Größe des assyrischen Heeres und die Mutlosigkeit der Israeliten stärker in den Vordergrund rückt.

Jdt 8

Das achte Kapitel ist in der Vulgata um zwei Verse kürzer als in der Septuaginta. Bis zum Vers 10 unterscheiden sich die beiden Fassungen nur in einzelnen Details, die Rede Judits jedoch divergiert beträchtlich (siehe unter „Unterschiede in den direkten Reden"). Die Verse 1-8 berichten von Judits Stammbaum, ihrem Witwendasein, ihrem zurückgezogenen, gottesfürchtigen Leben, von ihrer Schönheit und von ihrem Reichtum. In Vers 9 lässt sie die Ältesten kommen und stellt sie ab Vers 10 wegen des Ultimatums zur Rede. Die Antwort der Ältesten findet sich in den Versen 28-29, die Verse 30-33 schildern Judits Entschluss, Vers 34 beendet das Kapitel mit Usijas Zustimmung.

Die Septuaginta hat eine ähnliche Einteilung des Kapitels: VV. 1-8 Einführung Judits, VV. 9-10 Vorladung der Ältesten, VV. 11-27 Rede Judits; die Antwort Usijas (nicht aller Ältesten) fällt um zwei Verse länger aus als in der Vulgata, er lobt Judits Weisheit, rechtfertigt sich für das Ultimatum und hofft auf Regen durch Judits Gebet. Die Verse 32-34 schildern Judits Entschluss, VV. 35-36 die Zustimmung der Ältesten (nicht nur die Usijas).

Der Stammbaum Judits stimmt nur in sechs Namen überein, die Vulgata nennt vierzehn Ahnen, die Septuaginta sechzehn, darüber hinaus wird in der Vulgata als Vater Simeons Ruben genannt, was den Exegeten viel Erklärungsbedarf beschert hat. Die Septuaginta berichtet, dass Manasse aus Judits Stamm und Sippe gewesen sei, die Dauer der Witwenschaft wird unterschiedlich angegeben, und die Septuaginta erweitert das Fastenbrechen Judits auch auf die Vortage der erwähnten Festtage.

Jdt 9
Das neunte Kapitel ist in der Vulgata um fünf Verse länger als in der Septuaginta und beinhaltet das Gebet Judits. Auch hier unterscheiden sich die Fassungen deutlich (siehe unter „Unterschiede in den direkten Reden"). Ein interessanter Zusatz der Septuaginta findet sich in Vers 1, wonach Judit genau zu der Zeit betet, in welcher man im Jerusalemer Tempel Rauchopfer bringt.

Jdt 10
Das zehnte Kapitel ist in der Vulgata um 3 Verse kürzer als in der Septuaginta. Der erste Teil des Kapitels stimmt weitgehend überein: Judit beendet ihr Gebet, ruft ihre Dienerin, legt ihre Bußkleider ab, macht sich schön, gibt ihrer Magd Wein und Lebensmittel zu tragen und macht sich mit ihr auf den Weg. Einen auffälligen Unterschied stellt Vers 4 dar: Heißt es da in der Septuaginta: „… [Judit] machte sich schön, zur Betörung der Augen aller Männer, die sie sähen, [εἰς ἀπάτησιν ὀφθαλμῶν ἀνδρῶν ὅσοι ἂν ἴδωσιν αὐτήν]", findet sich in der Vulgata stattdessen: „Dazu verlieh ihr der Herr einen Glanz, weil all dieser Putz nicht aus fleischlicher Lust, sondern frommer Gesinnung kam [*quoniam omnis ista conpositio non ex libidine sed ex virtute pendebat*], und darum vermehrte der Herr an ihr diese Schönheit so, daß sie allen Augen in unvergleichlicher Zierde erschien." Diesen langen, apologetisch wirkenden Vers beurteilt Thielmann nicht unbegründet als freien Zusatz des Hieronymus.[28] In der Septuaginta befiehlt Judit in Vers 9, dass ihr das Stadttor geöffnet werde. Die Verse 11-16 schildern jeweils, wie die assyrischen Vorposten die Frauen aufgreifen und verhören, Judits Erklärung und die Bewunderung der Assyrer. In der Vulgata wird Judit gleich ins Zelt des Holofernes geführt, in der Septuaginta wird sie zuerst vor dem Zelt von den Assyrern umringt und bewundert und erst danach in Vers 20 von Leibwächtern in den Vorraum des Zeltes geführt, wo ihr Holofernes mit seinem Gefolge entgegentritt. Eine bezeichnende Auslassung der Vulgata findet sich in Vers 18: Die Diener meinen, man müsse die Israeliten schon wegen der schönen Frauen bekämpfen, in der Septuaginta in Vers 19 heißt es jedoch weiter: „wenn man sie laufen lässt, sind sie noch imstande, die ganze Welt zu überlisten". Auch hier scheint die Zensur des Hieronymus eingegriffen zu haben.

Jdt 11
Das elfte Kapitel ist in der Vulgata um zwei Verse kürzer als in der Septuaginta. Die Verse 8-9 sind Sondergut der Vulgata, die ansonsten fast wörtlich mit der Septuaginta übereinstimmt, wobei letztere einige Zusätze aufweist. Das Kapitel schildert das Gespräch Judits mit Holofernes. Holofernes versichert ihr zunächst, niemandem etwas zuleide zu tun, der Nebukadnezzar diene. Die Septuaginta führt diesen Gedanken detaillierter aus: Judit werde weiterhin am Leben

---

28 Thielmann, *Textkritik*, 58.

bleiben, man werde sie gut behandeln (VV. 4-5). Judit antwortet, wenn Holofernes auf sie höre, werde der Herr mit ihm ein Werk vollbringen. In der Septuaginta betont sie dazu: „Ich erzähle meinem Herrn in dieser Nacht keine Lüge" (Vers 5b). Sie lobt seine Tüchtigkeit und Macht und erwähnt Achiors Rede. In der Vulgata berichtet sie in den Versen 8-9, dass Gott durch Sünden beleidigt worden sei, die Israeliten das wüssten und deshalb der Schrecken über sie gefallen sei, in der Septuaginta mahnt sie in den Versen 10-11 zuerst, Holofernes möge Achiors Rede als wahr erkennen, aber da die Israeliten bald sündigen würden, werde ihm das zugute kommen. Nach weiteren Versprechen (siehe unter „Unterschiede in den direkten Reden") bietet sie Holofernes an, durch ihre Gebete die Stunde des israelitischen Sündenfalls für ihn herauszufinden und ihn bis Jerusalem zu führen. Holofernes und sein Gefolge sind von ihrer Schönheit und Weisheit begeistert, die Septuaginta lässt Holofernes die lobenden Worte zu Judit wiederholen.

Jdt 12
Das zwölfte Kapitel umfasst in beiden Fassungen 20 Verse und stimmt mit geringfügig anderer Versaufteilung weitgehend überein. In der Septuaginta finden sich wenige kleine Zusätze, die interessantesten davon sind: in Vers 10, wo betont wird, dass Holofernes von den Männern, die sonst um ihn waren, keinen einlud; in Vers 13, wo Bagoas Judit nicht nur zum Mahl einlädt, sondern auch dazu, „den assyrischen Mädchen gleich [zu] werden, die im Palast Nebukadnezzars ihren Dienst tun"; und in Vers 16, wo es heißt, dass Holofernes, seit er Judit gesehen hatte, auf eine günstige Gelegenheit lauerte, sie zu verführen. In der Vulgata findet sich ein kleiner Zusatz in Vers 17, wo Holofernes Judit zum Trinken und Fröhlichsein auffordert und hinzufügt: „denn du hast Gnade gefunden vor mir."

Jdt 13
Das dreizehnte Kapitel weist in der Vulgata um elf Verse mehr auf als die Septuaginta, was jedoch zum Teil darauf zurück zu führen ist, dass Achiors Ohnmacht beim Anblick des Hauptes des Holofernes schon hier erzählt wird, während dies in der Septuaginta erst im vierzehnten Kapitel geschieht. In der Vulgata schildern die Verse 1-2, wie die Diener in ihre Zelte zurückkehren, die Verse 3-5 die Position der drei Hauptakteure: Judit allein in der Kammer, Holofernes schlafend am Bett und die Magd vor der Kammer. In Vers 6 beginnt die Tat: Judit betet (VV. 6-7), nimmt in Vers 8 das Schwert, betet in Vers 9 noch einmal und enthauptet Holofernes in Vers 10. Die Verse 11-12 berichten, wie Judit und ihre Magd das Lager mit dem Haupt des Holofernes im Sack verlassen, die Verse 13-16 schildern ihre Rückkehr nach Betulia. Judits Rede vor dem versammelten Volk umfasst die Verse 17-21, das Volk reagiert mit Lobpreis in Vers 22, Usijas Lob für Judit folgt in den Versen 23-25, die zustimmende Antwort des

Volkes in Vers 26. In Vers 27 wird Achior gerufen und Judit spricht zu ihm (Sondergut Vulgata). Die letzten drei Verse schildern Achiors Ohnmacht und seinen anschließenden Lobpreis für Judit.

Die Septuaginta hat anfangs längere Verse, so dass die Enthauptung bereits in Vers 8 geschieht. Die Unterschiede im Gebet Judits werden im nächsten Kapitel behandelt. Die Verse 9-10 berichten vom Verlassen des Lagers der beiden Frauen, die Verse 11-16 die Rückkehr nach Betulia und Judits Rede. In Vers 17 folgt der Lobpreis des Volkes *für Gott*, in den Versen 18-20 Usijas Lobrede auf Judit. (siehe dazu unter „Unterschiede in den direkten Reden"). Die beiden Fassungen stimmen in den erzählerischen Passagen weitgehend überein, sieht man von den vorgezogenen Versen der Vulgata ab und der Tatsache, dass Judit zu Achior spricht, die Reden Judits weisen jedoch Unterschiede auf.

Jdt 14

Das vierzehnte Kapitel ist in der Vulgata nur um einen Vers kürzer als in der Septuaginta. Letztere fügt zwar hier die Verse rund um Achiors Ohnmacht ein, dafür hat die Vulgata drei Verse Sondergut (VV. 9-11). Judit gibt jeweils in den ersten fünf Versen Anweisung, den Kopf des Holofernes an die Stadtmauern zu hängen und dann einen Ausfall zu simulieren, um die Assyrer zur Entdeckung der Tat zu führen und dadurch in Furcht und Verwirrung zu stürzen. Die Septuaginta leitet im Vers 5 zu Achior über, der in den Versen 6-9 den Kopf des Holofernes erkennt und in Ohnmacht fällt, entsprechend der Vulgata 13,27-31*. Parallel verläuft die Erzählung weiter mit der Bekehrung Achiors (Vulgata: Vers 6 bzw. Septuaginta: Vers 10). Die folgenden Verse schildern die Ausführung der Anweisungen Judits. Die assyrische Reaktion auf den Ausfall erfolgt unterschiedlich: In der Vulgata laufen die Kundschafter zum Zelt des Holofernes, und „die, welche im Zelt waren" (Vers 9) versuchen Holofernes durch Geräusche aufzuwecken, denn es war verboten, an die Tür des Feldherrn zu klopfen oder gar einzutreten. Die Obersten des Heeres kommen daraufhin zusammen und geben den Kämmerlingen Anweisung, doch hineinzugehen, was Bagoas auch tut. In der Septuaginta laufen die Kundschafter zunächst zu ihren Anführern, und diese zu den Obersten. Alle treffen sich beim Zelt des Holofernes und befehlen Bagoas (Vers 13) diesen zu wecken. Die nächsten Verse stimmen in beiden Fassungen wieder überein: Bagoas klatscht zuerst in die Hände, in der Septuaginta allerdings nicht, weil er nicht ins Feldherrnzelt eintreten darf, sondern weil er glaubt, Holofernes schlafe im Zelt mit Judit. Daraufhin tritt er ein, sieht den Rumpf des Holofernes, schreit auf, eilt zum Zelt Judits, findet es verlassen und erkennt, dass ein einziges Weib der Hebräer Schande über das Haus des Nebukadnezzar gebracht hat. Die Obersten des Heeres nehmen das mit Bestürzung, Verwirrung und Furcht auf.

Jdt 15
Die Vulgata hat im 15. Kapitel um einen Vers mehr als die Septuaginta. Die Texte divergieren in diesem kurzen Kapitel in einigen Punkten. Die Vulgata berichtet in den Versen 1-2 von der kopflosen Flucht der Assyrer, in den Versen 3-4 von der Verfolgung der Israeliten. Usija sendet im Vers 5 Boten in alle Städte und Landschaften Israels, die in Vers 6 ebenfalls den Assyrern nachjagen. Vers 7 erzählt von den Plünderungen des assyrischen Lagers durch die zurückgebliebenen Betulier, Vers 8 von der unermesslichen Beute der siegreichen Heimkehrer. Der Hohepriester Jojakim kommt in Vers 9 mit seinen Priestern nach Betulia, um Judit zu preisen. Als Grund ihres Sieges nennt er in Vers 11, dass Gottes Hand sie *aufgrund ihrer Keuschheit* („*quod castitatem amaveris*") gestärkt habe. Das Volk stimmt in Vers 12 zu, die Verse 13-14 berichten von der großen Beute, und von Judits Anteil daran. Der Vers 15 leitet über zum Lied der Judit in Kapitel 16: Das ganze Volk freut sich mit Zithern und Harfen.

Die Septuaginta beginnt ebenfalls mit der Flucht der Assyrer, Usijas Botenentsendung wird allerdings viel detaillierter ausgeführt. Insbesondere werden in Vers 5 die Bewohner Jerusalems, Gileads und Galiläas eigens erwähnt. Der Hohepriester kommt in Vers 8 nicht nur, um *Judit* aufzusuchen, sondern vor allem, um die rettende Tat zu sehen. Judits eigenständige Handlung wird stärker herausgestrichen, Gott hat daran „nur" Gefallen gehabt. Judit bekommt ihren Anteil an der Beute in Vers 11 und verstaut ihn auf ihrem Maultier und ihrem Wagen. In Vers 12 wird als Sondergut von einem nun stattfindenden Festzug nach Jerusalem berichtet, zu dem alle Frauen Israels herbeieilen. Judit schmückt in Vers 13 sich und ihre Begleiterinnen mit Ölzweigen und führt den Festreigen der Frauen an, danach folgen die mit Waffen und Kränzen geschmückten Männer. Alle zusammen singen Loblieder, und Judit stimmt in Vers 14 das Danklied an.

Jdt 16
Das sechzehnte Kapitel ist in der Vulgata um sechs Verse länger als in der Septuaginta, was aber hauptsächlich auf eine unterschiedliche Verseinteilung zurückzuführen ist. Es beinhaltet das Danklied Judits (VV. 1-21Vg bzw. 1-17LXX), danach betet das ganze Volk in Jerusalem den Herrn an und Judit opfert ihren Anteil an der Beute. Drei Monate dauert das Freudenfest, dann kehrt jeder wieder zurück in sein Haus. Die folgenden fünf Verse schildern Judits weiteres Leben in Zurückgezogenheit, ihren Tod im Alter von hundertfünf Jahren und Israels Trauer darüber. Die Septuaginta schließt mit dem Vermerk, dass noch lange Zeit danach niemand Israel beunruhigt habe, die Vulgata fügt noch hinzu, dass der Festtag dieses Sieges bis zum „heutigen Tage" bei den Hebräern gefeiert werde. Das Danklied stimmt in den Texten weitgehend überein, die Septuaginta hat lediglich in den Versen 11, 13, 15 und 16 einen etwas längeren

Text, die Vulgata in Vers 15. Geringfügige Unterschiede sind auch in den Versen 3-4Vg zu 2LXX, 9Vg zu 7LXX, 13Vg zu 11LXX zu finden.

Die weitere Erzählung divergiert in einigen Details: So berichtet die Vulgata in Vers 26, dass Judit mit der Tapferkeit auch *Keuschheit* verband und deshalb nach Manasse keinen Mann mehr erkannte. Die LXX erzählt in Vers 22, dass viele sie gerne zur Frau gehabt hätten, sie sich aber von keinem Mann mehr berühren ließ. Die explizite Betonung der Keuschheit fehlt hier. In Vers 27Vg heißt es, Judit trat an Festtagen in großer Herrlichkeit hervor, während in der LXX in Vers 23 berichtet wird, dass Judit ein hohes Alter erlebte.[29] In der Septuaginta wird in Vers 24 erwähnt, dass Judit ihren ganzen Besitz an ihre Verwandtschaft und die ihres Mannes verteilte, das fehlt in der Vulgata. Dafür findet sich in der Septuaginta keine Erwähnung über eine Feier dieses Festtags „bis in unsere Tage".

Unterschiede in den direkten Reden

Vergleicht man das Sondergut der Vulgata *in den direkten Reden* mit dem der Septuaginta, zeigen sich oft beträchtliche Unterschiede:

Die Rede des Nebukadnezzar (Jdt 2*)
Die erste direkte Rede des Buches, die des Assyrerkönigs Nebukadnezzar, weist in der Vulgata zwei Verse auf, in der Septuaginta jedoch neun. Die Vulgata berichtet nur vom Befehl des Nebukadnezzar an Holofernes, gegen alle Reiche des Westens auszuziehen, vor allem gegen die, die seinen Befehl missachtet hätten. Er solle dabei kein Reich verschonen und alle Städte erobern. Das ist im Kern auch der Befehl in der Septuaginta, doch wird hier die Rede mit großsprecherischen Details in andere Dimensionen gehoben. Kennzeichnend für die längere Fassung der Septuaginta ist die Stilisierung Nebukadnezzars als Anti-Jahwe, die sich bereits im ersten Satz ausdrückt (Jdt 2,5LXX): „So spricht der Großkönig, der Herr der ganzen Erde [τάδε λέγει ὁ βασιλεὺς ὁ μέγας ὁ κύριος πάσης τῆς γῆς]." Dieser Satz fehlt in der Vulgata ebenso wie die ausgedehnten Drohungen der Verse 2,7-9: Die Bewohner der widerständigen Länder könnten schon Erde und Wasser bereithalten (was laut Herodot ein Zeichen der Unter-

---

29 Thielmann nimmt das als Beweis dafür, dass Hieronymus weder nach einem chaldäischen Original übersetzt habe, noch die griechischen Handschriften eingesehen habe. Der Vers gehe vielmehr auf einen Übersetzungsfehler des Hieronymus vorgelegenen Codex Corbeiensis zurück, einer altlateinischen Septuaginta-Übersetzung, die das Wort προβαίνουσα mit „erat procedens" übersetzte, statt es richtig mit „sie rückte vor an Jahren" wiederzugeben. Dieser Fehlübersetzung habe Hieronymus selbst erläuternd „diebus festis" hinzugefügt, wodurch vorliegende Fehldeutung entstand. Thielmann, *Textkritik*, 56.

werfung war).³⁰ Nebukadnezzar droht weiters, die ganze Erde mit seinen Truppen zu bedecken, den Besitz (aller) Menschen der Plünderung preiszugeben, die Täler, Bäche und Flüsse mit Toten zu überfüllen und die Gefangenen bis an die Grenzen der Erde zu verschleppen. Er beendet seine Rede mit einer abschließenden Schwurformel im Vers 12, die der Schwurformel Jahwes nachgebildet ist:³¹ „Bei meinem Leben und der Macht meines Königtums – ich habe gesprochen, und ich werde dies mit meiner Hand tun. [ὅτι ζῶν ἐγὼ καὶ τὸ κράτος τῆς βασιλείας μου λελάληκα καὶ ποιήσω ταῦτα ἐν χειρί μου;]." Holofernes warnt er davor, einen einzigen seiner Befehle zu übertreten. Die Gefahr, die von einem solchen sich als Gott fühlenden Kriegsherrn ausgeht, wird durch diese Rede eindrucksvoll betont.

Die Reden des Hohepriesters Eljakim/Jojakim (Jdt 4*; 15*)
Der Hohepriester Eljakim/Jojakim hat in der Vulgata (*Jdt 4,12-14*) eine Rede, die sich in der Septuaginta nicht findet. Darin ermutigt er die Israeliten im ganzen Land, *in Fasten und Gebeten* zu verharren („*in ieiunibus et orationibus*") und an Moses Sieg gegen die Amalekiter zu denken. Dieser habe nämlich nur durch die Kraft des Gebets die Feinde überwinden können, die, ähnlich den Assyrern, nur auf die Stärke ihres Kriegsgerätes vertraut hätten.

Das Lob des Hohepriesters für Judit im *15. Kapitel* weist deutliche Unterschiede in den beiden Textvorlagen auf: Zwar wird Judit da wie dort als „Ruhm Jerusalems, Freude Israels und Ehre/Stolz unseres Volkes" tituliert (15,10Vg / 15,9LXX), doch der jeweils nächste Vers divergiert: In der Vulgata begründet der Hohepriester sein Lob in Vers 11 wie folgt: „denn du hast männlich gehandelt, und bist starkmütig gewesen, weil du die Keuschheit geliebt [*quod castitatem amaveris*], und nach deinem Mann keinen andern erkannt hast. Darum hat auch die Hand des Herrn dich gestärkt, und darum wirst du gesegnet sein in Ewigkeit." Judits Tat war also ein Resultat ihrer Keuschheit. Deshalb stärkte sie Gott und deshalb wird sie gesegnet. Dass sie Israel von einem mächtigen Feind befreit hat, ist zwar der Anlass des priesterlichen Lobes, aber nicht das Wichtigste daran. In der Septuaginta dagegen wird Judit im Vers 10 ausdrücklich für ihre Taten gelobt: „Mit deiner Hand hast du das alles getan, du hast das Gute für Israel getan [ἐποίησας ταῦτα πάντα ἐν χειρί σου ἐποίησας τὰ ἀγαθὰ μετὰ Ισραηλ] und Gott hat daran Gefallen gehabt. Sei gesegnet vom Herrn, dem Allmächtigen, für ewige Zeiten." Ihre Taten sind demnach das zentrale Element des Lobes, nicht ihr moralisches Verhalten. Gott hat nicht zuerst Judits Hand gestärkt, sondern danach sein Gefallen daran gehabt. Die Eigenständigkeit von Judits Handeln wird hier in den Vordergrund gestellt, während die Vulgata

---

30 Groß, *Judit*, 70.
31 Groß, *Judit*, 70.

mit ihrem „du bist starkmütig gewesen, weil du die Keuschheit geliebt ... hast" vor allem auf Judits moralische Integrität inmitten des feindlichen Lagers sieht.

Die Rede der Fürsten (Jdt 3*)
Geringfügige Unterschiede gibt es in der Rede der sich unterwerfenden Fürsten im dritten Kapitel, wobei in der Vulgata die Macht des Holofernes (3,2-6), in der Septuaginta die des Nebukadnezzar stärker betont wird (3,2-4).

Die Rede des Achior (Jdt 5*)
Die Rede des Achior differiert in den beiden Textvorlagen deutlich: Achior schildert die Geschichte der Israeliten und die Besonderheit ihrer Gottesbeziehung. Beide Texte beginnen mit der Abstammung des Volkes von den Chaldäern, von seiner Hinwendung zu dem einen Gott und vom Auszug nach Mesopotamien. Auf Gottes Befehl habe es sich dann nach Charan (Vulgata) bzw. Kanaan (Septuaginta) gewandt, eine Hungersnot habe es nach Ägypten fliehen lassen, wo es sich gewaltig vermehrt habe. Die Unterdrückung des Volkes durch den Pharao habe Gott mit allerlei Plagen geahndet. Die Vulgata schildert nun den Auszug der Israeliten und das Geschehen am Schilfmeer sehr detailliert in 5,12-14a, berichtet daraufhin (5,14b-15) vom Aufenthalt des Volkes in der Wüste, von den bitteren Quellen, die Gott versüßt hatte und der Speise vom Himmel während der vierzig Jahre. Achior erzählt weiter (5,16-19), dass die Israeliten auch ohne Waffen durch ihren Gott siegten, außer wenn sie von Gott abwichen. Sobald sie aber bereut hätten, habe Gott ihnen wieder Kraft zum Widerstand gegeben.

Die Septuaginta widmet dem Schilfmeer-Geschehen nur einen knappen Satz (5,13): „Gott aber trocknete das Rote Meer vor ihnen aus." Die bitteren Quellen und die Himmelsspeise fehlen gänzlich, die Erzählung setzt fort mit dem Bericht über die siegreichen Vertreibungen der anderen Wüstenvölker und der Völker jenseits des Jordans. Diese Kämpfe nehmen in der Septuaginta drei Verse ein (5,14-16), während die Vulgata sie in 5,20 in einem Satz (nicht vollständig) zusammenfasst. Die *Conclusio* ist in beiden Textvorlagen gleich: Solange die Israeliten nicht sündigten, gehe es ihnen gut, sobald sie abwichen, würde Gott sie in Kämpfen aufreiben und zerstreuen. Erst kürzlich hätten sie sich Gott wieder zugewandt und deshalb konnten sie aus der Gefangenschaft in fremden Ländern wieder zurückkehren und Jerusalem erneut in Besitz nehmen. Die Septuaginta fügt in Vers 18 hinzu, dass bei jener Gefangenschaft auch der *Tempel* zerstört („ὁ ναὸς τοῦ θεοῦ αὐτῶν ἐγενήθη εἰς ἔδαφος") und ihre Städte erobert worden seien. Das Ende der Rede stimmt annähernd wörtlich überein: Holofernes möge sich erkundigen, ob ein Unrecht bei den Israeliten vorläge, denn dann würde Gott sein Volk verlassen und nur in diesem Fall sei dieses Volk zu überwinden (VV. 25-26Vg / 20-21LXX).

Die Reden der Heerführer des assyrischen Kriegsheeres (Jdt 5*; Jdt 7*)
Die Heerführer des assyrischen Kriegsheeres erhalten in *Jdt 5,27-29Vg* bzw. *5,23-24LXX* Gelegenheit, ihrer Empörung über Achiors Rede Ausdruck zu geben:

In der Vulgata nehmen sie die Worte des Holofernes sinngemäß vorweg: Sie beginnen in 5,27 mit der hochmütigen Frage: „Wer ist dieser, der sagen darf,..." („*Quis iste est qui...dicat*"), in Vers 28 wollen sie Achior mit den Israeliten zusammen *durch das Schwert umkommen* („*gladio transverberabitur*") sehen, in Vers 29 folgt die Begründung: um allen Völkern der Erde *Nebukadnezzar als Gott der Erde* („*quoniam Nabuchodonosor deus terrae est*") erkennbar zu machen. In der Septuaginta sprechen die Heerführer nicht von Achior, sondern von den Israeliten: Sie betonen in Vers 23, dass sie vor diesem macht- und kraftlosen Volk *keine Angst* („οὐ...φοβηθησόμεθα") hätten und wollen es in Vers 24 dem Heer des Holofernes „*zum Fraß*" vorwerfen („καὶ ἔσονται εἰς κατάβρωσιν πάσης τῆς στρατιᾶς σου"). In der Vulgata geht es also um *Strafe* für den unliebsamen Redner und um das abschreckende Beispiel für die anderen potentiellen Gegner Nebukadnezzars, in der Septuaginta geht es um die *Widerlegung* der Aussagen Achiors.

In *Jdt 7,13-15LXX* wird die Rede der Heerführer an Holofernes erweitert: Geht es in den Versen 9-13a noch konform mit der Vulgata um den Rat, statt eines Feldzuges lieber die Quellen Betulias zu besetzen, um ohne Verluste siegen zu können, schildern die Heerführer in der Septuaginta ab 13b-15 die verheerenden Folgen für die Betulier: Der Durst werde sie umbringen, sie müssten ihre Stadt ausliefern (V. 13); sie würden mit ihren Frauen und Kindern vor Hunger verschmachten und auf den Gassen hingestreckt liegen (V. 14). Das sei jedoch die gerechte Buße für ihren Widerstand (V. 15). Auch die assyrischen Vorposten und Bagoas sprechen etwas mehr in der Septuaginta als in der Vulgata.

Die Reden des Holofernes (Jdt 6)
Die Reden des Holofernes weisen nur kleine Unterschiede auf. Bedeutsam ist Jdt 6,2-6Vg bzw. 6,2-8LXX, die Reaktion auf Achiors Rede: In der Vulgata liegt der Schwerpunkt auf Achiors Schicksal und Bestrafung, wie schon bei den Heerführern: Holofernes droht vor allem in der Anredeform: „Weil du uns geweissagt, (...) so sollst du, damit ich dir zeige,..." (6,2), „und du sollst erfahren, (...)" (6,4) etc. (*prophetasti / ut ostendam tibi / interibis / et probabis...*). Achior soll gemeinsam mit den Israeliten mit dem Schwert durchbohrt werden, als Strafe für seine Rede. In der Septuaginta ist die Antwort des Holofernes um 3 Verse länger. Hier verweist Holofernes länger und detaillierter als in der Vulgata auf die Macht Nebukadnezzars, der wiederum als Anti-Jahwe stilisiert wird.[32] Die

---

32   Groß, *Judit*, 81.

Drohungen richten sich zuerst an die Israeliten: Nebukadnezzar werde seine Macht aufbieten und *sie* vom Erdboden tilgen, ohne daß *ihr* Gott *sie* rette (V. 2: „οὗτος ἀποστελεῖ τὸ κράτος αὐτοῦ καὶ ἐξολεθρεύσει αὐτοὺς ἀπὸ προσώπου τῆς γῆς"); wir aber, seine [Nebukadnezzars] Knechte werden *sie* schlagen, *sie* werden dem Ansturm nicht widerstehen können (V. 3: „ἀλλ᾽ ἡμεῖς οἱ δοῦλοι αὐτοῦ πατάξομεν αὐτοὺς ὡς ἄνθρωπον ἕνα καὶ οὐχ ὑποστήσονται τὸ κράτος τῶν ἵππων ἡμῶν"). Bis zum Vers 4 setzt sich die Schilderung fort, wie die Israeliten hoffnungslos vernichtet würden und schließt mit den Worten: „Das sagt der König Nebukadnezzar, der Herr der ganzen Erde; er hat es so bestimmt, und seine Worte können nicht fruchtlos bleiben." Erst jetzt wendet sich Holofernes Achiors Schicksal zu: Achior dürfe ihm wegen seiner Rede nicht mehr unter die Augen treten und werde nach vollbrachter Rache an den Israeliten auch umgebracht. Auch diesen zweiten Teil seiner Antwort beendet Holofernes mit einer Formel (V. 9): „Ich habe gesprochen, und keines meiner Worte wird unerfüllt bleiben [ἐλάλησα καὶ οὐδὲν διαπεσεῖται τῶν ῥημάτων μου]." Während also in der Vulgata die Reaktion des Holofernes zornerfüllt und sehr persönlich an Achior gerichtet ist und nur dessen Vergehen und die Strafe dafür thematisiert, verliert der Holofernes der Septuaginta nie den gesamten Feldzug aus den Augen: Nebukadnezzar ist für ihn ein Gott, der die Israeliten vernichten, töten, vertilgen etc. wird, er selbst sieht sich als Knecht dieses Gottes. Im zweiten Teil wird die Rede persönlicher und in seiner Selbstgerechtigkeit, Achior für die „Gottesbeleidigung" zu bestrafen, versteigt sich Holofernes selbst zu „göttlicher Diktion". Auch seine Worte werden nicht unerfüllt bleiben, auch er glaubt die Zukunft voraussehen und sie durch seine Macht gestalten zu können.

Die Reden der Israeliten (Jdt 6*; 7*; 13*)
Das Volk der Israeliten hat in der Vulgata mehr direkte Reden als in der Septuaginta.

In Jdt 6,15bVg und 7,19-21Vg finden sich Zusätze in den Gebeten:
In *6,15Vg* heißt es: „...sieh an ihren Hochmut, und schau auf unsere Demut [*ad nostram humilitatem*], habe Acht auf das Angesicht deiner Heiligen, und zeige, dass du nicht verlässt, die auf dich vertrauen, und dass du demütigst, die auf sich vertrauen, und sich ihrer Stärke rühmen." In der Septuaginta findet sich nur der erste Teil dieses Verses mit einem kleinen Bedeutungsunterschied (V. 19): „..., sieh ihre Überheblichkeit, hab Erbarmen mit unserem *gedemütigten* Volk [wörtlich: mit der Erniedrigung deines Volkes, τὴν ταπείνωσιν], und schau heute gnädig auf die dir Geweihten." In der Vulgata wird die Demut als eine Tugend in Kontrast zu dem Laster Hochmut gesetzt, in der Septuaginta hat die Überheblichkeit des Feindes die Erniedrigung des Volkes zur Folge, der Status des gedemütigten Volkes ist keine Tugend, sondern eine Notsituation.

In *7,19-21Vg* betet das Volk verzweifelt und legt dabei sogar ein Bekenntnis ab, wie die Väter gesündigt zu haben (was in Widerspruch zu 8,18 steht). Gottes Erbarmen wird herabgerufen, aber auch Gottes Strafe wäre den Israeliten immer noch willkommener als die Auslieferung an ein Volk, das Gott nicht kennt. Die Heiden sollten nämlich angesichts des Elends des Gottesvolkes nicht sagen dürfen: „Wo ist ihr Gott?". Die Vulgata illustriert damit sehr anschaulich das Ausmaß der Verzweiflung in Betulia: Die Israeliten nehmen lieber nicht begangene Sünden auf sich, als den Feinden zum Opfer zu fallen; gleichzeitig haben sie eben diese Auslieferung an die Feinde gerade vehement von Usija gefordert, um nicht langsam und qualvoll sterben zu müssen. In der Septuaginta wird in 7,19 nur berichtet, dass das Volk zu Gott schrie und jeden Mut verloren hatte.

Jdt 6,17-18Vg: In der Einfügung der Vulgata in 6,17-18 handelt es sich um Trostreden für Achior: Er werde den Untergang der anderen sehen können und habe in Betulia ein neues Zuhause zur Verfügung.

Jdt 13: In der Septuaginta wird Judits Rückkehr mit einem Gebet erwidert (13,17): „Gepriesen seiest du unser Gott, der du am heutigen Tag die Feinde deines Volkes vernichtet hast", während in der Vulgata Judit in direkter Rede gepriesen wird (13,22): „Der Herr hat dich gesegnet in seiner Kraft; denn durch dich hat er unsere Feinde zunichte gemacht." In beiden Texten ist aber die Urheberschaft Gottes deutlich.

Die Reden Judits
Judits Reden und Gebete sind ein Kernstück des Buches. Umso auffälliger ist der Umstand, dass sie in den beiden Textvorlagen beträchtlich differieren.

Jdt 8*: Die Rede Judits vor den Ältesten: Im Grundgerüst sind die beiden Versionen gleich: Judit tadelt die Ältesten für das Ultimatum: mit dieser Festlegung Gottes werde Gott versucht und zum Zorn gereizt. Man solle vielmehr seine Hilfe erwarten, immerhin sei die Bevölkerung Betulias nicht den Sünden der Väter nachgefolgt und kenne nur einen Gott allein. Außerdem möge man bedenken, dass Gott seine Freunde züchtige, um sie zur Einsicht zu führen, wie man etwa an Abraham, Isaak und Jakob ersehe. In dieses Grundgerüst ist das jeweilige Sondergut der beiden Textvarianten modifizierend eingebettet.

Die Judit der *Vulgata* ruft vor allem zur Demut auf: Die Ältesten hätten mit dem Ultimatum Gottes Zorn gereizt (8,12), indem sie nach ihrer Willkür einen Tag bestimmten (8,13). „Doch weil der Herr geduldig ist, so wollen wir darüber Buße thun, und mit Thränen seine Nachsicht erflehen" (8,14). Gott drohe nicht wie ein Mensch und werde nicht zum Zorn entflammt wie ein Menschensohn (Vers 15). Die Verse 16 und 17 betonen die Demut: „Und darum wollen wir demütigen [*humiliemus*] vor ihm unsere Seelen, und mit demütigem Geiste [*in spiritu...humiliato*] ihm dienen, / wollen weinend dem Herrn sagen, dass er, wie er will, seine Barmherzigkeit an uns tue, damit, wie unser Herz durch ihren

Hochmut betrübt ist, wir auch so uns unserer Verdemütigung [*de nostra humilitate*] rühmen mögen;". Die Verse 18-19 versichern, dass man nicht den Sünden der Väter nachgefolgt sei, und von Gott allein wisse. Der Vers 20 ruft abermals zur Demut auf: „Lasset uns demütig [*humiles*] seinen Trost erwarten, so wird er an unsern Feinden, die uns bedrängen, unser Blut rächen, und alle Völker demütigen [*humiliabit*], die wider uns aufstehen, und wird sie ehrlos machen, der Herr, unser Gott." Im Vers 21 ruft Judit die Ältesten auf, das Volk wieder aufzurichten, und sie daran zu erinnern, wie die Väter versucht worden seien, um in ihrer Gottesverehrung erprobt zu werden. Explizit erwähnt sie in Vers 22 Abraham, der durch *viele Trübsale* („*per multas tribulationes*") bewährt Gottes Freund geworden sei, in Vers 23 Isaak, Jakob und *Mose*, die durch *viele Trübsale* („*per multas tribulationes*") gegangen und treu geblieben seien. In den Versen 24-25 schildert sie, was diejenigen erwartet habe, die gegen Anfechtungen gemurrt hätten: „die sind von dem Verderber vertilgt, und von den Schlangen getödtet worden." (V. 25). Als *Conclusio* setzt sie (VV. 26-27): „Wir wollen uns also nicht rächen für das, was wir leiden, / sondern denken und glauben, dass diese Strafen geringer sind, als unsere Sünden, und die Geißeln des Herrn, mit denen wir wie Knechte gezüchtigt werden, uns zur Besserung, und nicht zu unserem Untergange gereichen."

Die *Septuaginta* setzt in das Grundgerüst völlig andere Akzente: Statt wie die Vulgata-Judit nach dem „Warum?" des Ultimatums zu fragen (V. 10), beginnt die Septuaginta-Judit ihre Rede sogleich mit einer Wertung (V. 11): „(...) Es war nicht recht, was ihr heute vor dem Volk gesagt habt!" Auch sie wirft den Ältesten vor, mit dieser Festlegung Gott zu versuchen, aber statt zur demütigen Buße aufzurufen, erinnert Judit sie an ihre mangelhafte Erkenntnisfähigkeit Gottes (V. 14): „Nicht einmal die Tiefe des Menschenherzens könnt ihr ergründen [εὑρήσετε] und die Gedanken seines Geistes erfassen [διαλήμψεσθε]. Wie wollt ihr dann Gott erforschen [ἐρευνήσετε], der das alles erschaffen hat? Wie wollt ihr seine Gedanken erkennen [ἐπιγνώσεσθε] und seine Absichten verstehen [κατανοήσετε]?" Die Septuaginta-Judit ruft nicht dazu auf, sich ohne nachzudenken geduldig in alles zu fügen, sondern führt den Ältesten ihre Kontingenz vor Augen, sie zielt auf Einsicht der Begrenztheit menschlichen Denkens und will daraus die Erkenntnis der Ältesten gewinnen, falsch gehandelt zu haben. Gottes Absichten sind undurchschaubar. Auch hier wird argumentiert, dass Gott nicht wie ein Mensch sei (V. 16). Heißt es jedoch in der Vulgata (V. 15): „denn nicht droht Gott wie ein Mensch [*comminabitur*], und wird nicht entflammt zum Zorn wie ein Menschensohn [*ad iracundiam inflammabitur*]", steht in der Septuaginta: „denn Gott ist nicht wie ein Mensch, dem man drohen kann, [ἀπειληθῆναι] und wie ein Menschenkind, das man beeinflussen kann [διαιτηθῆναι]." Statt der Vulgata-Aussage, Gott *agiere* nicht wie ein Mensch, findet sich in der Septuaginta die These, Gott könne man nicht so *behandeln* wie einen Menschen.

Nach den Versen 17-20, die angesichts der Tatsache, dass man nicht die Sünden der Väter begehe, zum Vertrauen aufrufen, folgen einige Verse Sondergut: Das Hauptargument, warum die Betulier nicht den Mut sinken lassen dürften, ist nämlich die Sicherheit Jerusalems und des Tempels: Denn Betulia fungiere gleichsam als Bollwerk gegen die Feinde und wenn Betulia fallen sollte, würde auch ganz Judäa und damit das Heiligtum gefährdet. Das aber würde von Gott blutig geahndet: Die Ermordung der Brüder, die Entvölkerung des Landes, die Verwüstung des Erbbesitzes würde ihnen zur Last gelegt und die Knechtschaft inmitten der Heiden ihnen zur Schande geraten. Das Vertrauen zu Gott stellt sich hier als unabdingbare Voraussetzung für das Weiterleben der Stammesbrüder dar. Nicht die fraglose Unterwerfung um der Unterwerfung willen ist gefordert, sondern das mutige Einstehen für die eigene Religion und die Solidarität mit dem eigenen Volk.

Nun folgt der dritte Teil des Grundgerüstes, die Erinnerung an die Gottgetreuen, die von Gott geprüft worden waren: Die Septuaginta erwähnt Abraham, Isaak und Jakob, nicht aber Mose, und auch diese nur knapp. Von bestandener Trübsal ist keine Rede, von Jakobs Prüfung wird im Zusammenhang mit dessen Erlebnissen in Mesopotamien mit Laban gesprochen. Vom Murren des Volkes (im Exodus) und der dafür verhängten Todesstrafe durch Gott findet sich hier nichts. Der Herr züchtige seine Freunde zu ihrer *Ermahnung:* „νουθέτησιν", in der Vulgata wird verdeutlicht, dass er „uns zur Besserung" züchtigt (V. 27, *„ad emendationem"*).

Die Antwort Usijas und der Ältesten: In der *Vulgata* bestätigen die Ältesten lediglich, dass Judits Worte wahr seien und bitten sie, für Betulia zu beten, da sie ein *heiliges Weib* sei (VV. 28-29, *„mulier sancta"*). In der **Septuaginta** antwortet Usija allein. Er fügt der Zustimmung zu ihren Worten zweierlei hinzu: einmal, dass Judits *Weisheit* und *Einsicht* schon seit ihrer frühesten Jugend bekannt gewesen sei (V. 29, „σοφία / σύνεσιν") und zum anderen, als Rechtfertigung für den Eid, dass das Ultimatum vom leidenden Volk erzwungen worden sei (V. 30). Von Judits Gebet erhofft er sich, dass der Herr Regen schicke (V. 31). Hier wie dort wagt Usija nichts Größeres von Gott zu erhoffen als ganz allgemein eine Verbesserung der Situation oder Regen. Die großen Wunder liegen nicht in seinem Erwartungshorizont.

Die Fortsetzung von Judits Rede: Dementsprechend kurz angebunden fährt Judit fort. Sie will nicht in stiller Zurückgezogenheit nur beten und hoffen, sie will handeln. In der *Vulgata* kehrt sie die Kompetenzen um: Sie argumentiert, wenn die Ältesten ihre Worte als von Gott kommend anerkennten, dass sie auch ihre Taten und ihr Vorhaben, nämlich die Stadt zu verlassen, als von Gott beurteilen müssten (V. 31). Genaueres sagt sie nicht und weist nun den Ältesten die ihr zugedachte Rolle zu: Dreimal betont Judit, die Ältesten mögen bis zu ihrer Rückkehr nichts anderes tun als *beten*: 1.) V. 31: „(...) und betet [*orate)*], dass Gott mein Vorhaben bestärken wolle." 2.) V. 32: „(...) und betet [*orate*], dass der Herr in fünf Tagen, wie ihr gesagt habt, nach seinem Volk Israel sehe." 3.) V. 33: „(...) sondern bis ich euch Nachricht bringe, soll nichts anderes geschehen, als dass man für mich zu dem Herrn, unserem Gott, bete [*fiat...oratio)*]." Usija nimmt diese Rollenumkehrung an und lässt Judit gehen.

In der *Septuaginta* kündet Judit noch selbstbewusster ihre Tat an (V. 32): „Hört mich an! Ich will eine Tat vollbringen, [ἀκούσατέ μου καὶ ποιήσω πρᾶγμα...] von der man noch in fernsten Zeiten den Kindern unseres Volkes erzählen wird." Sie „befiehlt" den Ältesten, diese Nacht zum Tor zu kommen und verspricht, dass vor Ablauf des Ultimatums Gott durch ihre Hand Hilfe bringen werde (V. 33). In Vers 34 schließt sie mit den Worten, dass sie nichts von ihrem Vorhaben mitteilen werde, bis sie es vollendet habe. Von einer Aufforderung zum Gebet findet sich nichts, offenbar hat es die Septuaginta-Judit nicht nötig, dass Gott ihr Vorhaben befestige, da sie sich sicher genug ist. Die Antwort der Ältesten ist ident mit jener in der Vulgata.

Jdt 9*: *Judits Gebet:* Auch in Judits Gebet gibt es ein gemeinsames Grundgerüst: Judit beginnt ihr Gebet mit der Erinnerung an Gen 34, an die Vergewaltigung der Dina und die Rache ihres Stammvaters Simeon an den Sichemiten. Derselbe Gott, der damals Simeon das Schwert in die Hand gegeben habe, um das hilflose Opfer zu rächen, solle nun der Witwe Judit zu Hilfe kommen. Im Hintergrund steht der Gedanke, dass es wohl erlaubt sei, sich mit Gewalt gegen Übergriffe und gottesfeindliche Taten einer Übermacht zu wehren. Sie ruft Gottes Hilfe an, denn durch ihn werde ja alles bewirkt, das Vergangene und das Zukünftige. Die Assyrer vertrauten nur auf ihre Streitmacht und sähen nicht, dass Gott „von Anfang her die Kriegsmacht vernichtet" (Jdt 9,10Vg). Judit aber wolle Holofernes durch die Hand einer Frau besiegen und mit Gottes Hilfe allen Völkern zeigen, dass es außer ihrem Gott keinen anderen gebe.

Die *Vulgata* fügt dem Folgendes hinzu: In den Versen 6-8 bringt Judit einen Vergleich der Assyrer mit den Ägyptern aus Exodus 14: Auch Letztere hätten nur auf ihre Kriegsmacht vertraut, als sie den Israeliten nachgejagt seien, doch Gott habe sie mit Finsternis geschlagen und in den Abgrund gestürzt. Genauso möge es auch den Assyrern ergehen. In Vers 12 bittet Judit, dass der Stolz des Holofernes durch dessen eigenes Schwert geschlagen werde, eine, wie Thielmann meint, etwas unpassende Vorwegnahme des Geschehens durch Hieronymus.[33] Der Vers 13 beinhaltet die unter Exegeten oft diskutierte Bitte Judits, dass Holofernes durch den „Fallstrick seines Blicks" („*laqueo oculorum suorum*") gefangen werde und durch die „Lieblichkeit" ihrer Lippen („*ex labiis caritatis meae*") geschlagen werde. Interessant ist auch die Abweichung in Vers

---

33 Thielmann, *Textkritik*, 59.

14, wo Judit von Gott nicht nur Kraft für die Tat erbittet, sondern auch „Standhaftigkeit" des Gemüts („*in animo constantiam*"), um Holofernes verachten zu können. Ähnlich bittet sie auch in Vers 18, dass Gott den Entschluss ihres Herzens stärke. Gott gefielen nämlich nicht die Stolzen (V. 16), „sondern der Demütigen und Sanftmütigen (Fürbitt-)Gebet hat dir allzeit gefallen [*humilium...deprecatio*]." In Vers 18 bittet sie außerdem, dass Gott seines Bundes gedenken solle.

In der *Septuaginta* liegen die Akzente anders: Die Schandtat an Dina sei gegen das göttliche Gebot geschehen, daher habe Gott die Fürsten den Mördern überlassen und das Lager in Blut getaucht, und Knecht wie Herr erschlagen (VV. 2-3). Der Vergleich mit den Ägyptern fehlt. Die Septuaginta-Judit bittet Gott um Kraft für ihre Tat, nicht aber um Standhaftigkeit oder Entschlusskraft. In Vers 10 betet sie hingegen, dass Herr und Knecht durch ihre *trügerischen Lippen* (eig.: „aus den Lippen meines Trugs": „ἐκ χειλέων ἀπάτης μου") geschlagen werden mögen. Ähnlich bittet sie auch in Vers 13, dass ihr *trügerisches Wort* (eig.: „mein Wort und meine Täuschung": „λόγον μου καὶ ἀπάτεν") Wunden und Striemen bei den Feinden des Bundes und *Jerusalems* schlagen mögen. Judit schreckt also vor bewusster List nicht zurück und bittet explizit um den Erfolg dieser Strategie. Die Vulgata gibt sich da etwas verhaltener, indem sie nur um den Einfluss ihrer Schönheit auf Holofernes bittet (s.o.). Überlistet soll Holofernes auch nicht durch Judit, sondern durch seinen eigenen Blick werden, der ihn irreführt.

Gott wird in der Septuaginta in Vers 11 als „Gott der Erniedrigten" („ταπεινῶν...θεός")[34] und als „Helfer der Unterlegenen" („ἐλαττόνων... βοηθός") tituliert, als „Beistand der Armen", „Beschützer der Verachteten" und „Retter der Hoffnungslosen".

Diese Kennzeichnung unterscheidet sich merklich von der Vulgata-Aussage in Vers 16 (s.o.) Gott hilft in der Septuaginta den Schwachen, Armen, und Verachteten, *abseits ihrer charakterlichen Qualifikation*. In der Vulgata ist das Gebet („*humilium et mansuetorum... deprecatio*") entscheidend, die Demut und der Sanftmut. Nicht der Status eines Menschen begründet die Hilfe Gottes, sondern das Verhalten. Wenn sich jemand bittend und betend an Gott wendet und jeden Stolz fahren lässt, kann er auf Gottes Hilfe hoffen. In der Septuaginta beschützt Gott die, „die nicht zu den Starken gehören." Fünfmal wird dieser Gedanke in der Textfassung der Septuaginta abgewandelt, ein Zeichen, wie wichtig diese Idee der Beterin ist.[35]

---

34 ταπεινός kann zwar auch „demütig" bedeuten, in diesem Kontext wird es aber üblicherweise mit „niedrig, klein, gering" übersetzt; vgl. Schmitz, *Gedeutete Geschichte*, 304f.
35 Vgl. Groß, *Judit*, 95.

Jdt 11*: Judits Gespräch mit Holofernes: Nach den beruhigenden Worten des Holofernes, Judit nichts zuleide tun zu wollen, beginnt Judits Rede: Im *ersten* Teil der Rede bittet sie um Gehör, lobt schmeichelnd seine Macht und die Nebukadnezzars und verspricht ihm, dass Gott sein Werk vollbringen werde. Die *Vulgata* (VV. 4-6) hat hier keinerlei Zusätze, die *Septuaginta* (VV. 5-8) nur einen, allerdings wesentlichen Satz in Vers 5: „Ich erzähle meinem Herrn in dieser Nacht keine Lüge [οὐκ ἀναγγελῶ ψεῦδος...]."

Im *zweiten* Teil der Rede erwähnt Judit, Achiors Worte von der Unbesiegbarkeit der Israeliten bei intakter Gottesbeziehung gehört zu haben, betont aber, dass es derzeit gerade daran mangle: In der *Vulgata* (VV. 7-12) argumentiert sie, Gott sei durch die Sünden des Volkes so beleidigt worden, dass er bereits Propheten zur Warnung gesandt habe. Das Volk sei sich der Sünden bewusst und zittere deshalb vor Holofernes. In den Versen 10-12 schildert sie die Sünden im Detail: Sie hätten vor, ihr Vieh zu töten und das Blut zu trinken, den Gott geweihten Anteil an Getreide, Wein und Öl zu verzehren und auch das Unberührbare zu berühren. Das brächte ihnen die sichere Vernichtung ein. In der *Septuaginta* (VV. 9-15) fasst Judit Achiors These noch einmal zusammen, dass die Israeliten nur im Falle einer Versündigung gegen Gott besiegbar seien, behauptet allerdings, dass genau dieser Fall eingetreten sei (V. 11): Die Sünde habe bereits von ihnen Besitz ergriffen, und sie würden das Unerlaubte, das sie bis jetzt nur vorhatten, demnächst auch tun. Die Details dieser Sünde stimmen mit denen der Vulgata überein, die Septuaginta setzt jedoch noch hinzu, dass in Jerusalem diese Sünden schon *geschehen* seien und man sich deshalb einen Schulderlass des Ältestenrates erwarte (V. 14). Doch der Schulderlass schützt offenbar nicht vor Gottes Strafe, denn in Vers 15 wird betont, dass noch am selben Tag, an dem der Schulderlass die Israeliten zu dieser Sünde ermutigen werde, sie dem Holofernes zu ihrem Verderben ausgeliefert werden würden.

Im dritten Teil der Rede spricht Judit vom Zweck ihres Kommens: Sie sei von Gott gesandt worden, um Holofernes die Stunde mitzuteilen, in der das Volk gesündigt haben werde und um ihn danach bis Jerusalem zu führen. Gott werde ihr seinen Vergeltungsplan im Gebet verkünden. In der *Vulgata* sagt sie in Vers 13b: „... und der Herr hat mich gesandt, eben dieses dir zu verkünden [*et misit me Dominus haec ipsa nuntiare tibi*]", nämlich das bevorstehende Verderben der Israeliten. In der *Septuaginta* dagegen heißt es in Vers 16b: „Ja, der Herr hat mich gesandt, damit ich mit dir Dinge vollbringe, über die alle Welt, wenn sie davon erfährt, in Staunen gerät [...ποιῆσαι μετὰ σοῦ πράγματα ἐφ᾽ οἷς ἐκστήσεται πᾶσα ἡ γῆ...]." Hier geht es demnach um Holofernes selbst. Weiters verspricht Judit in der Vulgata in Vers 15, der Herr werde ihr sagen, wann er den Israeliten ihre Sünde *vergelten* werde („*quando eis reddat peccatum suum*"), während in der Septuaginta in Vers 17 steht, Gott werde ihr sagen, wann die Israeliten ihre Sünden *begangen* haben („...πότε ἐποίησαν τὰ ἁμαρτήματα αὐτῶν"). Die folgenden Verse stimmen in beiden Texten großteils überein, die Septuaginta ist etwas ausführlicher und erwähnt etwa auch, dass Judit dem Holofernes mitten in der Stadt seinen Feldherrnstuhl aufrichten werde (V. 19).

Jdt 13*: Judits Gebet vor der Tat: Judit ist allein mit Holofernes und betet vor ihrer Tat. In der Vulgata befiehlt sie zuvor ihrer Magd (13,5), vor der Kammer „Acht zu haben", also aufzupassen, dass sich niemand nähere. In der Septuaginta befiehlt sie der Dienerin, vor *ihrem* Schlafgemach stehen zu bleiben und zu warten, bis sie zum allabendlichen Gebet herauskäme. Auch Bagoas habe sie das gesagt, wird hinzugefügt. In der Vulgata ist die Magd demnach eine Mitwisserin und *Komplizin* der bevorstehenden Tat, in der Septuaginta wird sie nicht eingeweiht und erfährt nicht mehr als Bagoas.

Nun tritt Judit ans Bett des Holofernes und betet still, in der Vulgata sogar „unter Tränen" (Jdt 13,6: „*orans cum lacrymis*"). Die Vulgata-Judit ist auch hier nicht so selbstbewusst wie die der Septuaginta. Ihr Gebet in Vers 7 lautet: „Stärke mich [*confirma me*], Herr, Gott Israels, und sieh in dieser Stunde auf das Werk meiner Hände, auf dass du aufrichtest, wie du verheißen hast [*sicut promisisti...erigas*], Jerusalem, deine Stadt und ich vollbringe, was ich im Glauben gedachte, dass durch dich geschehen könne [*quod credens per te posse fieri cogitavi*]." Die Septuaginta-Judit hingegen bittet in 13,4b-5: „Herr, du Gott aller Macht, sieh in dieser Stunde gnädig auf die Werke meiner Hände zur Erhöhung Jerusalems [ἐπὶ τὰ ἔργα τῶν χειρῶν μου]. Jetzt ist der Augenblick gekommen, dass du dich deines Erbbesitzes annimmst und dass ich mein Vorhaben ausführe [ποιῆσαι τὸ ἐπιτήδευμά μου], zum Verderben der Feinde, die sich gegen uns erhoben haben." Der Vulgata-Text fordert Gott auf, Judit aktiv als *Werkzeug* zu benützen. Gott soll sie stärken, sie vollbringt das, was durch ihn geschehen kann, und so weiter. Gott selbst möge Jerusalem aufrichten, wie er verheißen hat. Die Septuaginta schildert eine eigenständigere Judit: *Ihre* Hände agieren, sie führt *ihr* Vorhaben aus, durch *sie* werden die Feinde vernichtet. Gott soll gnädig darauf blicken, aber der handelnde Part ist Judit, sie bestimmt sogar den Augenblick, da er sich seines Erbbesitzes annehmen solle, nämlich genau in dieser Stunde.

Jdt 13*: Judits Rede nach ihrer Rückkehr nach Betulia: Judit kommt nach ihrer Tat mit ihrer Magd nach Betulia zurück. Als sich alle um sie versammelt haben, beginnt sie ihre Rede mit einem Aufruf, Gott zu loben.[36] Sie zeigt den Kopf des Holofernes vor und verkündet, Gott habe Holofernes durch die Hand einer Frau erschlagen. In der Vulgata heißt es danach in 13,20, ein *Engel* habe sie auf ihrem gesamten Weg begleitet („*custodivit me angelus eius*"), Gott habe nicht zu-

---

36 Diese Rede stellt nach Groß formal und inhaltlich einen kleinen Halleluja-Psalm dar, vgl. Groß, *Judit,* 108.

gelassen, dass sie durch eine Sünde befleckt würde und habe sie in der Freude zurückgerufen, „dass er gesieget, dass ich entronnen bin [*gaudentem...in evasione mea*], und ihr errettet seid." Die Rede schließt in der Vulgata in 13,21 mit einem (nicht wörtlichen) Zitat von Ps 105,1Vg bzw. Ps 106,1Vg: „Lobt ihn alle! Denn er ist gut; denn seine Barmherzigkeit währt ewig." In der Septuaginta ist es der *Herr* selbst, der Judit auf ihrem Weg beschützt hat, sie betont auch nicht ihr Entrinnen, sondern gibt zu, dass ihr Anblick Holofernes *verführt und ins Verderben gestürzt* habe („ὅτι ἠπάτησεν αὐτὸν τὸ πρόσωπόν μου εἰς ἀπώλειαν αὐτοῦ"; 13,16); er habe sie aber weder befleckt noch geschändet. Ein abschließender zweiter Aufruf zum Lobpreis findet sich hier nicht.

Fazit

Aus der Auswertung der Unterschiede zwischen den beiden Texten ergeben sich neben den gemeinsamen theologischen Schwerpunkten folgende Sonderthemen:

Spezielle Schwerpunkte der Septuaginta

Der Tempel
Jerusalem und insbesondere der Tempel Jerusalems liegen im besonderen Interesse der Verfasser des Septuaginta-Textes, während beides in der Vulgata keine spezielle Aufmerksamkeit erfährt. Laut Septuaginta war der Tempel erst kürzlich nach seiner Entweihung wieder geweiht worden (4,3), deshalb fürchteten die Israeliten besonders, dass König Nebukadnezzar ihn zerstören könnte. Immer wieder wird Jerusalem explizit erwähnt, etwa in 4,11 oder 4,13. Achior berichtet in 5,18 von der Zerstörung des Tempels in seinem Bericht über das Volk Israel. Judit ermahnt die Ältesten, nicht aufzugeben, um das Heiligtum, den Tempel und den Altar nicht zu gefährden (8,24). Sie verrichtet ihr Gebet zum Zeitpunkt des Rauchopfers in Jerusalem (9,1); sie erwähnt vor Holofernes, dass sich die Betulier von Jerusalem einen Schulderlass für ihre beabsichtigten Sünden holen ließen, weil die dortige Bevölkerung dieselben Sünden begangen habe (11,14). Auch bei der Verfolgung der Assyrer durch die Israeliten wird auf die Bewohner Jerusalems ausdrücklich hingewiesen.

Nebukadnezzar als Anti-Jahwe
Viel mehr als in der Vulgata wird Nebukadnezzar als direkter Gegenspieler Gottes dargestellt. Konterkariert wird diese selbst angemaßte Position schon im ersten Kapitel, wo sich Nebukadnezzar gezwungen sieht, seine Nachbarvölker zu Hilfe gegen Arphaxad zu rufen: Seine Bitte wird nicht erfüllt, die Völker fürchten ihn nicht und sehen ihn als einen gewöhnlichen Menschen an (1,11: „ὡς ἀνήρ"). Nach dem Sieg über Arphaxad kennt der Stolz Nebukadnezzars keine Grenzen mehr. In seiner Rede an Holofernes bezeichnet er sich bereits als Groß-

könig und Herr der ganzen Erde (2,5: „ὁ βασιλεὺς ὁ μέγας ὁ κύριος πάσης τῆς γῆς"), der Stil der Rede ist teilweise an die Gottesreden des Alten Testaments angelehnt.[37] Holofernes übernimmt die Ansichten seines „Gottes", ebenso die Heerführer und Bagoas. Öfter bzw. detaillierter als in der Vulgata wird auf Nebukadnezzar Bezug genommen, vgl. 5,2-4; 11,4; 12,13. Die überaus genaue Schilderung der Eroberungszüge der Assyrer in den Kapiteln 2 und 3 will die Übermacht der Assyrer als bedrohlich zeigen, der Ausgang des Geschehens wird aber genau diesen auf Macht gegründeten Gottesanspruch ad absurdum führen.

Weisheit und Erkenntnis
In der Rede Judits vor den Älteren fällt als Sondergut der Septuaginta auf, dass Judit als Erklärung für die andauernde Notsituation der Israeliten Gottes Unerforschlichkeit betont. Die Ältesten könnten nicht einmal ein Menschenherz erforschen, geschweige denn Gottes Inneres, seine Absichten oder Pläne (9,14). Deshalb sei es mehr als unzulässig, Gott auf die Probe stellen zu wollen und die Zeit seines Eingreifens zu bestimmen. Anders als in der Vulgata wird die Erkenntnis Gottes thematisiert. Der Mensch kann Gott nicht durchschauen, er hat keinerlei Einsicht in Gottes Wesen, daher kann man ihm nicht drohen, ihn auch nicht beeinflussen (8,16), sondern nur die Rettung von ihm erwarten und akzeptieren, dass er ganz nach seinem Willen handeln wird (8,17). Gott züchtige im Übrigen seine Freunde, nicht um sie zu strafen, sondern um sie zur Einsicht zu führen (8,27). Usija lobt wiederum Judit in 8,29 für ihre Weisheit und Einsicht („σοφία/σύνεσις"). Ihr als gottesfürchtiger Frau wird demnach mehr Einsicht zugesprochen als den Ältesten. Durch Frömmigkeit und durch eine besondere Gottesbeziehung kann also eine teilweise Erkenntnis Gottes erlangt werden, zumindest jedoch gewinnt man die Einsicht in das rechte Tun vor Gott und in eine angemessene Sichtweise von Leid und Strafe.

Das Juditbuch der Septuaginta legt demnach seinen Schwerpunkt auf den Erweis von *Gottes Heiligkeit und seinem alleinigen Gott-Sein*. Die Anmaßung, als Mensch Gott sein zu wollen, wird eindrucksvoll ad absurdum geführt. Gott ist unerforschlich, der Mensch vermag ihn mit seiner Erkenntnis nicht zu erfassen. Gottesfurcht und Beachtung der Gebote sind jedoch ein Weg zur größeren Einsicht in Gottes Handeln. Jerusalem und der Tempel sind die vorrangigen Orte dieser Gottesverehrung, Solidarität mit der Bevölkerung Jerusalems und dem Altar daher unabdingbare Voraussetzung für eine geglückte Gottesbeziehung.

---

37 Vgl. Groß, *Judit*, 70 u. ö.

Spezielle Schwerpunkte der Vulgata

Demut
Besonders auffällig im Vulgata-Text ist die Anhäufung des Wortes „Demut" („*humilitas*"). Das Volk der Israeliten beruft sich im Gebet auf seine Demut (6,15); Judit mahnt mehrmals zur Demut als richtiges Verhalten vor Gott (8,16-17; 8,20), sie weiß, dass Gott das Gebet der Demütigen und Sanftmütigen immer gefiel (9,16). Im Gegensatz zu den hochmütigen Assyrern kann sich das Volk Israels durch seine Demut die Gnade Gottes erwerben.

Die Macht des Gebets
Das Gebet („*oratio/deprecatio*") hat im Buch Judit große Bedeutung: Das Volk betet wiederholt zum Herrn, (4,8.10.15-17; 6,14-16.21; 7,4.18-21; 13,22) Judit selbst betet nach ihrem Gespräch mit den Ältesten (Kap.9), vor dem Verlassen des Lagers (10,10), drei Nächte lang während ihres Aufenthaltes im assyrischen Lager (12,7-8), zweimal vor ihrer Tat (13,7.9), und stimmt Lobgebete in 13,17-21 und in 16,2-21 an. Darüber hinaus ist es auch das vorgebliche Gebet, das es ihr ermöglicht, unbeachtet aus dem assyrischen Lager zu gelangen. Diese Gebete finden sich (wenn auch teilweise verkürzt) in der Septuaginta auch. In der Vulgata wird jedoch darüber hinaus das Gebet auch in den Reden ausdrücklich eingefordert: Der Hohepriester Eljakim verweist auf die Macht des Gebetes am Beispiel Moses (4,13) und verspricht die Hilfe Gottes, wenn das Volk beharrlich genug bete (4,12.14). Judit fordert die Ältesten und mit ihnen das Volk auf, Gottes Nachsicht zu erflehen (8,14) und die Seelen vor ihm zu demütigen bzw. ihm demütig zu dienen (8,20), ruft sie also indirekt zum Gebet auf. Am Ende ihrer Rede folgen noch drei direkte Aufforderungen zum Gebet (8,31.32.33). Von bedeutender Stelle wird also das Gebet als zentral für die Abwendung der Not angesehen. Betontes Ziel ist dabei in der Vulgata, die Barmherzigkeit Gottes zu erlangen („*misericordia*") (vgl. 7,20; 8,13-14.17; 9,17). Dementsprechend wird nach Judits Rettungstat auch Gottes Barmherzigkeit gerühmt (13,18.21). Durch (demütiges) Gebet kann also Gottes Barmherzigkeit erlangt werden, und diese Barmherzigkeit führt zur Rettung des Volkes aus schwerer Not.

Judits Keuschheit
Auch die Keuschheit („*castitas*") Judits ist ein Sonderthema der Vulgata. Zwar wird auch in der Septuaginta erwähnt, dass Judit keinen Mann nach Manasse zu sich ließ, aber die moralische Bewertung der Keuschheit als besondere Tugend Judits findet sich dort nicht explizit. Ob die zentralen Verse in der Vulgata auf Hieronymus selbst oder auf die ihm vorgelegene Textfassung zurückgehen, soll hier nicht entschieden werden. Doch das Bemühen, Judit von jedem Vorwurf der (sexuellen) Berechnung freizusprechen, ist deutlich erkennbar. Vor allem in 10,4Vg wird dieses Bemühen offenkundig. Der nachdrückliche Hinweis, dass

Judits Schönheit nicht auf fleischlicher Lust, sondern auf frommer Gesinnung gründe und von Gott stamme, ersetzt den Vers der Septuaginta, dass Judit sich so schön mache, um die Blicke der Männer auf sich zu ziehen. Statt berechnender Schönheit also Schönheit als Belohnung der Tugend. Auch 15,11Vg betont die Keuschheit Judits und postuliert sie als Grund für den Sieg überhaupt. Aus dem Munde des Hohepriesters erhält diese Deutung des Geschehens noch zusätzliche Autorität. Nur aufgrund der Tatsache, dass Judit nach dem Tod ihres Mannes unverheiratet geblieben war, habe Gott sie gestärkt und zur Rettungstat ermächtigt. In 16,26 schließlich wird betont, dass Judit auch später Witwe blieb, die Tugend der Keuschheit wird hier unmittelbar neben die Tugend der Tapferkeit gestellt.

Holofernes als „Haupt der Ungläubigen"
Während die Septuaginta ihr Hauptaugenmerk auf Nebukadnezzars Anmaßung, Gott sein zu wollen legt, wird in der Vulgata Holofernes verstärkt in den Mittelpunkt gerückt. Schon in 3,11 wird er moralisch qualifiziert, als alles Entgegenkommen der Völker mit Tanz und Musik die „Grausamkeit seines Herzens [*ferocitatem eius pectoris*]" nicht besänftigen kann. Im Gegensatz zur Septuaginta bezeichnet er sich und die Seinen nie als „Knechte Nebukadnezzars" (6,3LXX: „ἡμεῖς οἱ δοῦλοι αὐτοῦ"), vielmehr wird er selbst wie ein König gefürchtet, etwa in 14,10, wo niemand es wagen durfte, an seine Tür zu klopfen. Besonders bedeutsam aber ist Judits Einschätzung nach ihrer Rückkehr nach Betulia: Sie sagt dort (13,27) zu Achior, Gott habe in dieser Nacht das „Haupt aller Ungläubigen [*caput omnium incredulorum*]" durch ihre Hand abgeschlagen. Nicht Nebukadnezzar also, sondern *Holofernes* ist der Hauptfeind der Vulgata-Judit, nicht der Anti-Jahwe, sondern der *personifizierte Hochmut*, der Gott verachtet hat (13,28: *„qui in contemptu superbiae suae Deum Israhel contempsit"*), wird besiegt.

Das Exodusgeschehen
An drei zentralen Stellen wird in der Vulgata an Ägypten und das Exodusgeschehen erinnert. Das erste Mal in der Rede des Eljakim in 4,13-14, wo der Sieg des Moses über die Amalekiter als beispielhaft vorgestellt wird, das zweite Mal in der Rede des Achior in 5,9-15.20, wo der Exodus, die Jahre in der Wüste und die Eroberung des Heiligen Landes geschildert werden, und das dritte Mal in Judits Gebet in 9,6-8. Wichtig ist in der Vulgata dabei der Vergleichspunkt: Die hochmütigen Ägypter werden mit den ebenso hochmütigen Assyrern gleichgesetzt, die nur auf ihre Kriegsmacht vertrauen, im Gegensatz zu den Israeliten, die nur auf ihren Gott vertrauen. In 5,12-13 wird direkt Ex 14 nacherzählt, in 4,13 findet sich die Beschreibung der Feinde als die, die auf ihre Stärke und Macht, auf ihr Heer und ihre Schilde, auf ihre Wagen und ihre Reiter vertrauen, und in 9,6 heißt es ähnlich, dass die Ägypter dem Volk Israels nachjagten, „ver-

trauend auf Streitwagen, auf ihre Reiterei, und die Menge der Krieger [*confidentes in quadrigis et in equitatu suo et in multitudine bellatorum*]". Zuletzt beweist Gott, welches Vertrauen gerechtfertigt gewesen ist und welches nicht.

Bewertung
Die Vulgata setzt demnach im Juditbuch einen starken Akzent auf das *sittlich richtige Verhalten vor Gott*: Demut (*humilitas*), Keuschheit (*castitas*), beharrliches und inständiges Gebet (*oratio/deprecatio*) sind die Kennzeichen der Gottesfurcht. Nur in Demut und Gebet kann Gottes Barmherzigkeit (*misericordia*) erlangt werden, Keuschheit, das heißt vor allem sexuelle Enthaltsamkeit, ist die Tugend, die Gott gefällig ist und die große Rettungstaten erst ermöglicht. Hochmut und Stolz (*superbia/esse praesumens de se*) hingegen ziehen, eindrucksvoll am Exodusgeschehen belegt, seit jeher Gottes rächende Hand nach sich. Der Gott der Barmherzigkeit ist ein Gott, der das Gebet der Demütigen und Sanftmütigen erhört und die, welche auf ihre Streitmacht vertrauen und sich ihrer Stärke rühmen, vernichtet.

Historischer Kontext[38]

Politische Voraussetzungen

Die erste Hälfte des 17. Jahrhunderts war geprägt vom Dreißigjährigen Krieg. Der widersprüchliche Umgang der Kaiser Rudolf II. und Matthias mit den Protestanten, geprägt von Zugeständnissen und späterer Zurücknahme derselben, verbunden mit böhmischen Nationalinteressen, führte zum „Prager Fenstersturz". Der Krieg entwickelte sich zu einem europäischen Machtkampf mit Bündnissen quer durch die Konfessionsgrenzen. Ferdinand II. und Ferdinand III. waren die Kaiser dieser Zeit. Wien selbst drohte nur zweimal Gefahr: Das erste Mal kurz nach Ausbruch des Krieges, als böhmische Protestanten Wien bedrängten, das zweite Mal 1643, als die Schweden vor Wien standen und 1645 sogar die Wolfsschanze (heutige Schwedenschanze) besetzten.

Unter Leopold I. (1657-1705) begann der Aufstieg Österreichs zur Großmacht, der aber von immer wieder aufflackernden Türkenkriegen und von Rivalitäten mit Frankreich überschattet war. 1679 brach die Beulenpest in Wien aus und raffte ein Drittel der Wiener Bevölkerung dahin. Als Dank für die Befreiung von dieser Seuche wurde die Dreifaltigkeitssäule (Pestsäule) am Wiener Graben errichtet.

1683 belagerten die Türken Wien, und nur durch das Entsatzheer unter dem polnischen König Karl Sobieski und Herzog Karl von Lothringen wurde die Stadt gerettet. Der Krieg gegen die Türken dauerte allerdings noch bis 1699. Dabei kam Ungarn zum Hause Habsburg, und Österreich wurde zur Großmacht. Die Jahre um die Jahrhundertwende waren von Kriegen gegen die rivalisierende Großmacht Frankreich geprägt. Im Spanischen Erbfolgekrieg verloren die Habsburger Spanien und erhielten dafür Ländereien in Neapel, Mailand und den südlichen Niederlanden. 1714-1718 folgte ein weiterer Türkenkrieg, in dem sich Prinz Eugen großen Ruhm erwarb.

Das 18. Jahrhundert in Wien war politisch von drei Regenten geprägt: Karl VI., Maria Theresia und Joseph II. Nach dem frühen Tod von Joseph I. (1705-1711) musste sein Bruder Karl den Thron besteigen und verlor dadurch die spanische Krone, die er mit Unterstützung Englands und Hollands soeben gegen Frankreich erkämpfen wollte. Als Karl VI. und einziger noch lebender männlicher Nachkomme erließ er die „Pragmatische Sanktion", die auch seinen Töchtern die Nachfolge ermöglichen sollte. In seine Regierungszeit fielen einige nur anfangs siegreiche Auseinandersetzungen mit den Türken, sowie der wenig erfolgreiche Polnische Erbfolgekrieg. 1736 starb zudem noch der berühmteste österreichische Feldherr der Geschichte, Prinz Eugen von Savoyen. Der Regierungsantritt Maria Theresias war geprägt von Thronfolgekriegen mit Frankreich,

---

38 Vgl. v.a.: *Stadtchronik Wien*, 114-140 u. Smolinsky, *Kirchengeschichte I*, 100-125; 152-161.

Spanien, Sachsen und Bayern einerseits und mit Preußen andererseits. Im Sommer 1741 standen bayrische Truppen vor St. Pölten und versetzten Wien in Alarmbereitschaft, zogen jedoch dann nach Böhmen weiter. 1745 wurde Maria Theresias Gemahl, Franz Stephan von Lothringen, schließlich doch noch zum Kaiser gekrönt. Maria Theresia selbst ließ sich nicht mitkrönen, nahm aber den Titel „Kaiserin" an. Abgesehen vom Siebenjährigen Krieg 1756-1763 gegen Preußen brachen ruhigere Zeiten für Wien an, die Maria Theresia für zahlreiche Reformen nützte. 1765 starb Franz Stephan, und sein Sohn Joseph folgte ihm als Joseph II. auf dem Kaiserthron nach. In den österreichischen Erblanden regierte er allerdings nur neben seiner Mutter. Erst nach deren Tod 1780 wurde er Alleinherrscher und vertrat einen „aufgeklärten Absolutismus". Seine Reformen fielen allerdings oft zu radikal aus, sodass er viele davon wieder zurücknehmen musste.

Das letzte Jahrzehnt des 18. Jahrhunderts unter Leopold II. und Franz II. (später Franz I. von Österreich) war von Kriegen gegen das revolutionäre Frankreich geprägt. Österreich verbündete sich erstmals mit Preußen, aber auch mit England, Spanien, dem zur Großmacht gewordenen Russland, sogar mit der Türkei, allerdings mit wechselndem Erfolg. Den Bündnissen gegen Napoleon war zuletzt Sieg beschieden. 1814 kehrte mit dem Wiener Kongress wieder Frieden ein.

Bevölkerung

Die Bevölkerung wuchs rasch an: Im Jahr 1700 hatte Wien ca. 80.000 Einwohner, 1772 wurden nach einer Volkszählung 192.971 Menschen gezählt, 1790 waren es bereits 210.000.

Das gebildete Bürgertum war Träger des Humanismus gewesen, aber im Jahr 1526 wurden die Bürger nicht nur in ihren wirtschaftlichen, sondern auch in politischen Rechten beschnitten und durch eine neue Stadtordnung zu Untertanen degradiert. Die aus 100 Personen bestehende Stadtverwaltung unterstand dem Bürgermeister, der aber vom Landesfürst bestätigt werden musste. Dadurch versank Wien in politische Unmündigkeit, aus der es erst über 350 Jahre später wieder herauskam. Die erfolgreichen Bestrebungen von Kirche und Staat, nach den ungeordneten Zeiten der Reformationszeit das Leben der Untertanen möglichst umfassend zu kontrollieren und zu lenken, zeigten hier Wirkung.

Religiöse Voraussetzungen

Rekatholisierung
Wien war im Barock eine katholische Stadt. In den 60er und 70er-Jahren des 16. Jahrhundert bekannten sich zwar fast vier Fünftel der Bevölkerung zum Augsburger Bekenntnis, doch durch den Einzug der Jesuiten in Wien 1551 und

den Regierungsantritt Rudolfs II. 1576 wurde der Protestantismus mit Verboten, Restriktionen und katholischer Bildungspolitik stark zurückgedrängt. Ignatius von Loyola hatte für Österreich das Konzept des „geschlossenen Konfessionsstaates" entworfen. Das Haupt der Gegenreformation war dabei Kardinal Melchior Khlesl (1533-1630). Er wurde zum Wegbereiter der Jesuiten und leitete als Vertrauter Kaiser Matthias' eine Klosteroffensive ein: Er berief neue Orden nach Wien. So kam es zwischen 1603 und 1638 zu zahlreichen Klosterneugründungen und Kirchenbauten: Franziskaner, Dominikaner, Barmherzige Brüder, Kapuziner, Karmeliter, Barnabiter etc. errichteten ihre Kirchen und wurden zum Bollwerk der Rekatholisierung. Die Jesuiten erhielten 1623 die philosophische und die theologische Fakultät zugesprochen und erlangten in Wien großen Einfluss. Repressalien gegen Protestanten führten zur Abwanderung glaubenstreuer Einwohner. 1623 wurde eine Verordnung erlassen, die den Status „Bürger" nur Katholiken gewährte. Damit wurde den Protestanten Haus- und Grundbesitz versagt. Zudem wurden protestantische Bücher verboten und verbrannt. Das alles führte letztlich zur gegenreformatorischen Wende in Wien.

Das Verhältnis der Kaiser zu den Juden war zwiespältig. Hatte Kaiser Matthias noch die Ausweisung der Juden befohlen, wies ihnen Ferdinand II. 1625 einen Teil der Unteren Werd als Wohnort zu. 1670 kam es abermals zu Ausweisungen unter Leopold I., fünf Jahre später wurde es 250 Familien wieder erlaubt, sich in Wien anzusiedeln. Erst das Toleranzpatent Josephs II. 1782 verbesserte die Lage der Juden nachhaltig.

Absolutismus und konfessioneller Einheitsstaat
Wien war also spätestens ab 1620 katholisch. Ferdinand II. war Jesuitenschüler, Leopold I. umgab sich mit Jesuiten, die ihn berieten, und war eng befreundet mit dem Kapuziner Marco d'Aviano, der auch 1683 die berühmte Messe am Leopoldsberg (damals Kahlenberg) vor dem Entscheidungskampf um Wien las. Dabei vereinten sich absolutistische Herrschaftsinteressen mit der Idee vom konfessionellen Einheitsstaat. Der sich verstärkende fürstliche Absolutismus und die Zwangskonfessionalisierung förderten einander und versuchten damit, der Angst vor einer pluralistischen Gesellschaft zu begegnen.

Nicht umsonst nannte sich der 1684 gegründete Bund gegen die Türken (Österreich, Polen, Venedig) „Heilige Liga", die von Innozenz XI. unterstützt wurde. Feierliche Dankgottesdienste nach Beendigungen von Kriegen oder Seuchen gehörten ebenso zur Selbstverständlichkeit wie so manches fromme Gelübde des Kaisers. Der Hof achtete auch auf die Frömmigkeit seiner Bürger: 1655 wurden die öffentliche Beichte und die Kommunion Pflicht, und laut kaiserlicher Verordnung von Juli 1699 wurden Priester in den Kirchen abgestellt, die schwätzende Kirchgänger ermahnen und gegebenenfalls bestrafen sollten.

Katholische Frömmigkeit

Die katholische Frömmigkeit entwickelte nach der Konfessionsspaltung ihr eigenes Profil. In Abgrenzung zu den Protestanten setzte sie auf eine rege Marienfrömmigkeit (Maria, die Himmelskönigin siegt über die Häresie), auf volksnahe Frömmigkeit in Form von verstärkten Wallfahrten und auf einen neu auflebenden Heiligenkult bis hin zu Bußprozessionen mit öffentlichen Geißelungen. Alle Arten von Kunst wurden der Religion dienstbar gemacht: Mit Musik, Schauspiel, Architektur, Malerei etc. versuchte man, die Präsenz Gottes auf Erden fühlbar und erfahrbar zu machen und den Gläubigen dauerhaft vor Augen zu stellen.

Eine starke Beziehung zum Tod entwickelte sich. Die Sterbestunde erhielt eine große Wichtigkeit. Bruderschaften formierten sich mit dem hauptsächlichen Ziel, für den guten Tod der Mitglieder zu beten und damit die Zeit im Fegefeuer zu verkürzen. Die Prediger hielten ihren Zuhörern die Sterbestunde und die danach drohende Zeit im Fegefeuer als Motiv für ein moralisches Leben vor Augen, der Tod wurde zur Formung christlichen Lebens instrumentalisiert.[39] Das gesamte christliche Leben wurde dadurch moralisiert und von Staat bzw. Kirche kontrolliert. Alles Irdische war eitel, nur auf die Schätze des Jenseits war zu achten, und die wiederum erwarb man sich laut katholischem Glauben durch Frömmigkeit und gute Werke. Das ungebildete Volk wurde durch Predigten und öffentliche Bußrituale instruiert, für das gebildete Volk gab es darüber hinaus vor allem Gebrauchsliteratur von Andachtsbüchern, Standeslehren, Laster- und Tugendkatalogen bis hin zu Heiligenviten.

Dadurch wurde auch die Moraltheologie immer bedeutsamer. Immerhin galt ja nach der konfessionellen Spaltung das gottgefällige Leben als Beweis für die Richtigkeit der eigenen Konfession. Neben der spekulativen Moraltheologie entstand der breite Raum der Kasuistik: Die Beichtväter mussten die Sünden der Beichtenden präzise erfassen, sie zähl- und messbar machen und danach die erforderliche Buße berechnen. Gerade von Jesuiten entstanden dazu mehrbändige Werke, die den Priestern ermöglichen sollten, für jede Situation die passende Bewertung parat zu haben. Die Sexualmoral war durch das Verbot der klandestinen Ehen kontrollierbarer geworden, Verstöße dagegen wurden als besonders schwerwiegend beurteilt. Insgesamt ist also eine starke Durchdringung des Lebens von religiösen Riten und Vorschriften zu beobachten.

18. Jahrhundert: Kirche als moralische Erziehungsanstalt

Auch im 18. Jahrhundert blieb Wien katholisch. Maria Theresia war zudem sehr um die Hebung der Moral bemüht und gründete sogar eine „Keuschheitskommission", die allerdings nur vier Jahre lang bestand. Erleichterungen für Andersgläubige verordnete Joseph II. erst 1781-82 durch seine Toleranzpatente,

---

39 Vgl. Smolinsky, *Kirchengeschichte der Neuzeit I*, 116-120.

wobei die Verbesserungen in erster Linie Lutheraner, Calvinisten und Orthodoxe betrafen, erst in zweiter Linie und in weit geringerem Maße die Juden. Keinesfalls wurde jedoch dadurch eine Gleichstellung angestrebt. Joseph II. beschloss auch eine große Kirchenreform unter dem Kriterium der weltlichen Nützlichkeit. Die Pfarrseelsorge sollte gefördert werden, während Klöster, die der „Beschaulichkeit" dienten, aufgehoben wurden. In Wien betraf das elf Männer- und sieben Frauenklöster. Dafür gründete Joseph II. insgesamt achtzehn neue Pfarren in Wien und seinen Vorstädten. Er sah im Sinne des aufgeklärten Absolutismus die Kirche als eine Art „moralische Erziehungsanstalt" an, deren Aufgabe es war, aus den Bürgern gute, dem Staat dienliche Menschen zu machen. Die Liturgie sollte schlicht sein, Orchestermessen wurden zurückgedrängt zugunsten einer größeren Beteiligung der Gemeinde im Gottesdienst. Der weit reichende und manchmal pedantische Eingriff in viele Formen der Volksfrömmigkeit, wie Abschaffung von Wallfahrten etc. stieß jedoch auf heftigen Widerstand der Bevölkerung.

Theologische Kontroversen[40]

Schriftauslegung und Kanonfrage

Zwischen Katholiken und Protestanten bestanden zahlreiche Streitpunkte. Allen voran die Frage nach der richtigen Auslegung der Schrift. Die Protestanten hielten immer deutlicher am Literalsinn fest: Die Schrift an sich sei klar genug und habe daher Vorrang vor allen Auslegungsschulen. Dagegen betonten die Katholiken (vorerst noch) den vierfachen Schriftsinn und vor allem die Auslegungsautorität der Tradition. Dazu kam der Streit über die Verbalinspiration. Über die Kanonizität einzelner Bücher wurde mit den Protestanten ebenfalls heftig gestritten.

Gnadenstreit

Innerkatholisch setzte eine neue Thomas-von-Aquin-Rezeption ein, da Pius V. 1567 Thomas zum Kirchenlehrer erklärt hatte. Allerdings war die Auslegung seiner Werke sehr unterschiedlich und spaltete Jesuiten und Dominikaner beträchtlich. Und schließlich führte die von Luther neu aufgeworfene Frage nach dem Verhältnis von Gnade und menschlichem Zutun in Bezug auf das Heil zum innerkatholischen „Gnadenstreit", der als Jansenismus wieder aufflackern und bis ins 18. Jahrhundert fortdauern sollte, und als Kampf zwischen Jansenisten und Jesuiten auch Wien erreichte.

---

40 Vgl. Smolinsky, *Kirchengeschichte Neuzeit I*, 170-179.

Kirche und Aufklärung
Das 18. Jahrhundert war geprägt von der Auseinandersetzung der Kirche mit den Ideen der Aufklärung. Statt der Vorrangstellung der Tradition wurde mehr und mehr das Primat der Vernunft postuliert, und die Kirche musste althergebrachte Autoritäten wie Papst, Bischöfe etc. theologisch neu begründen. Zudem wurden biblische Botschaften nunmehr nach dem Maß der Vernünftigkeit gemessen und alles Unbegreifliche als Aberglaube verdammt. Der Deismus erschien vielen als Ausweg aus den konfessionellen Streitigkeiten. Dadurch geriet jedoch der geschichtlich gebundene Offenbarungsglaube unter Beschuss. Zudem versuchte man, die Kirche nur noch unter den Maßstab des sozial Nützlichen zu stellen, als Garant und Förderer von Moral und Tugend.

Der Aufschwung der historisch-kritischen Exegese brachte die Bibel auch innerkirchlich in Bedrängnis. Die Methode der Scholastik genügte nicht mehr, um den neuen theologischen Anforderungen gerecht zu werden. Gerade im Hinblick auf neu gegründete moderne protestantische Universitäten wie Göttingen oder Halle erschien das katholische Hochschulwesen als veraltet und bedurfte dringend einer Studienreform.

Jansenismus
Der Kaiserhof unter Maria Theresia und Joseph II. bevorzugte in dem immer noch schwelenden Konflikt zwischen Jansenisten und Jesuiten die Ersteren, nicht zuletzt aufgrund der Person Gerhard van Swietens, aber auch wegen des Einflusses des jansenistischen kaiserlichen Beichtvaters Ignaz Müller. Van Swieten und der Staatskanzler Graf von Kaunitz-Rietberg wurden dann auch die wichtigsten Proponenten des „Josephinismus". Die Akzeptanz der Jesuiten dagegen schwand kontinuierlich und führte schließlich zur Aufhebung des Ordens 1773.

Theologie und Naturwissenschaft

Durch die Erkenntnisse von Kopernikus und Galileo Galilei begann eine Kontroverse zwischen Theologie und Naturwissenschaft, die bis heute nicht verstummt ist. Neben der Infragestellung der Wahrheit der Heiligen Schrift war auch der Angriff gegen das damals vorherrschende animistische Weltbild folgenschwer. Das Denken Descartes, der alles, was außerhalb des Ichs lag, als Ding ansah, inklusive den menschlichen Körper, erlaubte zudem den Naturwissenschaften, diese „unbeseelte" Welt des Materiellen frei zum Experiment zu gebrauchen. Die Folgen dessen waren ein immer größeres Auseinanderdriften von Theologie und Naturwissenschaft und ein immer größeres Primat der Letzteren. Die Theologie verlor damit langsam, aber sicher ihren universalen Geltungsbereich.

Kulturelle Aspekte
Wien als musikalisches Zentrum
Wien war schon seit dem 14. Jahrhundert eine wichtige Pflegestätte der Musik, aber im 17. Jahrhundert wurde die Stadt zu einem musikalischen Zentrum, das die berühmtesten Musiker Europas anzog. Leopold I. förderte diese Entwicklung, er war äußerst musikbegeistert und komponierte auch selbst. Er gab zum Leidwesen seiner Generäle lieber Unmengen an Geld für eine Opernaufführung als für das Militär aus. Schon wegen der Feindschaft zu Frankreich wurde am Hof nicht französisch, sondern italienisch gesprochen, und die italienische Musik der französischen vorgezogen. Bald war Wien in der Hand bedeutender italienischer Komponisten.[41] Der Hof wurde zum Zentrum für die aus Italien importierte neue Gattung der Oper; die Kirchen, allen voran die Hofmusikkapelle, pflegten die Kirchenmusik. Angeblich gab es kaum eine Kirche oder ein Kloster in Wien, an dem nicht täglich eine musikalische Messe gehört wurde.[42] Am Hof Leopold I. gab es keinen Anlass, der nicht mit Musik begangen wurde, und die Musiker hatten mit Kammermusik, Tafelmusik, Oratorien und Theater über 800-mal im Jahr Dienst, ohne Berücksichtigung der Proben.[43]

Auch Karl VI. förderte die Musik sehr, er berief auch bedeutende Librettisten wie Apostolo Zeno oder Pietro Metastasio als Hofpoeten nach Wien. Unter Maria Theresia kam das rein höfische Musikwesen mehr und mehr zum Erliegen, dafür eröffnete sie 1741 das „Königliche Theater neben der Burg", das heutige Burgtheater, in dem Oper, Ballett und (französisches) Theater auch für Bürger zugänglich gemacht wurden. Chr. W. Gluck führte dort seine ersten Opern auf. 1781 siedelte sich W. A. Mozart in Wien an und wurde zum wichtigsten Proponenten der Wiener Klassik. Gegen Ende des Jahrhunderts ließ Joseph II. am Burgtheater vor allem deutsches Nationaltheater spielen.

Theater: Jesuitendrama und Volksschauspiel
Neben der Musik war auch das Schauspiel in Wien präsent. Vor allem das Jesuitendrama hatte große Bedeutung, daneben aber kamen immer wieder italienische und englische Wandertruppen in die Stadt, und mit Josef Anton Stranitzky und der von ihm geschaffenen Figur des „Hanswurst" feierte auch die Altwiener Volkskomödie ihre ersten großen Erfolge. Bereits 1709 war ein weiteres neues Theater erstanden: das Theater am Kärntnertor, in dem das Altwiener Volkstheater nun seine Heimat fand. 1761 brannte es während einer Vorstellung ab und wurde an derselben Stelle neu erbaut. Um 1794 verwendete man es allerdings nur noch für Ballett und Opern. 1781 wurde eine weitere Volksbühne er-

---

41 Gegen die Vorherrschaft der italienischen Musiker sollte noch W. A. Mozart ankämpfen müssen.
42 Vgl. Harnoncourt, *Musik als Klangrede*, 202f.
43 Hiltl, *Oper am Hofe Leopolds I.*, 21.

öffnet: das Leopoldstädtertheater, später Carl-Theater genannt, in dem F. Raimund und J. Nestroy Triumphe feierten. 1787 eröffnete schließlich das traditionsreiche Theater in der Josefstadt.

Bildende Kunst: hochbarocke Baukunst und Malerei
In der zweiten Hälfte des 17. Jahrhunderts begann durch die rege Kirchenbautätigkeit auch in der Architektur eine Blütezeit.[44] Waren zuerst noch italienische „Wanderbaumeister" bestimmend, so wirkten nach der Türkenbelagerung von 1683 vor allem J. B. Fischer von Erlach und L. von Hildebrandt als Meister der hochbarocken Baukunst. Neben Kirchen entstanden vor allem Schlösser und Paläste für den Kaiser (z.B. der Entwurf für das Schloss Schönbrunn) und den Adel (z.B. das Winterpalais des Prinz Eugen), aber auch zahlreiche andere Gebäude wurden im Barockstil erbaut und prägen bis heute das Stadtbild Wiens.

Im 18. Jahrhundert erhielt Wien in weiten Bereichen sein jetziges hochbarockes Aussehen. Karl VI. entfaltete eine rege Bautätigkeit: In seiner Regierungszeit wurden das Belvedere, die Karlskirche, die Hofstallungen, die Hofbibliothek, die Winterreitschule, das Palais Schwarzenberg u.v.a. gebaut. Unter Maria Theresia wurde später Schönbrunn fertig gestellt. Bedeutendste Architekten dieser Zeit waren J. L. Hildebrandt und J. E. Fischer v. Erlach, Sohn des Johann Bernhard. Die Akademie der Bildenden Künste wurde 1726 wiedereröffnet. In der Folge gelangte die österreichische Barockmalerei mit Künstlern wie Paul Troger, Franz Anton Maulbertsch oder Johann Martin Schmidt, genannt Kremser Schmidt zu einer Blüte.

Bildungs- und Gesundheitswesen

17. Jahrhundert: Jesuiten und Ursulinen als Träger des Bildungssystems
Die Universität Wien erlebte zu Beginn der Reformationszeit einen rapiden Verfall: Sie war als „päpstliche Einrichtung" nicht mehr so hoch angesehen wie vordem, dazu kamen wirtschaftliche Probleme, Kriege und Naturkatastrophen. Als die Jesuiten nach Wien kamen, erhielten sie nach einer Universitätsreform zwei theologische Lehrkanzeln an der Universität, bevor 1623 das Jesuitenkolleg in die Universität inkorporiert wurde und die Jesuiten die katholische und die philosophische Fakultät zugesprochen bekamen. Aber schon seit 1579 mussten Graduanden ihren Eid auf das Tridentinische Glaubensbekenntnis ablegen.[45] Das sorgte für Unruhe bei den protestantischen Professoren der Universität.

Das Schulwesen erlitt ebenfalls im frühen 16. Jahrhundert einen dramatischen Verfall. Man bemühte sich seitens der protestantischen und katholischen Konfession um Einflussnahme in diesen sensiblen Bereich. Dabei trug wieder-

---

44 Vgl. auch: http://www.aeiou.at/aeiou.encyclop.b/b117584.htm.
45 *Stadtchronik Wien*, 116.

um das ausgeklügelte und gut organisierte jesuitische Unterrichtssystem den Sieg davon. 1553 wurde in Wien am Jesuitenkolleg erstmals ein 6-jähriger Gymnasialkurs angeboten, die so genannten *„studia inferiora"*. Sie hatten vor allem den Zweck, Latein in Wort und Schrift zu lehren. Dies war auch die Aufführungsstätte der berühmten Jesuitendramen. Religion war ein Hauptfach, der Schulbesuch war unentgeltlich, und es bestanden feste Lehrpläne. Der „Große Canisius", der Katechismus des Petrus Canisius wurde zum Lernbuch. Mädchenschulen entstanden vor allem nach der Berufung der Ursulinen nach Wien durch die Kaiserinwitwe Eleonora. Der allgemeine verpflichtende Schulbesuch wurde aber erst im späten 18. Jahrhundert Realität:

18. Jahrhundert: Die Reformen Maria Theresias
Das Bildungswesen wurde unter Maria Theresia nach der Aufhebung des Jesuitenordens 1773 radikal reformiert. Nach dem Vorbild des Augustinerchorherrn Johann Ignaz von Felbiger verordnete sie Trivialschulen in jedem Pfarrort, Hauptschulen für größere Städte und Normalschulen für Landeshauptstädte und führte die allgemeine Schulpflicht ein.

1745 berief Maria Theresia Gerhard van Swieten als Leibarzt nach Wien. Dieser gründete 1750-54 die erste Wiener Medizinische Schule, reorganisierte die Spitäler und erhob Chirurgie zu einem eigenen Lehrfach. Weiters machte er die Hofbibliothek für die Allgemeinheit zugänglich und ließ ein neues Universitätsgebäude errichten (heutige Akademie der Wissenschaften). Die Universitätsreform Maria Theresias unterstellte allerdings alle personellen Belange der Krone. Nach der Aufhebung des Jesuitenordens verlor die Universität dadurch zusätzlich an Autonomie und letztlich an Kompetenz. Geglückt war hingegen die Reform der theologischen Studien unter dem Benediktinerabt Stephan Rautenstrauch. Er setzte die Moraltheologie als selbstständiges Fach ein und schuf neue Lehrstühle in Kirchengeschichte und Pastoraltheologie. Außerdem wurden die Bibelsprachen Hebräisch und Griechisch Pflicht.

Joseph II.
Joseph II. setzte sich wie seine Mutter für gesundheitliche Belange ein: Das Allgemeine Krankenhaus wurde von ihm gegründet, das modernste Krankenhaus dieser Zeit, sowie das Josephinum, eine Ausbildungsstätte für Militärärzte. Er führte weiters eine Verwaltungsreform durch und schuf den österreichischen Beamtenstaat.

Fazit
Das 17. Jahrhundert war eine von Umbrüchen und neuen Orientierungsversuchen geprägte Zeit. Den zahlreichen Verunsicherungen versuchte man staatlicher- und kirchlicherseits durch verstärkte Vereinheitlichung zu begegnen.

Das Leben des Einzelnen wurde durch Kontrolle, gezielte Bildung und Zwangsmaßnahmen dem Staats- und Glaubensganzen passend gemacht. Als Motivator wurde die Angst vor dem Fegefeuer benützt: Nur die streng definierte und kontrollierte Moral im Diesseits konnte das Heil im Jenseits ermöglichen. Der Einfluss der Jesuiten auf diese Entwicklung war beträchtlich. Sie verstanden es auch, den katholischen Glauben mit allen zur Verfügung stehenden Mitteln aller Kunstrichtungen schmackhaft, sinnlich erlebbar und anziehend zu machen. Der Sieg des Katholizismus wurde prunkvoll postuliert, die Lebensfreude, die in weltlichen Dingen verpönt war, wurde in geistlichen Festen des Glaubens umso prächtiger gefeiert. Die kulturelle Blüte Wiens im Barock, von der die Stadt heute noch zehrt, wäre ohne diese religiösen Voraussetzungen nicht denkbar.

Das 18. Jahrhundert in Wien war geprägt vom Übergang vom rein höfischen Kulturmonopol hin zu einer mehr den Bürgern zugewandten Politik. Die allgemeine Bildung und Gesundheit lag den Regenten am Herzen, ebenso die allgemeine Frömmigkeit mit dem Ziel der Glückseligkeit. Dabei lag jedoch alle Macht beim Kaiser, Mitbestimmung des Bürgertums war nicht vorgesehen. Kulturell erlebte die Stadt sowohl in Musik als auch in Bildender Kunst und im Theaterwesen eine Blütezeit. Die Aufklärung verlief gemäßigter als in anderen Ländern, doch zeigte sie auch hier Wirkung, vor allem im Josephinismus, dem aufgeklärten Absolutismus Josephs II. Statt der prunkvollen, lebensfrohen Geisteshaltung des Barock werden Moral, Vernunft und Einfachheit propagiert. Das Fegefeuer verliert seinen Schrecken, die Bevölkerung soll nicht aus Angst, sondern aus Erkenntnis zum Guten gelangen.

Judit in der Exegese

Vorbemerkungen

Die Kanonfrage

Die katholische Exegese im 17. Jahrhundert war geprägt von der Auseinandersetzung mit den Protestanten. Das galt besonders für die *Kanonfrage*. Welche biblischen Bücher zum eigentlichen Kanon gehören sollten, welche nur als deuterokanonisch und welche als apokryph bezeichnet werden sollten, war eines der zentralen Themen des Tridentinums gewesen. Da das Buch Judit weder im Kanon der Juden aufscheint noch in hebräischer Sprache vorliegt, hatte ihm Luther die Kanonizität abgesprochen und es zu den Apokryphen gereiht. Auf katholischer Seite hingegen war es als deuterokanonisch auf eine Stufe mit den unumstrittenen protokanonischen Büchern gestellt worden und somit im Kanon der biblischen Bücher verblieben. Mit der Kanonfrage verbunden war aber die Frage nach der Heiligkeit und Würde des Buches und damit nach seiner Autorität in der dogmatischen Diskussion. Dementsprechend apologetisch und polemisch wurde diskutiert. In zahlreichen katholischen Bibelkommentaren wurde versucht, das Juditbuch gegen die protestantischen „Angriffe" zu verteidigen. Der berühmte Exeget Cornelius a Lapide SJ (1567-1637) beginnt deshalb seinen Kommentar ebenso mit der Kanonfrage[46] wie später Dom Augustin Calmet (1672-1757)[47] und zuvor schon Nicolaus Serarius (1555-1609) und andere.

Historizität

Ein zweiter, mit der Kanonfrage eng verbundener umstrittener Punkt dieser Zeit war die *Historizität* des Juditbuches. Hier galt es, gegen die beginnende historisch-kritische Methode Stellung zu beziehen, auch in dieser Frage wurde defensive Apologetik betrieben. Man versuchte verstärkt, geografische, zeitliche und personale Ungereimtheiten wissenschaftlich korrekt zu erklären. Dabei war man sich auf katholischer Seite zwar einig, dass die Historizität des Juditbuches verteidigt werden müsse, in der konkreten geschichtlichen Einordnung jedoch gingen die Meinungen weit auseinander. Dementsprechend viel Raum beanspruchte diese Frage in den Kommentaren der Barockzeit. Bernard de Montfaucon (1655-1741) schrieb sogar ein eigenes Buch zu diesem Thema: „*La verité de l'histoire de Judith*" (1690), dessen apologetischen Charakter man gleich anfangs bemerkt: „Luther gibt zu, dass sein stärkster Grund dafür, die Wahrhaftigkeit des Juditbuches zu negieren der ist, dass man dessen Zeit nicht bestimmen kann und keine Spuren davon in der Hl. Schrift und in der profanen Geschichte findet. Er sagt selbst, dass wenn man die Fakten, die sich in diesem Buch finden,

---

46   Lapide, *Commentaria*, 313.
47   Calmet, *Commentaire*, 340.

durch sichere Geschichten beweisen könnte, es würdig sein würde, in die Bibel aufgenommen zu werden.[48]" Vehement verwahrt er sich gegen die Bezeichnung „Parabel" für das Juditbuch und versucht deshalb, die geforderten historischen Fakten aus der Profangeschichte, vor allem mit Verweis auf Herodot, beizubringen.

Paradigmenwechsel
Durch diese neuen Fragestellungen vollzog sich langsam ein Paradigmenwechsel. Das Ziel der katholischen Auslegung war bis ins 17. Jahrhundert hinein meist gewesen, mithilfe der Lehre vom vierfachen Schriftsinn und unter Berufung auf die Kirchenväter *Werte zu vermitteln*. „Methodische Sauberkeit wurde nicht als Erfordernis empfunden. (…) Ziel war die lebendige, existentielle Verbindung des Hörers oder Lesers mit der Botschaft, die *Überzeugung* also, nicht Wissen als Selbstzweck", resümiert Johann Gamberoni über 1600 Jahre Auslegungsgeschichte des Buches Tobias[49], und das galt auch für viele Exegeten des beginnenden 17. Jahrhunderts, auch für solche des Juditbuches. Dennoch war im 17. Jahrhundert ein Bruch bemerkbar. Gerade als Antwort auf die protestantischen Methoden der Schriftauslegung bemühten sich die Exegeten, ihre Wissenschaftlichkeit stärker unter Beweis zu stellen und verabschiedeten sich oft stillschweigend von alten Auslegungsprinzipien, die dieser Wissenschaftlichkeit scheinbar nicht mehr entsprachen. So wurde der geistige Schriftsinn zwar nicht angezweifelt, aber de facto von den Exegeten nach Lapide nicht mehr angewendet. Schon Lapides Zeitgenosse Jacobus Tirinus (1580-1636) schreibt einerseits in seinem Vorwort über die herkömmliche allegorische und tropologische Deutung des Juditbuches[50], geht aber andererseits im Kommentar selbst darauf mit keinem Wort ein. Andere wie Giovanni St. Menochio (1575-1655) verzichten ganz auf diese Auslegungstradition. Es ist eine Phase, die die eigene Tradition festhalten und beweisen will und dennoch durch die Auseinandersetzung mit den Gegnern dieser Tradition ebendiese Tradition bewusst oder unbewusst modifiziert.

Stillstand
Schließlich schien die katholische Exegese im 18. Jahrhundert zu einem gewissen Stillstand gekommen zu sein. Neue Ansätze wie die des Oratorianers Richard Simon, der bereits im 17. Jahrhundert Zweifel an der Verfasserschaft Moses am Pentateuch hegte, wurden von kirchlicher Seite bekämpft oder ignoriert. Weiterhin stand die Abwehr protestantischer Sichtweisen im Vordergrund, die Themen waren dadurch gerade bei umstrittenen Büchern reduziert auf Historizi-

---

48 Montfaucon, *verité*, 279f.
49 Gamberoni, *Auslegung*, 310.
50 Tirinus, *Judith*, 718.

tät und Plausibilität der Texte. So ist es wohl kein Zufall, dass im 18. Jahrhundert umfassende Judit-Kommentare selten werden. Offenbar verlor man das Interesse an Judit, sei es, weil scheinbar alles über dieses Buch bereits von den großen Exegeten des 17. Jahrhunderts gesagt worden war, sei es, weil Judit von einer vernunftbezogenen moralischen Perspektive aus nicht mehr so glänzend erschien.

Cornelius a Lapide

Biografisches

Cornelius a Lapide, eigentlich: Cornelis Cornelissen van den Steen, geboren 1567 in Bocholt bei Lüttich, gestorben 1637 in Rom, gilt als einer der fruchtbarsten Exegeten des Jesuitenordens. Er war Professor für Bibelauslegung und Hebräisch, unter anderem am Collegium Romanum in Rom, und verfasste umfangreiche Kommentare zu fast allen biblischen Büchern. Seine Werke wurden in allen wichtigen Städten Europas veröffentlicht und waren über die Konfessionsgrenzen hinweg angesehen.[51] Der dieser Untersuchung zugrunde liegende Kommentar stammt aus dem zwanzigbändigen Werk: „Commentaria in Scripturam Sacram", das im Jahr 1860 in Paris gedruckt wurde. Das Druckdatum zeigt, dass Lapides Ausführungen auch über zweihundert Jahre nach seinem Tod Bedeutung behielten.

Methode

Lapide beginnt seine umfangreiche Exegese mit einem „Argumentum",[52] das die Kanonfrage, den Inhalt sowie zentrale strittige Punkte behandelt. Breiter Raum wird hier der Frage gewidmet, wann die Geschichte Judits stattgefunden hat. Weiters folgt ein Vorgriff auf die Frage, wer Nebukadnezzar war, sowie eine kurze Beschreibung der Person Judits mit einer Auswahl von (bewundernden) Zitaten einiger Kirchenväter über sie. Danach werden die einzelnen Kapitel zuerst wiedergegeben und dann kommentiert.[53] Der Kommentar beinhaltet zunächst Erklärungen einzelner Worte, Überlegungen zu Ortsnamen und gibt Abweichungen der griechischen Textversion wieder. Danach folgen Abhandlungen über strittige Fragen. Hier werden sorgfältig die kontroversen Argumente aufgezählt und abgewogen, nicht immer wird eine Entscheidung gefällt. Den breitesten Raum nimmt dann die Betrachtung des allegorischen und tropologischen Schriftsinnes ein. Hier zitiert Lapide ausführlich aus den Schriften der Kirchen-

---

51 www.bautz.de/bbkl/c/cornelius_d_l.shtml.
52 Lapide, *Commentaria*, 313-315.
53 Lapide, *Commentaria*, 314-356.

väter, hier bringt er auch seine eigenen Ansichten ein, wodurch sein Kommentar gelegentlich den Charakter einer Meditation erhält. Nicht selten wendet er sich direkt an den Leser mit einer moralischen Ermahnung („*Hic disce...*"). Den Kommentar beschließt eine Aufzählung von acht berühmten Frauen aus der Geschichte, die Judit hießen.

Zentrale Fragen bei Lapide

Zeitliche Einordnung

Zur Zeit der Handlung
Große Bedeutung bei Lapide hat die Frage nach der *Zeit der Handlung*. Denn wie bereits erwähnt, versuchte man gerade damals in Opposition zu den Protestanten die Historizität und damit die objektive Bedeutung und Richtigkeit des Buches zu beweisen. Lapide führt im „Argumentum" zwei Datierungsmodelle an[54], nämlich 1.) *vor* der babylonischen Gefangenschaft, unter König Manasse: dafür listet er eine Anzahl bedeutender Exegeten auf und nennt auch die Argumente, die für diese These sprechen, unter anderem das Argument, dass damals Ninive und Jerusalem noch nicht zerstört waren und „ewiger Friede" mit den Juden herrschte. 2.) *nach* der Rückkehr aus der babylonischen Gefangenschaft in der Zeit des Xerxes: Auch für diese Theorie nennt er namhafte Vertreter und wichtige Argumente. Lapide, der selbst diese These befürwortet, zählt sechs Hauptpunkte auf: *Primo*: Nur zur Zeit des Xerxes habe es einen Hohepriester in Jerusalem namens Jojakim gegeben. *Secundo*: In Kapitel 5 werde gesagt, dass die Juden erst kürzlich aus der Gefangenschaft zurückgekehrt seien. Zudem hätten sie laut Kapitel 6 keinen König, sondern Volksführer gehabt, zur fraglichen Zeit Usija und Karmi. Hätte die Geschichte zur Zeit des Manasse gehandelt, hätte Judit wohl mit ihm ihr Vorhaben besprochen. Auch hätte Manasse, und nicht Jojakim Soldaten entsandt. Außerdem sei Betulia zur Zeit des Manasse nicht von Israeliten bewohnt gewesen, da diese nach Assyrien fortgeführt worden seien. *Tertia*: Auch in Jdt 5,27 werden die Juden als schwach und unerfahren im Krieg bezeichnet, und im letzten Kapitel werde auch der lange Frieden nach Judits Tat erwähnt. *Quarto*: Nachdem Xerxes einige Male von den Griechen besiegt worden sei, vor allem in der Schlacht bei den Thermopylen, hätten die Seinen begonnen ihn zu verachten. Deshalb habe sich Arphaxad, der ihm steuer- und tributpflichtig gewesen war, von ihm losgesagt, und dasselbe habe Nebukadnezzar getan, der wahrscheinlich einer der Fürsten des Xerxes gewesen sei und nach dem Sieg gegen Arphaxad selbst die Königsherrschaft angestrebt habe. *Quinto*: Hieraus ergebe sich auch der vermutliche Grund für das außergewöhnliche Wohlwollen Xerxes' den Juden gegenüber: Die Juden hätten nämlich Nebu-

---

54 Lapide, *Commentaria*, 313-314.

kadnezzar, Xerxes' Feind und Konkurrenten um die Herrschaft besiegt. *Sexta*: Schließlich sei nicht zur Zeit des Manasse, sondern des Sedecia Jerusalem verlassen und der Tempel zerstört worden.

Personen
Der gelegentlich etwas gezwungen wirkende Versuch, die *handelnden Personen* in die Xerxes-Zeit zu pressen, erscheint aus damaliger Sicht gerechtfertigt, denn die unbedingte Bejahung der Historizität der Handlung ließ keine andere Wahl, und die Frage konnte nicht lauten, ob historisch verankerbar oder nicht, sondern nur, in welcher Zeit historisch. Auch hier listet Lapide verschiedene Möglichkeiten der Personen-Zuordnung auf, je nach Datierungsmodell. Ich gebe hier nur die Ergebnisse wieder, die Lapide aufgrund seiner nachexilischen Datierungsthese selbst befürwortet:

Arphaxad, der König der Meder, sei wahrscheinlich nur Präfekt der Meder zur Zeit des Darius Hystaspis gewesen; sein Name bedeute nach Pagninus „schwächend, wie eine Entvölkerung".[55] *Nebukadnezzar* könne ebenfalls Präfekt oder Fürst des Darius Hystaspis gewesen sein; sein Name sei mit: „zwingend eine Generation durch Not" zu übersetzen.[56] *Holofernes*, vermutlich persischer Abstammung, habe als Oberstatthalter des Nebukadnezzar beinahe königliche Machtbefugnis besessen. Nach der griechischen Etymologie meine der Name „ganze Gabe", wenn man ihn hebräisch-chaldäisch zusammengesetzt interpretiere, ergebe sich die Bedeutung „starker Führer".[57] *Jojakim* und *Eljakim* bedeute dasselbe, nämlich Dei stator: „Gottes Amtsdiener, Erhalter" oder Dei statorius, „der die Truppen gegen Holofernes aufstehen lässt".[58] *Achior* sei nicht Ammoniter, sondern Idumäer gewesen, denn die Idumäer hätten sich ebenfalls Söhne Ammons genannt, seien aber Brüder der Juden gewesen, obwohl sie sie bekämpften.[59] *Abra* sei kein Eigenname, sondern die Bezeichnung für eine höher gestellte Magd, im Sinne einer Gefährtin von hebräisch: חבר. Auch das Element des Reisens schwinge mit, da im Hebräischen עברה „sie ging vorüber" bedeute.[60] Auch *Bagoas* sei kein Eigenname, sondern bedeute einfach „Eunuch",[61] während *Judit* zwar auch mit „Jüdin" übersetzt werden könne, hier aber als Eigenname fungiere, der „vertrauend, lobend, rühmend" („*confitens, laudans, glorificans*") meine.[62] Zur Tatsache, dass ihre Genealogie nur sechzehn

---

55 Lapide, *Commentaria*, 316.
56 Lapide, *Commentaria*, 314; 317f.
57 Lapide, *Commentaria*, 320.
58 Lapide, *Commentaria*, 323.
59 Lapide, *Commentaria*, 326.
60 Lapide, *Commentaria*, 334.
61 Lapide, *Commentaria*, 343.
62 Lapide, *Commentaria*, 331f.

Generationen nennt, während die von Jakob bis zur babylonischen Gefangenschaft sechsundzwanzig Generationen aufweist, bemerkt Lapide, dass Judits Genealogie entweder unvollständig sei oder die Väter durchwegs in sehr hohem Alter gezeugt hätten. Jedenfalls sei sie aus dem Stamm Simeon, obwohl auch der Name Ruben aufgeführt werde.[63] Die Erwähnung eines *Engels*, von dem sich Judit beschützt fühlte (Jdt 13,20: „*vivit autem ipse Dominus, quoniam custodivit me angelus eius et hinc eunte, et ibi commorantem et inde huc revertentem et non permisit me ancillam suam Dominus coinquinari, sed sine pollutione peccati revocavit me…*") habe die Exegeten zur Frage veranlasst, welcher Engel damit gemeint sei. Es könne nur ein Erzengel sein, wegen der Wichtigkeit der Sache, einige entschieden sich für den hl. Michael als Beschützer der Synagoge, einige für den hl. Gabriel als Beschützer von Heldentaten und Verkünder der Inkarnation und Beschützer der seligen Jungfrau, und andere für den hl. Raphael als Beschützer der Reisenden und Behüter der Keuschheit. Lapide selbst referiert hier die verschiedenen Thesen lediglich, ohne sich festzulegen.[64]

Die geografische Einordnung der Schauplätze soll hier nicht behandelt werden. Sie würde für die vorliegende Arbeit zu weit führen und wäre dennoch nur von nebensächlicher Bedeutung.

Moralische Aspekte

Der große thematische Schwerpunkt des Lapide liegt sicher in seiner *moralischen Auswertung* der Handlung. Darauf zielt seine Exegese eigentlich, hier entwickelt er eigenständige Aussagen, auch wenn er sich gerade hier häufig auf die Aussagen der Kirchenväter stützt.

Die Themenbereiche sind:
Judits Keuschheit – die moralische Bewertung von Judits Verhalten – das Gebet als Waffe der Christen – die Laster der Feinde

Judits Keuschheit

„denn du hast männlich gehandelt, und bist starkmüthig gewesen, weil du die Keuschheit geliebet, und nach deinem Manne keinen andern erkannt hast. Darum hat auch die Hand des Herrn dich gestärket, und darum wirst du gesegnet sein in Ewigkeit." So sprechen in Jdt 15,11Vg Jojakim und alle Ältesten einstimmig zu Judit. Diese zentrale Begründung für Judits Sieg fehlt in der Septuaginta. Für Lapide wurde sie aber ebenso wie für einige Kirchenväter der Ausgangs- und Höhepunkt seiner Auslegung. Judits Keuschheit ist für Lapide das wichtigste Element des Buches. Er weiß sich hier in einer Linie mit Hierony-

---

63 Lapide, *Commentaria*, 332.
64 Lapide, *Commentaria*, 347.

mus, Ambrosius, Fulgentius und Augustinus. Dabei sind verschiedene Aspekte der Keuschheit zu unterscheiden:

Durch Keuschheit zum Sieg: Keuschheit als sexuelle Enthaltsamkeit
Nach Jdt 15,11 wird Judits Sieg unmittelbar auf ihre Keuschheit zurückgeführt. Weil sie die Keuschheit liebt und keinen Mann nach ihrem verstorbenen Ehemann erkennt, hat Gott sie gestärkt. Hier ist mit Keuschheit ihre Nicht-Wiederverheiratung gemeint. Lapide begründet diesen Vers zunächst mit dem Beispiel der Athleten im alten Olympia, unter Verweis auf 1 Kor 9,24: Die Keuschheit (hier: temporäre! sexuelle Enthaltsamkeit) sei für die griechischen Athleten Voraussetzung für ihren Sieg gewesen. Die Keuschheit stärke nämlich Körper und Geist, und wer seine Kräfte vollständig zum Stadion tragen wolle, bleibe sexuell enthaltsam. „Denn die Genusssucht verbraucht und erschöpft die edelsten Geister und dadurch Stärke und Kraft".[65] Zweitens aber liebe Gott die Keuschheit und gebe den Keuschen Stärke, und zwar deshalb, weil er selbst reinster Geist sei. Drittens aber gelte auch die Begründung, dass es dem genusssüchtigen Holofernes gebührte, von der keuschen Judit besiegt zu werden, „damit die Keuschheit über die Genusssucht triumphiert."[66] Der Paradigmenwandel ist auffällig: Aus der keuschen, weil nicht wieder heiratenden Judit wird die keusche, weil nicht (sexuell) „genusssüchtige" Judit. Das Gegenteil von Keuschheit ist hier Genusssucht. Das wird bei Lapide noch vertieft und zugespitzt zu der Aussage: „daher triumphierte sie edler und ruhmreicher über Fleisch und Welt als über Holofernes."[67] Die Tatsache, dass Judit sexuell enthaltsam bleibt, wird als Triumph über das (lasterhafte?) Fleisch und die (sündige?) Welt gesehen und höher bewertet als die Rettungstat selbst. Dass Judit keine Kinder hatte, vergrößert ihren Verdienst für Lapide noch: Auch die christlichen Fürsten sollten seiner Ansicht nach Judit nachahmen, statt nur um der Erben willen sogar Zölibatsgelöbnisse zu brechen. „Denn edler als dieses alles ist die Keuschheit."[68]

Die drei Gaben Judits: Keuschheit durch Peinigung des Fleisches
Hinweise darauf, dass Lapide in seiner Auslegung die Keuschheit zur eigentlichen Heldentat Judits macht, finden sich vor allem bei den Anmerkungen zu Jdt 8,5 und 8,6 (im Kommentar fälschlich als Kommentar zu Vers 3 angeführt)[69]: Hier wird Judits Zurückgezogenheit, ihre Gewandung (der Ziegenhaarmantel) und sogar das Fasten als Mittel zum Zweck der Bewahrung ihrer

---

65 Lapide, *Commentaria*, 351.
66 Lapide, *Commentaria*, 352: „*Ut castitas de luxuria triumpharet.*"
67 Lapide, *Commentaria*, 352.
68 Lapide, *Commentaria*, 355.
69 Lapide, *Commentaria*, 332.

Keuschheit gesehen: Die „erste Gabe Judits" („*prima dos*") ist demnach ihre Liebe der Ruhe und Stille („*amor silentii et solitudini*"). Die Einsamkeit schütze nämlich vor der Verlockung durch Männer. Das Tragen des Ziegenhaarmantels (aus dem Kontext heraus wohl die „zweite Gabe" Judits, obwohl nicht explizit als solche bezeichnet) wird besonders gerühmt, da seine Borsten das Fleisch beständig reizten und quälten und dadurch die Wollust effektiver auslöschen könnten als die Geißelung. Denn die Schmerzen der Geißelung seien intensiv, aber kurzlebig, während der Schmerz der Borsten beständig und dauernd peinige und jede jugendliche Wallung bezähme. „Und so waffnen sich die Jungen, vor allem die (weiblichen) Witwen mit Ziegenhaar als äußerst wirksamen Schutz, um das Fleisch zu bezähmen und die Keuschheit zu bewahren."[70] In diesem Zusammenhang zitiert Lapide Hieronymus, der heidnische Witwen als Vorbilder anführt, die die Keuschheit dem Leben vorgezogen haben: die karthagische Königin, die Gattin Hasdrubals und Lucretia. Die Auswahl der Beispiele ist in diesem Zusammenhang besonders befremdlich, da es bei der Rühmung des Ziegenhaarmantels ja eindeutig um Auslöschung der Lüste der Witwen selbst ging, während sich die genannten Frauen vor Vergewaltigung oder zumindest vor Verheiratung gegen ihren Willen schützen wollten bzw. die schon vollzogene Vergewaltigung nicht ertragen konnten. Mit ihren eigenen Lüsten hatte das wohl nichts zu tun, im Gegenteil. Diese unglückselige Vermengung von Wollust und Vergewaltigung, die sich immer wieder bis in heutige Tage durchzieht und jede Vergewaltigung gern als Schuld der Frau selbst darstellt, ist eines der größten Verbrechen, die an Frauen begangen wurden und werden.

Die „dritte Gabe" Judits ist bei Lapide das beständige Fasten („*perpetuum jejunium*"). Aber auch das Fasten diene nur der Keuschheit, denn Lapide weiß sich mit Hieronymus eines Sinnes, wenn er betont: „Merke dies: ‚Entziehe dem Feuer das Holz, wenn du die Flamme löschen willst.'"[71] Hieronymus, den Lapide ausführlich zitiert, mahnt alle Witwen, vor allem die christlichen, zu fasten und ihren Körper weder mit weichen Kissen noch mit warmen Bädern zu entzünden. Frauen, die viel äßen oder gar Wein tränken, könnten sich ihrer Keuschheit nicht sicher sein. Nur das beständige Fasten könne die „brennenden Pfeile des Teufels" zurückdrängen.

Die drei Gaben Judits sind demnach auf Auslöschung leiblicher (sexueller) Lüste hin konzipiert. Weder ihr Glaube, noch ihr Mut oder ihre Klugheit stehen im Mittelpunkt. Judit diente in der Auslegung Lapides als vorbildliches Beispiel dafür, was die Moral von den Witwen forderte: die beständige Peinigung des Fleisches, um unter allen Umständen die Keuschheit bewahren zu können.

---

70 Lapide, *Commentaria*, 332.
71 Lapide, *Commentaria*, 333.

Keusch im Lager der Unzucht
Mussten nach Ansicht Lapides schon in der Einsamkeit außerordentliche Mittel angewendet werden, um sich als Witwe die Keuschheit erhalten zu können, um wie viel schwieriger war dies wohl im Zentrum der Unkeuschheit, im Feldlager der Assyrer. Judits große Tat besteht darum in dieser Auslegung vor allem darin, dass sie rein und unbefleckt nach Betulia zurückkehrte. Warum ihr das gelang, dafür gibt Lapide einige Gründe an:

(1) Judit *schmückt sich* nach Lapide in Jdt 10,3 nur deshalb, um ihre Keuschheit zu bewahren. Diese Vorgehensweise sei eine neue Art zu kämpfen, im Gegensatz zu früheren Zeiten, wo sich die Frauen verunstaltet hätten, um keusch bleiben zu können. Er zitiert wieder die Kirchenväter: Ambrosius interpretiere die Anlegung des ehelichen Schmucks als Kampfstrategie, „denn die Andenken an die Ehe sind Waffen der Keuschheit."[72]

(2) Nach Augustinus habe Judit durch ihr *Gebet* die Keuschheit bewahrt. Das ist eine gewisse Umkehrung der Argumentation. Denn wie oben erwähnt, gab Gott Judit (nach Lapide) ja aufgrund ihrer Keuschheit Stärke und dadurch den Sieg. Die Keuschheit war demnach Ursache für die Erhörung des Gebets und nicht umgekehrt.

(3) Nach Ambrosius sei Judit keusch geblieben, weil sie *nüchtern* war und keinen Wein trank: „Achtet also, wie sehr die Trunkenheit den Frauen schaden kann, wenn die Männer vom Wein so geschwächt werden, dass sie von Frauen besiegt werden? Sei also als Witwe maßvoll, keusch zuerst gegen den Wein, damit du keusch gegen den Ehebrecher sein kannst: auf keine Weise wird dich jener in Versuchung führen, wenn der Wein es nicht tut. Denn wenn Judit getrunken hätte, hätte sie mit dem Ehebrecher geschlafen."[73] Dahinter steht die Vorstellung, dass eine Witwe noch über den Tod hinaus mit ihrem Ehemann ehelich verbunden bleibt, dadurch sei jede neuerliche sexuelle Begegnung als Ehebruch zu bewerten. Dazu kommt die Mahnung des Paulus, angesichts der Naherwartung der Parusie nicht wieder zu heiraten. Insbesondere die paulinische Paränese in 1 Kor 7,8 wird strikt ausgelegt (und 1 Kor 7,9 ff. schlicht ignoriert).

(4) Schließlich aber wird auch die *Vorsehung Gottes* von Lapide als Grund dafür angesehen, dass Holofernes vom Wein übermannt einschlief und Judit nicht berührte. Immerhin spricht Judit selbst in 13,20 von einem *Engel*, der sie die ganze Zeit über beschützt hat.

Judits Keuschheit als Vorausbild der Keuschheit Marias
Judit galt typologisch als Vorausbild für die „wahre Judit", für die selige Jungfrau Maria. Tirinus schreibt im Vorwort seines Judit-Kommentars, dass die allegorische Deutung (*Allegoricè*) Judits als Typus Marias auf Fulbertus Carnoten-

---

72 Ambrosius, *de viduis*, zit. bei: Lapide, *Commentaria*, 338.
73 Ambrosius, *de viduis*, zit. bei: Lapide, *Commentaria*, 343.

sis (Fulbert de Chartres) und Petrus Canisius zurückgehe.[74] Holofernes wurde als Typus des Teufels verstanden. Lapide referiert die Typologie und beruft sich dabei auf *Gen 3,15*, wo Gott der Schlange weissagt, dass zwischen ihr und der Frau Feindschaft sein werde, und dass die Nachkommen der Frau die Schlange am Kopf treffen würden, sie aber die Nachkommen an der Ferse.[75]

Eine andere Bibelstelle, die die beiden Frauen verbindet, ist *Jdt 13,23Vg*, Usijas Lob für Judit: „*benedicta es tu filia a Domino Deo excelso prae omnibus mulieribus super terram.*" Darauf spielt nach Lapide der Erzengel Gabriel an, als er bei Maria eintritt.[76]

Lapide führt aber weiters aus, dass Judit zwar das Vorausbild Marias sei, jedoch von dieser bei weitem übertroffen werde:[77] Judit habe „nur" Holofernes niedergestreckt, Maria strecke Tag für Tag unzählige Dämonen nieder; Judit sei von den Assyrern gefürchtet worden, Maria fürchten alle Unfrommen; Judit habe Gott mit Israel versöhnt, Maria habe Gott um die Versöhnung mit der Welt angefleht; Judits Schönheit habe Holofernes zum Prassen angestachelt, Marias Schönheit stachele laut Ambrosius und anderen die sie Ansehenden zur Keuschheit an. Und vor allem: Judit habe *ihre Keuschheit* unberührt aus dem assyrischen Lager geführt, Maria hingegen feiere den *Triumph der Keuschheit* für alle Jungfrauen und ihre keuschen Begleiter, ja sie selbst habe alle Naturgesetze überwunden, indem sie zugleich Jungfrau und Mutter gewesen sei.

Maria wird auch zugeschrieben, zahlreiche Städte aus der Belagerung durch Feinde befreit zu haben, allen voran Konstantinopel im Jahr 717. Am meisten aber habe Maria Betulia verteidigt, was hebräisch Jungfräulichkeit bedeute. Denn Maria beschütze die Jungfrauen als ihre Schutzbefohlenen, weil sie selbst Jungfrau der Jungfrauen sei.[78]

Die Keuschheit ist demnach neben dem siegreichen Kampf gegen das Böse der zentrale Vergleichspunkt der Typologie Judit – Maria.

Die moralische Bewertung von Judits Verhalten
Die neben Judits Keuschheit am ausführlichsten behandelte Thematik ist bei Lapide die Frage, ob sich Judit moralisch einwandfrei verhalten habe. Die Kapitel 9-11 werden davon dominiert. Näherhin geht es um folgende Fragen:

---

74 Tirinus, *Judith*, 718. Siehe dazu aber unter „Judit in Verkündigung und Predigt".
75 Lapide, *Commentaria*, 346.
76 Lapide, *Commentaria*, 348.
77 Lapide, *Commentaria*, 346f.
78 Lapide, *Commentaria*, 356.

(1) *„Et percuties eum ex labiis caritatis meae"*: *Jdt 9,13 und die Absichten Judits*

Die Frage, was Judit mit: „*labiis caritatis meae*" meint, wird von Lapide eindeutig beantwortet: Judit wolle durch ihre ausgesuchten Worte der Caritas töten. Caritas meine hier menschliche, nicht göttliche Liebe, also Liebesverführungen. Es gehe darum, Holofernes zu verführen, um ihn unvorsichtig zu machen und dadurch leichter töten zu können. Jedoch, argumentiert Lapide weiter, wolle Judit Holofernes nur zur keuschen, also ehelichen Liebe verführen, nicht zur sittenlosen und unkeuschen. „Denn obgleich Judit Holofernes nicht als Ehemann haben wollte, konnte sie ihn erlaubter Weise zur keuschen und ehelichen Liebe zu ihr verlocken, damit sie so Gelegenheit habe, den Unvorsichtigen schlau zu töten."[79] Dass Holofernes allerdings nicht zur keuschen, sondern zur unkeuschen Liebe verlockt wurde, konnte sie vielleicht vermuten, jedenfalls sei dies laut Ambrosius und anderen nicht ihr anzulasten. Die Schönheit selbst sei ja noch keine Sünde und sie hätte aus ihren hohen Zielen heraus, nämlich die Heimat zu befreien und die Feinde in die Flucht zu schlagen, die gerechtfertigsten Gründe so zu handeln. Der Grund für Holofernes' unkeusche Absichten liege allein in seiner Lasterhaftigkeit.[80]

(2) *Judits Reden und die Frage der Lüge*

Die Frage, ob Judit im Gespräch mit Holofernes und den Assyrern lüge und wie das zu bewerten sei, wird länger behandelt. Hier sind sich die von Lapide zitierten Auslegungen nicht einig. Manche meinen, dass Judit gar nicht lüge, sondern nur zweideutig spreche, manche wieder denken, dass sie zwar lüge, jedoch damit nicht sündige. Lapide neigt in seinen Anmerkungen zum 10. Kapitel (Gespräch Judits mit den Assyrern) eher zur zweiten Ansicht: Man könne Judit nicht in allen Punkten von der Lüge freisprechen, allerdings sei angesichts der großen Bedrohung und angesichts ihrer mutigen Ziele die Lüge entschuldbar.[81] Immerhin habe es auch unter den bedeutenden christlichen Gelehrten solche gegeben, die unter gewissen Voraussetzungen die Lüge für erlaubt hielten. So sei es erklärbar, dass eine jüdische Frau in einer so entscheidenden Situation diesem Irrtum unterliege, in dem sie noch dazu von Gott gelassen wurde. Überdies sei in einem gerechten Krieg, wie dieser es war, Kriegslist erlaubt, unter der Voraussetzung, dass dadurch die Sache gut ausgehe. Am Ergebnis erkenne man demnach, ob es sich um (erlaubte) Kriegslist oder um (unerlaubten) Betrug gehandelt hat.

---

79   Lapide, *Commentaria*, 336.
80   Lapide, *Commentaria*, 336.
81   Lapide, *Commentaria*, 338: „*Cum ergo Judithae finis bonus sit, erit ipse dolus etiam laudabilis.*"

In den Anmerkungen zu Kapitel 11 urteilt er noch milder. Judits Worte im Gespräch mit Holofernes seien als „teilweise ironisch, teilweise zweideutig, teilweise prophetisch" zu bezeichnen.[82] Er „übersetzt" in der Folge die einzelnen Verse der Rede Judits in die „wirkliche" Aussage Judits, um die Zweideutigkeiten zu erhellen: Die Anrede an Holofernes: „*und in aller Welt ist bekannt, daß du allein gütig und mächtig bist...*" (Jdt 11,6) etwa erklärt er mit Lk 22,25, wo es heißt, dass sich die Mächtigen Wohltäter nennen lassen.[83] Zu 11,14f., den Versprechungen Judits an Holofernes, merkt er an, dass viele hier meinten, Judit nicht von der Lüge freisprechen zu können. Er aber entschuldige sie doppelt: Denn erstens spreche sie nur davon, wie das Schicksal der Israeliten normalerweise, ohne wundertätiges Eingreifen Gottes aussehen würde: Dann würden die Hebräer nämlich tatsächlich untergehen und von Holofernes unterjocht werden, und in diesem Fall würde Judit den Zeitpunkt der Strafe im Gebet erfahren und ihn Holofernes bekannt geben.[84] Zweitens seien ihre Worte, wenn auch im zweideutigen Sinne, wahr und könnten daher nicht als Lüge bewertet werden, auch wenn Holofernes die Worte missverstehen musste. Und in der Anmerkung zu Jdt 11,16: „*denn solches ist mir durch Gottes Vorsehung gesagt worden*" vertritt er sogar die Auffassung, dass Judit von der göttlichen Vorsehung geleitet wurde und von daher *nicht* gelogen habe, „denn Gott kann nicht lügen."[85]

(3) *Tötung eines Wehrlosen?*
Viele heutige unbefangene Leser des Juditbuches macht die Tatsache unruhig, dass Judit den betrunkenen und schlafenden Holofernes, also einen Wehrlosen getötet hat. Auch damals scheint dieser Einwand bestanden zu haben, denn Lapide geht auf die Frage, wenn auch nur in einer Fußnote[86] ein. Er argumentiert gegen diese Auffassung dreifach: 1.) Alle Sünder „solcher Art" könnten von Gott in jedem Augenblick und vollkommen zu Recht mit ewigen Qualen belegt werden. 2.) In einem gerechten Krieg, der mit göttlichen Gesetzen vereinbar ist, dürfe man gewissermaßen als Vertreter der göttlichen Gerechtigkeit den Feind jederzeit töten. 3.) Ein Sünder würde sowieso in Sünde sterben und dadurch in die ewigen Höllenqualen gehen, das habe er sich jedoch nur selbst zuzurechnen und nicht dem, der ihn tötet.
Die Tat Judits sei demnach gerecht und erfülle den göttlichen Willen.

---

82 Lapide, *Commentaria*, 341.
83 Lapide, *Commentaria*, 340.
84 Lapide, *Commentaria*, 341.
85 Lapide, *Commentaria*, 342.
86 Lapide, *Commentaria*, 346, Fußnote 1.

(4) *Ist Schönheit gefährlich?*
In den Anmerkungen zum Kapitel 10 geht es vor allem um die Frage, ob Judit gelogen hat (s.o.). Lapide entschuldigt ihre Lüge und lobt ihre Keuschheit, um dann unvermittelt in der Anmerkung zum Vers 14 („[Da] erstarrten ihre Augen, weil sie über ihre Schönheit sich überaus verwunderten") folgende Aussage zu tätigen: „Moralisch lerne hier, dass der Anblick von Frauen gefährlich und verderblich ist. Beispiele dafür sind Simson, David, Salomo und tausend andere. Wahr spricht Sir 42,14: ‚Besser ist die Ungerechtigkeit des Mannes als die wohltätige Frau und als die Frau, die in Schande gerät.'"[87] Diese eindeutig negative Aussage über die Frau an sich wirkt in dem positiven Umfeld sehr befremdlich. Wird doch kurz zuvor betont, dass die Verlockung zur unkeuschen Liebe nicht in Judits Absicht gelegen habe, sondern auf die Lasterhaftigkeit des Holofernes zurück zu führen sei, und dass Schönheit an sich nicht schuldhaft sei. Hier zeigt sich in voller Schärfe die Problematik, die in jener Zeit (und davor) in der Bewertung Judits gegeben war: Judit wurde gelobt und als Vorausbild Marias vor allem für ihre Keuschheit und ihre frommen Absichten gerühmt. Aber gleichzeitig konnte man sich eines gewissen Mitleids mit dem überlisteten Mann nicht erwehren. Gerade in Fragen der Geschlechterbeziehung wird die männliche Solidarität gegenüber der „gefährlichen Frau" spürbar.

Das Gebet
Das Gebet begegnet uns im Juditbuch auf zwei Weisen. Einmal im *öffentlichen*, gemeinsamen Gebet des Volkes, das sich (zuerst spontan und später auf Anweisung des Hohepriesters) unter Demutsbezeugungen und Bußritualen versammelt, um einmütig und beharrlich Gott anzurufen. Zweitens im *privaten*, persönlichen Gebet Judits, die allein in ihrem Gebetsraum bzw. im Schlafgemach des Holofernes unter denselben Demuts- und Bußbezeugungen zum Gott ihres Vaters Simeon spricht. Es fällt auf, dass sich das Volk vor seinen Gebeten zuerst auf profane Weise gegen den Feind wappnet: Es besetzt die Bergspitzen, verstärkt die Mauern, sammelt Getreide etc. Auch der Hohepriester ordnet in seinem „Rundschreiben" zunächst Strategien dieser Art an. Erst *danach* wird gebetet bzw. zum Verharren in Fasten und Gebet aufgerufen. Judit dagegen betet jedes Mal *vor* ihrem Handeln.

Lapide betont vor allem zwei Aspekte: 1. die notwendige Verbindung des Gebets mit Buße, Selbsterniedrigung und Fasten und 2. die Kraft des gemeinsamen Gebets, welches den Sieg garantiert (freilich nur im Zusammenhang mit eigenem Handeln).

---

87 Lapide, *Commentaria*, 339.

(1) *Gebet und Buße*
Lapide mahnt in seiner Anmerkung zu Jdt 4,7, Gebrauch, Art und Kraft des öffentlichen Gebetes und der Reue in Unheilsituationen zu beachten. Für Christen sei dies nachzuahmen, damit „sie auf gleiche Weise ihr Unheil abwenden."[88] Entscheidend dabei sei jedoch die Verbindung des Gebetes mit Bußritualen und Demutsbekundungen (Verhüllen des Altars, Fasten etc.). Aber auch für das persönliche Gebet gelte die Notwendigkeit der damit einhergehenden Buße und Absage an weltliche Güter: „Denn das Gebet, damit es Standhaftigkeit erlangt, muss mit Buße bewaffnet sein, mit Mühsal und mit Verachtung des Fleisches. Wer nämlich weich ist und den Freuden des Fleisches frönt, kann nicht stark und standhaft sein."[89] Die Kraft des Gebets gründe demnach in der richtigen Haltung der Betenden. Nur wer sich seiner eigenen Unzulänglichkeit, für die das Fleisch Symbol ist, bewusst sei und diese unzulänglichen und vergänglichen Elemente in sich verachte, könne auf Erhörung hoffen.

(2) *Die Kraft des gemeinsamen Gebetes*
Ist die geforderte Grundhaltung der Betenden allerdings gegeben, könne die versammelte Gemeinschaft bei einmütigem und beharrlichem Gebet damit rechnen, aus ihrer Not befreit zu werden. Das verspreche der Hohepriester nämlich dem israelitischen Volk: Es solle in Fasten und Beten verharren, dann werde der Herr die Gebete erhören (Jdt 4,12). Lapide zitiert in dem Zusammenhang Ambrosius, der Gebet, Barmherzigkeit und Fasten als die „Waffen des Christen"[90] bezeichnet. Denn das Gebet treffe weiter als ein Pfeil, der nur aus nächster Nähe verletzen kann, während das Gebet auch einen weiter entfernten Feind schlage.

Judits Gebet finde zwar unter Ausschluss der Öffentlichkeit statt, dennoch werde es mit dem allgemeinen Gebet durch den Zeitpunkt und den Ritus verbunden und entwickle so seine Kraft. Und ihre Waffen, mit denen sie Holofernes geköpft habe, seien die gemeinsamen Gebete des ganzen Volks gewesen.[91]

Das gemeinsame Bittgebet des einmütig büßenden und sich erniedrigenden Volkes entwickle also eine Kraft, die Gottes Hilfe gewiss macht. Auch hier findet eine Relativierung der eigenständigen Tat Judits statt, selbst wenn Lapide ein langes Zitat des Augustinus direkt anschließt, das genau das Gegenteil zu sagen scheint: „Die heiligste Judit, durch deren Gebete der Himmel geöffnet wurde, erzeugte durch die Kunst des Gebets siegreiche Waffen, durch die sie als Gegne-

---

88   Lapide, *Commentaria*, 324.
89   Lapide, *Commentaria*, 336, in der Anmerkung zu 9,14 (*„Da mihi in animo constantiam"*).
90   Ambrosius, serm. 86, zitiert nach Lapide, *Commentaria*, 324.
91   Lapide, *Commentaria*, 334, in der Anmerkung zu 8,33: „*Et usque dum renuntiem vobis, nihil aliud fiat, nisi oratio pro me ad Dominum..*"

rin kämpfte und als Frau die furchtsamen Männer befreite."[92] Bei Augustinus sind es also Judits eigene Gebete, die den Himmel öffnen, bei Lapide bewirken erst die Gebete des ganzen Volkes die Hilfe Gottes.

Die Laster der Feinde
Holofernes ist bei Lapide nicht einfach der Feldherr eines feindlichen, übermächtigen Heeres, der den Israeliten gefährlich wird und deshalb besiegt werden muss, sondern er ist vor allem ein sündhafter Mensch. Lapide führt in den Anmerkungen zu Jdt 2,4 explizit die Laster Hochmut, Stolz, Haltlosigkeit und Wollust an, die Holofernes (wie Nebukadnezzar) auf sich vereinige und die der Grund dafür seien, dass er von Judit besiegt und getötet wurde.[93] Der reale, politisch motivierte Mord wird demnach mit der persönlichen Sündhaftigkeit des Holofernes und nicht mit der großen Not der Betulier gerechtfertigt. In Lapides literaler Auslegung dominiert vor allem die Empörung über die Sittenlosigkeit des Holofernes: Dieser lasse sich durch Judits Schönheit zur unreinen statt zur reinen Liebe verlocken.[94] Zudem habe er wie alle Perser und Assyrer äußerst verderbte Sitten, beklagt Lapide in der Anmerkung zu 12,11 und zitiert wüste Schilderungen persischer Schandtaten von Theodoret u. a.[95]

Die persönliche Sündhaftigkeit wird aber auch auf eine höhere Ebene gestellt. So sei Holofernes das personifizierte Laster und stünde damit in direktem Gegensatz zu Judit, die die Tugend schlechthin verkörpere: In den Anmerkungen zu Jdt 13,10 wird über Judits Tat geurteilt: „So köpfte die nüchterne Judit den Betrunkenen, die keusche den Unzüchtigen, die treue den Untreuen, die gerechte den Ungerechten, die demütige den Hochmütigen, die fromme den Unfrommen. Vielmehr aber: Die Nüchternheit richtete die Trunkenheit, die Keuschheit die Wollust, die Treue die Treulosigkeit, die Gerechtigkeit die Ungerechtigkeit, die Demut den Hochmut zugrunde."[96] Und weiter unten zur selben Stelle folgt die tropologische Auslegung: „Tropologisch ist dein Holofernes Völlerei, Hochmut [Hoffart: *superbia*], Wollust, Habsucht, Zorn, Trägheit. Das überwinde und vernichte hochherzig und du hast deinen Holofernes vernichtet."[97] Holofernes vereinigt demnach sechs der sieben Todsünden auf sich, nur den Neid erlässt man ihm.

Schließlich fällt auch durch die typologische Auslegung, die Judit als Vorausbild der Maria und Holofernes als Typus des Satans deutet, jedes erdenkliche Laster auf ihn. Durch diese typologischen und tropologischen Auslegungen

---

92   Augustinus, *sermo 228, De Temp.*, zitiert in: Lapide, *Commentaria*, 334.
93   Lapide, *Commentaria*, 320.
94   Lapide, *Commentaria*, 336.
95   Lapide, *Commentaria*, 343.
96   Lapide, *Commentaria*, 346.
97   Lapide, *Commentaria*, 346.

wird der Mord an Holofernes von einer realistischen, politisch wirksamen Tat zu einem inneren, seelischen Entwicklungsprozess stilisiert.

Nebukadnezzar wird vor allem für seinen *Hochmut* kritisiert, näherhin für seinen Anspruch, selbst für den einzigen Gott gehalten zu werden. Dieses Vergessen der eigenen Hinfälligkeit, die dazu führe, der Göttlichkeit den Krieg zu erklären, hätten auch Luzifer, der Pharao und König Tyrus verdientermaßen um Reich und Leben gebracht.[98] Der Hochmut wird von Lapide dann auch mit Wahnsinn verglichen, „der den Menschen zu einem Titanen macht, nicht nur gigantomach, sondern auch theomach, sodass er Gott quasi zum Duell zu fordern wagt, gerade als ob ein Hund einen Elefanten und eine Maus einen Löwen herausforderte".[99]

Giovanni Stefano Menochio SJ

Biografisches[100]

Giovanni Stefano Menochio, geboren 1575 in Padua, gestorben 1655 in Rom, war Jesuit wie Lapide und galt ebenfalls als bedeutender katholischer Exeget. Er wirkte als Professor für Hl. Schrift und Moraltheologie in Mailand, daneben aber auch als Superior in Cremona, Mailand und Genua, als Rektor des römischen Kollegs, als Provinzial der Provinzen Mailand und Rom, als Assistent von Italien und als Sekretär der Generäle Caraffa und Piccolomini. Sein exegetisches Werk wurde geschätzt wegen seiner Klarheit, Kürze und Kritikfähigkeit. Auch Richard Simon lobte seine Auslegungen vor allem für deren Beschränkung auf den Literalsinn, auch wenn er Menochio vorwirft, über zuwenig Griechisch- und Hebräischkenntnisse zu verfügen und Irrtümer anderer Autoren unhinterfragt zu übernehmen.[101]

Methode

Der sehr knapp und nüchtern gehaltene Kommentar[102] beginnt mit einer kurzen Einleitung zur Frage der Autorenschaft. Die einzelnen Kapitel werden (ohne Abdruck des Textes) zuerst inhaltlich in einem Satz zusammengefasst und danach Vers für Vers ausgelegt. Menochio verzichtet dabei auf den „geistigen Schriftsinn" vollkommen, er behandelt weder die Kanonfrage noch zitiert er Kirchenväter oder andere Autoritäten der Auslegungsgeschichte. In den Fragen

---

98 Lapide, *Commentaria*, 322.
99 Lapide, *Commentaria*, 322.
100 http://www.newadvent.org/cathen/10190c.htm.
101 Simon, *Kritik*, 467.
102 Menochio, *Commentarii*.

der historischen Einordnung übernimmt er meist die Thesen des Serarius[103], ohne sie näher zu kommentieren. Die Textfassung der Vulgata vergleicht er gelegentlich mit einer griechischen Fassung, wohl der Septuaginta. Nur selten gehen seine Anmerkungen über bloße Worterklärungen hinaus, doch diese Ausnahmen sind dafür umso auffälliger.

Zentrale Themen bei Menochio

Die zwei Hauptthemen von Menochios Exegese sind: (1) Die historische Einordnung des Buches. (2) Die moralische Bewertung Judits.

Zeitliche Einordnung

Als Autor nimmt Menochio mit Verweis auf Serarius den Hohepriester Jojakim an. Nebukadnezzar wird ohne nähere Erklärung als Merodach, König der Babylonier identifiziert. Damit übernimmt er die These Bellarmins. Den Widerspruch zum nachfolgenden „rex Assyriorum" löst er mit den Worten: „weil er sich das Reich durch Kriegsrecht erwarb"[104] auf. Dadurch ordnet er das Juditbuch zeitlich *vor der babylonischen Gefangenschaft* ein, ohne die Frage aber zu diskutieren. Die Identifizierung Arphaxads lässt er offen, die des Holofernes wird nicht angesprochen. Im Folgenden werden die Ortsnamen detailliert behandelt und die dabei auftretenden Widersprüche hinweg erklärt. Warum Manasse, der zu der von Menochio propagierten Zeit König war, nicht erwähnt wird, beantwortet er nach Serarius: Der König habe sich auf die Verteidigung Jerusalems konzentriert und dem Hohepriester die Verwaltung des restlichen Reiches überlassen. Auch bei weiteren Schwierigkeiten dieser These übernimmt Menochio die Antworten des Serarius, ohne sie weiter zu diskutieren. Zu 13,7: „*confirma me, Dominus Deus Israhel,..., ut, sicut promisisti, Hierusalem civitatem tuam erigas*" wird zu „*erigas*" angemerkt: „Dass du Jerusalem, das zwar nicht eingestürzt ist, sondern sich aus Furcht vor Holofernes niedergeworfen hat, festigst."[105]

Moralische Aspekte I: Judits Charakter

Zu Judits Charakter folgen teilweise ungewohnt wortreiche Anmerkungen Menochios. Zwar fällt kein Wort über ihre Keuschheit, und auch die typologische Auslegung Judits als Urbild Marias wird nicht erwähnt, dennoch gibt es eine eindeutige Tendenz zur demütigen, tugendhaften Seite ihrer Persönlichkeit.

---

103 Nicolaus Serarius SJ, 1555-1609, einer der bedeutendsten Exegeten seiner Zeit, schuf einen äußerst umfangreichen Kommentar zum Buch Judit, der oft rezipiert wurde.
104 Menochio, *Commentarii*, 104.
105 Menochio, *Commentarii*, 114.

Zu Jdt 8,9 (von Menochio als Jdt 8,8 angegeben): misit ad presbyteros
Diese Stelle wird von heutigen ExegetInnen oft hervorgehoben, um Judits Autorität zu unterstreichen. Die Tatsache, dass Judit die Stadtältesten zu sich rufen ließ, noch dazu um sie zu tadeln, und diese dem Ruf sogleich Folge leisteten, ist für feministische AuslegerInnen beachtenswert. Die Exegeten der Barockzeit hingegen übergingen diesen Vers in ihren Kommentaren (wie Lapide) oder fanden dafür eine Erklärung, die besser in das Bild der zurückgezogen lebenden, demütigen Witwe passte, wie zum Beispiel Menochio, der sich auch hier auf Serarius beruft: Judit rufe die Stadtältesten „nicht aus Hochmut oder Stolz" zu sich, sondern entweder „aus Eifer, ihren Beschluss nicht so bekannt zu machen oder, wie Ser. *Quaestio* 16 sagt, weil sie vorhatte, die ersten Männer zu tadeln und das in der Öffentlichkeit vor allem einer Frau nicht gezieme, oder endlich, weil sie an ihrer Zurückgezogenheit festhalten und nicht ohne dringende Notwendigkeit aus dem Haus gehen wollte."[106] Gerade das dritte Argument wirkt allerdings angesichts der Tatsache, dass Judit noch am selben Tag nicht nur ihr Haus, sondern auch die Stadt verlässt, um in ein Heereslager mit Tausenden von Soldaten zu gehen, eher unglaubwürdig. Beachtenswert ist jedoch, dass diese Erklärungen sich nach Menochios Intention nicht gegen Judit richten sollten, um etwa ihre Autorität zu untergraben, sondern im Gegenteil dazu dienten, sie den Lesern des 17. Jahrhunderts als moralisch hoch stehende Frau zu präsentieren. Was für heutige LeserInnen als Anerkennung ihrer Autorität gelten mag, wäre damals (bei einer Frau!) Hochmut und Stolz gewesen, und somit Todsünde.

Judits Absichten
Auch im Folgenden erkennt Menochio keinen Makel an ihr. Zu Jdt 9,13 erklärt er, die „*Labia charitatis*" seien Lippen, denen „süße Worte" entspränden, „die Liebe vor sich her tragen"[107], um unter 10,3 zu betonen, dass sich Judit nicht schmücke, um anstößig zu sein, sondern um Holofernes *zur Ehe zu verlocken*, denn das wäre für Judit zum Ruhme Gottes und zur Befreiung ihres Volkes ebenfalls wünschenswert.[108] Das ist ein ansonsten selten zu findender Gedanke. Dass Judit Holofernes nur zur keuschen Liebe verführen wollte, hat auch schon Lapide so gesehen. Jedoch dass Judit eine Ehe mit Holofernes *anstrebe*, wenn auch nur, um ihr Volk und ihre Religion zu retten, verneinte er mit Vehemenz.

---

106 Menochio, *Commentarii*, 119.
107 Menochio, *Commentarii*, 111.
108 Menochio, *Commentarii*, 111: „*Cum se ornat Judith, non vult esse scandalo Holopherni, sed existimandum est optasse, ut ille conjugium ejus appeteret, quod etiam Judithae optabile erat pro Dei gloria, et religionis conservatione, totiusque populi salute, quae viduitati privato bono longe praeponderat.*"

In der Anmerkung zu 16,9[109] („*in exultatione filiorum Israhel*") betont Menochio, dass Judit nicht eitlen Ruhm aus der Pflege ihres Körpers gesucht habe, sondern das Heil und die Freude Israels. Demnach ist nach Menochio jede Handlung Judits frei von Eitelkeit oder Frivolität und nur von demütiger Hingabe an ihr Volk bestimmt.

Die Frage der Lüge
Dass Judit gelogen habe, verneint Menochio noch strikter als Lapide. Es scheine zwar vieles auf Verstellung und Lüge zu deuten, jedoch da es erlaubt sei, vor dem Feind Kunstgriffe und Kriegslisten zu gebrauchen und doppelsinnig die Absichten zurückzuhalten, könne Judit vom Vorwurf der Lüge befreit werden.[110] Im Folgenden[111] (zu Jdt 11,4-15) erklärt er detailliert, wie Judits Rede zu verstehen sei: bei 11,4 („*perfectam rem faciet Dominus tecum*") verstehe Holofernes zwar, dass er, wenn er ihren Rat befolge, die Hebräer ganz und gar besiegen könne, sie aber meine mit der „Sache" den Sturz des Holofernes und die Flucht der Assyrer. 11,5: „*vivit enim Nabuchodonosor Rex*" sei keine sündhafte Handlung Judits, sondern mit Josefs Schwur beim Pharao in Gen 42,15f. vergleichbar. Sie habe nämlich nicht bei fremden Göttern geschworen, sondern bei zwei Elementen, in denen etwas an Göttlichem aufstrahle, nämlich bei Autorität und Macht. Auch mit „*bonus et potens*" in 11,6 sage sie nichts Abgeschmacktes, denn es hätten ja die Schmeichler nicht gefehlt, die so sprachen. Zudem werde *agathos* von den Griechen auch für „stark" verwendet, es sei also mit *solus bonus* einfach „sehr stark" gemeint.

Die Verse 11,8-12, die (nicht wahrheitsgemäße) Schilderung Judits, dass die Söhne Israels gesündigt hätten und das Blut von Tieren tränken bzw. das Heilige des Herrn nicht verschonen, erklärt Menochio einerseits, dass Judit mit den Söhnen Israels nicht die Betulier, sondern das ganze Volk gemeint habe, in dem viele Gott beleidigten, und andererseits, dass Judit nur von der Möglichkeit gesprochen habe, dass es geschehen könne, dass die Israeliten Blut von Tieren tränken etc.

11,15 („*habebis omnem populum Israhel sicut oves*") scheine ironisch gemeint zu sein, und *non latrabit vel unus canis* sei eine sprichwörtliche Redensart, ähnlich zu Ex 11,7; es werde kein Hund bellen, weil alle im wiedererlangten Frieden schweigen, wenn du tot bist. Die in 11,16 angesprochene „*providentiam Dei*" sei sowohl Gott als auch Judit zu eigen: Gott als der sie Gebende und Judit als die sie Empfangende und Habende.

Bei Menochio fällt also kein Schatten auf die Tugendhaftigkeit Judits. Ihre Rede sei zweideutig, manchmal ironisch und getragen von der Vorsehung, näm-

---
109 Menochio, *Commentarii*, 116.
110 Menochio, *Commentarii*, 111.
111 Menochio, *Commentarii*, 112f.

lich von der ihr eigenen Möglichkeit, vorherzusehen und vorher zu wissen; Judit habe jedenfalls in keinem Punkt gelogen. Diese etwas bemüht wirkende generelle Entlastung Judits von jedem Schatten der Lüge wird später von Calmet vehement zurückgewiesen. Die ambivalente Wirkung Judits wurde hier wohl allzu einseitig auf die tugendhaften Aspekte hin reduziert, damit aber auch auf die ungefährlichen, unproblematischen und gesellschaftlich leichter einzuordnenden.

Moralische Aspekte II: Zum Charakter der Feinde

Überraschenderweise findet sich bei Menochio so gut wie nichts über den Charakter der Feinde. Die einschlägigen Stellen zum Hochmut Nebukadnezzars (2,3; 3,13) bleiben ebenso unkommentiert wie die zur Maßlosigkeit des Holofernes (12,11). Nur vereinzelt wird überhaupt etwas zu ihnen gesagt, was über Worterklärung hinausgeht. Immerhin bemerkt Menochio zu 5,27f., der Reaktion der Granden des Holofernes auf Achiors Rede, dass diese Reaktion voll von Lästerungen und blindem Vertrauen sei.[112]

In Bezug auf die Laster des Holofernes gibt es nur zwei Anmerkungen. Zu 12,10 (Holofernes lädt seine Diener zum Mahl) meint Menochio, dass Holofernes offenbar keine höhergestellten Personen als Zeugen seiner Liederlichkeit da haben wolle, und zu 12,13, der Reaktion Judits auf die Einladung zu diesem Mahl betont er, dass die Worte des Eunuchen zweideutig seien und eigentlich zur Schandtat riefen.[113] Ansonsten aber fehlt jede Aussage über den Charakter und die Laster der Feinde.

Dom Augustin Calmet

Biografisches[114]

Dom Augustin Calmet, geboren 1672 in Ménil-la-Horgne bei Toul, gestorben 1757 in Senones (Lothringen), war Benediktiner und galt als arbeitsamster und fruchtbarster Schriftsteller seines Ordens. Sein exegetisches Hauptwerk, ein 23-bändiger Bibelkommentar, erschien in seiner Zeit als Professor der Exegese in Münster (Elsass) 1707-1716.[115] Später verfasste er unter anderem noch ein umfangreiches Bibellexikon und eine „*Histoire Sainte*" des Alten und Neuen Testaments und der Juden. Der Bibelkommentar wurde zweimal ins Lateinische übersetzt und einige Male herausgegeben. Er wurde sehr geschätzt, dennoch ern-

---

112 Menochio, *Commentarii*, 107.
113 Menochio, *Commentarii*, 113.
114 http://www.bautz.de/bbkl/c/calmet_a.shtml.
115 Calmet, *Commentaire*.

tete Calmet auch Kritik, unter anderem von Richard Simon; und wegen seines Judit-Kommentars wurde er auch Zielscheibe für Voltaires beißenden Spott.

Methode

Der Kommentar Calmets zum Buch Judit[116] besteht aus drei Teilen: Calmet beginnt mit einem ausführlichen Vorwort zu den Einleitungsfragen (S. 331-343), fährt mit einer Dissertation zum Thema der Nachfolge der Hohepriester fort (S. 344-363) und schließt den eigentlichen Kommentar (S. 365-495) an: In diesem werden der lateinische Bibeltext und eine französische Übersetzung nebeneinander angeführt, darunter steht der „Commentaire litteral". Calmet verzichtet wie Menochio im Kommentar selbst auf die geistige Schriftauslegung, er beschließt seine Betrachtungen jedoch mit durchwegs allegorischen Bildern von Judit. Darüber hinaus ist sein Kommentar wesentlich ausführlicher als der Menochios' und enthält längere Abschnitte mit persönlichen Wertungen.

Zentrale Themen bei Calmet

Historizität und zeitliche Einordnung

Auch zu Beginn des 18. Jahrhundert war die Diskussion über die *Historizität* der Judit-Geschichte offenbar nicht verstummt, denn Calmets Vorwort besteht großteils aus apologetischen Argumenten gegen die Ansicht, dass das Juditbuch nur eine Parabel sei[117] (S. 336-342). Calmet beschließt die Abhandlung mit der Bemerkung, dass sogar wenn es eine Parabel sein sollte (was er bestreitet), es dennoch nicht weniger heilig, weniger inspiriert und weniger vom Heiligen Geist geoffenbart wäre (*„En seroit-il pour cela moins Divin, moins inspiré, et moins l' ouvrage du S. Esprit?"*).[118] Die Väter, Konzile und die Kirche wären deshalb genauso wenig im Irrtum. Er listet auch die Einwände der Gegner zur geografischen Einordnung detailliert auf[119] und betrachtet sie unter Berufung auf Bellarmin, Serarius und Montfaucon als widerlegt. Die geografischen Widersprüche seien einfach die Schuld unachtsamer Kopisten.[120] Auch in der Kanonfrage sieht er sich durch namhafte Theologen wie Origenes, Tertullian oder Augustinus bestätigt.[121]

---

116 Calmet, *Commentaire*, 331-495.
117 Calmet, *Commentaire*, 336-342.
118 Calmet, *Commentaire*, 340.
119 Calmet, *Commentaire*, 337ff.
120 Calmet, *Commentaire*, 339.
121 Calmet, *Commentaire*, 341f.

Zeit der Handlung
Den Zeitpunkt der Handlung setzt er mit 3348 Weltzeit (also 656 v. Chr.) an. Bis 3398 Weltzeit (606 v. Chr.), dem Jahr, in dem laut Calmet die Juden nach Babylon deportiert wurden, sei Frieden im Land gewesen. Aus diesen Angaben entwickelt er eine genaue Chronologie des Geschehens:[122]

> 3285 Weltzeit: Geburt Judits
> 3306: Manasse wird König von Juda
> 3328: Manasse wird nach Babylon verschleppt und darf einige Monate später nach Juda zurückkehren.
> 3347: Krieg zwischen Nebukadnezzar und Arphaxad, Sieg Nebukadnezzars
> 3348: Belagerung Betulias (und Tod des Holofernes)
> 3361: Tod des Manasse
> 3390: Tod Judits

Im Folgenden muss Calmet natürlich die Schwierigkeiten, die sich aus dieser zeitlichen Einordnung ergeben, zu lösen versuchen. Zu Kp. 4,2 bzw. 5,22, wo es im griechischen Text explizit heißt, die Juden seien erst kürzlich aus der Verbannung heimgekehrt, gibt Calmet zu, dass alles hier auf die Rückkehr aus der babylonischen Gefangenschaft zu deuten scheine, er hält jedoch dagegen, dass es sich wohl eher um eine vorübergehende Zerstreuung gehandelt habe. Außerdem differiere im Fall von Kp. 5,22 die Vulgata mit der griechischen Fassung zu sehr.[123]

Zur Frage, warum König Manasse in der Handlung überhaupt nicht vorkomme, meint Calmet: „Wenn Manasse in diesem ganzen Krieg überhaupt nicht aufscheint, dann deswegen, weil er entweder damals unpässlich war oder damit beschäftigt, Jerusalem zu stärken, oder weil er es für besser hielt, sich gar nicht in diese Angelegenheit zu mengen, aus Angst die Assyrer noch mehr zu verärgern, die ihm die Freiheit gegeben hatten, oder schließlich, weil er sich seit seiner Rückkehr nach Jerusalem wenig in öffentliche Angelegenheiten mischte, schon gar nicht in solche außerhalb Jerusalems, da er in Demut und Reue lebte."[124]

Dass Holofernes in Jdt 5,4 frage, wer dieses Volk sei, was er nach Calmets Thesen längst wissen müsste, könne zwei unterschiedliche Gründe haben: Entweder sei Holofernes selbst noch nie in diesem Land gewesen, auch wenn die anderen Assyrer schon mehrfach hier gekämpft hätten, oder die Frage sei als Spötterei und Beleidigung gemeint. Calmet tendiert eher zur ersten Antwort, da Holofernes sonst wohl nicht mit solchem Eifer die Fürsten der Nachbarländer der Ju-

---

122 Calmet, *Commentaire*, 343.
123 Calmet, *Commentaire*, 392 bzw. 403-406.
124 Calmet, *Commentaire*, 392f.

den versammelt und befragt hätte. Sein Ziel sei es demnach gewesen, herauszufinden, ob die Juden nicht in den Ägyptern oder Arabern mächtige Verbündete hätten, die ihnen im Falle eines Angriffs zu Hilfe kämen.[125]

Personen
Damit sich die zeitliche Einordnung mit der biblischen Angabe, dass im Land Israel bis einige Jahre nach Judits Tod Friede geherrscht habe, deckt, sieht sich Calmet gezwungen, Judits Alter zum Zeitpunkt der Tat mit 60 oder 65 Jahren zu bestimmen.[126] Für diese Altersangabe erntet er bei Voltaire bitteren Spott: „Calmet zieht uns aus der Verlegenheit [der zeitlichen Einordnung der langen Friedenszeit, Anm. d. Autorin], indem er sagt, dass sie 65 Jahre alt war, als Holofernes von ihrer ungeheuren Schönheit ergriffen wurde. Das ist das schönste Alter um Köpfe zu verdrehen und abzuschlagen."[127]

Nebukadnezzar ist für Calmet „derselbe, den Ptolemäus Saosduchin nennt, und der über die Assyrer und die Babylonier nach dem Tod Asarhaddons, des Königs von Assyrien, geherrscht hat. Der Autor dieses Buches, der offenbar in Babylon oder in Chaldäa geschrieben habe, gab Saosduchin den Namen Nebukadnezzar als allgemeinen Namen für alle Könige dieses Landes."[128] *Arphaxad* sei Phraortes, der Sohn des Deioces.[129] Ein kappadokischer König namens *Holofernes* sei in der Geschichte bekannt. Dieser habe Kappadokien erobert, es aber wieder verloren, da er versucht habe, seinen ausschweifenden Lebensstil (vor allem Unmäßigkeit beim Wein) im Land zu etablieren. Er könne mit dem Holofernes des Juditbuches identifiziert werden.[130] Der Hohepriester *Joakim/Eljakim* sei jener Eljakim, von dem Jesaja in Jes 22,20 spreche.[131] Der Name Bagoas stünde allgemein für: Eunuch, Abra eher für: Gefährtin als für: Dienerin.[132] Judit komme ebenso wie Manasse aus dem Stamm Simeon, ihre Genealogie sei durch unachtsame Kopisten teilweise mit der des Manasse, die Calmet aus einem Brief des Fulgentius ersehen will, vermengt.[133]

---

125 Calmet, *Commentaire*, 399f.
126 Calmet, *Commentaire*, 491f.
127 Voltaire, *Bible*, 449.
128 Calmet, *Commentaire*, 367.
129 Calmet, *Commentaire*, 366.
130 Calmet, *Commentaire*, 377f.
131 Calmet, *Commentaire*, 394.
132 Calmet, *Commentaire*, 435.
133 Calmet, *Commentaire*, 424.

Judits Charakter

Judit als Modell einer tugendsamen Witwe

In seinem Schlusswort[134] ehrt Calmet Judit als perfektes Modell einer tugendsamen Witwe. Sie sei so, wie sich der Apostel Paulus in seinem Brief an Timotheus [1 Tim 5,3-16; Anm. der Autorin] die Witwen gewünscht habe: Sie gebe Gott, ihren Verwandten und ihrer Heimat, was sie soll, sie lebe zurückgezogen in Stille und Gebet ein Leben in Buße, bezähme das Fleisch und unterwerfe es dem Geist. Judits Verhalten sei erbaulich und umsichtig, sodass sie ihren Ruf unbefleckt bewahrt habe und von unverletzlicher Keuschheit sei. Die üblichen Schwächen ihres Geschlechts und ihres Standes seien bei ihr nicht zu finden, nämlich Vergnügungslust, Freude an Eleganz, Unabhängigkeitsstreben, Müßiggang, Leichtfertigkeit, Unbeständigkeit, Neugier und Geschwätzigkeit.

Calmets Bild einer Witwe richtet sich demnach stark nach den Paulus-Worten in 1 Timotheus. Vielleicht hat 1 Tim 5,9 ja auch dazu beigetragen, dass Calmet Judits Alter mit 60-65 festgesetzt hat, denn dort heißt es: „Eine Frau soll nur dann in die Liste der Witwen aufgenommen werden, wenn sie mindestens 60 Jahre alt ist."[135] Warum Calmet allerdings in der Anmerkung zu 8,8 („Niemand sprach schlecht über sie") schrieb, dass Hieronymus völlig zu Recht bemerke, dass das bei einer *jungen*, schönen Witwe etwas Besonderes sei[136] (auch im lateinisch abgedruckten Hieronymus-Zitat wird auf die Neigung der *Jugend* zum Fehltritt Bezug genommen), warum er die 60- bzw. 65-jährige Judit also als jung bezeichnen konnte, sei dahingestellt.

Judit als wahre Gestalt der Kirche Christi

Wenn man seinen Blick höher richte, sehe man in Judit, wenn auch unvollkommen, eine wahre Gestalt der Kirche Christi, der Braut des Heilands, die weder Falten noch Fehler habe[137] und die vom Himmel herabsteige, geschmückt mit dem Wertvollsten der Schätze ihres göttlichen Bräutigams. Demnach sei die Witwenschaft Judits Zeichen ihrer unverbrüchlichen Liebe zu ihrem Gemahl, wie auch die Kirche, die der wahrnehmbaren Gegenwart Christi beraubt, ihrem Gemahl dennoch Zeichen ihrer Treue und beständigen Anhänglichkeit gebe. Gegen die Verfolgung ihrer Feinde, hier durch Holofernes repräsentiert, wappne sie sich mit Mut, bekleide sich mit dem Wertvollsten, das sie hat, erneuere ihren Eifer und ihre Gebete und suche ihre Stärke in Selbst-Demütigung und Vertrauen. Und nach der erfolgreichen Niederwerfung der Feinde blähe sie sich nicht

---

134 Calmet, *Commentaire*, 494f.
135 Dass Paulus in 1 Tim 5,14 sagt, dass jüngere Witwen heiraten, Kinder zur Welt bringen und den Haushalt versorgen sollten, spielte offenbar in der Rezeption dieser Passage eine geringere Rolle.
136 Calmet, *Commentaire*, 428f.
137 Calmet, *Commentaire*, 494f., vgl. Eph 5,27.

auf, sondern lobe und preise Gott und bringe ihm die Beute der Feinde dar. Schließlich kehre sie zurück in ihre Verborgenheit und übe sich wieder in Buße und Strenge. „Es sind ihre Tugenden", so beschließt Calmet diese Eloge auf die Kirche und auch seinen Judit-Kommentar, „die die Kirche in Friedenszeiten tragen, und sie sind es, die sie im Krieg stärken [*Ce sont ses vertus qui soutiennent l' Eglise dans les tems de paix; ce sont elles qui la fortifient dans la guerre*]."[138] Er rückt also von der bis dato gebräuchlichen Typologie ab, die Judit als Urbild Marias sah, und ersetzt sie durch das Bild von Judit als wahrer Gestalt der Kirche Christi. Die seit Paulus gebräuchliche Vorstellung der Kirche Christi als Braut Christi, „ohne Flecken, Falten oder andere Fehler", die heilig sein soll und makellos, wird verbunden mit dem Bild der verwitweten Kirche, die auf die Wiederkehr ihres Gemahls Jesus Christus treu und beständig wartet.[139] Der Aspekt der Makellosigkeit sowie der Aspekt der Treue und Beständigkeit wird in Judit, „wenn auch unvollkommen", vorausgebildet.

Judits gerechter Tadel (Jdt 8,10-15)
Calmet betont, dass Judit die Stadtältesten in 8,10-15 zu Recht tadle. Sie tadle sie in dreifacher Hinsicht: Erstens, weil sie ein unbedachtes Wort gesprochen hätten, als sie gelobt hätten die Stadt in fünf Tagen zu übergeben, wenn nicht Hilfe komme, zweitens, weil sie Gott versucht hätten und in seine Pläne dringen wollten, und drittens, weil sie ihm eine Frist für seine Rettung vorgeschrieben hätten und ohne seine Zustimmung seinen Namen benutzten. Der Tadel sei „mit gutem Grund"[140] vorgebracht worden, da die Beamten bislang nicht das Geringste getan hätten, um sich zu verteidigen. Weder sei Blut geflossen, noch hätte man die assyrischen Wachen angegriffen, die die Quellen bewachten, sondern es sei nur darum gegangen, den Durst zu erdulden oder ein Heilmittel zu finden. Calmet betont also hier den Gegensatz zwischen den untätigen, passiv duldenden Verantwortlichen, deren Aufgabe es ja gewesen wäre, etwas gegen die Not zu unternehmen und der sie tadelnden und später mutig und selbstständig handelnden Witwe, die ihnen diese Aufgabe abnimmt.

Judits ungerechtes Lob für Simeon (Jdt 9,2-3)
Dazu in krassem Gegensatz stehen einzelne Beurteilungen Calmets über Judits Verhalten. Schon Judits Beurteilung von Simeons Tat (Jdt 9,2-3) sieht er sehr kritisch.[141] Eine Tat, die Jakob so sehr verachtet habe, dürfe Judit nicht schätzen. Sie könne höchstens den Eifer Simeons für die Ehre der Dina loben oder sich

---
138 Calmet, *Commentaire*, 495.
139 Vgl. Augustinus: „Die ganze Kirche ist eine Witwe, verlassen in dieser Welt." (zit. nach: Augustinus: *Antlitz der Kirche* (Freiburg: Johannes, 1991), 345.
140 Calmet, *Commentaire*, 431.
141 Calmet, *Commentaire*, 436f.

das Verbrechen der Sichemiten vergegenwärtigen, aber das alles rechtfertige Simeon in keiner Weise. Denn die Tatsache, dass Gott Simeon das Schwert in die Hand gegeben hat, sage nichts über die Rechtmäßigkeit der Handlung aus. Genauso habe Gott nämlich Dieben, Tyrannen und Mördern das Schwert in die Hand gegeben, um in seinem Zorn durch diese Verbrecher sein Recht an Völkern auszuüben, die oft weniger verbrecherisch waren als jene. In diesem Sinne bezeichnet er auch Nebukadnezzar den Großen in Jer 25,9 als Gottes Diener. Nichts sei also ungeeigneter, über die Verdienste dessen zu entscheiden, der beauftragt wurde, als diese Tatsache.

Judits verwerfliche Bitte (Jdt 9,13)
Judits Bitte in ihrem Gebet, dass Gott ihr dabei helfen möge, den Feind zu täuschen und zur Liebe zu verlocken (9,13), findet Calmet besonders empörend. Für ihn ist schon die Bitte selbst, und nicht erst die Tat unmoralisch: „Und konnte Judit die Regeln der Moral so wenig kennen, um zu wagen, so eine Frage an Gott zu richten?"[142] Damit versuche sie Gott zum Komplizen zu machen, zum Begünstiger des Bösen. Calmet gesteht zwar ein, dass im Krieg Verstellung und List erlaubt seien, jedoch die direkte Täuschung, die ausdrückliche Lüge, die Verführung durch Lob und Schmeichelei, und vor allem das Sich-dabei-Berufen auf eine Inspiration Gottes sei für christliche Moral und natürliche Gerechtigkeit verdammenswert. Doch noch verbrecherischer sei es, wenn sich eine Frau ihrer Reize bediene, um unkeusche Begierden zu erwecken, nur um ihn dann zu töten, denn das hieße, jemandes Seele zu töten, bevor man ihm das körperliche Leben nimmt. Calmet verweist darauf, wie Gott die Midianiter behandeln ließ, die ihre Töchter ins Lager der Israeliten schickten (Num 25 und Num 31). Als mildernde Umstände könnten Judits gute Absichten, die Berechtigung ihrer Pläne und ihre Unwissenheit ins Treffen geführt werden, aber dennoch dürften die fortgesetzte Lüge, die Benützung ihrer Reize und die Gefährdung ihrer Reinheit nicht gutgeheißen werden.

Judits verzeihlicher Irrtum (Jdt 10,4)
In der Anmerkung zu Jdt 10,4[143] geht Calmet auf das Problem ein, dass Gott Judits Tat zum Erfolg werden ließ und er ihrer Tugend wegen ihre Schönheit wundersam vergrößerte, was ja so gedeutet werden könne, dass er mit ihrem Handeln vollkommen einverstanden gewesen sei. Dazu meint Calmet nun, dass Judits Tugend, ihr Eifer für Religion, Volk und Tempel zwar zu Recht gelobt würden und den Erfolg verdienten, aber dass der glückliche Ausgang und auch die Wunder (die wundersame Vergrößerung der Schönheit, Anm. der Autorin) kein Beweis dafür wären, dass Gott all ihre Mittel gutheiße. Calmet verweist auf Mo-

---

142 Calmet, *Commentaire*, 441.
143 Calmet, *Commentaire*, 445f.

se und Aaron, auf Simson und sogar auf Judas, die allesamt sündigten, und im Falle des Judas dennoch fähig gewesen seien, Wunder zu tun. Selbst in der Kirche würden schlechte Priester genau wie gute tagtäglich in der Verwaltung der Sakramente Gnade bringen und Sünden vergeben können. Seine Schlussfolgerung in Bezug auf Judit lautet: „Der erhabene Herr Israels hatte ihr ohne Zweifel den großen und lobenswerten Plan eingegeben, ihre Heimat zu befreien, aber wir haben keinerlei Beweis dafür, dass er ihr die Mittel dazu eingab. Sie konnte darin ihrem eigenen Geist folgen, und sie konnte sich darin irren, in einem ganz menschlichen und wohl verzeihlichen Irrtum."[144] Nachdem jede Mitverantwortung Gottes an der Lüge ausgeschlossen wurde, findet Calmet also zum Schluss doch noch versöhnlichere Worte für Judit.

Judits Lüge
Doch in der Anmerkung zu 10,13, dem Beginn von Judits Rede, stellt er noch einmal unmissverständlich fest, dass Judit hier lüge.[145] Alle Auslegungsversuche, die Judits Worte als Ironie, Prophetie oder Zweideutigkeit entschuldigen wollen, lehnt er ausdrücklich ab. Die Heilige Schrift habe Judit wegen ihrer Tugend zwar gelobt, sie aber nicht für sündenlos erklärt. Und wenn man die Mentalreservation im Umgang der Menschen untereinander prinzipiell zurückweise, weil sie ebenso gefährlich wie die Lüge selbst sei, könne man sie hier nicht als Entschuldigung für Judit benutzen.

Auch zu 11,14, der zustimmenden Antwort Judits auf die Einladung zum Festmahl des Holofernes findet Calmet viele Worte. Doch hier beurteilt er die höfliche, und auf den ersten Blick verblüffende Zustimmung Judits als einfaches Kompliment. Sie durchschaue zwar den wahren Zweck der Einladung, aber tue so, als verstehe sie nur den wörtlichen Sinn einer höflichen Einladung und antworte darauf ebenso höflich.[146]

Bewertung
Calmets Beurteilung von Judit fällt also sehr ambivalent aus. Einerseits sieht er in ihr das Urbild der Kirche, ohne Falten und Makel, frei von allen Fehlern des weiblichen Geschlechts, andererseits reiht er sie zu Sündern wie Judas oder Simson. Einerseits beziffert er Judits Alter mit etwa 62 Jahren, andererseits zählt er sie zu den jungen, schönen Witwen. Einerseits gibt er zu, dass Gott ihr aufgrund ihrer Tugendhaftigkeit Erfolg und wundersame Schönheit verliehen habe, andererseits „weiß" er sicher, dass Gott mit ihren Lügen nicht einverstanden war. Die ambivalente Persönlichkeit Judits, „the saint, who murdered for her

---

144 Calmet, *Commentaire*, 446.
145 Calmet, *Commentaire*, 448f.
146 Calmet, *Commentaire*, 461f.

people"¹⁴⁷, entzieht sich offenbar jeder ausschließlich moralischen Beurteilung. „Man wird wirklich den allein von moralischen Gesichtspunkten beherrschten Blickwinkel verlassen müssen, um die literarische Eigenart der Juditgeschichte aus ihrer Zeit heraus begreifen zu können."¹⁴⁸ Denn ansonsten droht die Gefahr, sich in Widersprüche zu verstricken.

Hochmut als Torheit und Anmaßung

Der Vorwurf des Hochmuts trifft bei Calmet ausschließlich Nebukadnezzar. In der Anmerkung zu 2,3 (Nebukadnezzar äußert sein Vorhaben, die ganze Erde in seinen Besitz zu bringen) spricht Calmet noch von „ehrgeizigen Plänen"¹⁴⁹ dieses Fürsten und von „dereguliertem Ehrgeiz", mit dem Gott ein leichtes Spiel hat. In der Anmerkung zu 3,13 jedoch¹⁵⁰ (Nebukadnezzars Befehl, nur ihn allein als Gott zu verehren) betont er die unglaubliche Torheit des Mannes, die man mit Worten nicht ausdrücken könne. Man könne hier sehen, wozu das menschliche Herz fähig ist, wenn sich Stolz und Ehrgeiz seiner bemächtigten und das Glück es blind mache, bis es sich selbst nicht mehr kenne. Die Auswirkungen des „unerträglichen Stolzes"¹⁵¹ seien, dass Nebukadnezzar in einer Art Größenwahn alle Nationen unterwerfen wolle, und das als Akt der Gerechtigkeit sehe; dass er nicht nur für eine Gottheit, sondern für die einzige Gottheit gehalten werden wolle, und alle anderen Götter auszulöschen trachte. Calmet beurteilt das Vorhaben Nebukadnezzars nicht nur als frevelhaft, sondern auch als „lächerlich"¹⁵². Hochmut ist also bei Calmet nicht einfach ein Laster, sondern Torheit, Wahnsinn eines ehrgeizigen und zu erfolgreichen Menschen.

Die Sittenlosigkeit des Holofernes

Holofernes wird kein einziges Mal explizit als hochmütig bezeichnet. Seine Hofhaltung ähnle zwar der von orientalischen Königen, aber „nur" in Bezug auf die „freieren" Sitten der Perser. Calmet identifiziert Holofernes denn auch mit einem König Kappadokiens, dessen Gebräuche aus „Ausschweifung beim Wein, Feste und Gesänge des Bacchus"¹⁵³ bestanden hätten. Die Einladung des Holofernes zum Mahl durch Bagoas (12,12) kommentiert Calmet so: „Dieser schändliche Eunuch verstand nur zu gut die Gedanken seines Herrn. Er lädt Judit ein, Wein zu trinken, den natürlichen Feind der Keuschheit."¹⁵⁴ Nun folgt eine Be-

---

147 Moore, *Judith*, 61.
148 Herrmann, *Jüdische Glaubensfundamente*, 19.
149 Calmet, *Commentaire*, 377.
150 Calmet, *Commentaire*, 388.
151 Calmet, *Commentaire*, 374.
152 Calmet, *Commentaire*, 406.
153 Calmet, *Commentaire*, 377f.
154 Calmet, *Commentaire*, 460.

schreibung der lockeren Sitten der Perser, die bei ihren Gastmählern Frauen dabei hätten, die tanzten, sängen und „dem König mit anderen, noch schändlicheren Diensten zu Gebote standen". Calmet räumt zwar ein, dass man die Perser nicht mit den Assyrern vermengen dürfe, aber ihre Freiheit mit Frauen sei gleich groß gewesen. Der zentrale Charakterzug des Holofernes ist für Calmet also seine Unmäßigkeit, beim Wein und in der Liebe. Auch das Versprechen des Holofernes, im Falle seines Sieges den Gott Israels anbeten zu wollen (11,21), das von Lapide noch als Folge der beeindruckenden Rede Judits gesehen worden war, beurteilt Calmet nur als Versuch, sich bei Judit einzuschmeicheln und ihr zu zeigen, dass die Religionsverschiedenheit kein Hindernis zwischen ihnen darstelle.[155] Es sei also nur ein Mittel des auf den ersten Blick Entflammten, seine Begierden möglichst schnell zu stillen. Seine Konversion wäre auch ein zu großer Hemmschuh für seine Zukunft gewesen, meint Calmet, man solle also nicht glauben, dass Holofernes im Ernst gesprochen habe.

Franz Xaver Widenhofer

Biografisches[156]

Franz Widenhofer (1708-1755) wurde am 13. April 1708 zu Fulda geboren. Er trat 1729 in den Jesuitenorden ein und studierte in Rom Theologie und orientalische Sprachen. In Würzburg war er zunächst Professor für Philosophie, später bis zu seinem Tod am 11. Februar 1755 Professor für Theologie. Er lehrte dort erst „Polemische Theologie", dann alttestamentliche Exegese und Hebräisch. Neben einer hebräischen Grammatik, einer Bearbeitung des kleineren Katechismus des Canisius und einem katholischen Katechismus für Volksschulen schrieb er als Hauptwerk den umfangreichen Kommentar zum Alten Testament: „*Sacrae Scripturae dogmatice et polemice explicatae Pars prima sive Testamentum vetus*", worin er vor allem die Unterschiede zur Exegese und Dogmatik der Protestanten betonte. Widenhofer gilt als Begründer der wissenschaftlichen alttestamentlichen Studien an der Universität zu Würzburg. Aus seiner Schule ging unter anderen N. Zillich hervor.

Methode

Widenhofer beginnt seinen Kommentar mit den zentralen Streitpunkten des Juditbuches bezüglich der Kanonfrage und der Historizität. Er handelt die Punkte als „*quaestiones*" ab, mit Behauptung, Einwänden und Gegenargumenten. Ein Drittel seines Kommentars beschäftigt sich mit diesen Fragen. Danach zitiert er

---

155 Calmet, *Commentaire*, 456.
156 http://mdz.bib-bvb.de/digbib/lexika/adb/images/adb042/@Generic_BookTextView/7.

ausgewählte Verse des Buches und kommentiert sie, wobei auch hier Fragen der Geschichtlichkeit im Vordergrund stehen. Der Kommentar richtet sich polemisch gegen die protestantischen Thesen und dient eher als Streitschrift denn als Verständnishilfe.

Zentrale Themen bei Widenhofer

Historizität und zeitliche Einordnung

„Beweise" für die Historizität
Wichtigstes Anliegen Widenhofers ist in diesem Kommentar der Erweis, Judit sei eine wahre Geschichte und nicht „ein Gedicht, das man gespielet hat, wie man bey uns die Paßion spielet", wie er Luther zitiert.[157] Als „Beweise" dafür nennt er 1.) Judits Genealogie, die so viele historische Eigennamen beinhalte, 2.) den Konsens der Juden, das Buch zu den Hagiographien zu zählen und 3.) das Zeugnis der Väter (Clemens von Rom, Tertullian und Ambrosius). Dem (fiktiven) Einwand des Lesers, Judit sei bei Josephus nicht erwähnt und könne auch gleichnishaft erklärt werden, hält er entgegen, dass Josephus auch Ijob nicht erwähne, dass Paulus auch andere historisch wahre Geschichten wie Jakob und Esau gleichnishaft deute und dass auch das genaue Jahr von Christi Geburt nicht bestimmt sei.[158]

Danach führt er die zwei wichtigsten Datierungsthesen mit den bekannten Argumenten und Gegenargumenten an (vor der babylonischen Gefangenschaft unter König Manasse bzw. postexilisch unter Xerxes)[159], überlässt es aber dem Leser, sich ein Urteil zu bilden, wobei er eine Neigung zur postexilischen These zu haben scheint.[160] Er betont trotz der Datierungs-Unsicherheiten die rechtmäßige Kanonizität des Juditbuches mit Hinweis auf Hieronymus, auf das Tridentinum und andere Konzilsentscheide. Den Einwand, das Buch Judit sei im Esra-Kanon nicht zu finden, lässt Widenhofer nicht gelten. Es sei zwar aus diesem Grunde von den Juden nicht in den Kanon aufgenommen worden, werde aber dennoch nicht zu den Apokryphen, sondern zu den Hagiographien gerechnet. Das beweise seine große Bedeutung. Widenhofer betont, dass der Status eines deuterokanonischen Buches im Falle des Juditbuches nichts mit mangelnder Autorität zu tun habe, sondern nur mit dem Umstand, dass die Geschichte Judits zu Esras Zeiten noch nicht stattgefunden bzw. noch nicht berühmt genug gewesen sei. Außerdem habe schon Athanasius das Buch Judit für die neu Hinzugekommenen im Glauben empfohlen. Die Frage, warum die griechische Textfassung

---

157 Widenhofer, *Sacrae Scripturae*, 481.
158 Widenhofer, *Sacrae Scripturae*, 481.
159 Vgl. das bei Lapide, Calmet etc. Gesagte.
160 Widenhofer, *Sacrae Scripturae*, 482ff.

so stark von der lateinischen abweicht, sei auch kein Beleg für mangelnde Authentizität, sondern Resultat der mehr sinngemäßen als wortwörtlichen Übersetzung des Hieronymus und eventuell auch der griechischen Übersetzer.[161]

Mit diesen Vorbemerkungen geht Widenhofer zum Kommentar einzelner Verse über.

Personen
Auch hier legt er sich nicht auf eine Datierungsthese fest, sondern dokumentiert die Identifikationen der einzelnen Personen nach beiden Thesen. Nebukadnezzar sei entweder der babylonische Sieger über Assyrien oder der tributpflichtige Fürst unter Xerxes etc. Er setzt Eljakim mit Jojakim gleich, beide Namen bedeuteten: „Der Gott sich erheben lässt", bestehend aus: „El" und „kum" bzw. „Jehova" und „kum". Jedenfalls handle es sich laut der ersten Datierungsthese um jenen Eljakim, der bei 4 Kön 18,18[162] erwähnt sei, nach der zweiten um den Sohn des Jeschua aus 2 Esra 12,10.[163] Auch zur Frage, warum Holofernes das israelitische Volk nicht kannte oder warum die Israeliten den Tempel Jerusalems wieder in Besitz nahmen, führt Widenhofer die bekannten Argumente an.[164]

Ähnlich löst er die geografischen Schwierigkeiten. Betulia liege im Stamm Sebulon, Usija und Judit seien dorthin übersiedelt. Unter Gabaa (=Gabbai) werde nicht die Stadt verstanden, sondern „gebirgiges Land".[165]

Die Erwähnung von „Ruben" in Judits Genealogie werfe zwar Fragen auf, diese müssten aber nicht von den Pontifexen gelöst werden, da sie nicht gegen die Doktrin der Glauben und Sitten verstoßen würden. Entweder Ruben sei eines anderen Simeons Sohn und die Genealogie sei nicht bis zum Patriarchen Simeon hinaufgeführt worden oder es handle sich um einen Fehler und es sei gemeint: des Sohnes Simeons des Bruders Ruben bzw. wie in der griechischen Version: des Sohnes Simeons des Sohnes Israels.[166]

Judits Charakter

Judit als Asketin
Widenhofers zentralstes Augenmerk an Judit gilt ihrer Enthaltsamkeit. Er listet ihre „Verdienste" explizit auf: Aus Jdt 8,6 („und sie trug ein Bußgewand über ihre Lenden, und fastete alle Tage ihres Lebens ...") leitet er ähnlich wie Lapide Enthaltsamkeit und „Abtötung der Begierden" (!) ab. Weiters erwähnt er Gottes-

---

161 Widenhofer, *Sacrae Scripturae*, 485.
162 Entspricht in der EÜ: 2 Kön 18,18.
163 In der EÜ: Neh 12,10. Widenhofer, *Sacrae Scripturae*, 487.
164 Vgl. das zu Calmet Gesagte bzw. weiter unten bei Weitenauer.
165 Widenhofer, *Sacrae Scripturae*, 488f.
166 Widenhofer, *Sacrae Scripturae*, 490f.

furcht, Demut, Beredsamkeit, Weisheit, Tapferkeit und Keuschheit. Seine Schlussfolgerung dazu lautet, dass Gott auch an nicht verordneter Abtötung der Begierden, Keuschheit etc. Gefallen habe, denn das heilige den Menschen und erwerbe Belohnung, wie aus Jdt 15,11 hervorgehe. Er betont, dass es sich um richtiges Fasten gehandelt habe und nicht einfach um mäßige Nahrung, sonst hätte Judit ja an den Sabbaten und Festtagen unmäßig essen und sich betrinken müssen. Sie sei auch nicht aufgrund eines persönlichen Befehls von Gott dazu gezwungen worden, denn das würde ja bei Nichteinhaltung Strafe nach sich ziehen.[167]

Zu Jdt 10,3 vermerkt er, Judit habe sich so schön gemacht, um Holofernes zur keuschen Liebe zu verlocken, um Gnade für die Heimat zu erlangen oder auch einer Hochzeit zuzustimmen (!). Nie hätte sie jedoch in Unerlaubtes eingewilligt.

Judits Moral

Widenhofer betont Judits Integrität in Jdt 9,2-3 gegen den Vorwurf, sie billige die Untat Simeons und Levis, was beweise, dass das Buch in der Doktrin des Glaubens irre und daher nicht kanonisch sei. Dagegen wendet Widenhofer ein, Judit billige lediglich den Eifer für Dinas Scham, das Entsetzen vor der Schandtat Sichems und den Mut, diese zu bestrafen. Sie billige jedoch nicht Lüge, List, Grausamkeit und Verrat. Keinesfalls lobe sie Frauenraub und Tötung Unschuldiger, sondern akzeptiere nur die Gefangennahme derer, die die Schandtat gefördert oder ihr zugestimmt haben.[168]

Zur Frage, ob Judit in Jdt 11,12 lügt, wehrt sich Widenhofer abermals gegen den Vorwurf, das Buch irre in der Doktrin der Sitten. Das Lügen selbst werde nicht heilig genannt, Judit habe zwar hier gelogen, aber aus unüberwindlicher Unwissenheit und zudem so leicht, dass es nichts an der Authentizität des Buches ändere. Auch Sara habe in Gen 18,15 gelogen. Außerdem könne trotz grundsätzlicher Heiligkeit ein kleines Vergehen bestehen.[169]

Judit als Abbild Marias

Widenhofer erwähnt zu Jdt 13, Judit sei ein Abbild der seligen Jungfrau Marias, die das Haupt der Schlange zerrieb.[170] Der Gedanke wird jedoch nicht weiter ausgeführt.

---

167 Widenhofer, *Sacrae Scripturae*, 491f.
168 Widenhofer, *Sacrae Scripturae*, 492f.
169 Widenhofer, *Sacrae Scripturae*, 495.
170 Widenhofer, *Sacrae Scripturae*, 495.

Sonstige Themen

Weitere Themen, die jedoch nur kurz behandelt werden, sind: Die Bedeutung der Titanen in Jdt 16,8, die nach Widenhofer einfach als Synonym für „die Mächtigen" stehen; der „Beweis" für wahres Höllenfeuer und Würmer in Jdt 16,21; die Frage nach der Gedächtnisfeier von Judits Tat: Widenhofer erklärt das Fehlen dieser Feier im Festkalender der Juden damit, dass das bedeutungsvollere Fest der Tempelerneuerung durch Judas Makkabäus das Gedächtnisfest Judits überlagert habe.[171]

Nebukadnezzars Machtanspruch wird nur kurz als hochmütig kommentiert, die Frage nach Gottes Stellung zu Krieg und Gewalt anhand von Jdt 16,3 ist kein Thema.

Aus der polemischen, apologetischen Intention Widenhofers ergibt sich demnach, dass nur strittige Punkte in den Vordergrund gerückt werden, theologische Kommentare zu anderen Themen jedoch weitgehend unterlassen werden.

Ignaz von Weitenauer

Biografisches[172]

Ignaz von Weitenauer (1709-1783) wurde am 1. November 1709 in Ingolstadt geboren. Er trat 1724 in die Gesellschaft Jesu ein und unterrichtete etwa zehn Jahre an ordenseigenen Gymnasien, bevor er 1753 eine Professur für Orientalistik und Philosophie in Innsbruck erhielt. Nach Aufhebung des Jesuitenordens wirkte er im Zisterzienserstift Salem als Dramatiker, Philologe und Lehrer für orientalische Sprachen. Er starb am 4. Februar 1783 in der Nähe von Salem. Weitenauer galt als einer der besten Dramatiker des Jesuitenordens im 18. Jahrhundert. Seine Kompetenz als Exeget beweisen seine viel beachteten Bibelkommentierungen und –ausgaben sowie sein oft aufgelegtes Bibellexikon.

Methode

Der Kommentar zu Judit befindet sich in Weitenauers mehrbändigem Werk: „*Biblia sacra des Alten Testaments*". Weitenauer beginnt den deutschsprachigen Kommentar mit einer kurzen Einleitung, dann folgen die einzelnen Kapitel („Hauptstück") in der deutschen Übersetzung der Vulgata, die Kommentare befinden sich als Fußnoten darunter. Dazu führt Weitenauer unter jede Kapitelüberschrift eine kurze (einsätzige) Inhaltsangabe an.

---

171 Widenhofer, *Sacrae Scripturae*, 496f.
172 http://www.bautz.de/bbkl/w/weitenauer.shtml.

Zentrale Themen bei Weitenauer

Historizität und zeitliche Einordnung

Eine neue Datierungsthese

Die Historizität des Buches postuliert Weitenauer als unzweifelhaft, schon weil sie nach wie vor von den Protestanten eng mit der Kanonfrage verbunden wurde. Wichtigstes Anliegen Weitenauers ist die Verbreitung einer *neuen Datierungsthese* von Cesare Calino,[173] der Judits Tat zwar wie Bellarmin, Serarius, Calmet u. a. in der Regierungszeit des Manasse ansetzt, jedoch *zu Beginn* derselben, als Manasse 12-jährig den Thron bestieg. Für diese Datierung müssen Calino/Weitenauer allerdings die Regierungszeit Asarhaddons auf zwei Jahre abkürzen: „Ich weiß, das [sic!] andere dem Asarhaddon eine längere Regierung beylegen: aber Calino antwortet, er wolle die göttliche Schrift nicht nach dem betrüglichen Maßstabe eines Herodotus oder Eusebius messen".[174] Insgesamt deckt sich Calinos Zeitrechnung weder mit der heutiger Forscher noch mit der Calmets, die der heutigen weitgehend gleicht: Sanheribs Ermordung setzt Calino in das 15. Jahr Ezechias (= Hiskija), das wäre 713 v. Chr. Sanherib kam jedoch erst 705 v. Chr. an die Macht und starb 681 v. Chr. Asarhaddons Regierungszeit berechnet er wie gesagt mit zwei Jahren (713-711 v. Chr. statt 681-669 v. Chr.!) und Nebukadnezzar, den Calino mit dem Nachfolger Asarhaddons gleichsetzt, regiert nach dieser These zum Zeitpunkt des Regierungsantritts Manasses sein 13. Jahr (699 v. Chr.). Während also nach heutigen Erkenntnissen Manasse beim Regierungsantritt des Nachfolgers Asarhaddons (Assurbanipal/Saosduchin) bereits 29 Jahre regierte, kommt er bei Calino erst 12 Jahre nach diesem an die Macht!

Konsequenzen der These

Die Schwierigkeiten, die Weitenauer und Calino damit lösen wollen, sind folgende: Durch die Minderjährigkeit Manasses würde sich erklären, warum im Buch Judit von keinem König die Rede ist, sondern alle Entscheidungen in den Händen des Hohenpriesters bzw. der Stadtältesten liegen. Der Hohepriester Eljakim, den Weitenauer auch als Verfasser des Buches annimmt, sei identisch mit Jojakim, denn beide Namen bedeuten dasselbe: „Gott, der Schutzhalter."[175] Damit handle es sich um denselben Hohepriester, der bei Jesaja erwähnt sei. Die Minderjährigkeit des Königs sei also Grund für dessen Stillschweigen und für die große Macht des Priesters. Zur Stützung dieser These zitiert Weitenauer Jes 22,20-25, wo es unter anderem zur Berufung des Eljakim heißt: „Den Schlüssel zu dem Hause Davids will ich auf seine Schultern legen, nicht aber die Krone

---

173 Cesare Calino SJ (1670-1749).
174 Weitenauer, *Biblia Sacra*, 204.
175 Weitenauer, *Biblia Sacra*, 211f.

auf sein Haupt. Nicht die königliche Würde, sondern die Verwaltung und die Last."[176]

Weiters würde sich mit dieser Datierung die Diskrepanz lösen, dass zur Zeit Judits keinerlei Götzendienst geübt wurde (Jdt 8,18 u.ö.), obgleich dies in Manasses späterer Regierungszeit sehr wohl der Fall war. Auch der lange währende Friede ließe sich damit plausibel machen, denn Manasse hätte demnach 53 Jahre unbehelligt geherrscht, Amon 2 und Joschija 31 Jahre, und auch danach sei noch gut zehn Jahre alles ruhig gewesen. Selbst die in diese Zeit fallende dreijährige Gefangenschaft Manasse konnte das Land nicht verwirren, die Juden seien vielmehr froh gewesen über die Abwesenheit des grausamen Fürsten.[177] Für Calinos Datierung spräche außerdem, dass der Tempel in Jerusalem noch stand.

Den Einwand, dass Holofernes' Fragen nach der Identität der Israeliten dann unpassend seien, widerlegt Weitenauer mit dem bekannten Argument, Holofernes frage nicht als Reisender, sondern als Feldherr, also in taktischer Hinsicht. Und auch Achiors Erwähnung einer erst kürzlichen Heimkehr aus der Zerstreuung ist für Weitenauer kein Indiz auf die babylonische Gefangenschaft. Achior spreche vielmehr von unterschiedlichen Schlachten, die das Volk verloren habe.

Vers 5,23: „…und besitzen Jerusalem wieder" beziehe sich auf die Israeliten, die zum Großteil aus der assyrischen Gefangenschaft entkommen seien und durch Hiskijas Sieg über Samarien und andere israelitische Städte wieder in den „Genuss" des Tempels gekommen seien.[178]

Auch geografische Schwierigkeiten werden auf diese Weise gelöst: Zu Jdt 5,4: „Warum haben diese allein aus allen Morgenländern uns verachtet,…" merkt er an, dass im Griechischen, Syrischen und auch in der Vulgata Kp. 2,5 von „Abendländern" die Rede sei, meint aber dazu: „Es ist aber einerley, nur unter zweyerley Absichten: was herwärts abendländisch ist, das ist hinwärts morgenländisch."[179] Ähnlich geartete Argumente findet Weitenauer über die Diskrepanz, dass Betulia zwar im Stamm Sebulon liegen müsse, da auch Dothain, Belma, Chelmon und Esdrelon dort lagen, andererseits aber Usija und Judit zum Stamm Simeon gehörten. Dazu meint er: „ …es ist leichter, zwo Personen als vier Städte in eine fremde und weit entlegene Zunft übersetzen."[180]

Der an sich löbliche Versuch, die Schwierigkeiten des Buches zu lösen, wird demnach durch die heute seltsam anmutende Methode diskreditiert, geschichtliche Wahrheiten mit dem Hinweis auf die göttliche Offenbarung zu negieren.

---

176 Diese Aussage fehlt im hebräischen Text.
177 Weitenauer, *Biblia sacra*, 273.
178 Weitenauer, *Biblia sacra*, 221f.
179 Weitenauer, *Biblia Sacra*, 216.
180 Weitenauer, *Biblia Sacra*, 225.

Judit als bescheidene Heilige

Schon in der Einleitung stellt Weitenauer klar, dass sein Bild von Judit rundum positiv ist: „Wer soll nicht mit Begierde und Verwunderung ein Buch lesen, das den Sieg einer schwachen Wittwe über den mächtigsten Feldherrn und sein erschreckliches Heer beschreibt? Sie kömmt unbewaffnet, kein Mann steht ihr bey, sie waget sich mitten in das feindliche Lager, und vollbringt ein solches Werk mit ihrer Faust allein."[181] Dementsprechend werden einige Verse, die Judit in anderem Licht zeigen (Jdt 9,13; 16,11), nicht kommentiert. Judit sei nach Calinos Zeitrechnung 29 Jahre alt gewesen, sie stamme von Simeon ab: Mit Ruben sei nicht dessen Bruder gemeint, sondern ein anderer berühmter Ruben. Judit überlasse bescheiden das Urteil darüber, ob sie aus der Stadt gehen dürfe, den Ältesten (Jdt 8,31: Die Frage wird sonst meist als rhetorisch interpretiert). Judits Lob für Simeons Rache an den Sichemiten (Jdt 9,2) sieht Weitenauer als aus der Perspektive Gottes betrachtet. Es gehe um die „gerechte Abstrafung der schändlichen Unlauterkeit und den Eifer die verletzte Ehre des Herrn und seines Volkes zu vertheidigen."[182] Keinesfalls lobe sie die Rachgier und die alles Maß übersteigende Wut, mit dieser wolle Judit nichts zu schaffen haben. Bei den „Geheimnissen der Juden", die Judit in den Gesprächen mit den assyrischen Wachen Holofernes verraten wolle (Jdt 10,12f.), handle es sich lediglich um die verheerende Lage der Betulier. Auch im Gespräch mit Holofernes entdeckt Weitenauer keine Lüge, „ohne alle Unwahrheit" sprach sie seiner Meinung nach, als sie sagte, sie sei von Gottes Vorsehung gesandt und Gott sei über ihr Volk erzürnt.[183] Holofernes aber habe sich von seiner eigenen Lasterhaftigkeit von Gott und seinem Glück abhalten lassen, so dass Gott seine Sache auf andere Weise „vollkommen" gemacht habe. Dass Holofernes vor allem bei Jdt 12,4 („ehe ich deine Magd dieses aufesse, wird Gott meinen Gedanken durch meine Hand ausführen") keinen Verdacht schöpfte, sei auf seinen „alten Hochmut" und seine „neue Liebe" zurückzuführen.[184] Auch Judits Antwort auf Bagoas' Einladung zum Mahl (Jdt 12,13) wertet er als unverfänglich und unzweideutig. Sie willige nur zu dem, was gut und erlaubt ist, ein, zu nichts anderem.

Insgesamt ist das Judit-Bild des Ignaz Weitenauer von jeder Ambivalenz befreit. Sie ist die Heilige, die bescheiden, aber von Gott mit männlichem Mut ausgestattet, ihre Tat ausführt, ohne sich das Geringste zuschulden kommen zu lassen. Ihre Keuschheit, ihre Gottesfurcht oder ihr gottgefälliges Leben in Fasten und Gebet werden von Weitenauer allerdings ebenso wenig kommentiert wie ihre theologische Zurechtweisung des Usija.

---

181 Weitenauer, *Biblia Sacra*, 199.
182 Weitenauer, *Biblia Sacra*, 239.
183 Dem widerspricht aber Jdt 8,21.27, wo Judit das Leid als Prüfung von Gottes Getreuen und nicht als Zorn Gottes erklärt.
184 Weitenauer, *Biblia sacra*, 252.

Über das Höllenfeuer

Breiten Raum nimmt bei Weitenauer die Frage ein, ob man das Feuer und die Würmer für die Verdammten in Jdt 16,21 im wahren oder nur übertragenen Sinn verstehen müsse. Weitenauer verurteilt die metaphorische Sicht Calvins auf das Schärfste und zitiert zahlreiche Bibelstellen als Beleg für die Echtheit des Feuers. Sir 7,19, Jes 66,24, Mk 9,43 oder Mt 25,41 seien Beweise dafür, ebenso wie die Aussagen der Kirchenväter von Augustinus bis Basilius. Er fordert die augustinische Regel ein, die Schrift so lange im eigentlichen Sinn zu verstehen, so lange keine Ungereimtheiten daraus entsprängen. Das von Calvin postulierte Verständnis von Feuer und Würmern als Trübsal und Gewissensbisse seien Regungen, die sich bei jeder Strafe einfänden, während die Peinigung durch Feuer und Würmer den Verdammten vorbehalten sei, um „die Menschen von dem Laster abzuschrecken."[185]

(Martin) Johann Jahn

Biografisches[186]

Johann Jahn (1750-1816) wurde am 18. Juni 1750 in Tasswitz (Mähren) geboren, studierte Philosophie und Theologie, trat in den Prämonstratenser-Orden ein und lehrte orientalische Sprachen und biblische Hermeneutik in Bruck bei Znaim und, bereits nach seiner Promotion zum Doktor der Theologie als Professor in Olmütz. Ab 1789 erhielt er in Wien eine ordentliche Professur für orientalische Sprachen, biblische Archäologie und Dogmatik. Seine hier untersuchte „Einleitung ins Alte Testament"[187] von 1792 brachte ihn in Konflikt mit der Kirchenleitung, und obwohl sich Jahn darauf hin in seinen Äußerungen „mäßigte", wurde er 1806 mit einer Berufung zum Kanonikus in St. Stephan praktisch von seinem Lehrstuhl abberufen. Einige seiner Werke wurden auf den Index gesetzt. Jahn starb am 16. August 1816. Er gilt als Mittler zwischen der traditionellen Bibelauslegung der katholischen Kirche und den neuen Erkenntnissen der bibelwissenschaftlichen Methoden.

Methode

Jahns Bemerkungen zum Juditbuch beschränken sich auf eine ausführliche Inhaltsangabe und auf Erläuterungen zu Schwierigkeiten des Juditbuches. Sie sind

---

185 Weitenauer, *Biblia Sacra*, 271f.
186 http://www.bautz.de/bbkl/j/Jahn_m_j.shtml;
   http://79.1911encyclopedia.org/J/JA/JAHN_JOHANN.htm.
187 Jahn, *Einleitung*.

in deutscher Sprache abgefasst und haben nicht die Vulgata, sondern die griechische Textfassung als Vorlage.

Zentrale Themen bei Jahn

Jahn teilt die Schwierigkeiten des Juditbuches in *geografische* und *historische*. Während er die geografischen nur erwähnt und dabei die „Entschuldigung" nicht gelten lässt, die Diskrepanzen seien durch unwissende und im Hinzufügen allzu kühne Abschreiber entstanden, befasst er sich mit den historischen als den „schwerwiegenderen" näher.[188]

Historische Schwierigkeiten
Die schwierigste Frage für Jahn ist die der Datierung der Geschehnisse, von denen das Juditbuch erzählt. Er widerlegt systematisch die Hauptdatierungsthesen seiner Vorgänger:

Gegen die *Zeit der babylonischen Gefangenschaft* spreche Jdt 4,3 und Jdt 5,18-19, bzw. in der Vulgata 5,22-23, wo eine kürzlich erfolgte Rückkehr aus der Gefangenschaft erwähnt werde. Es werde weiters kein König der Juden erwähnt, und Nebukadnezzars Vater habe Ninive (im Jahr 625 v. Chr.[189]) bereits auf immer zerstört, daher könne Nebukadnezzar nicht König von Ninive genannt werden. Auch sei unwahrscheinlich, dass Holofernes die Juden nicht kannte, oder dass Nebukadnezzar den Tod des Holofernes nicht gerächt habe.

Der Verfasser des Juditbuches habe unter Nebukadnezzar den König *Neriglissor* verstanden, der gegen die Meder kämpfen wollte, aber von Kyrus besiegt worden sei. In diese Zeit passe aber der Inhalt des Buches am wenigsten.[190], denn *nach der babylonischen Gefangenschaft* seien die Hebräer zuerst begünstigte Untertanen der Perser und hernach ebenso begünstigte Untertanen Alexanders und der Ptolemäer gewesen, sodass ihnen nichts Derartiges geschehen hätte können.

Gegen die *Zeit des Antiochus Epiphanes* schließlich spreche, dass laut Jdt 4,2 bzw. 5,19 (LXX!) der Tempel erst kürzlich wieder aufgebaut worden sei.

Er bemängelt, dass die Befürworter der Historizität des Juditbuches die genannten Schwierigkeiten entweder überhaupt nicht oder so abgeschwächt berührten, dass sie leicht widerlegbar wären und doch zum Schluss gestehen müssten, dass keine Datierungsthese zu einem Konsens geführt habe.

---

188 Jahn, *Einleitung*, 916.
189 Laut EÜ: 612 v. Chr.
190 Jahn, *Einleitung*, 917 f.

Judit als Parabel?
Unter §245 bietet Jahn nun eine Lösung der Schwierigkeiten an, ohne sie freilich explizit zu empfehlen: Wenn man den Inhalt des Juditbuches als Parabel sähe, die „anschaulich lehren soll, dass die Hebräer, wenn sie Gott standhaft verehren, auch in den gefährlichsten Umständen und größten Drangsalen, am Ende doch gerettet werden",[191] verschwänden alle historischen und geografischen Schwierigkeiten sofort.

Als *Zeitpunkt der Abfassung* des Juditbuches nennt Jahn die Makkabäer-Zeit, da die Absicht des (unbekannten) Autors dahin ziele, „den Juden in misslichen Umständen gegen mächtige Feinde Mut zu machen."[192] Weiters seien die Reden der griechischen Geschichtsschreibung nachempfunden und gewisse Termini (z.B. Vorsabbath oder Vorneumond) und Gebräuche (z.B. der Übertritt von Heiden zum Judentum durch Beschneidung) ließen sich erst in jenen Zeiten beobachten. Keinesfalls sei das Buch jedoch nach Christus entstanden.

Griechisches Original
In den letzten beiden Paragrafen postuliert Jahn griechisch als Grundsprache des Textes und bezweifelt, dass Hieronymus die Übersetzung aus dem Chaldäischen selbst verfasst habe. Eventuell habe er nur aus dem Griechischen übersetzt oder aber einen Dolmetscher zu Hilfe genommen. „Es ist auch bemerkenswert, dass sich in den Acten des Kirchenraths zu Nicäa, auf welchen sich Hieronymus in dieser Stelle beruft, von dem Buche Judith nichts findet."[193]

Bewertung
Jahn nimmt also die Einwände der historisch-kritischen Methode ernst und übernimmt sie, ganz im Gegensatz zu anderen Exegeten, die sie zu widerlegen versuchen. Damit ist auch erklärt, warum er bei der Kirchenleitung in Ungnade fiel. Doch Jahn will keineswegs die tiefere Wahrheit des Juditbuches leugnen, im Gegenteil: Durch die Einordnung des Buches als Parabel versucht er die historischen und geografischen Schwierigkeiten zu unwichtigen ästhetischen Fehlern des Autors zu degradieren und ihnen den Einfluss auf Wahrheit und Lehre zu entziehen.

Leider setzt Jahn keine eigenen Schwerpunkte. Inhaltliche Themen werden nicht angesprochen, zu Jahns Einschätzung von Judits Tat oder Charakter etc. kann demnach nichts gesagt werden.

---

191 Jahn, *Einleitung*, 919.
192 Jahn, *Einleitung*, 921.
193 Jahn, *Einleitung*, 923.

Fazit

Die katholische **Exegese** des 17. und 18. Jahrhundert war geprägt von der Auseinandersetzung mit den Protestanten. Das wird auch in den untersuchten Kommentaren deutlich. Man wandte sich dabei immer mehr, bewusst oder unbewusst, von der eigenen Schriftauslegung ab. Wichtigstes Ziel war, das Juditbuch als zu Recht (deutero-)kanonisch zu legitimieren, darum galt es, die Haupteinwände der Protestanten zu widerlegen. Gegen den Vorwurf, das Juditbuch sei nur eine Parabel und daher nicht kanonisch, versuchte man in immer neuen Datierungsthesen die *Historizität* des Buches zu beweisen. Judits *vorbildliches Verhalten* musste hervorgehoben werden, um dem Vorwurf des Verstoßes gegen die Doktrin des Glaubens und der Sitten zu begegnen. Dabei ist in den untersuchten Kommentaren ein Rückzug auf diese Fragestellungen zu beobachten. Hatte Cornelius a Lapide noch zu einem umfassenden Juditbild gefunden, wurde bei den Exegeten mit ausschließlich apologetischen Interessen nur noch eine verkürzte, ausschließlich defensive Sicht geboten. Bei Johann Jahn wird schließlich keine eigene Schwerpunktsetzung geleistet.

In *Lapides Auslegung* dominiert der Rückgriff auf die Kirchenväter. Er betont vor allem Judits Keuschheit und sieht darin den Grund ihres Sieges. Vorbildlich geradezu sei ihr zurückgezogenes Leben in Fasten und Buße. Dass sie gelogen habe, sei zwar nicht zu leugnen, doch in Anbetracht der Umstände entschuldbar. Als Typus Mariae habe sie nicht einfach einen mächtigen Feldherrn, sondern vor allem das Böse schlechthin bekämpft. Freilich müsse man aber auch sehen, wie gefährlich der Anblick schöner Frauen sein könne. Zentrales Thema des Buches sei die Kraft des Gebetes. Mit Buße verbunden führe es zum Erbarmen Gottes, in der Gemeinschaft entwickle es große Macht. Lapide steht damit in einer jahrhundertelangen Auslegungslinie, die die Schwerpunkte der Vulgata hervorhebt und mitträgt. Er spricht Judit nicht von allem Negativen frei, betont aber ihre Tugenden und vermittelt damit auch dem Leser moralische Verhaltensweisen.

Auch *Calmet* geht diesen Weg, doch mit anderer Ausrichtung. Nach apologetischen Versuchen, die Historizität des Buches zu erweisen, die gelegentlich ans Absurde grenzen, betrachtet er vor allem die Person Judits. Auf literaler Ebene begegnet er ihr dabei mit heftigen moralischen Vorwürfen. Streng bezichtigt er sie der Lüge und der vorsätzlichen Täuschung des Holofernes. Dazu noch Gottes Hilfe zu erbitten, sei schändlich. So sei sie zwar tugendhaft, aber keineswegs sündenlos. Auf höherer Ebene jedoch sieht er in ihr die perfekte Witwe, in der sich die wahre Gestalt der Kirche Christi manifestiere. Selbstständig handelnd, in Not nicht verzagend und auf Gott vertrauend, so solle und werde auch die Kirche agieren. Calmet möchte demnach wie Lapide den Lesern Werte vermitteln, die Botschaft des Buches in das Leben der Menschen integrieren und gleichzeitig vor Irrwegen warnen.

Demgegenüber stehen die Exegeten *Menochio* (17. Jh.), *Weitenauer* und *Widenhofer* (18. Jh.). Ihr ausschließliches Interesse besteht darin, die Kanonizität des Juditbuches zu erweisen, daher muss Judit von allen Vorwürfen reingewaschen werden. Folgerichtig wird von Menochio und Weitenauer vehement betont, dass Judit nie gelogen habe, nur zweideutig gesprochen, dass sie bescheiden und schwach gewesen sei und Simeons Tat nie gebilligt habe. Widenhofer erklärt ihre Lüge für leicht und unwissentlich getätigt. In allen drei Fällen beschränkt sich die Exegese auf historische Datierungsversuche und moralische Aspekte Judits. Ein größerer theologischer Horizont fehlt.

Johann Jahn konzentriert sich dann vollends auf die Frage der Historizität, stellt sich aber gegen die katholische Tradition und sieht eine Lösung der Datierungsschwierigkeiten nur in der Anerkennung des Juditbuches als Parabel. Eigene Schwerpunkte oder Sichtweisen des Juditbuches in theologischer, moralischer oder thematischer Sicht bleiben unbeachtet.

Judit in Verkündigung und Predigt

Vorbemerkungen

Allgemeines zur Predigt

Die katholische Predigt im Barock ist noch nicht lange Gegenstand der Forschung. Früher oft als minderwertige Literatur unterschätzt, beginnt man aber nun den Wert der Gattung zu erkennen. Bahnbrechende Forschungsarbeit leisteten hier vor allem Urs Herzog in seinem Buch: „Geistliche Wohlredenheit – Die katholische Barockpredigt" (München 1991) und Franz M. Eybl in seiner Habilitationsschrift über Abraham a Sancta Clara.

Herangehensweise der Barockpredigt

Die katholische Barockpredigt kennt eine strenge Herangehensweise.[194] Ausgangspunkt ist das Thema der Predigt: Die Perikope zum Tag oder ein bestimmtes Fest oder ein anderer Anlass gibt das Thema vor. Nun folgt die *inventio*: Der Prediger sucht die passenden Gedanken zu dem Thema, aus der Erinnerung, seiner eigenen Erfahrung und mithilfe von geeigneter Literatur: An erster Stelle steht natürlich die Bibel, aber auch Exegeten-Schriften, Predigtsammlungen, die Schriften der Kirchenväter etc. dienen diesem Zweck. Hat der Prediger die Gedanken gesammelt, ordnet er sie, verfasst also ein Konzept, die *dispositio*. Danach wird an der sprachlichen Ausformung der Gedanken gearbeitet, an der *elocutio*. Schließlich wird die Rede auswendig gelernt (*memoria*) und gehalten (*pronuntiatio*).

Ziel der Predigt

Die Autorität schöpfte der katholische Prediger dabei nicht nur aus der Bibel selbst, sondern auch aus der Tradition. Dadurch sah er sich auch im Besitz der Wahrheit und war letztlich nicht mehr kritisierbar.[195] Das Ziel der Predigt war zu belehren und zu bewegen (*docere et movere*), bei festlichen Anlässen aber oft auch nur zu erfreuen (*delectare*). Die moralische Belehrung war ein großes Ziel der katholischen Predigt, die Schriftauslegung spielte eine untergeordnete Rolle. Der Stellenwert der guten Werke wurde ja gegen die Protestanten hoch gehalten, daher war auch in der Predigt die moralische Aufrüttlung des Volkes oberstes Gebot. Gerade bei Festpredigten ging es aber darüber hinaus nach Eybl erst recht nicht darum, kerygmatisch Glaubenswahrheiten zu verkünden oder die Schrift genau auszulegen, denn die Zustimmung zu den Glaubenswahrheiten wurde bereits vorausgesetzt. Der Zuhörer musste nicht bekehrt werden, sondern erhielt lediglich eine Bestätigung für das von ihm längst Geglaubte. Die Fest-

---

194 Vgl. Herzog, *Wohlredenheit*, 195ff.
195 Eybl, *Abraham*, 122.

predigt diente viel mehr dazu, dem Fest einen zusätzlichen Glanzpunkt zu verleihen, Gemeinschaft zu stiften und Plausibilität zu vermitteln: „Das Wort der Predigt ist ergänzendes Ornament in einem sakramentalen Festvollzug, der alle denkbaren sinnlichen Qualitäten aufbietet."[196] Daher verwundert es auch nicht, dass in der katholischen Predigt mit Wortspielen, Zahlengleichnissen und Ähnlichem verschwenderisch umgegangen wird. Das Wort der Predigt bringt längst Gewusstes und Geglaubtes in rhetorischer Vollendung zu Gehör. Die Kunst des Predigers oder des geistlichen Schriftstellers ist daher die eines Kochs, der die immer gleiche Speise durch seine Redegewandtheit, durch seine einfallsreiche *inventio* und originelle *dispositio* so variieren kann, dass sie niemals langweilt.[197]

18. Jahrhundert

Das Zeitalter der Aufklärung dringt bis etwa 1770 noch gar nicht in die Verkündigung auf der Kanzel ein, in Wien kann man auch danach nur schwer Einflüsse bemerken. Ignaz Wurz (1731-1784), „der letzte große geistliche Redner Oesterreichs im 18. Jahrhundert"[198] gilt etwa noch als Prediger des Barock[199], während Adrian Gretsch (1753-1826) bereits als Arbeiter am „Befreiungswerk aus den allzu flachen Regionen des Rationalismus zum neuen Anstieg auf die Gipfel des Offenbarungsglaubens" und damit als Überwinder der Aufklärung bezeichnet wird.[200] Als Gretsch stirbt, befindet sich bereits das Biedermeier in seiner Hochblüte. Immerhin lässt sich ein verstärktes Interesse an Sittenpredigten, eine vergleichsweise schlichtere Sprache als im 17. Jahrhundert und ein Bemühen, zumindest gelegentlich Bibelzitate in die Predigt einzufügen, feststellen.

Judit in der Leseordnung

Das Buch Judit scheint heute in der nachkonziliaren sonn- und feiertäglichen Leseordnung nicht auf. Ein Blick in Perikopenbücher aus dem 17. und 18. Jahrhundert führt zu demselben Ergebnis:[201] Lesungen aus dem Alten Testament finden sich dort generell nur spärlich, und wenn, dann hauptsächlich an den Mittwoch- bzw. Freitag- Messen in der Fastenzeit. Am Sonntag wurde überwiegend das Neue Testament herangezogen. Doch in der ersten Hälfte des 20. Jahrhunderts (bis zum II. Vatikanischen Konzil) wurde zum Fest „Mariä Himmel-

---

196 Eybl, *Abraham*, 91.
197 Eybl, *Abraham*, 120.
198 Wurzbach, zitiert bei Welzig, *Katalog II*, 813.
199 Vgl. die wiederholte Erwähnung bei Herzog, *Wohlredenheit*, 195; 219; 253 u. ö.
200 Schneyer, *Katholische Predigt*, 312.
201 Vgl. z.B.: *Evangelien sammt den Episteln*.

fahrt" eine Lesung aus dem Buch Judit gelesen, nämlich Jdt 13,22-25; 15,10.[202] Diese Verse, das Lob des Usija, wurden dabei auf Maria hin gedeutet. Nach dem Zweiten Vatikanischen Konzil fiel diese Lesung weg, heute ersetzt man sie mit Offb 11,19a; 12,1-6a.10ab,[203] während man in den Perikopenbüchern des 17. und 18. Jahrhunderts an diesem Fest Sir 24 findet. Insgesamt gesehen war und ist Judit also kein Thema in den Leseordnungen. Und wenn doch aus dem Buch gelesen wurde, war nicht die Person der Judit, sondern Maria damit gemeint. Diese Deutung der Judit als (unvollkommenes) Vorausbild Marias hat eine sehr lange Tradition.

Judit, typologisch und allegorisch betrachtet

Für die Exegese des frühen 17.Jahrhunderts waren, wie schon erwähnt, die Aussagen von Kirchenvätern und angesehenen Kirchenschriftstellern von großer Bedeutung. Damit wurde eine Tradition der Auslegung begründet, die als verbindlich galt. Die Auslegung wiederum wirkte auch in der Kunst nach und prägte eine spezifische Sichtweise der biblischen Personen, die viele Jahrhunderte unerschüttert blieb. Das Verständnis von Judit war aber schon in alter Zeit vielschichtig.

Die Psychomachie des Prudentius[204] (404/5): Judit, typologisch

Prudentius (348 bis nach 405) gilt heute als der bedeutendste christliche Schriftsteller seiner Zeit. Zu seinen Lebzeiten noch wenig rezipiert, wurde vor allem seine Psychomachie von immenser Bedeutung für das Mittelalter und die frühe Neuzeit. Das Werk handelt von erbitterten Kämpfen in der Seele des Menschen zwischen (personifizierten) Tugenden und Lastern und wurde zu einem Musterbeispiel allegorischer Denkungsart. Sieben Kämpfe auf Leben und Tod finden statt: 1.) der wahre Christusglaube (*Fides*) gegen den Glauben an die alten Götter (*veterum Cultura deorum*); 2.) die Keuschheit (*virgo Pudicitia*) gegen die Unzucht (*Sodomita Libido*); 3.) die Geduld (*Patientia*) gegen den Zorn (*Ira*); 4.) die Demut (*Mens Humilis*) gegen die Hoffart *(Superbia)*; 5.) die Nüchternheit (*Sobrietas*) gegen die Genusssucht (*Luxuria*); 6.) die Barmherzigkeit (*Operatio*) gegen die Habsucht (*Avaritia*) und 7.) die Eintracht (*Concordia*) gegen die Zwietracht (*Discordia*). Der Kern der Botschaft lautet, dass die Laster, die in jedem Menschen sind, mit Hilfe von Christus überwunden werden können.[205]

---

202 http://www.nocturnale.de/pdf/Missale/Missale.pdf und: Schott, *Meßbuch 1962*, 770.
203 *Schott-Meßbuch 1982*, 700.
204 *Psychomachie*.
205 *Psychomachie*, VV. 888-915.

Judit als personifizierte Keuschheit
In diesem Werk wird nun im zweiten Kampf Judit als Vorausbild Marias gedeutet: Die Jungfrau Keuschheit wird von Sodoms Tochter, der Unzucht, mit Fackeln von Pech und Schwefel angegriffen. Sie wehrt sich aber mit einem Felsbrocken und durchbohrt schließlich den Hals der Unzucht. Die Keuschheit triumphiert nun. Nach Judits Sieg habe sich die Unzucht zwar noch einmal erheben können, doch jetzt, nach der Mutterschaft einer unverletzten Jungfrau, durch die Geburt Christi, durch die Herabkunft des Wortes und der Vergöttlichung des Fleisches bleibe ihr kein Recht mehr:

> „Du Qual der Menschen, hast mit erneuerten Kräften dein erloschenes Leben wieder erwärmen können, und das, nachdem das Haupt des Holofernes abgeschnitten und die assyrische Bettstatt, triefend von unzüchtigem Blut, gewaschen war. Denn Judith verachtete zuchtvoll das mit Edelsteinen geschmückte Lager des verderbten Heerführers und bändigte mit dem Schwert seine unzüchtige Wut. Die Frau, deren Hand nicht zitterte, besiegte glänzend den Feind, die vom Himmel geschenkte kühne Rächerin meiner Sache! Doch vielleicht genügte eine tapfere Frau nicht, die noch unter dem Schatten des Gesetzes kämpfte, nur Vorbild unserer Zeit, in der die wahre Kraft in die irdischen Leiber herniederkam, um ein mächtiges Haupt durch schwache Diener zu fällen. Bleibt denn jetzt nach der Mutterschaft einer unverletzten Jungfrau dir noch irgendein Recht? (…).“[206]

Drei Aspekte scheinen hier auf:
(1) Judit ist der Inbegriff an Sittsamkeit und *Keuschheit*, denn Edelsteine locken sie nicht, das Bett eines reichen, prunkvoll lebenden Feindes verachtet sie.
(2) Judit ist *tapfer*. Ihre Hand zittert nicht und sie steht kühn für die Sache der Keuschheit ein.
(3) Judit steht *unter dem Gesetz*, lebt also als fromme Jüdin nach der Tora, dem Gesetz Mose. Dadurch hat sie noch nicht die Fülle der Kraft, die von Christus herrührt und kann lediglich als Vorausbild dienen.

Dass Holofernes Judit durch seine großen Schätze in Versuchung bringen könnte, ist eine selten gehörte These. Immerhin wird Judit ja selbst als reich geschildert. Doch scheint mir dieser Aspekt sehr aktuell zu sein. Judit verachtet nicht nur die Begierde des Holofernes, sie ist auch durch Reichtümer nicht korrumpierbar. Ihre Sittsamkeit steht höher als alle Verlockungen. Dafür ist sie auch bereit zu kämpfen. In dieser allegorischen Dichtung wird naturgemäß der politische Aspekt ausgeblendet, Judit kämpft nicht für ihr bedrängtes Volk, sondern für die Tugend.

---

206 *Psychomachie*, VV. 40-71.

Judit als Vorausbild Marias
Dass sich die Unzucht nach dieser Niederlage wieder erheben kann, liegt laut Prudentius daran, dass Judit noch nicht Christus an ihrer Seite habe. Hier zeigt sich eine Jahrhunderte alte Sichtweise des Verhältnisses zwischen „altem" und „neuem" Bund: Der alte Bund ist das Schattenbild, im besten Fall ein Vorausbild des neuen. Judits Tugend wird nicht bestritten, dennoch kann sie damit das Laster nicht endgültig besiegen. Das vermag erst die jungfräuliche Mutter, Maria, die Judit somit in allem übertrifft. Interessant ist, dass Marias erfolgreicher Kampf gegen die Unzucht darin besteht, dass sie als „unversehrte" Jungfrau geboren hat.

Die Psychomachie des Prudentius endet übrigens mit dem Sieg der Eintracht über die Zwietracht. Diesen kann sie jedoch nur durch die Hilfe der Haupttugend, des Glaubens, erringen. Glaube und Eintracht sind Schwestern. Nur wenn sie zusammen stehen, wird das Laster besiegt.

Der Vergleichsfaktor zwischen Judit und Maria als Vorausbild und Erfüllung ist bei Prudentius also die *Keuschheit*. Im Heilsspiegel des Mittelalters wird die Typologie Judit-Maria breiter entfaltet: Judits Sieg sei die Präfiguration des Triumphes der Maria über den Satan, ihre Heimkehr und ihr Empfang durch Usija die Präfiguration der Heimsuchung Marias. Vor allem der Sieg gegen die Sünde bzw. gegen die sündigen Feinde war der Aspekt, der später als das Gemeinsame zwischen Judit und Maria gesehen wurde. So wie Judit den Gottesfeind Holofernes überwunden habe, so habe Maria den Gottesfeind schlechthin, den Satan, überwunden. Dafür gibt es zahlreiche Beispiele von Dantes „Göttlicher Komödie" über Rabanus Maurus' Judit-Kommentar bis hin zu Publikationen des 20. Jahrhunderts.[207] Die katholische Kirche hielt an dieser Typologie im Grunde bis zum II. Vatikanischen Konzil fest, als ein neues Verständnis für das Verhältnis von Altem und Neuem Testament entwickelt wurde. Das Alte Testament wird heute stärker in seiner Eigenständigkeit respektiert, die Frauen und Männer des „alten Bundes" werden zunächst in ihrem ursprünglich gemeinten Kontext zu erfassen versucht. Deshalb wurde wohl auch die Lesung aus dem Juditbuch zu Maria Himmelfahrt nachkonziliar gestrichen. Leider gibt es dadurch überhaupt keine Präsenz Judits in der Perikopenordnung mehr.

Judit als Allegorie

Schon die patristischen Exegeten sahen in Judit die Verkörperung zahlreicher Tugenden. Ambrosius nannte Judit eine personifizierte Ehre, Mäßigkeit, Tapferkeit und Demut (*Honestas, Temperantia, Fortitudo* und *Humilitas*) im Gegensatz zu Holofernes, der Genusssucht und Hoffart (*Luxuria* und *Superbia*) verkörpere. Daneben wird ihr sehr häufig die Keuschheit (*Castitas*) zugeschrieben. Die

---

207 Haag, „Judith als Typus der Gottesmutter Maria", 46ff.

längste Wirkungsgeschichte hat ihre Allegorisierung als *Castitas* und *Humiltas*. Andererseits sahen und sehen heute noch viele Exegeten in Judit eine Allegorie der Juden an sich.

Judit in der Predigt: Abraham a Sancta Clara

Biografisches[208]

Abraham a Sancta Clara (1644-1709), geboren am 2. Juli 1644 als Johann Ulrich Megerle, stammt aus Kreenheinstetten am Südrand der Schwäbischen Alb. Er war der Sohn eines Bauern und Gastwirts, sein Onkel und späterer Vormund jedoch war der Musiker und Kanoniker Abraham Megerle, der ihn nach Ingolstadt ins Jesuitengymnasium schickte. Später besuchte er noch das Benediktinergymnasium in Salzburg und kam schließlich 18-jährig nach Wien, wo er in den Orden der Augustiner-Barfüßer eintrat. 1666 empfing er die Priesterweihe und nahm den Ordensnamen Abraham a Sancta Clara an. Seine weitere Laufbahn vollzog sich hauptsächlich in Wien, wenn er auch zeitweise in Taxa (bei Augsburg), Graz und Rom lebte. 1677 wurde er von Kaiser Leopold I. zum Hofprediger ernannt. Er übernahm im Laufe seines Lebens auch einige Ordensfunktionen (er war Prior, Provinzial und Definitor secundus), dennoch war die Predigerbzw. später auch Schriftsteller-Tätigkeit das Zentrale an seinem Schaffen. Er gilt als der sprachgewaltigste und berühmteste Prediger des 17. Jahrhunderts. Seine Predigten sind Musterbeispiele an rhetorischer Geschicklichkeit und Ausarbeitung. Dennoch klingen sie immer volkstümlich, manchmal auch derb, leicht fasslich und höchst packend.

Zur Predigtmethode[209]

Für gebildete Zuhörer
Abraham a Sancta Claras Predigtweise gliedert sich vor allem in seinem Frühwerk nahtlos in die Predigtmethode seiner Zeitgenossen ein. Sein Wirkungskreis lag in der Mitte zwischen den Missionspredigten für oft illiterates Massenpublikum eines Marco d' Aviano und den Katechesen der Jesuiten. Die Zuhörer von Abraham a Sancta Clara waren eher gebildete Leute, Bürger und der Hof. Das merkt man auch an seiner nicht übermäßigen Rücksichtnahme auf ungebildetes Publikum. Dabei war seine Beziehung zum Kaiserhaus keineswegs so eng, wie der Titel „Hofprediger" nahe legen würde. Man wird seine Tätigkeit wohl am besten mit der Funktion eines Stadtseelsorgers beschreiben können.

---

208 http://de.wikipedia.org/wiki/Abraham_a_Sancta_Clara.
209 Vgl. Eybl, *Abraham*, 118-175.

Themenbezogen und „schmackhaft"
Abraham nahm den Anspruch, „als guter Koch die immer gleiche Speise verschieden zuzubereiten", offenbar sehr ernst: Die Tatsache, dass Abraham seine „Stoffe, Argumente und Exempel, zwar wiederholt, niemals aber in gleicher sprachlicher Gestaltung", erklärt sich nach Eybl aus Abrahams „toposbezogener Materialbefragung".[210] Dabei war Abraham in den gegenreformatorischen Handbüchern sehr belesen. Zu seinen Quellen zählen zahlreiche Predigtsammlungen, Kompendien, Schriften bekannter Exegeten wie Cornelius a Lapide und aszetische Literatur.

In seinem Stil verfolgt er das Ziel, seinen Zuhörern durch eine „vergoldete Pille" die „bitter verhasste Wahrheit" schmackhaft zu machen.[211] Diese Wahrheit suchte er durch seinen Stil angenehm zu machen und an die Fassungsmöglichkeit seines Publikums anzupassen. Auffällig ist, dass er stets eine themenbezogene Predigtweise einer bloßen Auslegung der Schriftperikope bevorzugt. In seinem Spätwerk verliert die Bibel immer mehr Anteil am Dispositionsmuster selbst, sondern dient als argumentatives oder auch nur schmückendes Material. Sie bleibt für ihn jedoch die letztgültige Instanz und wird als Hintergrund jeder Erkenntnis verwendet.

Sprachliche Kunstgriffe
In der rhetorischen Zurichtung lassen sich hinter vordergründig ungeordneten Gedanken bewusste Trennungen der einzelnen Redeabschnitte mittels leitmotivischer Reihentechnik erkennen, sowie die Tendenz, die Disposition in seinem Grundmuster von *narratio*, *applicatio* und *exemplum* durch unterschiedliche Gewichtung und Tempowechsel zu verschleiern. Seine Rede zielt immer direkt auf die Wirkung, differenziert nach Zuhörerkreis und Predigttypus. Dazu verwendet er zahlreiche sprachliche Kunstgriffe, um seine Botschaft möglichst wirksam zu vermitteln.[212] Er setzt auf Bild, Ton und Wort, also auf emblematische Momente, musikalische Komposition und sprachliche Facetten. Besonders beliebt bei ihm sind Metaphern, Vergleiche, Reime, alphabetische Aufzählungen oder andere Wortspiele. Er benützt überraschende Elemente ebenso wie Wiederholungen zur Gedächtnisstütze und bedient sich geläufiger Redewendungen oder derber Mundart. Alles dient dazu, die Aufmerksamkeit des Zuhörers bis zum letzten Wort zu fesseln und die zentrale Botschaft durch vielfältige Variation einzuprägen.

---

210 Eybl, *Abraham*, 145f.
211 Eybl, *Abraham*, 284.
212 Zur detaillierten Untersuchung der Predigtmittel siehe auch Vosatka, *Predigten von Abraham a Sancta Clara*, 100-143.

Judit in den Predigten

Von den zahlreichen Predigten, die uns erhalten geblieben sind, scheint das Buch Judit in erstaunlich vielen auf. In etwa einem Drittel der durchgesehenen Predigten wurde ich fündig. Das erklärt sich natürlich auch aus der Tatsache, dass Abraham mit Beispielen aus dem Alten Testament sehr verschwenderisch umging. In einer Predigt führt er oft zehn oder mehr Personen des Alten Testaments an. Dennoch: Es sind meist dieselben Personen, die immer wieder als mahnendes oder positives Beispiel erwähnt werden. Zu Ersteren zählt Holofernes, zu Letzteren Judit. Dabei sind einige stets wiederkehrende Topoi zu bemerken, die die Erwähnung von Holofernes/Judit fast zwangsläufig nach sich zu ziehen scheinen.

Heiligen-Predigten

Die Heiligenpredigt war die wichtigste Gattung in der Predigttätigkeit Abrahams. Sie diente zwei Zielen: (1) der Verehrung des Heiligen (*admiratio*) und (2) der Aufforderung der christlichen Nachfolge (*imitatio*).[213] Je nach Schwerpunktsetzung des Predigers überwog die eine oder die andere Funktion. Auch bei Abraham lassen sich beide Genera finden. So haben Predigten über die Gottesmutter Maria eher verehrenden, überhöhenden Charakter, während solche über Matthias zur *imitatio* aufrufen. Dementsprechend gestalten sich auch die Exempel aus dem Alten Testament.

Marienpredigten
Eine Predigt zu Mariä Empfängnis von 1671 stellt Maria über alle anderen Menschen und benützt dies zum Beweis dafür, dass sie keine Erbsünde gehabt haben könne; hätte sie nämlich die Erbsünde gehabt, wäre sie den anderen Menschen in diesem Punkt gleich und folglich nicht mehr unvergleichlich gewesen. In diesem Kontext setzt Abraham nun zu einem überbietenden Vergleich an: Wie die Sonne über alle Planeten, wie das Feuer über alle Elemente etc., so sei Maria über allen Heiligen und allen Menschen, über Eva an Gnaden, über Abel an Unschuld, über Henoch an Eifer, über Abraham an Gehorsam, über David an Sanftmut, über Joseph an Keuschheit, über Rahel an Schönheit, *über Judit an Stärke*.[214]

Eine ähnliche Argumentationskette benützt Abraham in der ein Jahr später entstandenen Predigt zum selben Thema: „Immaculata". Wieder geht es um die Erbsünde. Diesmal wendet sich Abraham heftig und apologetisch gegen „ketzerische Zungen", nämlich gegen die Bücher und Schriften Luthers, Zwinglis und Waldis, die behaupten, Maria sei ein Weib wie jedes andere, also ein in Erbsün-

---

213 Vgl. Eybl, *Araham*, 156.
214 *Werke I*, 39f.

de geborenes Weib gewesen. Er nähert sich dem Thema hier von der anderen Seite: Als Argument dafür, dass Maria nicht wie alle anderen Frauen sei, diene das Fehlen der Erbsünde in ihr. Den Zweiflern hält er die Autorität der Kirchenlehrer, der römischen Kirche, des Erzhauses Österreich und Kaisers Leopold entgegen, die allesamt den Tag der Unbefleckten Empfängnis Marias feiern. Das Hauptargument bildet aber die Allmächtigkeit Gottes:

> „dan hatt Got die Judith erhalten, das mitten under den feinden ist nit anghalten worden, (...) warumb soll dan Got nit khinen undt sollen seine Mueter erhalten haben das sie (...) von der algemeinen Erbsindt wer befreit undt unversert bliben." [215]

Er erwähnt auch, dass Gott Daniel, den Dornbusch des Mose, Elischa, das israelitische Volk und die drei Knaben im Feuerofen erhalten habe. Später setzt Abraham zu einem weiteren Argument an: Jesus habe nur deshalb so wenige Wunder auf Erden gewirkt, damit man ihn als wahren Menschen und Marias Sohn ansehen würde und dadurch seiner Mutter größere Ehre zukommen lasse. Gott aber habe allen Kindern eingeschärft ihre Eltern zu ehren, daher musste auch er seine eigene Mutter besonders ehren. Nun folgt wieder eine Reihe von Personen, denen Gott als seinen Freunden Großes geschenkt habe:

> „dan hatt er so grosse gnaden geben seinen freinden, ein so grosse Inbrunst dem Enoch, seim freindt, ein so grosse unschuldt dem Abl als nuhr seim freindt, so grosses glik dem Jacob als nuhr seim freindt, so grosse gnaden der Rahel als nuhr seiner freindin, so grossen eiffer dem Moisi als nuhr seim freindt, so grosse sterkhe der Deborae als nur seiner freindin, so grosse onerschrokenheit der Judith als nur seiner freundtin, hat Got Joannem Baptistam erlest von der Erbsindt im Mueterleib als seinen freindt, was wirt dan Gott gethan haben Mariae, nit als einer freindin, sonder als seiner leiblichen Mueter, die In geboren, in geseigt, in ernerdt, in erhalten?" [216]

Hier sieht man, dass Abraham Topos-bezogen gearbeitet hat. Der überbietende Vergleich, das Herausstellen der Einzigartigkeit Marias dient der argumentativen Absicherung der katholischen Lehre der unbefleckten Empfängnis Marias. Immerhin zeigt sich hier bereits ein stilles Einverständnis zwischen Abraham und seinen Zuhörern, was die Bewertung Judits betrifft: Judit ist die *Freundin Gottes*, sie besitzt *Stärke* und *Unerschrockenheit*. Das muss so wenig diskutiert werden wie die Unschuld Abels oder der nicht verbrennende Dornbusch. Diskutiert wird die Erbsünde Marias. Judits Stärke und Gottgefälligkeit hingegen stehen für Abraham außer Streit.

Ein zweiter Topos innerhalb der Marienpredigten tritt im Rahmen von Predigten zu Mariä Geburt auf: Hier wird über die wirksame Hilfe Marias im Kampf gegen Feinde oder das Böse schlechthin nachgedacht. In der Predigt:

---

215 Vgl. *Werke I*, 74f.
216 *Werke I*, 78.

„Die heldenmüthige Generalin" wird beschrieben, wie ein Bild der siegreichen Maria, genannt „Maria de Victoria" König Ferdinand von Spanien den Sieg über „die Mohren" gebracht habe. Dabei wird erwähnt, dass Kaiser Maximilian von Österreich das Bild dem spanischen König geschenkt habe,

> „der auch Mariam for seine streitbare Generalin erkendt hat und erfahren hat, das Maria seie ein streitbare Judith, ein streitbare Jahel, ein streitbare Amazon, ein streitbare Drahomira, durch dero (hilff) nix als sig zu hoffen undt Victori."[217]

Hier wird also ein direkter, gleichsetzender Vergleich verwendet. Das sieht man auch in einer zweiten Predigt zu Mariä Geburt aus dem Jahr 1692: Abraham zitiert hier Gen 3,15 und deutet den Vers traditionell auf Maria. Zum Beweis schildert er die Legende der hl. Anna, nach der am Tag der Geburt Marias aus 215 besessenen Personen die Teufel vertrieben wurden. Er vergleicht wiederum Maria direkt mit Judit:

> „das, das, was Judith dem Holoferni gwest ist, das, das, was Jahel gwest ist dem Sisarae, das, das, was Esther gwest ist dem Aman, das ist Maria."[218]

Judit besiegt demnach ebenso das Böse wie Maria, Holofernes wird den Teufeln gleichgesetzt.

Ein weiteres Mal scheint Judit in Marienpredigten auf: Wieder ist es eine Predigt zu Mariä Geburt, aus dem Jahr 1672. Hier wird der überbietende Vergleich in umgekehrter Richtung gezogen: Maria war doch vor Gott nur eine geringe Magd, warum hatte Gott sich gerade in sie verliebt?

> „warumb das sich Got nit eher verliebt hat in die reiche kinigin Saba oder in die schene Ester oder in die beriembte Cleopatra oder in die kinigliche Judith oder in die firstliche Sara oder in die holdselige Rebecca, warumb gleich in die arme Jungfrau Maria?"[219]

Hier überbieten die genannten Frauen scheinbar Maria. Doch wird die Antwort gleich gegeben: Maria habe einen speziellen Ring unter ihrer Zunge, der Gott zur Liebe zog, und dieser Ring war ihr Wünschen, dass Gott Mensch würde und die Menschheit erlöse.

In der berühmten Predigt: „Der Fischzug zu Anzbach" schließlich spricht Abraham über die Barmherzigkeit Marias, die auf den im Alten Testament so strengen Gott mit der Muttermilch übergegangen sei. So wie Maria von Natur aus barmherzig sei, sei Sara freundlich, Rut mitleidend, Rebekka weise, Debora beherzt, Hagar geduldig etc.; Judit ist in diesem Vergleich *„von Natur starck-*

---

217 *Werke I*, 406.
218 *Neue Predigten*, 192.
219 *Werke I*, 63.

muethig".[220] Etwas später setzt Abraham wieder zu einem überbietenden Vergleich an, wenn er die Taten Jaëls, Judits und Abigajils mit denen Marias vergleicht (*„Die Judith hat viel gethan / wie sie dem feindlichen Holoferni das Haupt abgehauen: das ware ja ein hauptsachliche Heldin"*[221]) und feststellt, dass Maria, die „Mutter der Barmherzigkeit" weit mehr getan habe.

In den Marienpredigten wird Judit also durchwegs positiv dargestellt, als königlich, stark, unerschrocken oder das Böse besiegend. Geschlagen geben muss sie sich nur der Gottesmutter Maria, die ohne Erbsünde geboren wurde und daher zwangsläufig über allen anderen Frauen stehen muss.

Predigten über Clara von Assisi
Gleich in drei Predigten über Abrahams Namensgeberin Clara von Assisi scheint Judit auf. Der Argumentationszusammenhang ist jedes Mal derselbe. Auch hier sieht man deutlich die Topos-Bezogenheit Abrahams. Von Clara von Assisi wird erzählt, sie habe ihr Kloster gegen eine Unzahl von Sarazenen beschützt, und zwar einzig mit Hilfe einer Monstranz. Als die Sarazenen nämlich Clara mit der Monstranz vor sich sahen, seien sie so erschrocken, dass sie entweder flohen oder sich selbst töteten. Diese Episode wird in allen drei Predigten erzählt, und daraufhin folgt ein Vergleich mit Judit.

Die drei Predigten wurden in den Jahren 1684, 1685 und 1688, jeweils am 12. August in der Grazer Klarissinnenkirche gehalten. In der ersten wird die Geschichte von Claras Tat erzählt, und Abraham beendet sie mit den Worten:

> „Jo, Victoria. das haist ia so vil oder Mehr gethan, als gethan die tapfere Judith in iberwindung des Holofernes. dergleichen hat nit gethan Debora, obschon (ein) tapfere Heldin, Jahel, obschon ein starkhe heldin, Abigail, obschon ein beriembte heldin, alle 3 im alten testament."[222]

Abraham lässt hier die Frage offen, ob Clara genau so viel oder mehr getan habe als Judit. Beide taten jedoch mehr als Debora, Jaël oder Abigajil. In der Überwindung des Feindes und in der Tapferkeit bestehen die Gemeinsamkeiten zwischen den beiden Frauen, die Überwindung der Feinde ist auch ein Hauptthema der Predigt. Abraham schließt mit der Bitte an die hl. Clara um Fürsprache und Hilfe gegen die Erbfeinde Österreichs.[223] Gemeint sind damit, wenn die Datierung stimmt, natürlich die Türken, immerhin liegt die große Türkenbelagerung erst ein Jahr zurück. Ein Jahr später wird der Vergleich Claras mit Judit umgekehrt aufgezogen. Abraham berichtet davon, wie Holofernes mit großer Kriegs-

---

220 *Reim dich*, 387.
221 *Reim dich*, 391.
222 *Neue Predigten*, 159.
223 *Neue Predigten*, 161.

macht Betulia belagerte, und den Bewohnern jede menschliche Hilfe bereits vergeblich erschien.

> Da „erhebt sich ein einigs weibsbildt namens Judith, from undt guets (muets), schepfts ein ohniberwindlichs gemiedt, gehet ohn einige waffen, allein mit guetem gewissen und dem getlichen gaist gesterkht, durch das ganze feindtliche lager, gelangt so weit, bis sie allein zu dem perauschten Holoferne in die khamer khomen. Allda erhebdte sie ihr augen gen himl, nimbt ihn beim schopf, bettet also: Confirma me, Domine Deus, in hac hora, sterkhe mich, O herr, du gott Israel, undt sihe in diser stundt auff die werkh meiner händt, haut also riterlich dem Holoferne das haubt (ab), Jo triumpha, undt iberwindt den feindt, demnach ihr billich zuegschriben worden: Tu gloria, gloria Israel, du bist die glori, Ehr undt frelichkeit in Jerusalem. Wohlgemuet, ritterlich, unser Clara, ein anderte Judith zu Assis in Umbrien."[224]

Nun folgt die Erzählung von Claras Heldentat.

Die Passage über Judit vergleichsweise lang. Betont werden Judits Mut und Frömmigkeit. Sie hat keine Waffe, wird aber durch ihr gutes Gewissen und vor allem durch den Heiligen Geist gestärkt. Ihr Gebet vor der Tat wird ebenso breit geschildert. Die Hervorhebung des Gebetes findet sich bereits zwei Jahre zuvor in „Auff, auff, ihr Christen". Die Erzählung von Claras Rettungstat beginnt mit der Kennzeichnung als eine andere Judit. Clara ist ebenso „wohlgemuet", im Sinne von mutig, und ritterlich wie Judit. Wieder ist der Vergleichsfaktor der Mut der beiden Frauen. Fromm und von Gottes Geist gestärkt ist, explizit erwähnt, nur Judit.

In der dritten Predigt über Clara von 1688 kommt Judit nur im Abschluss der Predigt vor. Die Predigt ist nach der Methode des überbietenden Vergleiches angelegt, zielt also rein auf Verehrung, und demgemäß wird Clara diesmal als über den anderen Frauen stehend dargestellt:

> „O Ritterliche heldin undt seraphische Jungfrau Clara, welche weit über die dapfere Judith, so dem Holof(ern) obsigt, weit über die starkhe Debora, welche den feindten den truz botten, weit iber Jene Matron zu Sichem, welche mit Irem trum von einem Millstein dem Abimelech den hals brochen."[225]

Das Predigtkonzept bestimmt die Anwendung der Vergleiche und damit auch die Aussage. Wieder wird Judits Tapferkeit betont, aber diesmal unterliegt sie der seraphischen Jungfrau Clara.

Ein anderer Vergleich zwischen Judit und Clara bezieht sich auf Äußerlichkeiten: In der ersten Predigt werden „*5 rotte Rubin*", die Judit auf ihren Schuhen

---

224 *Werke II*, 14.
225 *Werke II*, 89.

gehabt haben soll, den „*5 wunden Jesu*", die Clara in ihrem Herz trug, gegenübergestellt.[226] Es handelt sich um die bei Abraham beliebten Zahlenvergleiche.

Einmal wird auch über Holofernes gesprochen, nämlich in der zweiten Predigt, wo die Belagerung Betulias und das Abgraben des Wassers durch Holofernes mit der Belagerung des Menschen und dem Raub des Wassers und des Augentrosts (gemeint sind die Tränen) durch den bösen Feind, also den Teufel, gleichgesetzt wird.[227]

Wieder fällt auf, dass Judit wie auch die anderen Personen des Alten Testaments, lediglich illustrierend und kommentierend verwendet werden. Ihre Charakterisierung ist unumstritten und autoritativ. Judit ist die tapfere, starke, fromme Überwinderin des Feindes schlechthin, Holofernes der Böse. Die Funktion ihrer Erwähnung liegt darin, bestimmte Charakterzüge der Heiligen anschaulich zu machen und zu untermalen.

Predigten über andere weibliche Heilige (Monika, Anna)
Nur einmal findet sich Judit in einer Predigt über die hl. Anna, und auch da nur in einem Nebensatz. Die Tugend des Fastens wird gepriesen, daraufhin nennt Abraham einige Namen, denen Fasten gut tat, nämlich Mose, die Niniviter, *Judit*, Tobias und Josef. Anna aber habe diese Tugend im höchsten Grad gehabt.[228] Wieder dient ein überbietender Vergleich dazu, die Heilige in hellerem Licht erstrahlen zu lassen, gleichzeitig wird die Erwähnung von alttestamentlichen „Größen" dazu verwendet, zur Nachahmung zu verlocken.

In der Predigt über die hl. Monika, die Mutter des Augustinus, fällt Judits Name gleich zu Beginn: Abraham zitiert Salomos Frage: „Mulierem fortem quis inveniet?", um zu entgegnen:

> „mein kinig Salomo, werst du khomen in Judenlandt, hetst du aldort antroffen ein starkes undt bestendiges weib mit namen Judith, welche ungeacht der grossen griegsmacht des ganzen griegsher den Grossen griegsfirsten Holofernem entleibt undt obgsigt."[229]

Daraufhin zählt er noch Zenobia aus „Welschland", Valosca aus Böhmen, Margritta aus Deutschland und schließlich Monika aus Afrika als starke und beständige Frauen auf.

Zum Abschluss der Predigt meint Abraham, dass andere in Monika vielleicht eine andere Judit (u. a.) preisen, er sie jedoch im Widerspruch zu Salomo als starkes Weib, als starke Mutter sieht und daher auch ihre Fürbitte für stark

---

226 *Neue Predigten*, 156.
227 *Werke II*, 13.
228 *Neue Predigten*, 142.
229 *Werke I*, 101.

und mächtig hält. Stark, beständig und fastend sind also die Merkmale Judits, die in diesen beiden Predigten erwähnt werden.

Predigten über männliche Heilige (Veit, Matthias, Thomas von Aquin)
Die Predigten über männliche Heilige erwähnen immer wieder Holofernes. In der Predigt über den heiligen Veit (einer der vierzehn Nothelfer) von 1692 lobt Abraham dessen Gabe, seine fünf Sinne zur Ehre Gottes und zur Bewahrung des Seelenheils zu verwenden. Denn gerade die fünf Sinne seien es, die den Menschen oft die acht Seligkeiten nähmen:

> „was hat den Dauid in das eisserste verderben gstirzt? das gesicht: vidit, wie er die wohlgstalte Bersabeam gesehen. was hat die Eua zum undergang gezogen? das gher: wie sie nemlich gehert: eritis sicut dij, (…). Was hat den Holofernes umb leben undt alles gebracht? der geschmach: wie er sich iberweindt [zu viel Wein getrunken hat, Anm. d. A.] undt folgsam von der Judith enthaubt worden,".[230]

In ähnlichem Kontext wird Holofernes in der Predigt: „Matthias im Fasching" erwähnt. Das Fest des hl. Matthias (24. Februar) fiel im Jahr 1675 auf den Fastnachtsonntag. Das veranlasste Abraham dazu, die Unmäßigkeit beim Wein anzuprangern, denn sie mache die Männer zu Narren:

> „Bacchus one Mathia ist ein ursach alles Ibels: wer hatt Noe, den sonst Erbaren altvatter schäntlich entblest? Bachus, der wein. (…) wer ist der Jenige gwest, (der) den starkhen Holofernem under die hendt einer schwachen frauen Judith gebracht? Bacchus, der wein. (…)"[231]

Abraham erwähnt auch Lots Blutschande, die Entleibung des Amnon, die Niederlage Benadads[232], den Tod der Kinder Ijobs (!) als Folge übermäßigen Weingenusses, um zum Schluss einen Seitenhieb auf Luther anzubringen: Seine Tischreden seien ebenfalls eine Folge zuviel Weines gewesen.

In beiden Predigten dient also Holofernes als abschreckendes Beispiel, wie ein starker Mann durch Unmäßigkeit beim Wein geschwächt wird und vom Verderben ereilt wird.

Zwar nicht in einer Predigt über einen Heiligen, aber in einer anderen Predigt an einem Fastnachtsonntag (1691) wird ebenfalls diese Aussage gemacht. Ein Wortspiel zur Ortschaft „Candlberg" dient Abraham dazu, an Herodes' Enthauptung des Johannes, an die Blutschande Lots und wieder an Holofernes zu erinnern:

---

230 *Neue Predigten*, 181.
231 *Werke I*, 255.
232 Vgl. 3 Kön 20,16ff. (Vulgata).

>„(…) warumb hat Holofernes sich so ohnermesslich verliebt in die schene Judith, warumb? frag, warumb? darumb, vollsaufer seindt(s) gewest, Candlberger."[233]

Holofernes war demnach ein „Candlberger", also einer, der sich „volllaufen" lässt. Auch die Bibeltreue wird hier zu Gunsten einer zündenden Aussage geopfert, denn laut Buch Judit verliebt sich Holofernes ja schon vor dem Gastmahl in Judit und beginnt sich ja eben darum in seiner Vorfreude „vollzusaufen".[234]

Der Kontext Wein führt offenbar immer wieder zu Holofernes, denn auch in einer Predigt über das Altarssakrament aus dem Jahr 1679 erwähnt ihn Abraham: Bei dem Festbankett zur Rückkehr des verlorenen Sohnes sei so viel Wein geflossen, dass sogar Noach, Lot und *Holofernes* einen doppelten Rausch bekommen hätten.[235]

Die Predigt über den hl. Thomas von Aquin spricht in einem anderen Zusammenhang von Holofernes: Hier ist es nicht der Wein, sondern die Begierde, die ihn „zum Narren" macht. Abraham listet alphabetisch geordnet Teufel auf, die Männer ins Verderben stürzten, nicht aber den Thomas von Aquin, dem keiner von ihnen etwas anhaben konnte. Der Augen-Teufel habe David überwunden, der Betrug-Teufel den Laban, und unter C steht nun:

>„Cupido Teuffel / ein solcher hat den Holofernem überwunden / aber Thomam von Aquino nit / nit / nit."[236]

Cupido, der altrömische Liebesgott wird hier zum Teufel stilisiert, der Holofernes überwunden habe. Die Liebe zu einer Frau, bzw. das Weib an sich mache Männer zum Narren. Auch dieses Motiv findet sich bei Abraham wieder: In einer Predigt zum Sonntag der Weihnachtsoktav spricht er von einem Wörtlein mit vier Buchstaben, das Herodes zu einem halben Narren, Amnon zu einem ganzen Narren, Simson zu einem doppelten Narren und *Holofernes zu einem dreifachen Narren gemacht*. Das sei das Wörtlein „Weib" gewesen.[237] Holofernes findet sich also immer wieder in Abrahams Predigten. Interessanterweise wird er nur in zwei Kontexten erwähnt: Im Kontext übermäßigen Weingenusses und seiner abschreckenden Folgen, und im Kontext von Begierde zu Frauen, die ebenfalls fatale Folgen hat. In keiner der mir verfügbaren Predigten gibt es andere Zusammenhänge, in denen Abraham von Holofernes spricht.

Eine Ausnahme in den Heiligenpredigten zu männlichen Heiligen stellt die Predigt über den hl. Wenzeslaus (Herzog von Böhmen im 10. Jahrhundert) aus

---

233 *Werke III*, 340.
234 Vgl. Jdt 12,20 (Vulgata bzw. LXX).
235 *Werke I*, 430.
236 *Reim dich*, 435.
237 *Reim dich*, 4.

dem Jahr 1703 dar. Hier wird Wenzeslaus mit Judit verglichen: Der Name Wenzeslaus oder Wazlaw meine soviel wie *Maior gloria*, denn slawa heiße „glori".

> „gleichwie nuhn die ganze briesterschaft von Jerusalem die Judith gebrisen, nachdem sie die herrliche Victori erhalten wider Holofernes undt die selbe mit disen worten ahngeredt: tu gloria Jerusalem, tu laetitia Israel, du bist ein glori Jerusalem(s), du bist ein freidt des ganzen Israel, (...)"[238],

so lobe das Königreich Böhmen einige Männer und Frauen als seine glori, Wenzeslaus aber sei die maior gloria.

Wenzeslaus überbietet somit an Ruhm die anderen wichtigen Persönlichkeiten Böhmens und auch Judit.

Anlasspredigten

Predigten zu kaiserlichen Anlässen

Eine der berühmtesten Predigten Abrahams ist die „Paradeyß-Blum", die Predigt über den heiligen Josef, der von Leopold I. zum Landespatron erhoben wurde. Abraham entfaltet hier breit, wie alle Länder der Krone von diesem neuen Schutzpatron beschützt und getröstet würden. Die Steiermark etwa hätte nun in dem neuen heiligen Schutzherrn einen Patron, der ihr beistehen und helfen werde

> „wie Moyses den Israelitten / wie der Engel dem Isaac, wie die Rab dem Ausspeher des Josue / wie Habacuc / dem Daniel / wie Judith der Stadt Bethuliae / wie die Esther den Hebraeern / wie der Jacobinische Joseph den Aegyptiern."[239]

In einer weiteren berühmten Predigt, dem „Prophetischen Willkomm", anlässlich der Hochzeit Leopolds I. mit seiner dritten Frau Eleonora Magdalena Theresia 1677 geht es um die lang ersehnte männliche Nachkommenschaft. Abraham „prophezeit" dem neuvermählten Kaiserpaar nun den Thronfolger: Denn Gott wolle gebeten sein, wer aber inständig bete, würde auch empfangen. Zum „Beweis" führt Abraham zahlreiche Namen an, die das Erbetene erhalten hatten, Abraham, Jakob, David, Ester, Tobit etc. und auch *Judit, die um Sieg gebeten habe und ihn erhalten habe.*[240] Weil Leopold und seine Bruderschaft aber ebenso inständig um einen Thronfolger beteten, würden auch sie das Gewünschte bekommen.

In den kaiserlichen Anlasspredigten spielt Judit also eine untergeordnete Rolle. Sie wird nur gemeinsam mit vielen anderen Personen des Alten und Neuen Testaments erwähnt, um das Gesagte zu betonen oder seinen Wahrheitsgehalt

---

238 *Werke II*, 306.
239 *Reim dich*, 284.
240 *Reim dich*, 357.

zu beweisen. Dabei zentriert sich die Aussage ausschließlich auf ihre Tat. Immerhin wird sie in der „Paradeyß-Blum" mit dem neu bestimmten Landespatron Josef, dem Engel Isaaks oder Mose gleichgesetzt, sie fungiert demnach wie ein Schutzpatron für ihre Stadt.

Dankespredigten nach Erlösung von der Pest (Dreifaltigkeitspredigten)
Im Jahr 1680 verfasste Abraham zwei Predigten anlässlich der Dankesfeiern nach dem Abzug der Pest und der Errichtung der Pestsäule am Wiener Graben: das „österreichische Deo Gratias" und die „Danck- und Denckzahl". Beide sind der heiligen Dreifaltigkeit gewidmet, wie ja auch die Pestsäule selbst. In beiden Predigten wird anfangs das Leid der Stadt Wien dem anderer Städte und Frauen gegenüber gestellt. In „Deo Gratias" spricht das personifizierte Wien über seine Trauer:

> „Die belaegerte Stadt Bethulia hat nicht also getrawret / wie ich, Die betrangte Stadt Jerusalem hat von Tito Vespasiano nicht also gelitten / wie ich / die abgesetzte Koenigin Vasthi ist nicht also betrangt gewesen / wie ich / die Wittib zu Naim hat nicht also geweinet / wie ich elende Troepffin…"[241]

In „Danck- und Denckzahl" wird dagegen der Tod als Feind Wiens personifiziert und mit den Feinden anderer Städte verglichen, doch:

> „Der Feind / welcher die Stadt Jerusalem im dreyssigsten Jahr nach Christi Todt belaegerte / war nit so uebel; Der Feind / welcher die Stadt Bethuliam belaegerte / zur Zeit der Judith / war nit so uebel, nit so uebel. (…) / wie da gewest ist der Feind und feindliche Todt / so unser beruehmte Residentz-Stadt vor einem Jahr also belaegert / betruebt / betrangt hat;".[242]

In „Deo gratias" wird Judit selbst nur im Kontext einer Betrachtung zur Zahl drei erwähnt, *sie habe den Holofernes im dritten Jahr besiegt*.[243] In „Danck- und Denckzahl" hingegen
    dient sie als Vorbild an Dankbarkeit. Abraham betont, dass die heilige Dreifaltigkeit Wien von ihrem Elend erlöst hätte und mahnt nun die Bevölkerung zur (tätigen) Dankbarkeit. Wieder listet er eine Reihe von Vorbildern auf, die ihrem Gott ihre Dankbarkeit erzeigt hätten (auch Römer und Heiden seien ihren Göttern dankbar gewesen). Ebenso Hanna, David, die Makkabäer und Judit:

> „Ist die Heldenmuethige Judith danckbar gewest dem Allmaechtigen GOtt / um den Weltkuendigen Sieg / welche sie erhalten ueber den Kriegs-Fuersten Holofernes / auch derenthalben den kostbaren Raub / und gueldene Geschirr / so sie von erstge-

---
241 *Reim dich*, 405.
242 *Reim dich*, 269.
243 *Reim dich*, 407.

dachtem Feind erworben / zur Danckbarkeit und unsterblicher Gedaechnus dem Tempel GOTTES verehrt."[244]

Deshalb, so folgert Abraham, sei es auch für Wien nur recht und billig, aus Dankbarkeit eine Bildnis-Säule zu Ehren der allerheiligsten Dreifaltigkeit aufzurichten.

Sonstige Predigten

Die Kraft des Gebetes

Am Beginn einer „Allerseelenoktav-Schlusspredigt" spricht Abraham ebenfalls von alttestamentlichen Vorbildern, die sich bedankt hätten: Noach nach der Sintflut, Abraham nach Kriegsende mit dem „Erbfeind", Mose nach dem Meerwunder, Salomo nach dem Tempelbau, Jona nach den drei Tagen im Walfisch, und Judit:

> „wie die dapfer Judith dem griegsfirst Holoferni obgsigt undt die bedränkhte belagerung der statt ein Endt gnomen, hat sich Judith bedankht."[245]

Wieder leitet er daraus die Verpflichtung ab sich ebenfalls zu bedanken, in diesem Fall für die glückliche Beendigung der achttägigen Andacht. Judit und die anderen dienen wiederum als Vorbilder für die nun Lebenden.

Zum Topos der „Kraft des Gebetes" finden sich außer dem oben erwähnten „Prophetischen Willkomm" noch drei Predigten, die Judit erwähnen, sowie die weiter unten beschriebene Flugschrift „Auff, auff, ihr Christen". In der Predigt „Totenbruderschaft" vergleicht Abraham die Mitglieder der Totenbruderschaft mit dem barmherzigen Kuschiter Ebed-Melech[246], der Jeremia aus der Zisterne zog: Genau so würden die Gebete der Konfraternität die Seelen aus dem Fegefeuer ziehen:

> „dan hat das gebett zogen die 3 knaben aus dem babilonischen offen, hat das gebett erledigt die Susanam aus den henden irer feindt, (…), hat das gbett zogen Judith von den feinden, so khan ia auch das gbett ziehn ein sehl aus dem fegfeir."[247]

Ähnlich wird in der Predigt: „Das Gebet" von 1675 argumentiert: Gott könne keinem andächtigen Gebet widerstehen, deshalb habe er auch Abrahams Bitten um Sodom erhört. In einer langen Liste wird aufgezählt, wer noch gebeten und erhalten hat (Henoch, Mose, Josef, Jakob, Daniel, Sacharja, Sara, Tobit, Salomo, Elija, …), darunter auch Judit:

---

244 *Reim dich*, 271.
245 *Neue Predigten*, 112.
246 Bei Abraham: „ein Mor mit namen Abdemelech"; *Werke I*, 86.
247 *Werke I*, 86.

> „Judith hat gbetten undt hats erhalten, das sie den starkhen feindt Holofernem erlegt."[248]

Zum Thema „Gottvertrauen" hielt Abraham 1674 eine Predigt mit der Botschaft: „Scitote quia nullus speravit in Domino et confusus est". Beispiele dafür sind aus dem Alten Testament Abraham, Josef, Josua, Daniel, David und Judit:

> „das Judith dem Holoferni nit allein ihr gstalt, sonder auch ihren gwalt erzeigt, indem sie ime das haubt genomen, weil er sich nit wolte dem Einigen haubt aller undergeben."[249]

Und etwas später heißt es, dass die belagerte Stadt Betulia all ihrer Bedrängnis entledigt worden sei darum, weil das ganze Volk die Hände gegen den Himmel gestreckt und ihr Vertrauen zu Gott genommen hätte.[250] Das Gebet und das Gottvertrauen führten demnach zum Sieg, auch in scheinbar auswegloser Lage.

Gott/Gottes Engel hilft
Nur kurz im Rahmen einer illustren Ansammlung von berühmten Namen aus Altem und Neuem Testament wird Judit in der Predigt über den Erzengel Michael erwähnt. Wieder dient die Aufzählung nur zur Bekräftigung einer Aussage, hier zur Bestätigung, dass Engel überall und immer helfen. So habe ein Engel Judit inmitten ihrer Feinde beschützt.[251] Zum Schluss der Predigt wird konkretisiert, dass es sich bei dem Engel, der Judit geholfen habe, unversehrt durch ihre Feinde zu kommen, um den Erzengel Michael gehandelt habe.[252]

In einer Predigt zum „Guten Tod der Kinder" verteidigt Abraham den Tod gegen die Anklage von Müttern, deren Kinder gestorben sind, und meint, es sei nur zu ihrem Besten gewesen. Denn Gott habe die Kinder in die Glückseligkeit geholt, bevor sie sündigen konnten. Als Beispiel nennt er den Kindermord zu Betlehem, den Gott ja hätte verhindern können:

> „dan hatt Got k(inen) von den tiranischen henden den Daniel erledigen, hat er k(inen) die 3 knaben in dem Babilonischen offen erledigen, hat er k(inen) die Judith von dem feindt Holoferne erledigen, so hett er auch k(inen) dise kaum gebornen, unmintige, unschuldige kinder von dem schwert des tiranen Herodis erledigen."[253]

Gott hat also Judit von ihrem Feind erlöst. Die unschuldigen Kinder hingegen erlöste er vom Bösen, indem er ihre Tötung zuließ (!).

---

248 *Werke I*, 307.
249 *Werke I*, 240.
250 *Werke I*, 242.
251 *Neue Predigten*, 40
252 *Neue Predigten*, 56.
253 *Werke I*, 141.

Es gibt auch gute Frauen
In einer Predigt über den Witwenstand von 1682 spricht Abraham über gute und schlechte Witwen. Erstere seien vor allem nicht mannsüchtig, andächtig, und aufs Gebet bedacht. Als löbliches Vorbild nennt er unter anderen Judit:

> „ein solche Englische [engelhafte; Anm. d. A.] wittib ist gwest die h Judith. ein wittib soll andechtig sein, aber nit verdechtig: Judith ein solche, als die mer auffs gebett als bett gedacht, undt darbey den gotlosen Holofernem Iberwunden."[254]

Die Keuschheit Judits wird hier also herausgestellt, sie gebühre einer Witwe. Statt nach Männern habe Judit ihren Sinn auf das Gebet gerichtet, dafür wird sie von Abraham gerühmt.

Auch in einer anderen Predigt erwähnt Abraham Judit lobend. Er zählt sie unter die Frauen, die weise, ehelich und ehrlich, holdselig und gottselig seien und erwähnt sie zusammen mit Debora, Sara, Abigajil, Rut und Ester, bevor er auf Rebekka näher eingeht.[255] Judit zählt demnach für Abraham uneingeschränkt zu den positiven Gestalten des Alten Testaments.

Über die Assyrer
In zwei Zusammenhängen spricht Abraham über die Assyrer: Zum ersten in einer Predigt, genannt: „Den du, o Jungfrau, im Tempel wiedergefunden". Abraham sinniert über verschiedene Arten von Menschen, die er mit Blumen vergleicht. So seien etwa sehr viele Menschen wie Tulpen: Wenn sie etwas Schönes sähen, rissen sie „Augen und Maul" auf, da gäbe es mehr Augen als auf einer fetten Suppe:

> „das hat man gsehen bey dem Assirischen kriegsher for der statt Bethulia. da war kein soldat, kein under undt uber officier, der sich nit vergafft an der wunderschenen Judith, der auch gott die gstalt vermert, es war kein Martialis, dem nit diese Juuenalis gfallen. die soldaten schauten mer auff dises schene muster als auff ihren musterplatz, Ihnen gefiele diser auffzug besser als ir ganzer feldzug, sie gedachten mer auff das beylager als auff die belagerung, sie hielten mer auff dise schene bakhen als auff ire barokhen, so gar, das sie sich verlauten lassen: weil die Hebreer so schene weiber haben, so seie es schon der mie wert, das man irethalben krieg fiere. was die schene gstalt nit vermag?"[256]

Die kopflose Begierde nach dem Schönen wird hier angeprangert, das ganze assyrische Heer habe sich von der durch Gottes Hilfe verstärkten Schönheit Judits völlig verblenden lassen.

---

254 *Werke I*, 502.
255 *Reim dich*, 25.
256 *Werke II*, 214f.

Der zweite Kontext, in dem die Assyrer erwähnt werden, ist die Wahrheit, bzw. der schlechte Umgang mit dieser. In der Predigt: „Über Wahrheit und ihre Feinde" von 1684 betont Abraham, dass *nicht Holofernes es war, der der Wahrheit (Achiors) ins Gesicht geschlagen habe*, sondern:

> „es seint andere gwest, die da gsagt haben, Ihre regimenter seien complet. deme war aber nit also. sie haben gsagt, seine soldaten werden wohl bezahlt. dem war nit also. sie haben gsagt, seine soldaten seien wohl Mondiert. dem war nit also. sogar hat man gsagt, die Arme (er)strekh sich auff 50 dausent. dem war nit also."[257]

Die assyrischen Oberen kommen hier also noch schlechter weg als Holofernes. Sie werden der Lüge bezichtigt.

Einmal noch wird Holofernes in einer Predigt kurz erwähnt: In einer Predigt über das Altarssakrament stellt Abraham den Gott des Alten Testaments als streng dar, der sich jedoch nach 33 Jahren hier auf Erden kurz vor seinem Tod mit der Einsetzung des Altarsakraments von einem brüllenden Löwen in Speise für den Menschen verwandelt habe. Streng sei Gott unter anderem zu Sanherib, Amon, dem Pharao etc. und *Holofernes* gewesen.[258]

Judit in Abrahams Schriften

„Mercks Wien" und „Lösch Wien", 1679/1680

Mercks Wien
Die Schrift „Mercks Wien" sollte Abrahams Ruhm nachhaltig vergrößern. Sie wurde im Pestjahr 1679 verfasst und entwickelte sich zu einem veritablen Bestseller. In Folge dessen wurden auch andere Schriften Abrahams neu aufgelegt und erfuhren große Verbreitung. „Mercks Wien" handelt von der schrecklichen Erfahrung der Pest, schildert eindrücklich in der Art eines Totentanzes[259] die Opfer in allen Gesellschaftsschichten, die sie gefordert hat und zielt auf reuige Umkehr der Wiener Bevölkerung mit dem Argument, dass auch lässliche Sünden große Folgen haben könnten.

Das Buch Judit kommt nur in drei eher oberflächlichen Zusammenhängen vor. Einmal wird die Schönheit Judits mit der Ansehnlichkeit der Stadt Wien vor der Pest verglichen:

> „Die H. Schrifft schreibt viel von dem Auffbutz der wohlgestalten Judith, / von der Zier der holdseligen Esther, von dem Geschmuck der freundlichen Rebecca / und von der Schoenheit der jungen Rahel; Ich lasse die Goettliche Schrifft in ihrem Ge-

---

257 *Werke III*, 325.
258 *Werke II*, 267.
259 So Eybl, *Abraham*, 239f.

> wicht / und verehre sie / zweiffle aber / ob nit mehr zu schreiben von der ansehnlichen Wienn-Stadt."[260]

Die Schönheit könne aber auch gefährlich sein, davon spricht Abraham später, wenn er nach der Ursache fragt, durch die David, Amnon, Abimelech oder Holofernes verführt wurden:

> „Von wem ware Holofernes verblendet? (…) Der erste von der Schoenheit der zuchtigen Judith, (…)."[261]

Immerhin wird auch hier die Züchtigkeit Judits sofort betont, im Gegensatz zur unzüchtigen Tamar, die Amnon verleitete.

Auch der dritte Kontext erwähnt Judit nur beiläufig als Illustration. In der Auflistung einiger Frauen aus dem Alten Testament, die in der Königin von Saba gipfelt, beginnt Abraham mit Judit, von der man aus der heiligen Schrift wisse, dass sie ein *„starckes Weib"* sei.[262]

Schön und stark, das ist die kurze Charakterisierung Judits in dieser Schrift.

Lösch Wien

In „Lösch Wien" ist der Befund noch kürzer: Abraham spricht davon, dass erst mit Maria (der schönen Morgenröte) die Christen erlöst würden. Zum Beweis dafür, dass Frauen durchaus in der Lage seien, Männer zu erlösen, nennt er einige alttestamentliche Beispiele (Mose Errettung aus dem Binsenkorb durch die Tochter des Pharao, die Erschleichung des Erstgeburtssegens für Jakob durch Rebekka etc.), darunter auch Judit:

> „Man weiß gar wol / daß ein Weib die bedrangte Stadt Bethulien erlediget hat von einer grosser Trangsahl."[263]

Hier wird nur Judits Tat selbst kommentarlos als Amplifikation für die zu erhoffende Rettungstat Marias angeführt.

„Auff, auff, ihr Christen"

Die Flugschrift „Auff, auff, ihr Christen" entstand 1683 aus Anlass der Türkenbedrohung. Die Türken belagerten in diesem Jahr Wien, und lange Zeit herrschte Ungewissheit über das Schicksal der Stadt. In dieser Phase schrieb Abraham jene Flugschrift, eine Schrift, die dem bürgerlichen Leserinteresse entgegen-

---

260 *Reim dich*, 38.
261 *Reim dich*, 63.
262 *Reim dich*, 77.
263 *Reim dich*, 159.

kommen wollte und ausdrücklich auch an jene gerichtet war, die der katholischen Konfession fern standen.[264]

Hier widmet Abraham a Sancta Clara Judit eine lange Passage:[265]

> „Judith ein adeliche Dama, die sonst mehrer gehalten auf die rothe Farb der schoenen Schamhafftigkeit als auf einen stoltzen Anstrich; Judith ein adeliches Frauen-Zimmer / die sonst oeffter den Staub und Aschen der nichtigen Menschheit vor Augen gehabt / als das schmeckende Haar-Pulver auf dem Kopff: Judith ein adeliche Matron / die sonst höher geacht den Geschmuck der Seelen / als den eitlen Auffbutz des Leibs / hat sich gleichwol einest mit stattlichem Kleider-Pracht angethan / mit theuresten Weiber-Geschmuck sich gezieret / und nach verrichtem eiffrigen Gebett / gantz heldenmuethig in das grosse feindliche Kriegs-Laeger Holofernis getretten / der Stadt Bethuliae aber vorhero gewisse Hoffnung der Victori hinterlassen. Aber O beherzte Judith! wo seynd deine Waffen / wie ist dein Gewehr? was ist dein Schild / wormit du dir trauest einen solchen maechtigen Feind obzusiegen? Du bist eine aus dem schwachen Weiber-Geschlecht / welche lieber die zarte Praetzlen in die Bisam Handschuh stecken / als daß sie dem Feind eine Faust zeigen / Streiten / Fechten / Kaempffen / Ringen / Hauen / Schlagen / sc. gehoert den Maennern zu; sagt doch die Grammatic: Quae maribus solum tribuuntur, mascula sunto. Ob zwar etliche Stuerzenbecher Vascula sunto' lesen / O großmuethige Judith / generis masculini kanst du nit seyn, generis foeminini willst du nit seyn / so seye lieber generis neutri, dann hierin die Neutralitet auf sicheren Fuessen gehet. Nein / nein / spricht Judith, ich will gehen / ich will sehen / ich will streiten / ich will ueberwinden. Viel gluecks o tapffere Judith! wann dem also wird seyn / so wollen wir nachmals vor lauter Freuden und Frolocken / die erste Syllaben deines Namens mit Jubel wieder offt wiederholen / u. Ju / Ju / Ju schreyen. Aber noch eins / wo ist dein Armee? Ich finde bey dir nichts / als ein schlechte Retroguardi, und diese ist dein Nachtretterin und Cammer Jungfrau. Nun mercket ihr Christen / indeme die tapffere Judith ihr gewisse Victori gegruendt habe / nemlich Orate, ut firmum faciat Deus consilium meum, nil aliud fiat nisi oratio pro me ad Dominum nostrum. Bettet / bettet / sagt Judith zu den Eltesten der Stadt Bethuliae. Bettet / daß GOtt meinen Anschlag bestaettigen wolle / man soll unterdessen nichts anders thun / dann den HErrn unsern GOTT fuer mich bitten. Indeme nun Judith diese behertzte Heldin selbst gebetten / und alles Volck ruffte mit grossem Ernst zu dem HErrn / und demuethigten ihre Seelen mit Fasten und Betten / siehe da ist solche herzliche Victori und weltkuendiger Sieg wider den Holofernem erhalten worden."

Abraham schildert zuerst, wie sich die „adeliche Dama", die sonst Schamhaftigkeit, Staub und Asche der nichtigen Menschheit und den Schmuck der Seele im Sinn gehabt hat, sich in teuerste Kleider und Schmuck hüllt und nach einem eifrig verrichteten Gebet ins feindliche Lager geht. Nun sinniert er darüber, dass Judit ja weder Waffen noch eine Armee zur Verfügung hat und außerdem noch

---

264 Vgl. dazu Eybl, *Abraham*, 277ff.
265 *Reim dich,* 258f.

eine schwache Frau ist. Das Schlagen und Stechen sei jedoch Sache der Männer. Judit könne nicht männlichen Geschlechts sein, wolle aber offenbar auch nicht weiblichen Geschlechts sein. So bleibe nur, generis neutri zu sein. Doch Judit will gehen. So werde man also ihren Namen bald mit Jubel ausrufen. Noch einmal folgt ein Einwand: Judit habe doch nur eine schlechte Gefolgschaft in der Person ihrer Kammerjungfrau. Aber, mahnt Abraham seine Zuhörer zur Aufmerksamkeit: Judits Sieg gründe sich auf das Gebet. Auf ihr eigenes einerseits, und andererseits auf ihre Aufforderung an die Stadtältesten, dass das ganze Volk bis zu ihrer Wiederkehr nichts anderes als beten solle. Durch diese vereinten Gebete im Zusammenhang mit Fasten und Erniedrigung der Seelen wurde Betulia der Sieg zuteil. Genau so möge nun die Wiener Bevölkerung das Gebet als Waffe gegen die Türken einsetzen. Denn Kaiser Leopold werde demnächst zu den Waffen greifen. Wenn nun Wiens Einwohner inbrünstig und gemeinsam beteten, werde auch ihnen unfehlbar und gewiss der Sieg zuteil.

Judit als beherztes Vorbild für Wien
Judit wird hier als gutes *Vorbild und Beispiel* verwendet, wie man in Zeiten der Bedrängnis handeln soll. Judit und die Stadt Wien werden in gleichem Zusammenhang gesehen: Beide hätten es mit einem übermächtigen Feind zu tun, beide seien im Grunde schwach (oder fühlen sich so) und wehrlos. Das sei aber kein Grund zur Aufgabe, führt Abraham nun vor Augen: Man könne sich ein Beispiel an Judit nehmen. Die ihr zugeschriebenen Charakterzüge sind folgende: Sie ist vor allem *tapfer*. Abraham nennt sie „ganz heldenmütig, beherzt, tapfer (2x), großmütig (im Sinn von: mit großem Mut), beherzte Heldin". So solle Wien auch werden. Weiters sei sie eine adelige Dame bzw. Matrone, und eigentlich nur ein schwaches Weib, das seine Hände lieber in Bisam-Handschuhe stecke als zu kämpfen. Wien, die edle Stadt, fühle sich wohl auch schwach und kämpfe nicht gerade gern. Auch sei Judit *wehrlos*, ohne Waffen und habe als einzige Begleitung ihre Kammer-Jungfrau. Dafür habe sie aber eine Reihe besonderer Tugenden (die möge sich Wien zu Herzen nehmen!): Sie liebe die schöne Schamhaftigkeit, sei also *züchtig und sittsam*. Sie sei sich der Nichtigkeit des Menschen bewusst und habe in ihren *Bußritualen* öfter Staub und Asche auf ihrem Haupt als Haarpulver. Und sie setze mehr auf den *Schmuck der Seele* als auf den des Leibes. Sie sei eine durch und durch positive Heldin. Und das Wichtigste: Sie *bete* eifrig und rufe auch die anderen zum Gebet auf. Der Lohn für diese Tugend sei groß: Judit erhalte den Sieg über den übermächtigen Feind. Den werde auch Wien gewiss erhalten.

Aufmunterung und Bußpredigt zugleich
Der Vergleich dient also gleichzeitig als Aufmunterung und Bußpredigt, er will das Volk ermutigen und bekehren, es soll mutig und demütig, tapfer und fromm handeln, dann spricht ihm Abraham auch prophetisch den Sieg zu. Judit fungiert

dabei als Korrektur für Fehlverhalten, als Vorbild für richtiges Handeln und als Ermutigung der Schwachen. Die Erwähnung von Judit in den Schriften ist nicht sehr häufig, insgesamt wird auch hier auf das Vorwissen des Lesers gesetzt. Judits Tat oder Persönlichkeit wird als bekannt und geglaubt vorausgesetzt. Ihre Erwähnung dient der moralischen Ermahnung, der reinen Illustration oder der Amplifikation von Botschaften. Sie wird durchaus positiv dargestellt, ihre Tapferkeit und ihr Sieg legitimieren sie als Vorbild, ihre Frömmigkeit ist nachahmenswert und ihre Schönheit, wenn auch Verderben bringend, ist immer züchtig und von Gott gegeben.

Judit in den Predigthilfen des 18. Jahrhunderts am Beispiel von Spanners „Polyanthea sacra" (1702)

Der Zeitdruck, unter dem die Prediger beim Verfassen ihrer Predigten standen, zwang viele zur Zuhilfenahme von Predigtsammlungen und Anthologien. In Letzteren fand man die wichtigsten Stichworte des christlichen Glaubens alphabetisch angeführt und versehen mit Definitionen und Differenzierungen, Beispielen aus Altem und Neuem Testament, aus Profanliteratur und Kommentaren von Kirchenvätern. Ein Bibelstellenverzeichnis am Ende erleichterte den Zugang, wenn zu bestimmten Bibelversen Ideen gesucht wurden. Durch ihre Praxistauglichkeit wurden solche Werke oft verwendet und man kann davon ausgehen, dass sie nicht ohne Einfluss auf Prediger und Predigten blieben.

Die *Polyanthea sacra* des R. P. A. Spanner aus dem Jahr 1702 versucht bereits im Titel auf den Inhalt hinzuweisen: „*Polyanthea sacra, ex Universae Sacrae Scripturae utriusque Testamenti Figuris, Symbolis, Testimoniis, nec non e selectis Patrum, Aliorumque Authorum, Sententiis, eruditis Interpretationibus....*" Das Werk besaß einige Reputation, so wurde es von Ignaz Wurz zu den vier empfehlenswerten „Vorrathsbüchern" eines Predigers gezählt,[266] und soll stellvertretend für andere ähnliche Werke hier untersucht werden.

Zum Thema Judit finden sich einige Eintragungen, die in folgende Kategorien eingeteilt werden können:

Personen des Juditbuches als abschreckende Beispiele

Holofernes selbst wird nicht explizit genannt, doch die *Assyrer* und allen voran *Nebukadnezzar* sind durch ihren Hochmut und ihre Speichelleckerei tadelnswert. Auch *Usija* handelt unrecht mit seinem Ultimatum. Im Einzelnen finden sich zu folgenden Lastern Personen des Juditbuches:

---

266 Wurz, *Anleitung I*, 525.

Exempla adulatorum (Beispiele von Schmeichlern / Kriechern):	Jdt 2,4 (die [kriecherische] Zustimmung der Teilnehmer von Nebukadnezzars Kriegsrat).
Consilia (Ratschlüsse):	Jdt 2,1 (Nebukadnezzars Kriegsrat).
Inconstantia (Unbeständigkeit):	Jdt 7,23 (Usijas Ultimatum)
Peccata aliena (Die fremden Sünden):	Jdt 6,15, (das Volk bittet Gott, den Hochmut der Assyrer zu beachten).

Personen des Juditbuches als Vorbilder

Vorbilder sind neben *Judit* durch ihre Beachtung der Reinheitsgesetze, ihr Gebet und ihre sündenlose Einsamkeit auch das *Volk* durch sein Gebet und seine Freude vor dem Heiligtum sowie *Achior* durch seine Ehrbarkeit:

Aula sancta et aulici sancti (Der heilige Hofstaat und die heiligen Hofleute):	Jdt 10,5 (die Mitnahme eigener Lebensmittel durch Judit, also die Beachtung der Reinheitsgesetze). Das kennzeichnet offenbar neben anderen Tugenden die heiligen Hofleute.
Peccatorium remedia Radicem, viam, causam tolle (Als Heilmittel gegen die Sünden entferne die Wurzel, den Weg und den Grund):	Jdt 16,23 (Judit opfert die ihr zustehende Kriegsbeute als Weihegeschenk). So bringt sie sich nicht in Versuchung der Habgier zu verfallen.
Oratio fortis et victoriosa (Mutiges und siegreiches Gebet):	Jdt 4,8; 9,2; 13,9 (Die Gebete des Volkes und Judits).
Pudor magna afflictio (Die Ehrbarkeit als große Bedrängnis):	Jdt 5,25 (Achior stellt die Israeliten als unbesiegbar dar, wenn Gott ihnen beisteht). Damit begibt er sich in große Gefahr und erweist gleichzeitig seine Rechtschaffenheit.
Recreatio (Erquickung):	Jdt 16,24 (das Freudenfest des Volkes vor dem Heiligtum). „So pflegen sich auch Heilige zu freuen."
Solitudo extra peccata apta poenitentiae (Die Einsamkeit fern von zur Strafe geeigneter Sünde):	Jdt 13,1 (Bagoas verschließt die Tür des Zeltes und lässt Judit allein mit Holofernes). „Während aber Dina vergewaltigt wurde, triumphierte Judit und vernichtete den Holofernes."
Temperantia (Mäßigung):	Jdt 6,19 (Usija gibt ein großes Abendessen, doch heißt es in 6,21, dass alle danach die ganze Nacht beteten).

Allgemeine moralische Lehren

Auxilium Dei / Auxilium Dominum (Die Hilfe Gottes / Die göttliche Hilfe):	Jdt 4,3.8; 7,5: (Die Betulier tun Buße (4,8), aber rüsten sich vor allem zum Kampf). Das bewirkt dann auch Gottes Hilfe.
Beneficium unum radix alterius et plurimum / Beneficia retrahunt à peccato faciunt probos (Eine Wohltat ist die Wurzel der zweiten und mehrerer / Wohltaten halten von der Sünde ab und machen sittsam):	Zu Ersterem: Jdt 9,4.6 (Judit nimmt auf Gottes Machterweis gegen die Ägypter Bezug, um Hilfe gegen die Assyrer zu erbitten), die Wohltat damals möge also die Wurzel der erhofften neuen Wohltat sein. Zu Letzterem: Jdt 5,15 (die Erzählung Achiors von den süßen Quellen und der Speise vom Himmel während der vierzig Jahre in der Wüste). Diese Wohltaten hielten das Volk von Sünden ab.
Castitas (Keuschheit):	Jdt 7,1 (Holofernes zieht gegen das jungfräuliche Betulia [und damit gegen die Keuschheit] aus).
Gloria vana (Eitler Ruhm):	Jdt 13,10 (Judit schlägt zweimal auf den Nacken des Holofernes): Um eitlen Ruhm endgültig zu besiegen, muss man ihm zweimal das Haupt abschlagen.
Luxuriae origo (Ursprung von Genusssucht):	Jdt 9,13, (Judits Bitte, Holofernes durch den Fallstrick seines Blicks zu fangen): Demnach sind die Augen der Ursprung der Genusssucht.
Verbum Dei a quovis libenter audi (Das Wort Gottes höre von jedem gern):	Jdt 8,23: (Usija anerkennt, dass die Worte der einfachen Witwe Judit von Gott sind).
Victoria (Sieg):	Jdt 5,19 (Achior schildert, dass Gott Israel Kraft gab, als es sich wieder zu ihm wandte).
Virginitas excellentia, laudes / Virginitatis praerogativae, gratiae, speciales revelationes (Die Jungfräulichkeit sollst du loben / Der Jungfräulichkeit Anzeichen, Gnaden, spezielle Erscheinungen):	Jdt 7,1 und 6,19 (Holofernes zieht gegen Betulia; Achior wird nach Betulia geführt). In beiden Fällen wird Betulia als Jungfrau allegorisiert.

Die Verwendung von Bibelstellen erfolgt in diesem Werk eher assoziativ als exegetisch. Die Verse sind oft aus dem Kontext gerissen und dienen lediglich der Illustrierung des Predigtthemas. Nicht immer ist der Zusammenhang zwischen Stichwort und Bibelvers leicht nachvollziehbar. Zu Themen wie „Tapferkeit" findet sich kein Verweis auf das Juditbuch, „Keuschheit" wiederum wird nicht durch die einschlägigen Stellen wie 15,11 oder 16,26 belegt, sondern durch die allegorische Deutung der Stadt Betulia verdeutlicht. Nicht im Bibelstellenverzeichnis am Ende des Buches, doch im Buch selbst stehen u. a. Einträge zum Thema „Fasten" („*Ieiunium*") (hier wird Jdt 4,8, die Buße des Volkes zitiert statt

zum Beispiel Judits Fasten in 8,6); zu „*Superbi a foeminis humiliati*" („Hochmütige, die von Frauen gedemütigt wurden"; Jdt 13,9-10) und zu „*Superbiae origo*" („Ursprung des Hochmutes"): Jdt 1,4 (Arphaxads Stolz auf seine Macht).
Insgesamt liegt das Interesse in diesem Werk nicht hauptsächlich auf Judit als Person, sondern auf moralischen Themen wie Gebet, Fasten, richtiges Verhalten in Drangsal, Maßhalten etc. und ihren Gegenpolen wie Hochmut, eitler Ruhm, Genusssucht und Sünde. Das Juditbuch wird wie alle anderen biblischen Bücher auf Verse reduziert, die dem Nachweis der Berechtigung katholischer Verhaltensrichtlinien dienen. Das lässt sich denn auch bei den zwei folgenden Predigern beobachten.

Ignaz Wurz

Biografisches[267]

Ignaz Wurz (1731-1784) war einer der wichtigsten Prediger im deutschen Sprachraum. Er wurde am 28. Dezember 1731 in Wien oder Wiener Neustadt geboren und besuchte dort das Jesuitenkollegium. 1747 trat er in den Jesuitenorden ein. In Graz studierte er Rhetorik und Theologie und wirkte danach als Lehrer und Prediger. Seine wirkungsvolle Predigtweise wurde bald berühmt und so erhielt er 1765 eine Professur an der Universität Wien für geistliche Beredsamkeit, die er auch nach der Aufhebung des Jesuitenordens 1773 beibehalten durfte. 1776 zog er sich in die Pfarre Pirawarth in Niederösterreich zurück, wo er am 29. August 1784 starb. Neben zahlreichen eigenen Predigten verfasste Wurz auch Übersetzungen von französischen Predigten von Karl de la Rue und Bossuet. Daneben sind von ihm Oden, Lustspiele, Schulbücher und eine zweibändige „Anleitung zur geistlichen Beredsamkeit" erhalten.

Zur Predigtmethode

Mit seiner „Anleitung zur geistlichen Beredsamkeit" gab Wurz einen zwei Bände umfassenden Leitfaden für Prediger heraus. Im Wesentlichen entspricht der Aufbau der Predigten der Barockpredigt des 17. Jahrhunderts. Wurz gliedert die Predigten in Anfang, Mittelteil und Schluss, wobei der Hauptsatz in Punkte eingeteilt werden könne. Dazu gehöre auch die Widerlegung bekannter Einwürfe gegen den Hauptsatz, während die Erregung der Affekte und die Anwendung zum „Beschlusse" passten.[268] „Der Endzweck der Beredsamkeit ist die Ueberzeugung (...). Jene Beredsamkeit überzeugt am meisten, die sich der Natur am

---

267 http://www.bautz.de/bbkl/w/wurz.shtml.
268 Wurz, *Anleitung I*, 239ff.

meisten nähert."²⁶⁹ Dazu muss der Prediger jedoch die Gefühle, die er beim Publikum erregen will, selbst kennen und zeigen und vor allem wissen, zu welchem Zeitpunkt er welches Ausmaß an Emotionen wecken kann. Deshalb fügt Wurz ein überaus umfangreiches Kapitel über die Affekte ein (39 Seiten zu Affekten überhaupt und 116 Seiten zu Affekten insbesondere), das sich den elf wichtigsten Affekten detailliert widmet und sich wie ein Schulbeispiel für psychologische Manipulation liest.²⁷⁰

Sprachlich wendet sich Wurz gegen jede Form von Sprach- und Wortspielereien, die etwa bei Abraham a Sancta Clara eine große Rolle gespielt haben. Die Predigt müsse sprachliche Reinheit, Deutlichkeit und Schönheit besitzen und frei sein von „pöbelhaften Wörtern".²⁷¹ Im Umgang mit der Bibel betont Wurz, dass Beweise aus der Schrift nur dann ihre Berechtigung hätten, wenn sie nach dem „buchstäblichen Verstand" stichhaltig seien. Die anderen Schriftsinne könnten in diesem Falle jedoch auch dazu gesagt werden.²⁷²

Predigtbehelfe in Form von Predigtsammlungen oder Anthologien bergen für Wurz die Gefahr, zu wenig eigenständig zu arbeiten, er gesteht aber den Predigern zu, aus Zeitmangel hin und wieder darauf zurückgreifen zu müssen. Deshalb empfiehlt er für Texte der Heiligen Schrift vier Vorratsbücher, unter ihnen die oben erwähnte *Polyanthea sacra* von Spanner.

Predigten mit Bezug auf das Juditbuch

Trotz des reichen Predigtnachlasses von Ignaz Wurz ist die Anzahl der Predigten, die sich auf das Juditbuch beziehen, sehr gering. Das mag zum einen an der Dominanz des Neuen Testaments in diesem Jahrhundert liegen, zum anderen an der Konzentration auf Sittenpredigten, die nur noch selten Judit als Beispiel anführen. Der Kontext der Juditbezüge ist nichtsdestoweniger interessant. Die besprochenen Predigten stammen aus dem fünfbändigen Werk „Sämmtliche Predigten" aus den Jahren 1783-84.²⁷³ Wurz korrigierte sie teilweise noch selbst.

Predigten mit Bezug auf Judit selbst
Judit als Vorbild in Widerwärtigkeiten
Die erste Predigt mit Juditbezug findet sich im 1. Band der nachgelassenen Predigten zum Thema „Von den Widerwärtigkeiten". Der angeführte Vers aus dem

---

269 Wurz, *Anleitung I*, Vorrede (o. S.).
270 Wurz, *Anleitung I*, 408-564: Die elf Affekte sind Liebe, Hass, Verlangen, Abscheu, Freude, Traurigkeit, Zorn, Hoffnung, Kühnheit, Furcht und Scham.
271 Vgl. Herzog, *Wohlredenheit*, 257.
272 Wurz, *Anleitung I*, 165.
273 Wurz, *Predigten*.

Evangelium, Lukas 23,40 berichtet die Worte des mit Jesus gekreuzigten Verbrechers: „Nicht einmal du fürchtest Gott? Dich hat doch das gleiche Urteil getroffen."

In diesem Kontext wird über die Widerwärtigkeiten des Lebens und das Leid an sich nachgedacht. Im Zentrum steht die Frage nach dem richtigen Verhalten vor Gott, wenn Leid und Not trotz inständigen Gebetes nicht weichen. Denn viele Menschen würden dazu neigen, den Mut zu verlieren und sich von Gott abzuwenden, weil das Leid ihrer Meinung nach schon zu lange andauere. Darauf antwortet Wurz mit einer längeren Abhandlung über Judit:

> „Was für eine Sprache ist diese, ihr Christen? Eine ebenso unweise, als die Bewohner Bethuliens führeten. Ein mächtiger Feind hält die Stadt belagert. Sie bereuen ihre Sünden, und flehen um Barmherzigkeit, aber die Belagerung wird fortgesetzt. Sie rufen ganze Stunden unter Thränen zu Gott; aber man schließet sie immer mehr ein, und schneidet ihnen sogar den nothwendigsten Unterhalt, das Wasser, ab. Sie hören zwar noch nicht auf, den Beystand Gottes zu suchen; aber wofern innerhalb fünf Tagen keine Hilfe erscheint, so wollen sie sich ergeben. Was sagt ihnen ein Weib, aber ein verständiges, ein heiliges Weib? Was sagt Judith dazu? Wie, ihr Mitbürger, was für einen Entschluß habt ihr gefasset? Was ist das für ein Wort (Jud 8,10). Wisset ihr wohl, daß ihr sehr vermessen wider Gott seyd, daß ihr ihn versuchet: Wer seyd ihr, daß ihr den Herrn versuchet? (V. 11) Glaubet ihr wohl, euch dadurch seine Erbarmungen zuzuziehen? Nein! Ihr macht euch vielmehr vor seinen Augen sträflich, und reizet seinen Zorn wider euch. Das ist keine Rede, die Barmherzigkeit beweget, sondern die vielmehr den Zorn erwecket, und den Grimm anzündet. (V. 12) denn ihr mischet euch in die Ordnung der Vorsicht ein, ihr wollet Gott gleichsam gebiethen und ihm die Zeit bestimmen, da er euch erhören soll: Ihr habt Zeit gesetzt der Erbarmung des Herrn, und ihm einen Tag bestimmt nach eurem Gutachten (V. 13) Ihr Christen, trifft dieser Vorwurf nicht auch euch dem Buchstaben nach? Versuchet ihr nicht gleichfalls Gott, da ihr nur bis zu einer bestimmten Zeit leiden wollet? Handelt ihr nicht ebenso vermessen und ungerecht, da ihr euch weigert, das Kreuz nach dem Beyspiele Jesu Christi so lange zu tragen, als es der Herr beschlossen hat?"[274]

Am Beispiel der „vermessenen" Betulier stellt Wurz den Christen ihr unangemessenes Verhalten dar: Judit, zwar ein „Weib", aber dennoch (!) verständig und heilig, mahnt mit den Betuliern auch die Predigtgemeinde selbst. Dem Herrn sei keine Zeit seines Erbarmens festzusetzen, stattdessen müsse das Kreuz Christi getragen werden, so lange der Herr es beschlossen habe. Jede Art des Aufbegehrens sei unangebracht. Nicht umsonst wird im Laufe der Predigt Ijob 1,21 zitiert. Ijob als frommer Dulder der Rahmenerzählung ist ein sehr beliebter Topos im Zusammenhang mit Leid. Die „verständige und heilige" Judit ruft zu eben diesem Verhalten auf.

---

274 Wurz, *Predigten I*, 260f.

Dieselbe Argumentation führt Wurz in einer anderen Predigt zum Thema: „Vom Gebethe". Der Evangelienvers, Mt 27,46 ist Jesu Schrei am Kreuz: „Mein Gott, mein Gott, warum hast du mich verlassen?" Dennoch wird hauptsächlich die Frage der Wichtigkeit des Gebetes abgehandelt. Zunächst werden Personen aus dem Alten Testament angeführt, die durch ihr Gebet ihr Volk retten konnten: Aaron, Mose, Ahab, Manasse finden sich hier, Davids Gebet habe die Blüte des Reiches bewirkt, Ezechias (sic!) habe durch sein Gebet das Kriegsheer Sanheribs erlegt, Joshia (sic!) den Untergang Judas aufgehalten. Schließlich folgt:

> „eine Judith, welche als ein schwaches Weib, allein mit dem Gebethe bewaffnet, den Holofernes mitten in seinem Lager tödete, und ganz Assyrien beschämte."[275]

Nun leitet Wurz zu Österreich über, in dem Wohlstand, Friede und Hochachtung trotz vieler Laster herrsche. Den Grund dafür sei einzig und allein das Gebet „unserer gottseligsten Monarchin und der Ordensmänner." Damit ruft er seine Zuhörer eindringlich dazu auf, ebenfalls mehr zu beten.

Besonders schädlich sei es, zu früh mit dem Beten aufzuhören, weil man meine, es bewirke ohnehin nichts. Nun folgt der oben erwähnte Tadel Judits für das Ultimatum der Betulier. Die Passage gleicht beinahe wörtlich der oben zitierten und schließt:

> „Ist dieses nicht die Geschichte so vieler Christen unter euch, und verdienen sie nicht eben die Vorwürfe, die Judith ihren Mitbürgern gemachet?"[276]

Gebet und demütiges Ertragen des Leides sind demnach die richtigen Verhaltensweisen im Leid. Judit führt dies in Wort und Tat vorbildlich aus. Sie ist ein schwaches Weib, doch sie siegt durch das Gebet. Sie ist „nur" ein Weib, jedoch heilig und verständig, weil sie ihre Mitbürger zum frommen Dulden aufruft.

Judit als vorbildliche Siegerin über die Versuchung
Der ausführlichste Bezug auf das Juditbuch findet sich in der Predigt: „Von der Gelegenheit zur Sünde" zu Joh 19,16: „Da überantwortete er ihnen Jesus, damit er gekreuzigt würde." Wurz deutet die Auslieferung Jesu durch Pilatus als große Sünde. Pilatus hätte dieser Versuchung widerstehen müssen. Jeder Mensch habe zwei Gnaden von Gottes Vorsehung erhalten: die Gnade des Mutes, der Stärke, des Streites und die Gnade der Furchtsamkeit und Flucht. Letztere sei die einzig angemessene Gnade im Falle von Gelegenheiten zur Sünde. Wer sich freiwillig in Sünde begebe und darin auch noch verharre, verliere jeden Beistand von Gnade:

---

275 Wurz, *Predigten III*, 660.
276 Wurz, *Predigten III*, 687f.

„Es folget daraus, ihr Christen, ihr Christen, daß die Vorsehung Gottes für euch Gnaden genug hat, wenn ihr ohne euern Willen in die Versuchung gerathet: aber daß sie euch alle entziehen wird, und entziehen muß, wenn ihr euch mit Vorbedacht in die Gefahr begebet."[277]

Daran schließt Wurz einen ausgedehnten Vergleich zwischen David und Judit:

„Lasset mich diese Wahrheit durch zwey merkwürdige Beyspiele noch weiters erläutern. David und Judith kommen beyde in die Gelegenheit, das Gesetz der Keuschheit zu übertreten. Beyde sind von ihren Tugenden, und ihrer Heiligkeit berühmt. David ist ein Mann nach dem Herzen Gottes; und Judith eine Frau, die in Bethulia das Muster der übrigen von ihrem Geschlechte war, und wider welche der Neid selbst nichts vorzuwenden wußte. Beyde werden versuchet, und man kann sagen, daß so ungleich auch ihr Geschlechte und die natürliche Stärke zu widerstehen war, die Gelegenheit für die Judith weit heftigere Reize gehabt, weit gefährlichere Angriffe gemacht hat, als diejenigen des Davids gewesen sind.
Denn bedenket doch, geliebteste Zuhörer, diese junge und schöne Witwe entschließt sich aus der belagerten Stadt hinauszugehen, und sich ohne Schutz, nur von einer Dienstmagd begleitet, in das Lager eines muthwilligen Kriegsheers zu begeben. Nicht genug, sie schmückt sich auch noch auf das deyerlichste, um die Augen noch mehr zu reizen. O Himmel! Judith ist gefangen, sie wird von ausgelassenen Soldaten umrungen, bewundert, vor den Holofernes gebracht. Der Feldherr entbrennt Augenblicks; Judith fliehet nicht, sie unterredet sich mit ihm, sie verbleibt bey ihm, sie läßt ihn alles hoffen. Sie thut, als wenn sie am gesichertesten Orte wäre. Sie ändert sich auch damals nicht, sie zeigt keine Furcht, als Holofernes mehr von der Wollust, als dem Weine berauscht, nur die Stunde seines Glückes erwartet, aber seinen Tod findet. Ist jemals eine verführerischere Gelegenheit, eine schrecklichere Gefahr für die Keuschheit gewesen als diese?
Wie gering ist hingegen die Versuchung Davids? Ein ungefährer Blick nach der Bethsabee; dieses ist alles. Unterdessen steht Judith aufrecht, ja sie wird noch dazu von dem Geiste Gottes gerühmt, daß sie die Keuschheit geliebet hat: und David fällt. Woher ist diese seltsame Verkehrung, daß ein schwaches Weib über die größte Gefahr den Sieg erhält; und der tapfere Held in Israel, der heiligste König, der erleuchtete Prophet, der Stammvater Jesu Christi von einer weit geringern Gefahr schändlich überwunden wird? Aus keiner andern Ursache, meine geliebten Zuhörer, als weil Judith nicht freywillig in der Gelegenheit ist, sondern sich auf einen geheimen Befehl Gottes darein begibt; David hingegen die Gelegenheit, wie sie sich anbiethet, annimmt, und mit gutem Vorbedachte darinnen verharret. Denn warum überläßt er sich so leicht dem Müßiggange und der trägen Ruhe des nachmittagigen Schlafes? Warum geht er ohne Aufmerksamkeit auf sich in seinem Palaste herum? Warum läßt er, um sich die Zeit zu vertreiben, seinen Augen alle Freiheit? Heißt dieses nicht die Gelegenheit selbst suchen, und ihr allen Eingang öffnen? Er sieht also, und sieht ein schönes Weib. Ach, König! flieh, verlaß den Ort, schließ deine Augen; du bist verloren. Es ist vergebens, sagt Augustinus, das Weib war noch ferne, aber die Unzucht war schon in seinem Herzen. Dem David ist die Gelegenheit ange-

---

277 Wurz, *Predigten II*, 273.

> nehm; er verharret, er will wissen, wer sie wäre, er läßt sie abholen, und begeht die zwo schrecklichen Sünden, die ihn nachmals so viele Thränen, so viele Seufzer, so viele Widerwärtigkeiten gekostet haben. O anbethungswürdige Güte und Gerechtigkeit Gottes! Judith kommt wider ihren Willen in die Gelegenheit; für sie ist ein Ueberfluß der Gnaden bereitet, die sie gleich einer Wache umgeben, und bey den größten Reizungen nichts empfinden lassen. David geht freywillig in die Gelegenheit; für ihn ist der Strom der Gnaden vertrocknet; und er würde sich auch bey einer geringern Versuchung nicht aufrecht erhalten haben. Saget also nur, ihr Christen, die ihr die sündlichen Gelegenheiten liebet, ihr hoffet auf Gott, er würde euch nicht verlassen; Gott wird euch ganz gewiß verlassen; ihr werdet in die Sünde fallen, und immer tiefer hinabsinken."[278]

Judit und David haben demnach beide Gelegenheit zur Sünde. Judit widersteht, weil sie ohne ihren Willen, auf Befehl Gottes in diese Situation kam, David jedoch begab sich freiwillig in seine letztlich missliche Lage. In dramatischen Worten schildert Wurz im Präsens und von wiederholten Ausrufen unterbrochen die Gefahren der beiden Vergleichspersonen. Er lässt seine Zuhörer mit Judit bangen und zittern und schließlich aufatmen, er versucht David mit seinen Einwürfen vergebens von der Sünde abzuhalten. Schließlich verkündet er seinen Zuhörern drohend die Schlussfolgerung des Vergleichs: Wie David würden auch sie von Gott verlassen werden und immer tiefer in die Sünde sinken, wenn sie sich freiwillig in Gefahr begäben. Die Reue Davids und die Erlangung der Vergebung Gottes sind hier nicht mehr thematisiert, Wurz bleibt hier stehen und lässt die Zuhörer sich die bösen Folgen in aller Eindringlichkeit ausmalen.

An dem Vergleich ist einiges bemerkenswert:
(1) Judit und David werden beide um ihrer Tugenden und ihrer Heiligkeit willen gerühmt. Dennoch sieht Wurz große Unterschiede, die auf die „Natur" der Geschlechter zurückgehen: Judits Sieg ist eine „*seltsame Verkehrung*", denn sie ist ein „*schwaches Weib*", während David als tapferer Held, heiligster König, erleuchtetster Prophet und Stammvater Christi bezeichnet wird und er daher eigentlich über die Sünde triumphieren müsste. Weiters ist David ein „*Mann nach dem Herzen Gottes*", während Judit „*in Bethulia das Muster der übrigen von ihrem Geschlechte war, und wider welche der Neid selbst nicht vorzuwenden wußte.*" David wird demnach stets als mit Gott verbunden beschrieben, als „*heilig*", „*erleuchtet*", „*Stammvater Christi*" und „*nach dem Herzen Gottes*". Judits Besonderheit ist örtlich begrenzt („*in Bethulia*"), und gilt nur in Bezug auf die anderen ihres Geschlechtes, denen sie als „*Muster*" voranleuchtet. Denn trotz dieser Vorbildlichkeit ist sie nur ein „*schwaches Weib*". Das impliziert bei Wurz offenbar weniger eine Schwäche in militärischer Hinsicht, als vielmehr einen Mangel in moralischer Hinsicht, denn er betont: „ *(...) so ungleich auch ihr Ge-*

---

278 Wurz, *Predigten II*, 273-276.

schlechte und die natürliche Stärke zu widerstehen war, (...)." Die Frau hat also laut Wurz weniger Stärke, der Sünde der Unkeuschheit zu widerstehen. Daher habe auch die Gelegenheit für Judit „*weit heftigere Reize gehabt*" als die Davids, und nie zuvor sei „*eine verführerischere Gelegenheit, eine schrecklichere Gefahr für die Keuschheit gewesen als diese*". Und daher sei es auch eine Verkehrung, dass Judit „*über die größte Gefahr*" den Sieg erhalten habe und David nicht. Die Gefahr für die Keuschheit überwiegt demnach die Gefahr für Leib und Leben, der sich Judit aussetzt, und nur Gottes Gnade, nicht ihre eigene Stärke konnte sie aus dieser Gefahr befreien.

(2) Auch im 18. Jahrhundert wird nicht zwischen Täter und Opfer einer Vergewaltigung unterschieden. Für Wurz resultiert das kontroverse Schicksal der beiden Personen lediglich aus der Art, wie sie zur „Gelegenheit" gekommen waren, nicht aber aus der unterschiedlichen „Gelegenheit" an sich: David sah Batseba, sie gefiel ihm und er schlief mit ihr, ungeachtet ihres Ehemanns und ohne ihre Zustimmung einzuholen.[279] Judit ging ins assyrische Lager, um Holofernes zu töten, nicht um mit ihm zu schlafen. Darin sind sich die Exegeten einig. Die Frage, ob sie Holofernes durch ihren Aufputz zur Unkeuschheit verlocken wollte, wurde zwar häufig gestellt, aber einhellig verneint. Und selbst wenn sie Holofernes absichtlich gereizt hätte, wäre die Absicht dahinter doch seine Ermordung und nicht seine Liebe gewesen. Worin also besteht Judits Gelegenheit zur Sünde? Doch nur in der Gefahr, von Holofernes vergewaltigt zu werden. Damit hätte nach der Ansicht von Wurz aber *Judit* gesündigt! Und offenbar hätte sie die Vergewaltigung noch als reizvoll empfunden, denn er betont, dass „*die Gelegenheit für Judit weit heftigere Reizungen gehabt, weit gefährlichere Angriffe gemacht hat als diejenigen des Davids gewesen sind.*" Und gegen Ende des Vergleichs fügt er hinzu: „*(...) für sie ist ein Ueberfluß an Gnaden bereitet, die sie wie eine Wache umgeben und bey den größten Reizungen nichts empfinden lassen.*" Die Gefahr zur Sünde, in welche Judit geriet, besteht demnach für Wurz in den Reizungen, die Holofernes und das Kriegsheer „*auf ein schwaches Weib*" ausgeübt haben. Da aber Frauen von Natur aus nicht so „*viel Stärke zu widerstehen*" hätten, sei die Gefahr für Judit zu sündigen größer gewesen als die für David. Abgesehen von dem heute befremdlich wirkenden Frauenbild selbst wird also die Sünde eines Vergewaltigers gleich gesetzt mit der Sünde einer Frau, die wegen ihrer Schönheit vergewaltigt wird.

(3) Die Tatsache, dass Judit nicht in Sünde gefallen ist, während David „*die zwo schrecklichen Sünden*" begangen hat, erklärt Wurz damit, dass Judit sich nicht freiwillig, sondern auf Befehl Gottes in die Gelegenheit zur Sünde begeben habe, David jedoch freiwillig nachmittags geschlafen habe, ziellos im Palast gewandelt sei und seine Augen herumirren habe lassen, also durch Müßiggang

---

279 Auch dem biblischen Autor ist die Frage, ob Batseba in den Geschlechtsverkehr eingewilligt hatte, keine Bemerkung wert.

die Sünde geradezu provoziert habe. Dass Judit nicht aus eigener Initiative, sondern auf Befehl Gottes in das feindliche Lager gegangen sei, wird aus Jdt 8,31Vg geschlossen: „also prüfet nun, ob das auch aus Gott sey, was ich zu thun beschlossen habe, (...)." Doch ist fraglich, ob das wirklich auf einen Befehl Gottes deutet, immerhin betont Judit ja: „was *ich* zu thun beschlossen habe", der Beschluss selbst müsste demnach von ihr stammen. Das wurde jedoch in der Auslegungsgeschichte selten so wahrgenommen.[280]

Judit als scheinbare Sünderin
Eine ähnliche Thematik weist auch die Predigt „Von den verwägenen Urtheilen" auf. Der Evangeliumsvers, Lk 23,25, berichtet, dass Pilatus den Mörder Barabbas freigab und Jesus den Juden auslieferte. Pilatus habe damit ungerechterweise Jesus zum Tode verurteilt. Daher fordert Wurz seine Zuhörer auf, sich vor Urteilen ganz allgemein zu hüten. Denn diese seien entweder ohne Verständnis, zu voreilig oder dem Schein nach getroffen. Als Beispiele für ungerechtes, voreiliges Verurteilen von untadeligen Personen nennt er Noach, der zwar betrunken und entblößt lag, aber dennoch der einzige Gerechte war, Josef, der von Potifars Frau angeklagt wurde, wo er doch unschuldig und sie schuld war, und Ijob, dessen Unglück und Krankheit auf Schuld schließen ließen, wo er doch ein Diener Gottes war. Dann erwähnt er Judit:

> „Gehet, verdammet die Judith; der Schein ist ganz wider sie. Wie ist sie mit allen ihren Kostbarkeiten ausgezieret, so wollüstig gekleidet, so buhlerisch geschminket! Scheint sie nicht alle Reize ihrer Schönheit auszukramen, um in einem Lager voll geiler und muthwilliger Soldaten Eroberungen zu machen, und ihre Ehre und ihre Tugend zu Grund zu richten? Unterdessen ist sie die tugendhafteste, die keuscheste Witwe, welcher Gott eben darum einen so herrlichen Sieg verleihet, weil sie die Keuschheit geliebt hat, und der Hohepriester sowohl wegen ihrer vortrefflichen Tugenden, als wegen der überwundenen Feinde ein Angedenken und einen Ruhm bis an das Ende der Zeiten versichert."[281]

Danach nennt Wurz als letztes Beispiel den hl. Nikolaus, der zwar nachts in den Gassen herumschlich und sogar in „Schandhäuser" ging, aber nur, um Kinder dem Laster zu entreißen und Sünder zu bekehren.

Judits Tugend wird in diesem Zusammenhang nie in Frage gestellt, im Gegenteil: Den Zuhörern wird vor Augen gestellt, wie lachhaft voreilige Verdächtigungen sind. Dazu bedient sich Wurz biblischer Personen, die allgemein als

---

280 Auch Allioli schreibt in seiner Bibelübersetzung als Kommentar zu diesem Vers: „Wie ihr überzeugt seyd, daß das, was ich gesagt habe, von Gott sey, so müßt ihr auf gleiche Weise überzeugt seyn, daß auch das, was ich zu thum beschlossen habe, von seinem Geiste herrühre, und eine Wirkung seiner göttlichen Eingebung sey." *Heilige Schrift aus der Vulgata*, 942.
281 Wurz, *Predigten III*, 379.

besonders ehrenwert angesehen werden. Judit gilt demnach auch im 18. Jahrhundert als unumstritten tugendhaft, ungeachtet der kritischen Stimmen in der Exegese. In eine Reihe mit Noach, Josef und Ijob gestellt, wird jeder Zweifel an ihrer Unbescholtenheit als verwegen und ungerecht verdammt.

Vom eigentlichen Wünschen und Beten
In einer Anlasspredigt, der Trauerrede auf Kaiser Franz I. findet sich folgender Vergleich:

> „Es ist wahr, nach der Sprache der Menschen riefen wir um einen männlichen Erben, aber vor Gott, der nicht die Worte, sondern die Absichten der Sterblichen erwäget, hießen unsere Seufzer nichts anders, als daß er so viele Reiche ihrer besten Stütze nicht berauben, die hohe Familie unserer Monarchen fortpflanzen und den Fall, den wir befürchteten, von ihr entfernen möchte: Und da er das Heil in Israel sowohl durch die Hand einer Judith und Esther geben kann, als er es durch die Hand eines Gedeon, und der Makkabäer gegeben hat: so haben wir, eigentlich zu reden, nur Marien Theresien von ihm begehrt."[282]

Hier wird auf die sehnsüchtige Hoffnung der Bevölkerung zur Zeit Karls VI. auf einen männlichen Thronfolgers angespielt, die letztlich nicht in Erfüllung ging und Maria Theresia auf den Thron gelangen ließ. Wurz argumentiert im Kontext von Gebet und (scheinbar fehlender) Gebetserhörung. Das Volk erbat einen männlichen Thronfolger und erhielt eine Monarchin. Auch hier geht es um den Vergleich zwischen dem „von Natur aus" starken Mann und der „von Natur aus" schwachen Frau. Niemand habe damals erwartet, dass eine Frau erfolgreich das Land regieren könnte, genau so wie niemand von Judit die Befreiung Betulias erwartet hätte. Doch Gottes Vorsehung setze sich da wie dort über menschliche Rollenbilder hinweg und habe das Heil durch die Hand einer Frau, sowohl durch Ester als auch durch Judit und Maria Theresia gewirkt. Das Gebet um einen Thronfolger sei deshalb im strengen Wortsinn zwar unerhört geblieben, aber in der Sache seien die Bitten um den Bestand der Monarchie erfüllt worden.

Predigten mit anderen Bezügen aus dem Juditbuch
Holofernes und die Todesarten
Der einzige Holofernes-Bezug in den untersuchten Predigten findet sich in einer Predigt mit dem Thema: „Von den Gesinnungen eines sterbenden Weltmenschen" zu Mt 27,4-5. Diese Schriftverse berichten von der Reue des Judas nach seinem Verrat und von seinem Selbstmord durch Erhängen. Das führt Wurz zu einer allgemeinen Betrachtung über den Tod und zur These, dass alle Arten und Umstände des Sterbens bereits da gewesen seien, gleichgültig wie ausgefallen

---

282 Wurz, *Predigten V*, 183.

oder undenkbar sie schienen. Die Zuhörer mögen sich daher niemals sicher vor dem Tod fühlen und sich rechtzeitig darauf vorbereiten. Keine hohe Würde, keine Macht und kein Reichtum schützten vor dem plötzlichen Sterben.

Als Beispiele nennt Wurz nun Zamri[283], der in Wollust starb, Isebel, die, während sie sich schmückte, der Tod ereilte, sodann Holofernes:

> „Holofernes geht aus dem Schlafe in den benachbarten Tod hinüber, da er nichts als Eroberungen und Ergetzungen träumte."[284]

Belschazzar sei während eines Gastmahls gestorben, Aman Tam[285] auf dem Gipfel seiner Hoheit und Agrippa unter den Schmeicheleien ihres Volkes. Nun wendet sich Wurz an die Zuhörer und mahnt sie zur Einsicht, dass auch sie unerwartet und ungeachtet ihres Standes aus dem Leben gerissen werden könnten.

Die Aussage von Wurz, Holofernes sei vom Schlaf direkt in den benachbarten Tod geglitten, mag für heutige Menschen etwas durchaus Anziehendes an sich haben, für Wurz war diese Art zu sterben aber keineswegs positiv besetzt. Der entscheidende Moment für das Seelenheil war nach damaliger Ansicht die Todesstunde. Wenn nun ein Mensch, der so zahlreiche Sünden auf sich geladen hatte wie Holofernes, im Schlaf und unvorbereitet starb, wurde ihm dadurch jede Gelegenheit zur Buße genommen. Damit hatte er jedoch auch jede Aussicht auf Erlösung verwirkt. Holofernes fungiert hier demnach als abschreckendes Beispiel: als Inbegriff des reuelos sterbenden Sünders, der nicht einmal in der Todesstunde von anderem träumt als von Eroberungen und Ergötzungen und daher ohne Rettung verloren ist.

Gott kann aus Bösem Gutes hervorbringen
Die Predigt: „Von der Ergebung in den göttlichen Willen" basiert auf Mt 26,39: Jesus bittet Gott darum, dass der Kelch des Leidens an ihm vorüber gehen möge, fügt aber sogleich hinzu, dass nicht sein Wille, sondern Gottes Wille geschehen solle. Darauf baut Wurz nun auf und konstatiert bei den Zuhörern vor allem zwei Irrtümer, die die Ergebung in den göttlichen Willen behinderten: Erstens wollten viele Menschen immer einsehen und verstehen, wie Gottes Mittel sie zum Endzweck führten, und zweitens würden viele der Ansicht sein, dass Gott aus Bösem nichts Gutes hervorbringen könne. Mit Beispielen widerlegt er die zweite These: So sei es böse, seinen Sohn zu töten, aber Abraham habe sich Gottes Willen gehorsam untergeordnet. Seinen Sohn verschleppen zu lassen, sei ebenfalls böse, aber Jakob habe dadurch seinen anderen Sohn, nämlich Josef,

---

283 = Simri, vgl. Num 25,14.
284 Wurz, *Predigten I*, 501.
285 Wer damit gemeint sein soll, konnte ich nicht eruieren.

wieder gefunden. Böse sei es auch, vom Feind verfolgt zu werden, aber David habe dadurch das Herz des Volkes gewonnen. Wurz setzt fort:

> „Ist es nicht böse, von den Feinden so sehr beängstigt werden [sic!], daß man jeden Augenblick ein Opfer ihrer Wut zu werden glaubt? Allein Bethulia wird darum desto herrlicher befreit, und der Krieg vom ganzen Judenland abgekehret."[286]

Als letztes Beispiel führt Wurz noch an, Verwüstung und Gefangenschaft seien böse, hätten aber die Juden von ihren Lastern befreit.

Der göttliche Wille sei demnach für die Menschen zwar nicht immer einsichtig, führe aber zu einem guten Ende bzw. habe einen guten Zweck. Die Angst, die Betulia erfasst hatte, habe zu etwas Gutem geführt, zur herrlichen Befreiung.

Predigten mit Zitaten aus dem Juditbuch
Von den Qualen der Hölle

Zu Mt 27,5, dem Selbstmord des Judas, findet sich eine Predigt mit einem Zitat aus dem Juditbuch. Das Thema lautet: „Von der Ewigkeit der Höllenstrafen" und antwortet apologetisch auf die Zweifel der Protestanten bezüglich der Echtheit des Höllenfeuers. Vor allem Calvins Anhänger hätten auf eine rein symbolische Auslegung der einschlägigen Bibelstellen gedrängt. Wurz zitiert zum Beweis der Existenz von echtem Feuer und echtem Getier in der Hölle Jes 34,14Vg; Ijob 10,22Vg und Jdt 16,21Vg:

> „Er wird Feuer und Würmer geben in ihr Fleisch, daß sie gebrannt werden und fühlens in Ewigkeit, sagt Judith Kapitel 16,21."[287]

Gemeinsam mit den anderen Bibelstellen verwendet Wurz diesen Vers als Beleg für die Wahrheit der katholischen Lehrmeinung. Denn wenn es sich, wie laut Wurz die Calvinisten meinten, bei den Qualen der Hölle nur um Reue und Gewissensbisse handeln würde, könnten die Belegstellen nicht so dramatisch davon berichten. Reue und Gewissensbisse seien Empfindungen, die Menschen schon im Diesseits immer wieder spürten, also nichts außergewöhnlich Peinigendes. Die explizite Betonung der Plagen der Hölle sei daher Beweis genug, dass es um Schlimmeres gehen müsse.

---

286 Wurz, *Predigten II*, 410f.
287 Wurz, *Predigten IV*, 175.

Jdt 16,26 als Predigtmotto

Die „Lobrede auf die heilige Jungfrau und Martyrinn Apollonia, dessen Fest in der Kaiserl. Königl. Hofkirche der W. W. E. E. P. P. Augustiner Barfüßerordens den 9. Hornung[288] 1775 feierlich begangen wurde"[289] verwendet als Motto Jdt 16,26: *„Erat virtuti castitas adjuncta. Es war an ihr Tugend und Keuschheit bey einander."* Wurz stellt zu Beginn der Predigt Judits Verdienste und Tugenden vor, um diese in der Predigt an der hl. Apollonia, einer betagten Diakonissin aus Alexandrien, die 249 das Martyrium erlitt, zu entdecken und zu preisen:

> „Diesen herrlichen Lobspruch leget der göttliche Geist der berühmten Heldinn und Erretterinn Bethulias, der Judith bey. **Es war an ihr Tugend und Keuschheit bey einander.**[290] Und was war dieses für eine Tugend? Es war Erkenntnis und Anbethung des wahren Gottes, Vertrauen auf seine Allmacht, Treue für seine Gesetze, Eifer für die Erhaltung des Gottesdienstes und der wahren Religion; es war ein standhafter und thätiger Glaube, der sie antrieb, sich den größten Gefahren auszusetzen, um ihn in seiner Reinigkeit zu erhalten, und die Feinde desselben zu Schanden zu machen. Diese beyden Tugenden, Glauben und Keuschheit, hatte Judith mit einander vereinbaret. Indem sie sich aber sowohl der einen als der andern insbesondere befließ, so erlangte sie dadurch, daß ihr Glaube sie unterstützte, um ihre Keuschheit unversehrt zu bewahren, und daß ihre Keuschheit sie standhaft genug machte, um sich für die Religion ihrer Väter, der man den Untergang drohte, in die feindliche Gefahr zu begeben, und einen vollkommenen Sieg über den Holofernes und das assyrische Kriegsherr davon zu tragen."[291]

Nun wendet sich Wurz Apollonia zu und entfaltet das heilige Zusammenspiel der beiden Tugenden: Glaube und Keuschheit am Beispiel ihres Lebens, ohne noch einmal auf Judit zurückzukommen.

So wie Judit durch ihren Glauben, der Hand in Hand mit ihrer Keuschheit ging, über Holofernes einen „vollkommenen" Sieg davontragen konnte, habe Apollonia durch *ihren* Glauben und *ihre* lebenslange Keuschheit die Standhaftigkeit erlangt, das Martyrium zu erleiden. Nach Wurz sei das der sehnlichste Wunsch der weltverachtenden frommen Frau gewesen, daher sieht er dessen Erfüllung wohl auch in Entsprechung zu Judits Sieg über Holofernes. Interessant ist, dass er die Keuschheit wiederholt als frei gewähltes Martyrium bezeichnet und lobt und sie sogleich an andere Tugenden wie Demut, Gebet etc. knüpft. Er versteht darunter vor allem die völlige Abkehr von der Welt und lebenslange Jungfrauenschaft und erst in zweiter Linie standesgemäße Sittsamkeit. Judit wird in diesem Vergleich zum Paradigma für den Triumph eines sexuell enthaltsamen, von der Welt abgekehrten Lebens, das nur auf Gott hingeordnet ist.

---

288 Altdeutscher Name für: Februar.
289 Wurz, „Lobrede", Titelblatt.
290 Im Original fett gedruckt.
291 Wurz, „Lobrede", 3-4.

Adrian Gretsch OSB

Biografisches[292]

Adrian Gretsch (1753-1826) wurde am 11. 10. 1753 in Wien geboren. 1770 trat er in den Benediktinerorden im Wiener Schottenstift ein, wo er 1772 seine Profess ablegte. 1776 erfolgte die Priesterweihe. 1804 wurde er Prior des Stiftes und wirkte als Pfarrer. Am 28. 10. 1826 starb er in Wien. Seine gesammelten Werke (Fasten-, Feiertags- und Sonntagspredigten) umfassen viele Bände und wurden teilweise wiederholt aufgelegt.

Zur Predigtmethode

Die untersuchten Predigten stammen aus zwei mehrbändigen Sammlungen von Sonntagspredigten. Die erste wurde von Joh. Th. Edlen von Trattner in den Jahren 1797-1798 herausgegeben, also noch zu Lebzeiten von Gretsch. Die zweite Sammlung, ein sechsbändiges Werk, nennt sich „Homiletischer Nachlass", editiert von L. Scherlich und erschien im Jahr 1834, acht Jahre nach Gretschs Tod. Das beweist die offenbar ungebrochene Beliebtheit des Predigers.

Beide Sammlungen nennen zunächst den Titel der Predigt, danach den Evangelienvers und beginnen daraufhin die Predigt selbst. Diese ist wie bei Wurz meist in eine Einleitung und zwei, gelegentlich drei Abschnitte gegliedert. Die Vorrede geht kurz auf den Evangelienvers ein und bildet die (mehr oder weniger nachvollziehbare) Brücke zum eigentlichen Predigtthema. Gretsch gibt sodann einen Ausblick auf den Inhalt der zwei oder drei folgenden Abschnitte anhand von Fragestellungen. Die aufgeworfenen Fragen werden in den Hauptteilen systematisch beantwortet. Als Hilfsmittel dienen dabei, ähnlich wie bei Abraham a Sancta Clara, wenn auch weniger exzessiv, Vergleiche mit biblischen und anderen bekannten Persönlichkeiten. Bibelzitate werden ebenfalls verwendet, oft durchdringen sie leitmotivisch die ganze Predigt. Jedenfalls wird die Bibelstelle immer in Klammer angegeben.

Predigten mit Bezug zum Juditbuch

Predigten mit Bezug auf Judit selbst

Judit als Vorbild an Tugend
Überraschenderweise findet sich ein Bezug zu Judit in einer Predigt zum Thema: „Vom Religionsunterrichte in der Christenlehre". Von Mt 8,27 ausgehend (Die Leute wunderten sich über Jesus, dass ihm sogar der Wind und der See gehorchten), fragt Gretsch nach, wie man zu einem guten Menschen werden könne

---

292 Welzig, *Katalog*, 639.

und stellt die These auf, dass dies nur möglich sei, wenn man von frühester Jugend an tugendsam gewesen sei (das rechtfertige auch die Notwendigkeit eines Religionsunterrichts). Er verdeutlicht diese These mit Beispielen aus der Schrift:

> „Durchgehen wir die Geschichte des alten Bundes, betrachten wir die großen Männer, die sich durch Tugenden und Heldenthaten auszeichneten, und deren sich Gott als auserlesener Werkzeuge bediente, sein Volk zu retten, oder demselben seine heiligen Offenbarungen zu verkündigen, waren es nicht immer Menschen, die schon von ihrer ersten Jugend her Gott getreu dienten, und sich durch jugendliche Frömmigkeit auszeichneten? Moses, David, Isaias, Samuel, Joseph, Tobias, Susanna, Judith, Esther, waren sie nicht in ihrer ersten Jugend erklärte Freunde Gottes und der Tugend?"[293]

Judit wird also mit anderen wichtigen Personen genannt, die sich von frühester Jugend an durch „jugendliche Frömmigkeit" ausgezeichnet hatten, wobei Gretsch unter „frühester Jugend" offenbar die Zeit bis ins junge Erwachsenenalter meint, sind doch von Judit, Ester oder Susanna keine Kindheitserzählungen bekannt. Interessant ist auch, dass diese drei Frauen zu den „großen Männern" gezählt werden, derer sich Gott bediente.

Jedenfalls zeichnet sich Judit in der Darstellung von Gretsch so wie die anderen erwähnten Personen durch Tugend und durch Heldentaten aus, wirkt weiters als auserlesenes Werkzeug Gottes, war von frühester Jugend an getreue Dienerin des Herrn, versehen mit jugendlicher Frömmigkeit; vor allem aber ist Judit erklärte Freundin Gottes und der Tugend. Dadurch fungiert sie bei Gretsch als Vorbild für alle Kinder und Jugendlichen, die an diesen Beispielen die Wichtigkeit erkennen sollen, früh die Tugend zu erlernen.

In einer anderen Predigt ist Judit durch ihr Fasten vorbildlich: Am Quinquagesima-Sonntag predigte Gretsch „Von dem Fastengebote" und zieht für die Bedeutung des Fastens wieder Beispiele aus der Schrift heran:

> „Oeffnen wir einmal, Freunde, die Bücher des alten oder des neuen Bundes, und werden wir nicht alsogleich gewahr, daß sich die meisten bei Gott beliebten Personen durch bußfertiges Fasten ausgezeichnet haben?"[294]

Gretsch nennt nun Mose, der vierzig Tage fasten musste, um sich der Ansprache Gottes würdig zu machen, Elija, der ebenso lang fastete, um Gott am Horeb gewahren zu können, und Daniel, der nach drei Wochen des Fastens Einblick in verborgene Geheimnisse erhielt. Gretsch fährt fort:

---

293 Gretsch, *Predigten/Scherlich II*, 32f.
294 Gretsch, *Predigten/Scherlich II*, 263.

"Samuel, David, Esther, Judith, die Propheten fasteten, um vor Gott Gnade zu finden."[295]

Schließlich erwähnt Gretsch noch (als Höhepunkt) das Fasten von Johannes und Jesus.

Judit und die anderen Beispiele dienen demnach als Beweis dafür, dass fastende Menschen bei Gott beliebt sind, bzw. dass bei Gott beliebte Personen auch bußfertig fasten. Wieder wird Judit als positives, nachahmenswertes Vorbild erwähnt.

In wieder anderem Zusammenhang scheint Judit in der Predigt: „Von der Furcht des Herrn" auf. Lk 16,2 („Was höre ich von dir? Gib Rechenschaft") dient als Ausgangspunkt für die Notwendigkeit der Furcht des Herrn, die zur Vollkommenheit jedes einzelnen Menschen, aber auch zur Glückseligkeit des ganzen Staates unumgänglich sei. Gretsch erwähnt zunächst als abschreckendes Beispiel Eva, die in dem Augenblick gesündigt habe, als sie die Furcht des Herrn verlor, danach als positiven Gegensatz Susanna, die durch ihre Gottesfurcht gerettet worden sei. Schließlich argumentiert Gretsch apologetisch:

„Wenn sich die Furcht des Herrn für Christen nicht schickt, warum lobt sie denn die Schrift? Wegen welcher Tugend rühmt denn der göttliche Geist vorzüglich den treuen Abraham; die beiden Tobias, die fromme Judith, die keusche Susanna, den alten Simeon, als wegen der Tugend der Furcht Gottes?"[296]

Er nennt noch David und Salomo als Beispiele um danach zu betonen, dass die Furcht des Herrn die notwendigste Tugend sei.

Wieder wird eine Tugend durch die Aufzählung verschiedener mit dieser Tugend behafteter biblischer Persönlichkeiten dem Zuhörer als nachahmungswert empfohlen.

Eine weitere Erwähnung findet Judit in der Predigt: „Von der heiligen Einsamkeit" zu Mt 4,1 (Jesu Gang in die Wüste). Gretsch argumentiert hier für den großen Nutzen der Einsamkeit und gegen den Einwand, man könne diese im hektischen Weltgetriebe nirgendwo finden. Wenn man nur wolle, meint er, sei es überall möglich, sich dem Alleinsein hinzugeben, Mose, Samuel und Jiftach hätten dies sogar im „Schwalle der Regierungsgeschäfte"[297] vermocht, Gideon sogar im Gerassel der Waffen:

---

295 Gretsch, *Predigten/Scherlich II*, 263.
296 Gretsch, *Predigten/Scherlich V*, 104.
297 Gretsch, *Predigten/Scherlich II*, 342.

> „Judith, die junge, schöne, reiche Witwe, hatte in dem Obertheile ihres Hauses eine abgesonderte Kammer sich bereitet, in welcher sie mit ihren Mägden verschlossen wohnte, um sich der Einsamkeit zu ergeben."[298]

Ester beschließt die Aufzählung: sie habe im Palast ihre Abgeschiedenheit gefunden. Nach diesen Beispielen sieht Gretsch die Christen jeder Ausflucht beraubt. In der Welt könne man sehr wohl Einsamkeit finden.

Judit wird hier als jung, schön und reich beschrieben, und die Schilderung ihrer abgeschiedenen Kammer dient als Beweis, dass man sich auch zu Hause irgendwo einen Ort einrichten könne, um allein und für Gott zu sein. Ihr vorbildliches Verhalten wird in Gegensatz zu den Lebensgewohnheiten der Christen gesetzt, um an das Gewissen der Zuhörer zu appellieren.

Auch in der Predigt: „Von der Ueppigkeit der heutigen Christen" geht es um die Diskrepanz zwischen geforderter Tugend am Beispiel von biblischen Vorbildern und tatsächlichem Verhalten der „heutigen Christen". Zu Lk 14,11 („Ein jeder, der sich selbst erhöhet, soll erniedrigt werden") findet Gretsch tadelnde Worte für alle, die mehr scheinen wollen als sie sind. Dabei betont er jedoch, dass es nicht um Gleichmacherei gehen solle, im Gegenteil: Die standesgemäßen Unterschiede in Aufmachung und Aufputz seien zu begrüßen, doch wer versuche, einen höheren Stand vorzutäuschen als er hat, begebe sich in großes Unrecht.

> „Das Evangelium hat die standesgemäße Pracht des Salomo, den anständigen und bescheidenen Putz der Esther, der Judith, nie getadelt."[299]

Jede Übertreibung hingegen sei von Übel, wobei man bei Frauen doch nachsichtiger zu sein habe, da diese von ihrer Schönheit abhängig seien.

In der Predigt: „Von den Drangsalen und dem Gebethe der Gläubigen" ermahnt Gretsch seine Zuhörer zu anhaltendem Gebet, besonders in Notsituationen. Ausgehend vom Evangelienvers Mt 8,25 („Bittet, so wird euch gegeben werden") führt er einige alttestamentliche Personen an, denen das Gebet geholfen habe:

> „War es nicht Elias (...) der durch das Gebeth den Tod bezwang und lebend von den Menschen hinweg genommen, als Sieger über die Wolken fährt? War es nicht das Gebeth, das die drei Knaben im babylonischen Feuerofen unversehrt erhalten, und die heftigsten Flammen in erquickenden Tau und die Glut in Rosen verwandelt? War es nicht das Gebeth Daniels, das in der Grube den grimmigen Rachen der Löwen gesperret und wilde Tiere in Verehrer des Propheten verwandelt hat? War es nicht das anhaltende Gebeth der Judith, das den schwachen Arm eines Frauenzim-

---

298 Gretsch, *Predigten/Scherlich II*, 343.
299 Gretsch, *Predigten/Scherlich VI*, 31.

> mers zu dem herrlichsten Sieg über den muthigsten Feldherrn und sein ungeheures Kriegsheer stärkte?"[300]

Frömmigkeit, Furcht des Herrn, Fasten, Gebet, Einsamkeit und bescheidener Putz sind also die nachahmenswerten Merkmale Judits bei Gretsch. Ihre Tat selbst wird zwar gelegentlich erwähnt, aber Mut und Tapferkeit sind nicht die Tugenden, um derentwillen sie für Christen ein Vorbild sein soll.

Judit als scheinbar unkeusch
Ähnlich wie bei Wurz findet sich auch bei Gretsch eine Predigt mit Juditbezug zum Thema: „Von dem vermessenen Urtheile". Ausgangspunkt ist diesmal Lk 18,11, das Gebet des Pharisäers („Herr, ich danke dir, dass ich nicht bin wie andere Leute, ..."). Gretsch predigt, das vermessene Urteil müsse Gott, den Menschen und dem Urteilenden selbst zuwider sein, weil er sich selbst herabsetze, die Rechte der anderen Menschen verletze und auf Gottes Rechte einen Eingriff wage. Es gebe zwar auch so etwas wie begründeten Verdacht, (Gretsch erläutert dies am Beispiel Abrahams), aber:

> „Das vermessene Urtheil aber ist die Zumuthung einer bösen Handlung in jenem Falle, wo man nur schwankende, ungewisse, unzureichende Proben für sein Urtheil hat. Judith, die schöne, junge, reiche Witwe zu Bethulien, begibt sich aus dem beängstigten Bethulien hinweg, sie kleidet sich in kostbaren Schmuck, in herrlichen Anzug, und von einer einzigen Magd ist sie begleitet, und begibt sich in das Lager der Assirier. Wolltet ihr nun urtheilen, Judith habe sich aus finstern, unedlen Absichten ins Lager begeben, so ist euer Urtheil vermessen, denn Judith, deren Gottseligkeit und Tugend der ganzen Stadt bekannt war, konnte die edelsten, schönsten Absichten gehabt haben, warum sie ins Lager gegangen war, wie sie sie auch wirklich hatte, indem sie den Feind des Volkes Gottes, den trunkenen Holofernes mit eigener Hand enthauptete."[301]

Auch bei Gretsch wird Judits Tugend als bekannt und geglaubt vorausgesetzt. Er nennt keine anderen biblischen Gestalten, und seine Argumentation klingt nicht mehr so selbstverständlich wie die von Wurz, der Sinn ist jedoch derselbe: Judits Beispiel soll dem Zuhörer vor Augen führen, wie vorschnell und falsch ein Urteil und wie unbegründet ein Verdacht sein kann. Dazu muss aber Judits Keuschheit beim Predigtpublikum über alle Zweifel erhaben sein, denn sonst würde der Vergleich den gegenteiligen Effekt haben und die Verdachtsmomente gegen Judit erst richtig schüren.

---

300 Gretsch, *Predigten/Trattner I*, 353.
301 Gretsch, *Predigten/Scherlich V*, 181.

Predigten mit Zitaten aus dem Juditbuch

In drei Predigten von Gretsch finden sich Zitate aus dem Juditbuch. In der Predigt: „Warum Gott so viele Übel über uns schickt, besonders bei der drohenden Belagerung" geht Gretsch von Mt 8,20 aus („Der Menschensohn hat keinen Ort, wo er sein Haupt hinlegt"), kehrt aber schnell zu seiner Titelfrage zurück. Die Frage nach dem Grund des Leides beantwortet er damit, dass zu viel Glück die Menschen übermütig und lasterhaft mache. Als Beleg dafür nennt er Österreich, das fruchtbare Land, das im Überfluss und Glück gelebt habe und seinerzeit auch das rechtschaffenste Land gewesen sei:

> „Haben sich unsere Väter schon auch manchmal verirret, so gab ihnen die Geisel, die der Herr bald auf sie fallen ließ, wieder Verstand, und sie riefen mit den Bewohnern Betulias: Wir haben gesündiget, ungerecht haben wir gehandelt, Böses haben wir gethan. Aber erbarme dich doch unser, weil du barmherzig bist (Judith 7,19) und sie thaten Buße und besserten sich."[302]

Jetzt aber sei Österreich durch die zu lange Periode des Glücks lasterhaft und gottvergessen geworden.

Die Bewohner Österreichs in der noch vorbildlichen Zeit werden bei Gretsch mit den Betuliern verglichen. Das Schuldbekenntnis der Betulier (das auf keiner einzelnen tatsächlichen Schuld beruht, sondern nur ein allgemeiner Bußakt sein will) wird als richtiges Verhalten im Fall von Bedrängnis und Not gepriesen. Gottes „Geisel" zeige den Bewohnern an, dass sie gesündigt haben müssen, durch ihre Buße und ihre Besserung erlangten sie die Gnade Gottes wieder.

In der Predigt: „Vom Zorne" verwendet Gretsch ebenfalls ein Zitat aus dem Juditbuch. Mt 5,22 („Jeder, der seinem Bruder auch nur zürnt, soll dem Gericht verfallen sein") dient als Ausgangspunkt für eine Betrachtung des Zornes bei Menschen einerseits und bei Gott andererseits. Gottes Zorn sei nämlich keine ungeordnete Leidenschaft wie beim Menschen, sondern heiliger Eifer, der auf Ordnung dringe:

> „Und wir bezeichnen durch diesen Ausdruck nur den Eifer des Ewigen für Gerechtigkeit und Ordnung, und jene verdienten Strafen, die zwar bey uns Menschen oft Wirkungen des Zornes, bey Gott aber nur Wirkungen seiner Gerechtigkeit sind. Nein! nein! sprach vormahls die fromme Retterin Betulias, Gott wird sich nicht zum Zorne bewegen lassen, wie eines Menschen Kind. (Jud. 8,15)"[303]

---

302 Gretsch, *Predigten/Scherlich I*, 208.
303 Gretsch, *Predigten/Trattner III*, 162f.

Das dritte Zitat aus dem Juditbuch findet sich in der Predigt: „Von den Ursachen die wir haben demüthig zu seyn" zu Lk 18,13 („Gott sei mir Sünder gnädig"). Gretsch stellt hier die These auf, dass die Demut die Mutter aller Tugenden sei und begründet sie in einem eingeschobenen Gebet in „Ich-Form":

> „O mein Gott! gib, o gib mir doch einmahl jene Tugend, die die Mutter aller übrigen Tugenden ist. (...) o dann bin ich meiner wahren Erlösung nahe dann stehen mir die Himmel offen, und mein Gebet durchdringt immer die Wolken, denn es steht geschrieben: Das Gebeth der Demüthigen und Sanftmüthigen hat dir allzeit gefallen (Judith 9,16) ... Den Hoffärtigen widerstehet Gott, den Demüthigen gibt er Gnade (1 Pet. 5,5)"[304]

Fazit

Abraham a Sancta Clara

Judit ist in den Predigten Abraham a Sancta Claras ein häufiges Thema, wenngleich nicht immer an prominenter Stelle. Die Funktion ihrer Erwähnung lässt sich in verschiedene Kontexte einteilen:

Judits Handeln als Inbegriff der Tapferkeit und Stärke
Sehr oft wird Judit in Bezug auf ihre tapfere Tat erwähnt. Das geschieht a) im *überbietenden Vergleich*: Judits Tugenden werden herausgestellt, das sind vor allem ihre *Stärke*, ihre *Unerschrockenheit* und *Tapferkeit*. Das dient jedoch nur dazu, um den Stern einer anderen Frau umso heller erstrahlen zu lassen (meist Maria, einmal auch Clara). b) im *gleichsetzenden Vergleich*: *So wie Judit Betulia erlöst hat*, erlöst auch ... (Maria, Clara, etc.) vor den Feinden. Oder: *Judit hilft ihrem Volk*, daher seid gewiss, dass auch der hl. Josef o.ä. helfen wird.

Hinter diesen Predigten steht sehr oft ein kriegerischer Kontext bzw. eine Bedrohungssituation. Die (Wiener) Bevölkerung soll ermutigt und in ihrem Gottvertrauen gestärkt werden. Judits Tapferkeit soll den notleidenden Wienern ein Ansporn sein, ebenso heldenhaft zu denken, wenn schon nicht zu handeln.

Judit als Zeichen für Gottes Allmacht / die Hilfe der Engel
Die Tatsache, dass Judit *unversehrt* aus dem assyrischen Lager gelangen konnte, wird mit Gottes Hilfe begründet. Ihre unberührte Keuschheit bzw. ihre erfolgreiche Flucht nach getaner Tat ist die Folge göttlichen Eingreifens.

Judit handelt vorbildlich
Judit zeigt dem Predigtpublikum, wie zu handeln ist. Meist werden ihr *Vertrauen auf Gott* und ihre *Gebetsfrömmigkeit* als nachahmenswertes Verhalten

---

304 Gretsch, *Predigten/Trattner III*, 314.

herausgestellt, immer wieder ihre *Dankbarkeit*, gelegentlich ihr *Fasten*. Ihre Vorbildfunktion gründet sich auch hier auf ihre Tapferkeit. Anreiz zur Nachahmung bildet die Tatsache, dass sie durch ihr Verhalten den Sieg erlangt hat.

Judit ist eine gute Frau
Im Gegensatz zu vielen anderen unehrlichen, sittenlosen Frauen wird Judit als Vorbild an *Beständigkeit, Stärke und vor allem an Sittsamkeit* erwähnt.

Holofernes als Inbegriff des abschreckenden Beispiels
Seine Liebe zum *Alkohol* und zu *schönen Frauen* dient allen männlichen Zuhörern als Warnung vor solchen Lastern. Das schreckliche Ende des Holofernes wird zum Anreiz, tugendhaft zu bleiben.

Daneben wird Judit in rein äußerlichen Vergleichen zur Illustration herangezogen.

Ignaz Wurz

Bei **Ignaz Wurz** hat das Juditbuch zwar keinen prominenten Stellenwert, im Vergleich mit anderen Büchern des Alten Testaments scheint es jedoch eher häufiger auf. Anders als bei Abraham a Sancta Clara zitiert Wurz gelegentlich auch einzelne Verse aus dem Juditbuch und nennt die Bibelstelle gleich dazu.

Judit als Vorbild an Demut und Geduld
Judit selbst wird in den Predigten als Vorbild für die Zuhörer präsentiert. Die nachzueifernden Verhaltensweisen Judits betreffen ihre *Geduld* und *Demut* im Leid, ihr unablässiges *Gebet* und ihren *Gehorsam* gegenüber Gottes Befehlen. Der Lohn, der für diese Tugenden winkt, wird ebenfalls am Beispiel Judits verdeutlicht: Durch ihren Gehorsam erlangt sie, was laut Wurz anderen Frauen aufgrund ihrer Natur versagt bleibt: *Stärke*, die Gott dem „schwachen Weib" zuteil werden lässt und *Widerstandskraft gegen Unkeuschheit*, an der es angeblich jeder Frau mangelt.

Im Vergleich mit Abraham a Sancta Clara stellt Wurz den Mut Judits nicht heraus. Weder Unerschrockenheit noch Tapferkeit werden von ihm erwähnt, nicht ein einziges Mal nennt er sie die „tapfere Judit" dagegen bezeichnet er sie als „verständig und heilig". Interessant ist auch, dass sich in keiner der untersuchten Marienpredigten etwas zu Judit findet. Die Achse Judit-Maria scheint an Plausibilität oder aber erzieherischer Verwendbarkeit verloren zu haben. Dass auch in Predigten über Schmeichelei, Lüge etc. Judit nicht aufscheint, versteht sich fast von selbst: Wenn es gilt, die Zuhörer zu Tugend und Moral zu bewegen, darf ambivalentes Verhalten von Tugendvorbildern nicht thematisiert werden.

Adrian Gretsch

Gretsch verwendet das Juditbuch in seinen Predigten insgesamt nicht sehr häufig, aber regelmäßig. Judit hat bei ihm wie schon bei Wurz vor allem Vorbildcharakter. Ihre Tugend sei über alle Zweifel erhaben, jedes andere Urteil wäre vermessen.

Judit als fromme Asketin

Judit wird als *von Jugend an fromm* dargestellt, ihr anständiger und *bescheidener Putz* stehe im Gegensatz zur Üppigkeit der Christen, sie *bete anhaltend*, ergebe sich der *Einsamkeit, faste* und sei *gottesfürchtig*. Gretsch nennt sie fromm, reich, schön und jung. Jede Ambivalenz ihres Charakters wird ausgeblendet, Judit interessiert nur in ihren pädagogisch verwertbaren Eigenschaften. Ihr Mut, ihr eigenständiges Handeln, aber auch ihre List und Schmeichelei gegenüber Holofernes gehören da offensichtlich nicht dazu. Wie schon bei Wurz wird sie nie als starkmütig oder tapfer apostrophiert, statt als „tapfere Judit" wie Abraham a Sancta Clara bezeichnet Gretsch sie als „fromme Judit" oder als „die schöne, junge, reiche Witwe".

Aufruf zu Demut, Langmut und Reue

Zitiert wird aus dem Juditbuch im Zusammenhang mit dem *Gebet der Demütigen*, das Gott wohlgefällt, mit dem *Sündenbekenntnis* der Betulier und mit *Gottes heiligem Eifer*, der sich vom Zorn des Menschen unterscheidet. Auch hier bemerkt man den Paradigmenwandel in der erzieherischen Verwendung des Juditbuches: Der fromme Christ möge sich in Demut üben, seine Sünden bereuen und sich nicht zum Zorn verleiten lassen. Im ausgehenden 18. und beginnenden 19. Jahrhundert sind Mut und kriegerische Tapferkeit offenbar nicht so aktuell wie Beständigkeit in christlichen Tugenden. Die gesellschaftspolitische oder geschlechtsspezifische Sprengkraft des Juditbuches wird nicht zur Kenntnis genommen. Anders als bei Wurz bezieht sich Gretsch in Predigten zum Thema „Hölle" nicht auf das Juditbuch. Auch bei Themen wie: „Dankbarkeit und Gebet", „Ergebung in Gottes Willen", „göttliche Vorsehung" wird Judit nicht erwähnt, selbstverständlich auch weiterhin nicht bei Themen wie „Lüge". Auch Holofernes hat bei Gretsch nicht mehr wie noch bei Abraham a Sancta Clara seine Funktion als abschreckendes Beispiel für die Folgen von Trunksucht o.ä. inne. Die Predigten versuchen insgesamt nicht mehr durch Einflößung von Angst zu bewegen, sondern appellieren trotz ihrer antiaufklärerischen Gesinnung an die Vernunft. Dadurch wird das Juditbuch auf einige wenige sittenkonforme Verhaltensweisen reduziert, die zur Nachahmung anregen sollen.

Judit im Oratorium

Vorbemerkungen

Entstehung des Oratoriums
Im 17. Jahrhundert entstand das Oratorium. Der Begriff kommt von *oratorio* („Betsaal") und meint den Raum, in dem sich die von Filippo Neri 1552 gegründete Weltpriestergemeinschaft *Congregazione dell' oratorio* in Rom regelmäßig versammelte, um geistliche Übungen abzuhalten. Zwischen Gebeten, Lesungen und Predigt wurden *Lauden* in Dialogform gesungen. Daraus entwickelte sich das Oratorium, dessen musikalische Wurzeln allerdings nach neuerer Forschung in dialogischen, geistlichen Madrigalen lagen.[305] Das Oratorium verbreitete sich rasch in ganz Italien, ab 1660 konstituierte sich seine Form endgültig. Es war zunächst eine rein katholische Musikform.

Oratorium als „Oper der Fastenzeit"
Im letzten Drittel des Jahrhunderts wurde es, nicht zuletzt dank des kunstsinnigen und selbst komponierenden Kaisers Leopold I. auch in Wien beliebt. Es fungierte als Ersatz für die in der vorösterlichen Fastenzeit verbotene Oper. Ab 1660 brachte man alljährlich zumindest am Gründonnerstag und am Karfreitag ein Oratorium oder eine *Rappresentazione sacra* zur Aufführung, später spielte man in der Fastenzeit sogar wöchentlich Oratorien, deren Titel aber nicht immer gesichert sind. Aufführungsorte waren vor allem die Kapelle der Kaiserin-Witwe Eleonora (am Gründonnerstag) und die kaiserliche Kapelle (am Karfreitag). Aber auch in Klöstern wie dem Ursulinen-Kloster oder dem Kloster zur Himmelpforte wurden im Beisein der Majestäten Werke vorgetragen. Die Sujets der Oratorien entnahm man vorwiegend dem Alten Testament (vor allem David, Salomo, Judit, Adam und Abrahams Opfer[306]). Daneben zog man auch Gleichnisse des Neuen Testaments (Der verlorene Sohn, Die fünf klugen Jungfrauen etc.), sowie Heiligenlegenden (Heimgang des hl. Josef, hl. Antonius von Padua) heran. Eine große Rolle spielten in Wien bis Ende des 17. Jahrhunderts die *Sepolcro*-Oratorien: Es handelte sich dabei um frei gedichtete Andachten zur Passion Christi mit Titeln wie: „La Potenza della Croce", „L' Amor della Redentione" etc.

Blütezeit und Wandel
In den ersten Jahrzehnten des 18. Jahrhunderts gelangte das Oratorium in Wien zu einer Blüte. Karl VI. berief zunächst Apostolo Zeno (1669-1750), später Pietro Metastasio (1698-1782) als Hofpoet nach Wien und bewirkte dadurch eine wesentliche Steigerung der literarischen Qualität der Libretti. Nach wie vor

---

305 Massenkeil, „Oratorium", 742.
306 Vgl. Birnbaum, *Altes Testament im Oratorium*, 20ff.

schrieb man die Oratorien in italienischer Sprache, die Komponisten gehörten zumeist der so genannten „Neapolitanischen Schule" an. Mit Maria Theresia brach die höfische Oratorienpflege ab. 1772 begann eine neue Ära des Oratoriums: Durch die Gründung der Wiener Tonkünstlersozietät wurden Oratorien nunmehr in bürgerlichen, säkularen Konzerten zu karitativen Zwecken aufgeführt, zunächst im Kärntnertortheater, später im Burgtheater. Gegen Ende des Jahrhunderts, musikalisch gesehen zur Zeit der Wiener Klassik, entstanden immer mehr deutschsprachige Oratorien, deren Krönung wohl Haydns „Die Schöpfung" (1798) darstellt.

Antonio Draghi: Giuditta (1668/1669)

Biografisches[307]

Antonio Draghi, geboren 1634/35 in Rimini, kam 1658 nach Wien und trat in die Kapelle der Kaiserinwitwe Eleonora ein. Dort rückte er 1668 zum Vizekapellmeister und 1669 zum Kapellmeister auf. Im selben Jahr schuf Kaiser Leopold für ihn die Stelle eines „Intendente musiche theatrali" in der kaiserlichen Hofkapelle, da die Posten des Kapellmeisters und des Vizekapellmeisters bereits vergeben waren. 1682 schließlich erlangte Draghi auch den Posten des Hofkapellmeisters. Er galt als äußerst fleißiger Komponist und Musiker und genoss die Gunst des Kaisers. In den letzten Jahren seines Lebens zwang ihn ein Gichtleiden zeitweilig zur Untätigkeit. Er starb am 16.1.1700 in Wien. Seine „Giuditta", das erste in Wien zu diesem Sujet aufgeführte Oratorium, entstand wahrscheinlich 1668 oder 1669. Den Textdichter kennt man nicht. Möglicherweise hat Draghi, der auch ein begehrter Librettist war, selbst den Text verfasst.

Inhalt und Aufbau

An Personen kommen vor:[308] Judit/*Giuditta* (Sopran), Abra (Sopran), Holofernes/*Oloferne* (Bass) und der „*testo*" (Alt), der vor allem im frühen italienischen Oratorium verwendete Erzähler.

Der „*testo*" beginnt mit einer kurzen Schilderung der Bedrohung Betulias durch die harte Fessel des Holofernes. Da spricht Gott durch Judits Lippen zu seinem Volk. Es wird ermahnt, nicht vorschnell aufzugeben, nicht „eher durch Angst als durch Schwerter zur Beute zu fallen". Judit verkündet, allein in das assyrische Lager gehen zu wollen. Als sie edle Gewänder und reichen Schmuck

---

307 Vgl. Hiltl, *Oper*, 49ff. u. http://www.aeiou.at/aeiou.encyclop.d/d814117.htm.
308 Hier wie auch in den anderen Oratorien-Besprechungen schreibe ich aus Gründen der Übersichtlichkeit die biblischen Namen nach den Loccumer Richtlinien. Die originale Schreibweise findet sich daneben kursiv.

anlegt, wird sie dafür von Abra, der „alten Frau" streng für ihre Untreue ihrem toten Gemahl gegenüber getadelt. Judit kann sie beruhigen: Noch nie waren diese Gewänder zu besserem Nutzen angelegt. Begleitet von siegesgewissen Worten der Freundinnen (die der „*testo*" berichtet), verlassen die beiden Frauen die Stadt. Beschlossen wird der erste Teil von einem Gebet.

Im zweiten Teil ist Holofernes bereits von Judit entflammt und bittet sie um Tötung oder Heilung seines verwundeten Herzens. Judit heuchelt Liebe und Holofernes sinkt in den Schlaf.

Wieder wird Judit von Abra für ihr Verhalten mit Vorwürfen überhäuft, diesmal achtet sie jedoch nicht darauf, sondern bittet Gott um Erbarmen und Verzeihung für die Sünden ihres Volkes. Sodann enthauptet sie Holofernes. Der „*testo*" verkündet die Moral: dass überheblicher Prunk tödlich sei, und dass der Sünder, der in Sünde einschläft, im Todesschlaf ewig von seinen Fehlern träumen müsse. Das Volk lobt Gott und Judit, die ihr Volk gerettet hat.

Daraus ergibt sich folgender, zweiteiliger Aufbau:

Erster Teil:
Betulia:
a) Notlage Betulias, Auftritt Judits (VV. 1-7).
b) Judits Ermahnungen und Ankündigung ihrer Tat (VV. 8-26).
c) Anweisungen Judits an Abra und deren Empörung darüber (VV. 27-49).
d) Beschwichtigende Worte Judits und Einverständnis Abras, mitzugehen (VV. 50-73).
e) Aufbruch der beiden Frauen, ermutigende Worte der Freundinnen und Gebet (VV. 74-98).

Zweiter Teil:
Assyrisches Lager:
a) Die Liebesqual des Holofernes (VV. 99-105).
b) Liebesgeplänkel Judit/Holofernes, Holofernes schläft ein (VV. 106-142).
c) Empörung Abras (VV. 143-155).
d) Gebet Judits (VV. 156-176).
e) Bericht über die Enthauptung und moralische Bewertung, (*Betulia*): Jubel des Volkes (VV. 177-197).

Im Zentrum jedes Teiles steht also jeweils Abras Empörung über Judits Verhalten. Dadurch wird die treue Dienerin und Gefährtin zur wichtigsten Person neben Judit.

Theologische Auswertung

Vergleich mit der biblischen Vorlage

Aussparung wichtiger Personen
Die weltgeschichtliche Einordnung wird ignoriert. *Nebukadnezzars Siege* und sein Anspruch auf Göttlichkeit werden nicht thematisiert. Der Text erwähnt nur, dass Betulia von der assyrischen Übermacht bedrängt wird. Dadurch erscheint

die Bedrohung als nur von Holofernes ausgehend und wird auf eine gewöhnliche kriegerische Angriffssituation durch ein übermächtiges Heer reduziert.

Der Hohepriester *Jojakim/Eljakim* tritt nicht in Erscheinung. Seine Mahnungen an das Volk zu Gebet und Buße fallen dadurch weg.

Durch die Auslassung der Person *Achiors* entfällt die große theologische Retrospektive auf die Geschichte und die daraus resultierende Identität des Volkes Israel. Weiters fehlt dadurch eine der wichtigsten Folgen von Judits Tat, nämlich die Bekehrung des Achior.

Während die Auslassung der Achior-Episode im Oratorium öfter zu beobachten ist, erstaunt die der *Stadtältesten* umso mehr. Besonders folgenreich dabei ist die Auslassung des *Usija*. Denn dadurch wird das Ultimatum für die Kapitulation an die Feinde nicht erwähnt. Dieses (und nicht die Verzweiflung der Bürger) stellt jedoch im biblischen Text erst den Grund für das Eingreifen Judits dar.

Auch *Bagoas*, der Diener des Holofernes, kommt nicht vor. Seine Funktion wäre es, die wahren Absichten des Holofernes deutlich zu machen.

Aufwertung von Personen
Aufgewertet wird hingegen die Person *Abras*. In der biblischen Vorlage erfährt man über Abra nur wenig: Sie trägt die Essensvorräte ins assyrische Lager, wartet während der Tat vor dem Schlafgemach, trägt den abgeschlagenen Kopf des Holofernes in einem Sack zurück nach Betulia und wird von Judit in die Freiheit entlassen. Über ihre Gedanken, geschweige denn Gefühle wird nichts gesagt. Umso auffälliger ist der besondere Part, den ihr Draghis Librettist zugeteilt hat. Sie wird hier zum moralischen Gewissen Judits stilisiert. Die Handlungen Judits werden von Abra bewertet und kritisiert. Dabei missdeutet sie jedoch Judits Absichten erheblich. Das Ablegen der Witwenkleidung und die prunkvolle Aufmachung Judits werden von Abra als Zeichen für den Wankelmut der menschlichen Seele fehlinterpretiert. Sie verdächtigt ihre Herrin einer neuen Liebe frönen zu wollen. Diesen Verdacht kann Judit schnell zerstreuen, indem sie ihre wahre Absicht enthüllt. Dadurch wird Abra von der Anklägerin zur treuen Gefährtin. Im zweiten Teil jedoch muss sie zusehen, wie Judit Holofernes gegenüber Liebe vortäuscht, und überhäuft Judit wieder mit heftigen Vorwürfen: Wenn der Sieg nur auf Kosten der Ehre zu gewinnen sei, solle lieber Holofernes siegen. Auf diese Vorwürfe antwortet Judit jedoch nicht. Dadurch bleibt die Frage nach der Rechtmäßigkeit der Mittel Judits offen. Judit versenkt sich vielmehr in ein inniges Gebet. Mit dieser zweiten Konfrontation zwischen Abra und Judit endet beider Part.

Wichtige inhaltliche Unterschiede
Judit spricht nicht zu den Stadtältesten, sondern zum *Volk*; zudem wird vom „*testo*" erklärt, dass durch Judits Lippen Gott selbst zu seinem Volk spricht

(VV. 5-7). Gott tadelt durch sie die *Furcht* des Volkes und nicht das Ultimatum der Stadtältesten.

Holofernes erscheint als unterwürfig um Liebe bittender Verehrer Judits, als Typus des schmachtenden Liebhabers, der von der grausamen Angebeteten (noch) nicht erhört wird. Die Eroberung Betulias ist kein Thema.

Holofernes gibt sich dem Schlaf *freiwillig* hin, um von seiner Qual auszuruhen, von Judit liebevoll dazu ermuntert (VV.129-140). Von einem Gastmahl mit besonderen Absichten des Holofernes, oder auch von übermäßigem Weingenuss ist nicht die Rede.

Das *Gebet Judits* vor der Tat ist ein völlig anderes als das der biblischen Vorlage. Sie bittet nicht um Kraft für ihre Tat, sondern um Erbarmen für ihr Volk, und vor allem um barmherzige Vergebung der Schuld (VV. 162-173). Welche Schuld hier genau gemeint ist, bleibt offen. Sie spricht in der „Wir-Form, so dass auch ihre eigenen Fehler mit inkludiert sind. Ob sie damit jedoch das von Abra kritisierte Verhalten mit meint, ist ungewiss.

Fazit
Das Libretto unterscheidet sich erheblich von der biblischen Vorlage. Durch Weglassung handlungstragender Personen und durch die Aufwertung Abras verschiebt sich der inhaltliche Schwerpunkt von einem in historische und (gesellschafts-)politische Kontexte eingebetteten hin zu einem intersubjektiven und sittlich-moralischen Handlungsstrang. Ob diese Verschiebung auch die theologische Fragestellung bzw. die Bewertung der Person Judits verändert, soll im Folgenden untersucht werden.

Theologische Aussagen

Gott greift in der biblischen Vorlage nicht direkt in die Handlung ein, auch im Libretto tritt Gott nicht selbst in Erscheinung. Er bestärkt zwar Judit bei ihrem Vorhaben, doch die Initiative geht offensichtlich von ihr aus.

Wohl aber erfährt man in Judit Gottes Handeln: Gleich zu Beginn heißt es im Text des „*testo*" (VV. 4-7):

> „Schon fehlte der bedrängten Stadt die Hoffnung, als man durch die Lippen Judits Gott so zu seinem Volk sprechen hörte:"

Judits Worte werden also als von Gott gesprochen wahrgenommen. Er ermahnt das Volk, nicht mutlos aufzugeben. Auf Gott zu vertrauen ist Judits wichtigster Bestandteil ihres Sieges. Sie betet aber auch zu Gott um Vergebung (VV. 162-173). Schließlich fühlt sie sich von Gottes Geist für ihre Tat gewappnet (VV. 174-176). Der Sieg über die Feinde wird ganz selbstverständlich Gott zugeschrieben. (VV. 191-197).

Aussagen über Gott
Judit greift in ihrer ersten Arie (VV. 12-19) offenbar die zweifelnden Fragen des Volkes auf, ob Gott sein Volk verlassen habe, ob ihn das Unglück des Volkes nicht bekümmere, was er mit seinen Blitzen mache, wenn er gegen die Ungläubigen nicht donnere? Diese Vorstellung eines Blitze schleudernden, donnernden Gottes findet sich auch in anderen Oratorien oder Dramen, wo Gott explizit *il gran Tonante* genannt wird. Judit betont gegen die Zweifel des Volkes jedoch, Gott sei „*sempre uniforme*", immer derselbe. Sie bezeichnet ihn auch als „den großen Beweger" („*il gran Motor*"). Gott bewegt, lenkt demnach die Geschicke der Menschen.

„Wenn der Glaube wacht, schläft Gott nicht." Auch das betont Judit in dieser Arie. Die Vorstellung, dass Gott schläft, während das Volk leidet, ist im Alten Testament nur für falsche Götter denkbar.[309] Der Gott Israels hingegen „schläft, noch schlummert nicht"[310] und beschützt die, die an ihn glauben.

„Wer sich dem barmherzigen Himmel anvertraut, erreicht ruhmreich den Hafen." Das Vertrauen auf Gott ist zentrales Thema. Nur wer das tut, kann siegen. Judit mahnt Abra (VV. 64; 70-72), auf Gott zu vertrauen und gewinnt daraus auch selbst Siegessicherheit. Und der Schlusschor betont am Ende, dass der „große Beweger" die Treue nicht im Stich lasse (VV. 195ff.).

Judit als die exemplarisch auf Gott Vertrauende wird also von *Gott in ihrem Vorhaben bestärkt*. Schon zu Beginn spricht aus Judit Gottes Stimme. Es existiert eine enge Verbindung zwischen ihr und Gott. Was ihr Vorhaben betrifft, deutet sie an, dass ihre Hand von höherer Macht gestärkt werden könnte, den Stärkeren zum Trotz (VV. 22-26). Am Ende des ersten Aktes versichern die drei Freundinnen, dass Gott gerne die weibliche Tugend als Rettung und Heil des Volkes sehen wolle (VV. 86-88). Judit wiederum fühlt sich nach dem Gebet vor ihrer Tat „vom Geist Gottes gewappnet" (VV. 174-176). Schlussendlich erweist sich Gottes Hilfe auch durch die Tat selbst, und der Schlusschor rühmt Gott, der „das Wagen in der Brust belebt" (VV. 194-197).

„Der gerechte Gott straft die Sünden, er lässt sich aber von demütiger Reue zur Barmherzigkeit bewegen." Das Gebet von „*testo*", Judit und Abra am Ende des ersten Aktes richtet sich an den großen Beweger des Himmels, dass er ihre Sünden verzeihen möge. Im selben Zusammenhang bitten sie darum, dass die assyrische Macht nicht Gottes Vergeltung sein möge (VV. 89-98). Es existiert also eine Verbindung zwischen den Sünden des Volkes und der Bedrängnis durch die Assyrer, zumindest im Empfinden des Volkes. Auch Judit sieht das so, denn sie

---
309 Vgl. 1 Kön 18,27, wo Elija die Baalspropheten verspottet.
310 Ps 121.

spricht im Gebet vor ihrer Tat ebenfalls davon, dass die Fehler des Volkes zwar von Gott gerechte Strafe verlangen würden, dass das Volk aber demütig, reuig und leiderfüllt auf die Verzeihung des barmherzigen Gottes hoffe (VV. 167-173). Die Assyrer werden als Geißel Gottes für begangene Sünden wahrgenommen, die nur durch dessen Erbarmen bekämpft werden könnten. Dass dies gelingt, dafür ist die Treue und das Vertrauen Judits hauptverantwortlich.

Judit als selbstbewusste Verteidigerin ihres Volkes
Judit wirkt in diesem Oratorium sehr bestimmt und selbstbewusst. Sie lässt sich durch nichts aus der Ruhe bringen. Streng tadelt sie die Furcht und das mangelnde Vertrauen des Volkes und verkündet ohne Zögern ihren Beschluss, ins assyrische Lager zu gehen (VV. 8-26). Abras Vorwürfe hört sie sich beim ersten Mal noch an und besänftigt die aufgebrachte Frau (VV. 58-68). Beim zweiten Mal jedoch antwortet sie erst gar nicht mehr (VV. 156-159). Sie zögert auch vor ihrer Tat nicht. Holofernes nennt sie *hochmütig* und *unmenschlich* („*sdegnoso/inumana*"; VV. 108; 110), das ist jedoch im Rahmen seiner Liebeswerbung zu verstehen, nicht als absolute Aussage über ihr Wesen, denn zugleich nennt er sie *liebenswert* und wiederholt *schön*.

Abra macht ihr, wie schon erwähnt, heftige Vorwürfe moralischer Natur und bezeichnet sie als *schwankend* und *wankelmütig* („*instabile/labile*") in Bezug auf ihren toten Gatten und als Tochter eines falschen Eifers (VV. 37-39); im zweiten Akt verurteilt sie Judit noch schärfer als eine, die der *Schändlichkeit das Herz anbiete* („*offrire all' impietade il core*") und dem *Feind den Sieg bringe* (VV. 147; 154). Aber auch diese Charakterisierung Judits wird durch die Handlung selbst widerlegt. Der Vorwurf, dass sie Holofernes getäuscht und listig im Schlaf ermordet habe, wird hier hingegen nicht erhoben.

Der „*testo*" nennt Judit „*große Frau*" („*gran donna*"; V. 53), „*starke Frau*" („*forte...donna*"; V. 188) und „*junge*" bzw. „*schöne Jüdin*" („*giovinetta Ebrea*"; VV. 145; 156 / „*bella Ebrea*"; V. 100). Die Freundinnen bezeichnen sie und Abra als „*wagemutige Frauen*" („*donne ardite*"; V. 79). Eine genauere Charakterisierung fehlt in der knappen Handlung. So wird Judit im Schlusschor einfach als die gerühmt, „*die ihr Volk verteidigt hat*" („*ch' il suo popolo hà diffeso*"; V. 192).

Alessandro Scarlatti / Pietro Ottoboni: Giuditta (1695)

Biografisches

Kardinal Pietro Ottoboni[311] (1667-1740), nicht zu verwechseln mit seinem Großonkel Pietro Vito Ottoboni, dem späteren Papst Alexander VIII., war ein großer Kunstmäzen. Er förderte unter anderem Antonio Vivaldi, Georg Friedrich Händel und einige Zeit auch Alessandro Scarlatti. Er war Mitglied der 1690 gegründeten *Accademia dell' Arcadia*, einer Vereinigung von ursprünglich vierzehn Literaten rund um Christina von Schweden, die gegen den gekünstelten Stil des Barock die Rückkehr zum Klassizismus und zum cartesianischen Rationalismus fördern wollten. Ottoboni schrieb selbst zahlreiche Libretti.

Alessandro Scarlatti[312] (1659-1725), wirkte hauptsächlich in Rom (unter anderem als Kapellmeister Christinas von Schweden) und lange Zeit in Neapel als Hof-Kapellmeister. Er gilt als der erste bedeutende Vertreter der „neapolitanischen Schule", jener Stilrichtung, die ab 1650 und das gesamte 18. Jahrhundert hindurch Europa musikalisch dominieren sollte. Seine Oratorien schrieb er hauptsächlich für Rom, daher sind gewisse opernhafte Elemente nicht zu verleugnen.

Über die Daten von Scarlattis Oratorium „Giuditta" herrscht mancherorts Verwirrung, die zum Teil daher rührt, dass Scarlatti den Stoff zweimal vertont hat. Die erste, hier relevante Fassung wurde 1693 in Rom uraufgeführt, sie wird verschiedentlich nach dem Auffindungsort des Manuskriptes die Neapolitanische Giuditta genannt. Das führte zur Annahme, sie sei auch dort uraufgeführt worden. Schwieriger ist zu beantworten, warum immer wieder (zuletzt auf einer CD-Produktion aus Ungarn) als Librettist Benedetto Pamphilj genannt wird. Da es sich bei der 1695 in Wien aufgeführten Fassung nur um diese erste handeln kann, da die zweite Fassung (die Cambridger Giuditta, die außerdem nur 3 Solisten aufweist) erst 1697 entstand, und auf dem gedruckten Exemplar als Librettist Pietro Ottoboni aufscheint, ist wohl anzunehmen, dass diese Angabe zuverlässig ist. Zudem wird Ottoboni auch vom renommierten Forscher Norbert Dubowy in einem direkten Vergleich der beiden Fassungen als Librettist erwähnt,[313] während für die Cambridger Fassung Pietros Vater Antonio Ottoboni als Librettist verantwortlich zeichnet.

Inhalt und Aufbau

An Personen kommen vor: Judit/*Giuditta*, Usija/*Ozia*, ein Priester/*Sacerdote*, Holofernes/*Oloferne* und ein Hauptmann/*Capitano* (=Achior).

---

311 http://de.wikipedia.org/wiki/Pietro_Ottoboni_(Kardinal).
312 http://de.wikipedia.org/wiki/Alessandro_Scarlatti.
313 Dubowy, „Le due ‚Giuditte'", 261.

Der Aufbau der Handlung gliedert sich folgendermaßen:

Erster Teil:
a) *Betulia*:
— Judits Tadel, Usijas zweifelnde Reaktion (S. 1-3).[314]
— Diskussion Priester/Judit, sie erreicht bei Usija den Aufschub um fünf Tage (S. 3-4).
— Reaktion der Diskutierenden (S. 4).
b) *Assyrisches Lager*:
— Holofernes' siegessicheres Prahlen, Achiors Zweifel am Sieg (S. 5).
— Diskussion Holofernes/Achior, Beschluss des Holofernes, Achior an Betulia auszuliefern (S. 6).
— Reaktion des Achior (S. 6-7).

Zweiter Teil:
a) *Assyrisches Lager:*
— Liebesgeplänkel Holofernes/Judit (S. 8-9).
b) *Betulia:*
— Achior vor Usija und dem Priester, Zweifel der beiden Stadtältesten (S. 9-11).
— Erzählung des Achior, Vertrauen und Hoffnung der Stadtältesten (S. 11-12).
c) *Assyrisches Lager:*
— Liebesgeplänkel Holofernes/Judit (S. 12-14).
— Holofernes schläft ein, Judits Gebet und Tat (S. 14-15).
d) *Betulia:*
— Misstrauen und Zorn der Stadtältesten gegenüber Achior (S. 15-16).
— Judits Rückkehr und Jubel des Volkes (S. 16-17).

Das Werk beginnt mit dem Tadel Judits für die Verzagtheit der Stadtältesten und ihren Beschluss die Stadt auszuliefern. Gegen den Willen des Priesters überredet sie Usija, noch fünf Tage mit der Kapitulation zu warten.

Im Lager der Assyrer wagt es Achior dem siegestrunkenen Holofernes gegenüber am sicheren Sieg gegen Betulia zu zweifeln. Holofernes will ihn im ersten Zorn töten, lässt ihn dann aber vor die Stadtmauern Betulias bringen, um ihn mit den Feinden gemeinsam umbringen zu können. Judit hat mittlerweile im Lager der Assyrer das Herz des Holofernes gewonnen und darf in seiner Nähe wohnen.

Achior wird von den Betuliern aufgefunden und vor Usija und den Priester gebracht. Er kann deren Misstrauen mit seiner Schilderung von der Auseinandersetzung mit Holofernes zerstreuen und erzählt ihnen auch von Judits Vorhaben.

Holofernes rühmt Judit für ihren Plan, ihm einen Weg zur kampflosen Eroberung Betulias zu zeigen. Judit antwortet ihm zweideutig, dass seine Begierden bald ein Ende haben werden. Sie überredet ihn ein wenig zu schlafen. Das

---

314 Seitenzahlen nach: Scarlatti, *Giuditta*.

Gebet, das sie anstimmt, schreckt Holofernes. Als er doch eingeschlafen ist, vollendet sie das Gebet und tötet ihn nach kurzem Zögern.

In Betulia richtet sich bei Sonnenaufgang der Zorn Usijas und des Priesters gegen den vermeintlich betrügerischen Achior. Dieser tadelt wiederum Usija für seinen schwachen Glauben. Da erscheint Judit mit dem Kopf des Holofernes. Alle loben Gott und den wahren Glauben, der auch in Stürmen der Seele Ruhe verschaffen kann.

Theologische Auswertung

Vergleich mit der biblischen Vorlage

Aussparung von Personen
Auch hier fehlt jede Erwähnung von Nebukadnezzar oder seinem Anspruch, als Gott verehrt zu werden. Wieder ist eine Reduktion auf einen „normalen" kriegerischen Konflikt mit einer übermächtigen Großmacht zu beobachten.

Abra kommt nicht als Person vor, ihr Dabeisein wird aber vorausgesetzt, denn Judit spricht sie nach der Tat als „*amica ancella*" an.

Aufwertung von Personen
Der „*Sacerdote*", gemeint ist entweder der Hohepriester Jojakim/Eljakim, der in der biblischen Vorlage das Volk zu Standhaftigkeit und Reue ruft, oder aber, wahrscheinlicher, ein Priester Betulias, also die geistliche Autorität neben der weltlichen Führung durch Usija, wird stark aufgewertet. Dadurch ergeben sich interessante Dialoge zwischen Usija und ihm. Der Priester personifiziert in diesem Libretto geradezu die Kleingläubigkeit und rasche Verzagtheit des Volkes.

Weitere inhaltliche Differenzen
Der auffälligste Unterschied zur biblischen Vorlage besteht darin, dass nicht Usija, sondern *Judit* das Ultimatum für die Auslieferung an die Feinde verlangt (S. 3). Freilich geschieht das nicht aus mangelndem Vertrauen, sondern um Usija, und vor allem den Priester zu hindern, die Stadt sofort auszuliefern. Der Kleinglaube der Stadtführung wird dadurch verstärkt geschildert. Anderseits macht sich Judit in diesem Libretto eigentlich dessen schuldig, was sie im Bibeltext den Stadtältesten vorwirft: nämlich Gottes Hilfe zeitlich festzusetzen.

Von einem *Gastmahl* ist im Oratorium nicht die Rede. Holofernes schläft ein, nachdem er mit Judit noch einmal über seinen (von ihm erwarteten) Sieg über Betulia und den (von ihm erhofften) Sieg über Judit gesprochen hat. Sein Einschlummern stellt den Abschluss eines ruhigen Liebesgespräches dar und nicht die Folge übermäßigen Weingenusses (S. 14). Holofernes wird auch in Ottobonis Libretto mehr als galanter Liebhaber denn als maßloser Exzentriker beschrieben.

Zwischen *Usija und dem Priester einerseits und Achior andererseits* gibt es im Libretto zwei Szenen. Die erste findet sich auch im Bibeltext: die freundliche Aufnahme Achiors durch Usija, die hier jedoch durch die anfangs starken Zweifel des Priesters und Usijas konterkariert wird. Dass Achior Judit im feindlichen Lager gesehen hat und sogar ihre Pläne genau kennt, differiert ebenfalls deutlich von der biblischen Erzählung (S. 9-11). Die zweite Szene, ein Einschub zwischen Judits Tat und ihrer Rückkehr nach Betulia, ist frei erfunden (S. 15-16). Sie handelt am frühen Morgen des Ablauftages des Ultimatums und schildert die Verzweiflung der Stadtführung und ihre Wut gegen den vermeintlich betrügerischen Achior. Achior agiert als Sprachrohr des festen Glaubens an Gott, während die eigentlichen Anhänger des israelitischen Gottes verzagen. Seine Bekehrung fehlt und wäre wohl auch angesichts seines festgefügten Gottvertrauens überflüssig.

Fazit
In Scarlattis/Ottobonis Oratorium wird die Handlung nur motivisch an die biblische Vorlage angelehnt. Durch Ergänzungen und Auslassungen entsteht ein reichlich verschobenes Bild der handelnden Personen.

Theologische Aussagen

Gott lässt Judit in Freiheit handeln
Gott spricht nicht direkt und greift auch nicht direkt in die Handlung ein. Judit entscheidet in diesem Oratorium alles allein. Sie erbittet lediglich kurz vor der Tat Kraft von Gott. Ansonsten stehen das Vorhaben und die angewendeten Mittel im Ermessen Judits. Sie ist verantwortlich für den Erfolg und für die Weise, wie er erzielt wurde. Allerdings wird aus dem festen Glauben heraus, dass Gott die Menschen leitet, das Gelingen der Tat selbstverständlich ihm zugeschrieben. Das schmälert aber nicht die Selbstständigkeit von Judits Handeln.

Der mangelnde Glaube der Volksführer
Über Gott sprechen hauptsächlich Judit und Achior. Der *Sacerdote* beruft sich interessanterweise gar nicht auf Gott, und auch Usija ist mehr Zweifler als Glaubender. Immerhin ordnet er (und nicht der *Sacerdote* oder Judit) an, dass man während Judits Abwesenheit zu Gott um den Sieg bete. Auch als Achior ins Lager kommt und der *Sacerdote* einen Betrug fürchtet, betont Usija: „Ich vertraue auf Gott" („*In Dio confido*", S. 10). Dieses Vertrauen ist allerdings sehr fragil und weicht bei nächster Gelegenheit wieder dem Zweifel. Sogar Achior wirft ihm mangelnden Glauben vor (S. 15f.). Nach vollbrachter Tat Judits schweigt der *Sacerdote*, während Usija sein allzu schwaches Vertrauen bereut (S. 16). Der *Sacerdote* vertritt in diesem Libretto die irdische, „realistische" Sicht der Dinge. Er befürwortet von Anfang an die baldige Kapitulation an Ho-

lofernes. Gott hat in seinen Überlegungen keinen Platz. Nach Judits siegreicher Rückkehr verstummt er.

Theologische Aussagen treffen somit nur Judit und Achior, bzw. in negativer Weise auch Holofernes.

Gott ist geschichtsmächtig
Judit wirft bereits in ihrem ersten Auftritt die Vermutung auf, dass Holofernes auf Beschluss Gottes gekommen sein könnte, um hier seinen Ruhm endgültig zu beenden (S. 1-2). Gott habe schon in der Vergangenheit für Israel gekämpft. Sie erinnert an die Teilung des Meeres und an den Sieg des „Hirten gegen den Riesen" (David gegen Goliat, S. 3).[315] Die Geschichtsmächtigkeit Gottes wird auch später von Judit verkündet. Sie ist sich sicher, dass sie siegen wird, wenn Gott sie leitet (S. 9). Und in ihrem großen Gebet vor der Tat erbittet sie vom „*höchsten Gott, der die Tyrannen tötet*", Kraft (S. 14). Auch Achior spricht von Gottes Eingreifen in die Geschichte, wenn er den Sieg des Holofernes bezweifelt: Denn dieser könne nur siegen, wenn der Himmel es wolle („*Vincerai se 'l Ciel uorrà*", S. 5).

Holofernes wiederum stilisiert sich mit seinem ersten Auftritt zum Gegen-Gott. Er spricht von Blitzen und Donner, die er im Antlitz habe, und rühmt seinen Schläge schwingenden Arm (S. 5). Blitz und Donner sind aber die Attribute, die in diesem Libretto dem „*Tonante*" selbst, also Gott zugeschrieben werden (z.B. Achior, S. 6). Noch kurz vor seinem Tod spricht Holofernes Gott diese Attribute ab: Er bezeichnet die Gebete der Juden als vergeblich, da die gegen ihn gerichteten Blitze des Donnernden („*Tonante*") diesem in der Hand zerfallen würden (S. 14). Der Tod des Holofernes hat also viel damit zu tun, dass er die Geschichtsmächtigkeit Gottes aus einem Unbesiegbarkeitswahn heraus ignoriert und geleugnet.

Fester Glaube schafft Ruhe in der Seele
Die angemessene Antwort auf Gottes Wirken in der Geschichte wäre ein *fester Glaube*. Im Finale des Oratoriums wird der Wert solchen Glaubens gerühmt: ein so großer, wahrhaftiger Glaube nütze der Seele, denn er könne die Stürme der Seele in Ruhe verwandeln („*Tanto uerace fè gioua ad un' Alma, che sà cangiar le sue Tempeste in calma*", S. 17). Dennoch ist der *Glaube nicht Bedingung* für Gottes Heilshandeln, denn Judit betont, dass Gott Usija (und seinem schwachen Glauben) zum Trotz seine Gnade auf die Stadt regnen lasse (S. 16). Und Usija selbst bekennt, dass er den Hafen der Freude entdeckte, *bevor* die Hoffnung wiederkehrte (S. 17). Das Oratorium endet mit dem Satz: „*Opra sol di quel Dio, ch' in breui instanti muta in Ciel di contenti un Mar di pianti.*" („Das ist allein

---

[315] Der Hinweis auf den Sieg Davids gegen Goliat findet sich in der biblischen Vorlage nicht, ist aber ein beliebter Vergleich im Oratorium dieser Zeit.

das Werk jenes Gottes, der in wenigen Augenblicken ein Meer von Tränen in einen Himmel von Freuden verwandelt.") Gott schenkt also Freiheit und Leben, er gibt auch den Zweifelnden wieder Hoffnung und Freude. Allerdings: Zumindest *eine* unbeirrt Glaubende ist für Gottes Heilshandeln notwendig. Ohne Judit hätte Usija den „Hafen der Freude" wohl nicht entdeckt.

Judit als zielstrebig planende Frau

Trotz Judits energischem Auftritt gleich zu Beginn des Oratoriums wird schnell klar: Usija und der *Sacerdote* unterschätzen sowohl ihren Mut als auch ihre Klugheit. Usija spricht sie mit „*ò Bella*" an und meint, er würde ihrem Rat glauben, wenn es um Liebe ginge. In Gemetzel und Wüten jedoch nütze die Schönheit nichts. Der *Sacerdote* wiederum will gar nicht auf ihre Vorschläge eingehen (S. 2-3). Holofernes macht in seiner Einschätzung Judits eine Entwicklung durch: Lobt er in ihrem ersten Zusammentreffen nur ihre verführerische Schönheit (S. 8-9), begeistert ihn in ihrer zweiten gemeinsamen Szene auch ihre Weisheit (die ihn, wie er glaubt, zum Sieg führen wird, S. 12). Wieder ist es Achior, der sie richtig einschätzt, der von ihrem Vorhaben (seltsamerweise) alles weiß und an den Erfolg desselben unbeirrt glaubt (S. 11-12).

Judit selbst wird als mutige, entschlossene, zielstrebig planende und handelnde Frau dargestellt. Sie spricht unerschrocken und tadelnd mit Usija und dem *Sacerdote* und setzt ihre Vorgehensweise durch (S. 1-4). Vor ihrem Gang ins assyrische Lager singt sie in ihrer Arie, dass sie sehr gut wisse, was sie tue: dass sie Liebe heucheln werde, aber im Herzen unerbittlich sein werde (S. 4).

Auch Holofernes gegenüber setzt sie ihre Wünsche (ihm nahe zu sein) mit Schmeichelei durch (S. 8-9), in ihren Aussagen über die nahe Zukunft jedoch ist sie stets zweideutig und lügt nie direkt (S. 13). Sie antwortet auf die drängenden Fragen des Holofernes unter anderem, dass sie der Welt bald Beweise ihres Glaubens geben werde und dass seine Begierden ein Ende haben werden („*Haurano termine i tuoi desir*", S. 13). Schließlich singt sie ihn mit einem Gebet in den Schlaf, das als direkte Ankündigung ihrer Tat verstanden werden könnte (S. 13-14): „*La Tua Destra, ò sommo Dio, che ferir suole i Tiranni,...*" („Deine Rechte, o höchster Gott, die die Tyrannen zu töten pflegt, ...")

Nicht umsonst weckt der Gesang in Holofernes eine ihm bis dato unbekannte Furcht, obwohl er nicht einmal mehr die nachfolgenden und noch deutlicher werdenden Sätze des Gebetes hört: „*in cimento così strano doni forza à questa mano, acciò, tronco il Capo rio, giunga il fin à tanti affanni.*" („gib in diesem seltsamen Wagnis dieser Hand Kraft, damit, wenn das grausame Haupt abgehauen ist, das Ende so vieler Ängste komme"; S. 14))

Nach ihrer Rückkehr tritt sie Usija noch selbstbewusster entgegen. Doch das Lob, das er ihr anstimmen will, unterbindet sie sofort und verweist auf Gott (S. 17). Im Finale wird dann auch ausschließlich Gott gelobt.

Selbstbewusstsein, Entschlossenheit, Klugheit und Schönheit sind also in diesem Libretto Judits wichtigste Attribute. Von Keuschheit ist ebenso wenig die Rede wie von Demut. Vor allem Letzteres ist bemerkenswert, da sowohl die Vulgata als auch die Exegese des 17. Jahrhunderts diese Eigenschaft stark herausgestellt haben und das Libretto immerhin von einem Kardinal der katholischen Kirche geschrieben wurde.

Johann Michael Zacher: Die Heldenmüthige Judith in einem teutschen Oratorio (1704)

Biografisches[316]

Johann Michael Zacher, geboren 1651 in Wien, gestorben 1712 ebenda, war von 1679 bis 1705 Zweiter Domkapellmeister in St. Stephan. Daneben wirkte er auch als „kaiserlicher Hof-Musicus", doch bekam er für diese Tätigkeit keine Besoldung. Ab 1705 hatte er die Leitung der Kapelle der Witwe Leopolds I. inne.

Das Oratorium „Die Heldenmüthige Judith in einem teutschen Oratorio" wurde am 27. Juli 1704 auf Anordnung „Mariae Magdalenae Klugin von Grienenberg, Obristin, wie auch der Dechantin und deß Capituls deß Stiffts und Closters zur Himmel-Pforten"[317] vorgetragen. Das Kloster zur Himmelpforte war ein Prämonstratenserinnenkloster, das im 13. Jahrhundert gegründet worden war und in der noch heute so benannten Himmelpfortgasse im Zentrum Wiens lag. 1783 wurde es von Joseph II. aufgehoben.

Es war die Zeit, als der spanische Erbfolgekrieg begann. Zusätzlich bedrohten aufständische Kuruzzen die Stadt, sodass im Februar der Bau eines Schutzwalls um Wien angeordnet werden musste. Im Vorwort des gedruckten Librettos steht, dass es sich bei dem Werk um die Fortsetzung eines im Vorjahr aufgeführten Werkes handle. Tatsächlich beginnt die Handlung auch erst beim Eintreffen Judits im assyrischen Lager: „Weilen das vor einem Jahr von der Judith Helden-That handlende Oratorio nicht völlig ausgeführet, sondern der Geschichte-Faden etwas zu geschwind abgebrochen worden, hat man es vor gut befunden, die Fortsetzung selbiger Geschicht vorzunehmen, und zum End zu bringen."[318] Die Gründe für den „zu geschwind abgebrochenen Geschichts-Faden" sind nicht bekannt.

Der Textdichter des Librettos scheint nicht auf. Das Werk weist von Personenauswahl, Aufbau und Handlung des Stücks allerdings eine große Abhängigkeit vom Jesuitendrama des Nicolaus Avancini auf, (siehe dort). Vielleicht han-

---
316 Vgl. http://www.musica-sacra-wien.at/noten/0/articles/2005/10/02/a3129/print.
317 Zacher, *Judith*, Titelseite (Die Seiten sind nicht nummeriert, Anm. d. A.).
318 Zacher, *Judith*, „Innhalt".

delt es sich bei diesem Libretto einfach um eine (übersetzte) Adaptierung des Komponisten selbst.

Inhalt und Aufbau

„Unterredende" des Librettos sind: Judit/*Judith*, eine fromme Wittib von Betulia; Abra, ihre Magd; Holofernes, der assyrische Feldherr; Bagoas/*Bagao*, des Holofernes Kämmerling; Rison, ein „Feld-Obrister" des Holofernes; Ein Hauptmann/*Haubtmann* mit seinen Soldaten vom Holofernischen Kriegs-Heer; Ein Engel; Usija/*Ozias*, der hohe Priester (!) zu Betulia; Reihe der Soldaten; Reihe der Priester und Bürger von Betulia; die Weisheit; („zum Beschluß":) Die Erlaubnis/*Erlaubnuß*; der „Arth-Geist" des Stifts zur Himmelpforten.

Das Stück ist in vierzehn „Abhandlungen" und eine *Erlaubnuß* gegliedert. Die *Erlaubnuß* ist ein Dialog zwischen der Erlaubnis und dem Arth-Geist des Stifts und dient als Widmung des Werkes an die Majestäten mit Bezugnahme auf die aktuelle Situation Österreichs.

Erste Abhandlung: Judit und Abra vor dem assyrischen Lager. Abra hält es für zu kühn, als schwache Frau in das assyrische Lager zu gehen. Judit beruft sich auf ihr Wissen darüber, was Gott mit ihr vor hat: nämlich den Feind zu töten.
Zweite Abhandlung: Der assyrische Hauptmann sinniert über die Flüchtigkeit des Sieges bei mangelnder Wachsamkeit für Gefahren. Als er Judit sieht, hält er ihr Kommen für ein gutes Zeichen. Sie gibt vor, dass Gott ihr Volk verlassen habe und sie dem Holofernes davon berichten wolle. Die Weisheit lehrt, dass die göttliche Vorsehung aus Übel Gutes entstehen lässt und aus Judits Gefangenschaft die Freiheit des Volkes bewirkt.
Dritte Abhandlung: Bagoas möchte Judit zu Holofernes führen, Rison mahnt, das sei so, wie Gift ins Herz zu führen.
Vierte Abhandlung: Holofernes kommt zu dem Streit dazu, Rison warnt wieder und erinnert an Simson und Delila. Holofernes hört nicht auf ihn.
Fünfte Abhandlung: Rison weist jede Schuld an der Gefahr von sich, in die sich Holofernes seiner Meinung nach begibt. Die Weisheit lehrt, dass sich die menschliche Tat umsonst dem göttlichen Rat widersetzt.
Sechste Abhandlung: Judit gibt vor, dass sie sich zu Holofernes rettet, weil die Lage Betulias aussichtslos ist. Sie erbittet bei Nacht zum Gebet aus dem Lager gehen zu dürfen, um zu erfahren, ob Gott dem Holofernes den Sieg geben wird. Holofernes willigt ein.
Siebente Abhandlung: Bagoas frohlockt, dass er nun in der Gunst des Holofernes gestiegen sei.
Achte Abhandlung: Judit betet, dass Gott ihren Mut und ihre Kraft nicht schwinden lasse. Da kommt ein Engel und verspricht ihr den Sieg. Die Weisheit lehrt, dass das Vertrauen auf Gott den Sieg über die Feinde verschafft.
Neunte Abhandlung: Bagoas lädt Judit in das Zelt des Holofernes ein. Sie willigt ein und lässt noch einmal sicherstellen, dass sie freien Ausgang aus dem Lager hat.
Zehnte Abhandlung: Rison argwöhnt das Schlimmste von Judit, denn wo ein Glaubensunterschied bestehe, gebe es keine Redlichkeit.
Elfte Abhandlung: Judit holt Abra ins Zelt des schlafenden und betrunkenen Holofernes. Sie bittet Gott um Beistand und schlägt Holofernes den Kopf ab. Abra versteckt das Haupt

und sie gehen aus dem Lager. Die Weisheit lehrt, dass Gott auch durch schwache Werkzeuge große Taten verübt.

Zwölfte Abhandlung: Judit kommt nach Betulia zurück und stimmt das Lob Gottes an. Alle stimmen ein.

Dreizehnte Abhandlung: Rison hört das Jubelgeschrei der Betulier und sieht die Feinde über die Berge entgegen stürmen. Bagoas will Holofernes wecken und bricht in lautes Wehklagen aus, als er die Bluttat entdeckt. Rison sieht seine schlimmsten Befürchtungen bestätigt und ruft zur Flucht auf. Die Weisheit lehrt, dass Gott die Seinen zwar gelegentlich schreckt, aber nie untergehen lässt.

Letzte Abhandlung: Usija ruft nach gewonnener Schlacht zum Jubelgesang auf. Er lobt Gott und Judit, deren Keuschheit und unbefleckter Stand ihr das Herz zu dieser Heldentat gestärkt hätten. Darum sei auch Gott mit ihr gewesen. Alle rühmen Judit.

Erlaubnuß: Die Erlaubnis mahnt, man solle über Judit nicht die Helden von heute vergessen, die den Feinden trotzen und ihrem Volk Schutz bieten würden: Leopold, Joseph, die Kaiserin, die Königin und die frommen, tugendhaften Erzherzoginnen.

Ihnen erbaue man Ehrenpforten und Säulenbögen. Der Arth-Geist des Stifts setzt fort, Gott selbst solle dem neuen, vom Himmel selbst gezogenen „Ehrenbogen", nämlich der Verbindung des Königreiches Spanien mit dem Kaiserreich Österreich Bestand verleihen.[319]

Theologische Auswertung

Vergleich mit der biblischen Vorlage

Zu den Personen

Die Auslassung *Achiors* fällt auf, über die mögliche Auslassung Nebukadnezzars kann nichts gesagt werden, da dieser nur im ersten Teil vorkäme, der hier fehlt.

Das Libretto fügt im Gegenzug einige nichtbiblische Personen hinzu: *Rison*, den *Engel*, die *Weisheit*, die *Erlaubnis* und den *„Arth-Geist"* des Stifts. Die Aufgabe dieser drei letzten allegorischen Figuren beschränkt sich auf die Kommentierung der Handlung. Der Engel und Rison jedoch greifen direkt in die Handlung ein. Der Engel gibt Judit schon vor ihrer Tat die Sicherheit, dass sie siegen wird. Noch größer ist die Rolle des Rison. Schon der Name (von französisch: „rire": „lachen") verrät seine Funktion als „komische" Rolle, wie sie im Wiener Volkstheater üblich war. Er übernimmt die Aufgabe des Mahners. Sein Misstrauen gegen Judit ist zwar berechtigt, birgt aber eine große Portion genereller Misogynie in sich. Dadurch entsteht eine merkwürdige Ambivalenz in der Bewertung Judits. Die kluge und unerschrockene Heldin, die von Usija gelobt wird, steht dem andersgläubigen Weib, das nur auf List und Tücke sinnt, gegenüber.

---

319 Der Spanische Erbfolgekrieg (1701-1713) endete zwar mit dem Verlust der spanischen Krone für Österreich, im Jahr 1704 stützte England allerdings den österreichischen Erzherzog Karl als spanischen Gegenkönig zu Philipp V. und ermöglichte so den vorübergehenden Sieg Österreichs.

Inhaltliche Veränderungen
Durch die Auslassung und Hinzufügung von Personen entstehen einige Veränderungen:

Rison will Judit nicht zu Holofernes vorlassen und warnt auch diesen selbst vor verderblicher weiblicher List. Seine Zweifel und Vorbehalte dominieren die dritte, vierte, fünfte und zehnte Abhandlung. Dadurch wird der negativen Bewertung Judits breiter Raum gegeben. Ebenso wird aber die Unabänderlichkeit des göttlichen Plans betont, gegen den auch Warnungen und Gegenmaßnahmen nichts ausrichten können. In der dreizehnten Abhandlung sieht Rison dann seine Befürchtungen bewahrheitet. Er ruft die Assyrer auch zur Flucht auf.

Durch den *Zuspruch des Engels* an Judit in der neunten Abhandlung wird die Spannung verringert, ob die Tat gelingen kann. Dazu wird auch Judits enger Kontakt zum Himmel verdeutlicht.

Die Szene mit dem *Gastmahl* des Holofernes wird ausgelassen, dadurch tritt die erotische Komponente in den Hintergrund.

Abra ist bei Judits Tat anwesend und kommentiert das Geschehen halb zuversichtlich, halb zweifelnd.

Usija, der laut Personenverzeichnis der hohe Priester Betulias ist, lobt Judit mit den Worten, die biblisch der Hohepriester Jerusalems und seine Presbyter sprechen.

Theologische Aussagen

Gottes Eingreifen
Gott greift in diesem Libretto *direkt* und *indirekt* in die Handlung ein: *Direkt* tut er dies durch seinen Engel, der Judit den Sieg verheißt (Abh. 8). Die Berechtigung dieser Szene kann man aus Jdt 13,20 entnehmen, wo Judit von einem Engel spricht, der sie bei ihrer Unternehmung beschützt habe, um sie vor jeder Befleckung zu bewahren. Auch die anderen Personen scheint Gott zu lenken, zumindest wird so erklärt, warum Holofernes nicht auf die Warnungen Risons hört. *Indirekt* hat Gott augenscheinlich Judit seinen Ratschluss offenbart. Sie spricht in der ersten Abhandlung davon, dass sie allein wisse, was Gott ihr eingegeben hat, nämlich dass Holofernes durch sie sterben werde. Gott plant, sieht und vermag alles. Für selbstständiges Handeln ist da wenig Platz. Gehorsam und Vertrauen oder Gegenwehr und Verstockung sind die Alternativen, innerhalb derer der Mensch reagieren kann. Allerdings wird nur der gerettet, der sich den Plänen Gottes nicht widersetzt.

Aussagen über Gott
Mit Gott spricht in diesem Oratorium nur Judit in ihren zwei Gebeten (Abh. 8 u. 11), in denen sie ihn um seinen Beistand bittet und ihm ihre Bereitschaft, für seine Gebote und für das Vaterland auch ihr Leben hinzugeben, ausspricht.

Über Gott spricht wiederum Judit in drei Kontexten: (1) In den Szenen mit Abra (Abh. 1 u. 11) zerstreut sie mit ihrem Wissen von Gottes Plan die Ängste der Magd. (2) In den Szenen mit dem assyrischen Hauptmann (Abh. 2), Holofernes (Abh. 6) und Bagoas (Abh. 9) spricht sie von Gott, um ihre Pläne ausführen zu können: Dem Hauptmann erzählt sie, dass Gott sein Volk angefangen habe zu hassen, um ihr Kommen zu erklären; Holofernes und Bagoas bittet sie um freie Ausübungsmöglichkeit ihrer Gebete, um unbehelligt aus dem Lager gehen zu können. (3) Nach ihrer Rückkehr nach Betulia (Abh. 12) schreibt sie Gott den Sieg zu und fordert die Betulier zum Gotteslob auf.

Der *Engel*, der Judit in der achten Abhandlung erscheint, versichert ihr, sie könne auf den Himmel vertrauen: „*Vertraue dem Himmel / Nicht förchte* [sic!] *den Feind.*" Als die *Stadtwachen* Judits Stimme hören (Abh. 12), „wissen" sie: „*Gott hat sie wider bracht.*" Die *Betulier, Usija und Abra* sprechen ebenfalls über Gott: Sie preisen ihn für seine Rettungstat (Abh. 12 u. 13). Am meisten wird über Gott allerdings von der personifizierten *Weisheit* gesprochen: Sie zieht jeweils nach zwei oder drei Abhandlungen aus den Geschehnissen Lehren über Gottes Wesen. Die *Erlaubnis* und der „*Arth-Geist*" schließlich wünschen Gottes Segen auf die österreichisch-spanische Herrschaft herab.

Die *Weisheit* lehrt Folgendes von Gott: (1) Gottes Vorsehung zieht aus Bösem Gutes (Abh. 2). (2) Die Taten der Menschen widersetzen sich vergeblich dem Ratschluss Gottes (Abh. 5). (3) Wer auf Gott vertraut, steht felsenfest (Abh. 8). (4) Gott verübt auch durch schwache Werkzeuge große Taten (Abh. 11). (5) Gott drückt die Seinen zwar manchmal, aber lässt sie nicht untergehen (Abh. 13).

Die Lehren 1, 2 und 4 zielen demnach auf die *Geschichtsmächtigkeit* Gottes: Gott plant das Schicksal der Menschen und führt seine Pläne aus, manchmal mit Mitteln, die den Menschen paradox erscheinen, nämlich durch „schwache Werkzeuge". Der Mensch hat keine Möglichkeit, gegen diese Pläne anzukämpfen. Er kann sich nur fügen und für Gottes Ratschluss offen und bereit sein. Auch Judit spricht davon, dass sie von Gottes Ratschluss wisse (Abh. 1) und nach seinem Gebot handle (Abh. 8). Gott plant alles, und er sieht alles: Judit ruft ihn an als: „*Grosses Aug der innersten Gedancken* (Abh. 8)."

Das richtige Verhalten Gott gegenüber (vgl. die Lehren der Weisheit 3 u. 5) ist das uneingeschränkte *Vertrauen* in ihn. Er weiß, was er tut und vergisst auf die Seinen nicht. Auch wenn es manchmal für die furchtsamen Menschen den Anschein hat, als würde Gott sie im Stich lassen, bereitet er doch nach jedem Dunkel wieder Licht. Vorbildlich in diesem Gottvertrauen ist wiederum Judit. Eine nicht breit ausgeführte, aber dennoch wichtige Aussage über Gott macht Usija in der letzten Abhandlung: Er betont Judit gegenüber, dass Gott mit ihr gewesen sei *wegen ihrer Keuschheit* und ihres unbefleckten Standes: „*Zu dieser Helden-That / Dein Herz gestärcket hat / Der Keuschheit starcke Hand / Dein unbefleckter Stand. / Drumb war auch Gott mit dir.*" Diesen Gedanken, der bei

Lapide so stark vertreten war und der sich auf Jdt 15,11 gründet, findet man in den schon untersuchten Oratorien bisher noch nicht. Hier bemerkt man die Handschrift der Vorlage des Jesuiten Avancini deutlich.

Gottes Stellung zu Krieg und Gewalt
Zumindest vereinzelt lassen sich kriegskritische Aussagen finden:
Holofernes und sein Heer werden vor allem als kriegslüstern dargestellt, weniger als hochmütig wie sonst üblich.

Der *Engel* (Abh. 8) spricht davon, dass das Kriegsgetümmel noch heute brechen werde. Die Betulier jubeln (Abh. 13) nach Judits Tat, aber noch vor ihrem Angriff, dass Gott „*Schildt, Bogen, Pfeil und Spieß und alles stolze Pochen*" gebrochen habe, mit dem „Syrien" sie in Not gesetzt habe. Das kommt der Aussage von *Dominus conterens bella* (Jdt 16,3) zumindest nahe.

Immer wieder wird betont, dass der Feind *durch das eigene Schwert* vernichtet wurde: Judit etwa sagt schon in der ersten Abhandlung, dass Holofernes, der das Mord-Schwert schon gezückt habe, selber ins Grab fallen werde. Insgesamt entsteht so der Eindruck, als ob es weniger um moralische Werte ginge, als um die Vernichtung einer übermächtigen Kriegsmaschinerie durch die völlig unkriegerische Hand Judits nach Gottes Ratsschluss.

Judit als keusche und gehorsame Heldin

Judit wird von der assyrischen Wache (Abh. 2) und *Bagoas* (Abh. 3) als „*strahlend schön*" erlebt. Gleichzeitig unterschätzt Bagoas ihre Klugheit und sieht sie einfach als schwaches Weib.

Rison dagegen erkennt die Gefahr sofort, die durch Judit ins Lager gekommen ist. Seiner Ansicht nach ist Judit nichts anderes als eine „*Delila*" (Abh. 4), er vergleicht sie mit Nattern und Schlangen (Abh. 5). Nicht zuletzt der Glaubensunterschied schließe jede Redlichkeit aus (Abh. 10). Auch *Holofernes* glaubt durchaus, dass Judit möglicherweise listig sei, erachtet sich aber als klug genug, das durchschauen zu können. Ihre Begegnung (Abh. 6) kommt ohne Liebesbezeugungen aus und beschränkt sich auf Siegesverheißungen Judits. Dadurch erringt sie die Huld des Holofernes. Vom schmachtenden Liebhaber anderer Libretti ist dieser Holofernes weit entfernt. Und Judit ist keine Verführerin, sondern eine schöne, unterwürfige Frau, die mit den richtigen Worten seine Gunst erlangt.

Usija lobt Judit (Abh. 14) als *Heldin* und bezeichnet ihre „Heldenprob" als Erneuerung von Deboras Ruhm und Jaëls „Ehren-Lob". Er erwähnt auch ihre *Keuschheit* und ihren unbefleckten Stand und sieht darin den Grund für Gottes Unterstützung.

Judit selbst handelt im *völligen Gehorsam* Gott gegenüber. Sie entwickelt dadurch auch wenig eigenes Profil und verrät wenig über ihre eigenen Gedanken. Ihre einzige Sorge ist, Kraft genug zu haben, ihre Aufgabe zu erfüllen. Und trotz des großen Lobes des Usija am Ende der Handlung wird durch die Worte der *Erlaubnis* der Ruhm sofort von ihr auf die kaiserlichen Majestäten umgelenkt.

Carlo Agostino Badia / Nunzio Stampiglia: La Giuditta (1710)

Biografisches[320]

Carlo Agostino Badia, geboren 1672 wahrscheinlich in Italien (der Geburtsort ist unbekannt), kam schon sehr jung (1694) über Innsbruck an den kaiserlichen Hof in Wien und bekam dort die eigens für ihn geschaffene Stellung eines Hofkomponisten. Ein Jahr später wurde er vom Kaiser zur weiteren Ausbildung nach Rom geschickt. Wie lange diese Reise dauerte, ist nicht bekannt. Spätestens 1697 wirkte er jedenfalls wieder in Wien. 1700 heiratete er die gefeierte Primadonna Anna Maria Lisi, die auch an den Hof engagiert wurde. Auch Kaiser Karl VI. behielt das Ehepaar nach 1711 in seinen Diensten. Badia war ein viel beschäftigter Komponist, er schuf Opern, Kantaten, Serenaten und zahlreiche Oratorien. 1726 starb Badias Frau, und er heiratete später deren Nichte Anna Maria Novelli. Trotz seiner guten Stellung plagten Badia immer wieder Geldsorgen. 1738 starb er in Wien und hinterließ seiner Witwe so wenig, dass der Kaiser ihr und dem einzigen überlebenden Sohn ungewöhnlicherweise eine Witwenrente bezahlte.

In manchen Werkverzeichnissen[321] scheint neben der hier zu behandelnden Giuditta von 1710 noch ein zweites Oratorium dieses Namens von 1704 auf, dessen Librettist mit Pietro Ottoboni benannt wird. Da aber Partitur und Libretto nicht greifbar sind und es sich überdies um denselben Text zu handeln scheint wie der des Oratoriums von Scarlatti, beschränke ich mich auf das Werk von 1710. Historisch war dies das Jahr, in dem sich in England ein Machtwechsel vollzieht und dadurch die Unterstützung für Österreich im spanischen Erbfolgekrieg ausgesetzt wird.

Als Librettist des Oratoriums wird Nunzio Stampiglia genannt. Über ihn finden sich keine Informationen, außer, dass er der Bruder des berühmten Silvio Stampiglia war, der unter anderem von 1706 bis 1718 als Hofpoet in Wien wirkte.

---

320 Vgl. Nemeth, *Lebensgeschichte*.
321 Z.B. Steinecker: *Opern und Serenate*, 259.

Inhalt und Aufbau

Das Oratorium nennt an Personen: Judit/*Giuditta*, Usija/*Ozias*, Holofernes/*Oloferne* und einen Hauptmann des Holofernes/*Un Capitano di Oloferne*.

Der Aufbau des Librettos gliedert sich wie folgt:

Erster Teil:
a) *Assyrisches Lager:*
– Holofernes kündigt Angriff auf Betulia für den nächsten Tag an (VV. 1-11).
b) *Betulia:*
– Reaktion der Betulier: Usijas Ultimatum, Judits Plan, Judits Aufbruch und Usijas Gebet (VV. 12-49).
c) *Assyrisches Lager:*
– Judit trifft auf den Hauptmann und betört ihn (VV. 50-74).
– Judit trifft auf Holofernes und betört ihn durch Schönheit und List (VV. 75-109).

Zweiter Teil:
a) *Assyrisches Lager:*
– Holofernes fleht Judit an, ihn zu erhören. Er schläft ein, Judit tötet ihn (VV. 110-144).
b) *Betulia:*
– Usija betet, Judit kehrt zurück und wird gefeiert (VV. 145-182).
c) *Assyrisches Lager:*
– Der Hauptmann entdeckt die Tat und ruft zur Flucht (VV. 183-194).
d) *Betulia:*
– Betulia ist gerettet, Schlusschor (VV. 195-203).

Das Werk beginnt mit der siegessicheren Ankündigung des Holofernes, am nächsten Tag die Mauern Betulias stürzen zu wollen. In Betulia selbst hat Usija das Volk gebeten, noch fünf Tage durchzuhalten. Judit tadelt ihn für diese Festsetzung von Gottes Hilfe und bittet aus der Stadt gehen zu dürfen, um Betulia zu retten. Usija erlaubt es gerne, Judit geht, und Usija bittet Gott um Vergebung für seine Sünden.

Der Hauptmann hält Judit im assyrischen Lager auf und fragt sie nach ihren Vorhaben. Judit antwortet selbstbewusst, dass sie das nur dem Holofernes selbst sagen wolle. Der Hauptmann ist begeistert von ihrer Schönheit und bringt sie zu Holofernes, der ebenfalls sofort in Liebe erglüht. Judit erbittet von ihm Rache an dem angeblich sündigenden Volk Betulias und bemerkt erfreut, dass Holofernes für sie entflammt ist. Sie beschließt, ihm gegenüber Liebe zu heucheln.

Im zweiten Teil fleht Holofernes die „grausame Schöne" an, barmherzig zu sein. Sie versucht (scheinbar), ihm seine Liebe zu ihr auszureden. Holofernes schläft gegen seinen Willen ein. Judit nimmt sogleich sein Schwert und tötet ihn. Usija betet angstvoll zu Gott um Hilfe, da kommt Judit endlich zurück und zeigt ihm den Kopf des Holofernes. Usija beschließt, diesen auf den Stadtmauern zu befestigen und rühmt Judit zusammen mit dem Chor. Judit verweist auf Gott.

Der Hauptmann entdeckt den Kopf des Holofernes auf den feindlichen Stadtmauern und ruft zur Flucht auf. Judit und Usija beobachten den Kampf der Betulier gegen die Assyrer, und als sie Betulia gerettet sehen, eilen sie zum Tempel.

Theologische Auswertung

Vergleich mit der biblischen Vorlage

Aussparung von Personen
Wie schon bei Draghi fehlen auch hier zwei handlungstragende Personen: *Nebukadnezzar* und *Achior*. So wird abermals der Aspekt der Anmaßung Nebukadnezzars ignoriert, der als Gott verehrt werden will. Durch die Weglassung Achiors entfallen vor allem die theologische Erklärung des Verhältnisses von Israel zu seinem Gott und die Bekehrungsszene am Schluss. Auch *Abra* fehlt, sie hat jedoch auch in der biblischen Vorlage nur eine geringe Funktion.

Aufwertung von Personen
Dem *Hauptmann* des Holofernes wird viel Raum zugebilligt. Allerdings ist seine Funktion eine stellvertretende für das assyrische Heer. Er ist betört von der schönen Judit und führt sie zu Holofernes (stellvertretend für die assyrischen Wachen), er entdeckt den enthaupteten Holofernes (stellvertretend für Bagoas) und flieht (stellvertretend für alle Assyrer). Für die theologische Auswertung hat er somit wenig Bedeutung.

Wichtige inhaltliche Unterschiede
Stampiglia hält sich, was das Handlungsgerüst betrifft, im Großen und Ganzen an die biblische Vorlage, beginnend mit Jdt 7,23. Allerdings verkürzt er den Inhalt durch Auslassungen und durch die geringe Personenanzahl beträchtlich. Dadurch entstehen auch schwerwiegende Unterschiede:

Holofernes beschließt gemäß Jdt 7,1, am nächsten Tag die Stadt zu erobern: Der Rat seiner Hauptleute, stattdessen der Stadt die Quellen abzuschneiden, fehlt jedoch. Von *Belagerung ist daher keine Rede*, also hätte auch Usijas Ultimatum ohne Judits Eingreifen wenig Sinn. Judit wiederum hört offenbar mit dem Volk zusammen die Ansprache des Usijas und tadelt ihn sofort, ebenfalls im Beisein des Volkes. Ihre Reden (Jdt 8; Jdt 11) sind zu wenigen Zeilen verkürzt, ihre Gebete (Jdt 9; Jdt 13) finden nicht statt.

Holofernes ist ganz zum *Typus des galanten Liebhabers* stilisiert. Er fleht um Liebe, um Erbarmen. Von einem ausschweifenden Gastmahl ist bei Stampiglia keine Rede. Holofernes schläft mitten im Zwiegespräch mit Judit ein. Nach Judits Rückkehr hat *Usija* und nicht Judit die Idee, den Kopf des Holofernes auf den Stadtmauern zu zeigen.

Die *Bekehrung Achiors*, die Jubelfeier in Jerusalem oder Judits Schlussgesang fehlen. Das Werk endet nach der Flucht der Assyrer. Das zentrale Interesse der Handlung liegt demnach auf der Befreiung von den Feinden.

Theologische Aussagen

Gott greift in die Handlung weder direkt noch durch Boten ein. Für Judit ist er jedoch Ursache des Sieges. Über bzw. zu Gott sprechen Usija und Judit sowie der Schlusschor. Für Holofernes und den Hauptmann ist Gott kein Thema, weder im Positiven, also in einer Glaubensaussage über (irgend einen) Gott, noch im Negativen, als Leugnen der Gottheit Israels.

Usija spricht, sieht man einmal von dem Ultimatum ab, *mit* Gott, und nicht *über* Gott. Er verrichtet zwei große Gebete (VV. 37-49 bzw. VV. 145-155). Darin sagt er über Gott dreierlei aus: (1) Gott (und nur Gott!) kann das Schicksal der Stadt wenden, wenn er will, er ist *geschichtsmächtig*. Usija spricht von der unendlichen Kraft seines Armes, von seiner mächtigen Rechten. (2) Der Grund, warum Gott noch nicht geholfen hat, muss in den *Sünden des Volkes* und/oder des Usija selbst zu finden sein. Daher bittet Usija wiederholt um Erbarmen und Verzeihung für seine Sünden. (3) Gott war schon einmal *barmherzig*. Das bestärkt in Usija die Hoffnung, dass Gott das weinende und bereuende Volk erhört. Daher betet Usija, Gott möge sich an seine Barmherzigkeit erinnern, denn wenn Gott nicht helfe, wer könne dann noch helfen (VV. 154f.: „Wenn du meinen Bitten die Hilfe versagst, welche Hand wird uns dann retten können?").

Judit betet in diesem Libretto überhaupt nicht, nicht einmal unmittelbar vor ihrer Tat. Sie spricht *über* Gott, das erste Mal als Antwort auf Usijas Ultimatum (VV. 21-25), das zweite Mal nach der Tat, als sie Holofernes als willkommenes Opfer für Gott bezeichnet (V. 143), das dritte Mal, als das Volk sie bejubelt (VV. 175-182). Dabei sagt sie Folgendes aus: (1) Gott ist zwar *gütig*, aber ihm vorschreiben zu wollen, wann er zu helfen hat, ist eine Kühnheit, die ihn zum *Zorn reizen* könnte. (2) Holofernes ist für Gott ein willkommenes Opfer. Er *befürwortet* also die *Tötung des Tyrannen*. (3) Gott *kann alles*, ihr Sieg wurde ihr von ihm gegeben.

Der *Schlusschor* schließlich jubelt, dass ein Herz, das auf Gott vertraut, auf Lohn hoffen kann. (VV. 200-203: „Wenn ein Herz auf Gott vertraut, wandelt es nie ohne Gnade. Eine gläubige Seele hoffe immer, Lohn für ihren Glauben zu finden.").

Die wesentlichen Aussagen über Gott in diesem Libretto sind also: Er ist allmächtig; er belohnt den Glauben; er bestraft Sünde und Tyrannei; er ist barmherzig zu denen, die bereuen, aber man darf ihm diese Barmherzigkeit nicht vorschreiben wollen. Usijas Sicht, dass Betulias Leid die Folge von begangenen Sünden sei, wird von Judit hier nicht korrigiert. Damit fehlt die (durch Judits Sieg bestätigte) Gegenposition, Leid könne auch als Prüfung verstanden werden.

Judit als siegesgewisse Heldin

Judit wird bei Stampiglia mehr als in anderen Libretti heldisch charakterisiert. Sie handelt völlig selbstständig. Sie weiß sich verankert in ihrem Glauben, doch über ihre Tat entscheidet sie allein. Sie betet auch nicht um die Hilfe Gottes. Selbstbewusst plant sie und setzt ihren Plan ohne zu zögern in die Tat um. Auf direkte oder indirekte Eingebungen Gottes wird nicht Bezug genommen.

Usija nennt sie „weise Frau" („*Donna saggia*", V. 30); „strahlende Heldin" („*illustre eroina*", V. 31); „große Frau" („*gran Donna*", V. 159); „Tapfere, würdig für unsterbliche Girlanden im Haar" („*O valorosa, o degna d' immortali ghirlande in sù le chiome*", VV. 165f.). Damit betont er ihre *Weisheit* und ihren *Mut*, nicht aber ihre Schönheit. Holofernes hingegen ist ausschließlich von ihrer *Schönheit*, insbesondere von ihren Augen entzückt. Diesen Augen spricht er große Macht zu, sie vermögen mehr als tausend Schwerter (VV. 95-98). Sie ist die „teure Tyrannin" („*cara Tiranna*", V. 110), deren hübsches Gesicht ihn zu einem seufzenden Liebenden gemacht hat. Für Holofernes ist Judit eine durch Schönheit übermächtige Frau.

Judit selbst charakterisiert sich als unkriegerisch, schwach, aber furchtlos („*Sono imbelle, ma nulla pavento*", V. 35) Sie ist ihrem Gott treu und weiß sich so genau mit seinem Willen übereinstimmend, dass sie den *Betrug* an Holofernes *als Tugend* bezeichnet, denn er diene dazu, die Grausamkeit eines Tyrannen zu bestrafen („*è virtude un bell' inganno d'un Tiranno a punir la crudeltà*", VV. 107-109). Im Gespräch mit Holofernes wird nur von Liebe gesprochen, die von Judit verheißene Eroberung Betulias scheint Holofernes nicht zu interessieren. Dabei lügt Judit nicht mit Worten, im Gegenteil, sie redet Holofernes seine blinde Liebe zu ihr aus und nennt sich dieser Liebe unwürdig („*e Giuditta non è degna d'amore*", V. 116). Natürlich sind diese Worte nicht dazu geeignet, die Gefühle des siegesgewohnten Feldherrn zu schwächen, und das weiß sie auch genau. Es schwingt viel *Koketterie* mit, denn die Liebesglut des Holofernes gehört eindeutig zu ihrem Plan. Die Tat selbst vollführt sie ohne Zögern und ohne Bitten um die Hilfe Gottes, und die Worte, mit denen sie das Lob des Volkes nach ihrer Heimkehr abwehrt, klingen fast ein wenig seltsam im Mund dieser *überaus selbstbewussten* Heldin.

Durch das Fehlen des Aspektes der Demut wird ihr Charakter sehr heldenhaft, aber auch ein wenig problematisch, denn Siegesgewissheit macht eigentlich den Hochmut des Holofernes aus, hier jedoch ist die mit Abstand siegessicherste Person Judit. Vor allem durch das Fehlen der Gebete Judits wird die Innenseite der Heldin, ihr mögliches Zagen und Zögern, ausgeblendet, und es kommt wohl im gesamten Libretto nie ein Zweifel auf, dass Judit siegen wird. Da ist das Fehlen der Thematisierung ihrer Keuschheit nur noch ein nebensächlicher Punkt.

Giuseppe Porsile / Bernardino Maddali: Il Trionfo di Giuditta (1723)

Biografisches[322]

Giuseppe Porsile (1680-1750) stammte aus Neapel. Er studierte am Conservatorio dei Poveri di Gesu Cristo in Neapel Musik und wurde Vize-Kapellmeister an der spanischen Kapelle Neapels. Karl II. berief ihn nach Spanien, sein Nachfolger, Karl III. wurde als Karl VI. 1711 römischer Kaiser und nahm Porsile 1713 mit an den Wiener Kaiserhof. Dort wirkte er ab 1720 als Hofkomponist. Porsile schrieb über zwanzig Opern und dreizehn Oratorien, die meisten wurden in Wien uraufgeführt.

Übe Bernardino Maddali lassen sich so gut wie keine Informationen finden. Jedenfalls wirkte er offenbar einige Zeit als Librettist in Wien, er schrieb auch für Johann Josef Fux Libretti. „Il Trionfo di Giuditta" wurde 1723 in Wien uraufgeführt, zu einer Zeit, als Karl VI. nach zehn Jahren endlich die Zustimmung der Länder zu seiner Pragmatischen Sanktion erwirkte und damit der damals sechsjährigen Maria Theresia den Thron sicherte. Man darf wohl mit Recht vermuten, dass spätestens da von Seiten des Kaisers begonnen wurde, die Bevölkerung an den Gedanken einer weiblichen, selbstverständlich klugen und tugendhaften Volksführerin zu gewöhnen.

Inhalt und Aufbau

Das Libretto Maddalis ist mit Abstand das längste Oratorium der bisher hier besprochenen. An Personen werden erwähnt: Judit/*Giuditta* eine Matrone aus Betulia; Holofernes/*Oloferne*, Fürst des Heeres des Nebukadnezzar, des Königs Assyriens; Usija/*Ozia*, einer der Fürsten Betulias; Achior, Hauptmann der Ammoniter im Heer des Holofernes; Abra, Mädchen (*damigella*) der Judit; ein Hauptmann der Assyrer; Chor der Israeliten.

Das Oratorium beginnt mit einer Ansprache des Holofernes an seine Krieger: Er staunt über die Dreistigkeit Israels gegenüber dem „einzigen Gott auf Erden", Nebukadnezzar. Achior berichtet über Geschichte und Gottesbeziehung des israelitischen Volkes. Der Hauptmann der Assyrer will ihn für seine Worte töten, aber Holofernes lässt ihn stattdessen an die Betulier ausliefern. – Im verzweifelten Betulia wird Achior freundlich aufgenommen, als er den Grund seiner Auslieferung erzählt. – Judit fühlt sich vom Himmel dazu aufgerufen ins feindliche Lager zu gehen. Abra versichert ihr überallhin folgen zu wollen. Usija verspricht dem Volk Betulia in fünf Tagen an Holofernes auszuliefern, wenn bis dahin kein Wunder geschieht, und wird von Judit dafür getadelt. Sie verkündet allen den Entschluss das Lager zu verlassen, noch ohne zu wissen, was sie im

---

[322] Vgl. http://www.hoasm.org/VIIIB/Porsile.html.

assyrischen Lager tun soll. Usija und der Chor schöpfen aus ihrer Entschlossenheit Hoffnung. – Im assyrischen Lager verspricht Judit dem Holofernes ihm zum Sieg über Betulia zu verhelfen. Holofernes fühlt sich von ihren Worten und ihrer Schönheit verwirrt und schwelgt im Vorgefühl seiner Triumphe. – In Betulia hat Usija Vorahnungen eines glücklichen Ausganges. – Judit und Abra betreten das Zelt des Holofernes, wo dieser nach dem für Judit veranstalteten Gastmahl betrunken eingeschlafen ist. Judit fühlt sich plötzlich dazu aufgerufen ihn zu töten, zweifelt aber, ob diese Stimme von Gott kommt. Abra bestärkt sie. Judit betet um Kraft für ihre Tat, dann verübt sie den tödlichen Schlag. – Sie kehren nach Betulia zurück und werden von Usija und dem Volk jubelnd empfangen. Achior bekehrt sich und will auf Judits Rat mit den Betuliern gegen die Assyrer ausziehen. Das Stück endet noch vor dem Kampf mit einem Lobgesang auf Gott und Judit und mit der Bitte um siegreichen Kampf und reiche Beute.

Daraus ergibt sich folgender Aufbau:

Erster Teil:
a) *Assyrisches Lager:*
– Frage des Holofernes nach dem israelitischen Volk; Antwort des Achior; Empörung des Hauptmannes und des Holofernes; Auslieferung Achiors (VV. 1-105; vgl. Jdt 5-6,6Vg* u. freie Zusätze[323]).
b) *Betulia:*
– Usijas Gebet und freundliche Aufnahme des Achior in Betulia; Entschluss Judits; Usijas Ultimatum und Judits Tadel; Judit verkündet ihr Vorhaben; Hoffnung des Volkes (VV. 106-244; vgl. Jdt 4,6-8; 6,8-20; 7,13.23-25; 8,13-14.29-34* u. freie Zusätze).

Zweiter Teil:
 a) *Assyrisches Lager:*
– Gespräch Judits mit Holofernes (VV. 245-300; vgl. Jdt 11,4-21; 12,1.6*).
 b) *Betulia:*
 –Vorahnung des Usija (VV. 301-317; frei).
 c) *Assyrisches Lager:*
–Judits Eingebung, Gebet und Tat (VV. 318-410; vgl. Jdt 12,17-20; 9,4-5.15-16; 13,1-12* u. freie Zusätze).
 d) *Betulia:*
–Rückkehr der Frauen nach Betulia; Usijas Lob, Jubel des Volkes und Bekehrung Achiors; Vorbereitung zum Kampf und Schlussgesang (VV. 411-500; vgl. Jdt 13,13-19.31; 14,2.6* u. freie Zusätze).

---

323   Wenn nicht anders angegeben, beziehen sich die Bibelstellen auf die Vulgata.

Theologische Auswertung

Vergleich mit der biblischen Vorlage

Aussparung von Personen

Maddalis Libretto lässt keine handlungstragende Person aus, sieht man einmal von *Bagoas* und *Nebukadnezzar* ab. Die Position des assyrischen Königs wird allerdings von Holofernes und dem assyrischen Hauptmann wiederholt dargelegt. Der Anspruch Nebukadnezzars, als Gott verehrt zu werden, wird dadurch deutlich thematisiert (VV. 20-22; 59-61; 76-79; 104f.).

Aufwertung von Personen

Der assyrische *Hauptmann* wird insofern aufgewertet, als er stellvertretend für alle Kriegsgeneräle agiert. Für die Handlung selbst macht das jedoch keinen Unterschied. Etwas stärker zeigt sich die Aufwertung *Usijas*: Auch er handelt pars pro toto für alle Ältesten Betulias, teilweise übernimmt er auch Elemente, die im biblischen Bericht dem Volk zufallen. So tröstet er und nicht das Volk den an Betulia ausgelieferten Achior (VV. 139-142). Zusätzlich wird durch die eingefügte Szene, die das Gastmahl im assyrischen Lager ersetzt, noch mehr Augenmerk auf das hoffende und betende Volk Betulias gelegt. Usija wird als zuversichtlich auf Judit vertrauend gezeichnet, im Gegensatz etwa zur Darstellung in Ottobonis/Scarlattis Oratorium. Auch insgesamt ist eine sehr positive Bewertung des Usija zu bemerken. Er erfüllt die Voraussetzungen, die ein guter Herrscher zu erfüllen hat, und kann durchaus als Fürstenspiegel gelesen werden: Er ist mutig, gottesfürchtig, er hört auf das Volk (das Ultimatum ist ein Zugeständnis an das verzweifelte Volk, wie auch in der Vulgata beschrieben), nimmt Fremde gastfreundlich auf (Achior) und verliert nie seine Zuversicht.

Noch deutlicher ist die Aufwertung *Abras*: Sie wird von der treuen, dienenden Magd (die sie auch ist) zur Ratgeberin Judits stilisiert. In der entscheidenden Szene unmittelbar vor Judits Tat ist sie es, die Judits Zweifel beruhigt, ob die Eingebung, Holofernes zu töten, auch tatsächlich vom Himmel kommt (VV. 345-349). Sie redet ihr zu und ermutigt die Schwankende, sie zeigt ihr auch das Schwert und mahnt sie zur Tat. Erst danach schaudert sie kurz vor dem vielen Blut, um aber gleich darauf mit Judit ein freudiges Loblied auf Gott anzustimmen (VV. 379; 383-393). Auch in den anderen Szenen wird sie als Begleiterin Judits gezeichnet, als ihr in Freundschaft verbundene junge Frau.

Verwendung des Bibeltextes

Trotz weitgehender Anlehnung an die biblische Vorlage findet sich im Libretto kein wörtliches Zitat des Bibeltextes. Die dem Librettisten sehr gut bekannten Verse des Juditbuches werden frei nacherzählt. Einiges wird dabei ausgelassen.

Das Libretto folgt der biblischen Erzählung ab Jdt 5 bis Jdt 14*. Die Rede des Achior ist sogar (mit Auslassungen) sehr eng am Bibeltext wiedergegeben. Dazwischen gibt es jedoch einige frei erfundene Szenen, wie die Gespräche Judits mit Abra.

Grobe inhaltliche Unterschiede zur biblischen Vorlage gibt es kaum. Umso mehr fallen die wenigen Abweichungen an zentralen Stellen auf:

Das Gastmahl des Holofernes
Das Gastmahl des Holofernes findet zwar statt, allerdings wird uns davon nur kurz von Judit und Abra berichtet (VV. 318-334). So gerät der Librettist auch nicht in Verlegenheit, Judits Verhalten dabei charakterisieren zu müssen. Genau dort also, wo die meisten Librettisten ein Liebesgeplänkel zwischen Judit und Holofernes darstellen, verlässt Maddali den Schauplatz. Statt des Gastmahls wird ein Schauplatzwechsel nach Betulia durchgeführt, wo Usija vertrauensvoll wartend gezeigt wird. Erst nach dem Gastmahl, als Holofernes schon betrunken eingeschlafen ist, setzt die Haupthandlung wieder ein. Diese fast schamhafte Ausblendung der einzigen erotischen Szene steht in völligem Gegensatz zu den älteren Libretti, die genau diese Szene breit schildern. In weitaus größerem Ausmaß jedoch wird diese Technik später von Metastasio verwendet: Bei ihm spielt das gesamte Stück in Betulia, somit wird auch die Tat selbst ausgeblendet und wir erfahren nur aus Judits Erzählung davon (siehe dort).

Abras Rolle bei der Tat
Judit ist bei ihrer Tat nicht allein mit Holofernes im Schlafgemach, sondern holt Abra dazu. Und Abra ist es auch, die den entscheidenden Impuls zur Tat gibt. Sie überzeugt die zweifelnde Judit, dass die Tat Gottes Wille ist. Sie zeigt ihr die Waffe des Holofernes und nennt sie geeignet für den großen Plan. Schließlich fordert sie Judit direkt zur Tat auf (VV. 345-349). Judit jedoch betet zuerst noch, um sicher zu sein, dass die Tat mit dem göttlichen Willen übereinstimmt (VV. 350-352; 355-370). Das Gebet selbst setzt sich aus Elementen der zwei großen biblischen Gebete Judits zusammen (Jdt 9,2-19 und Jdt 13,7). Es ist eine Bitte um Kraft für die Tat (vgl. Jdt 13,7) und die Bitte, den Hochmütigen zu Fall zu bringen und den Demütigen jubeln zu lassen (vgl. Jdt 9,12 und 9,16).

Die Szene impliziert aber noch eine andere Abweichung von der Vorlage: Judit weiß, als sie den Entschluss fasst ins assyrische Lager zu gehen, noch nicht, dass sie dort Holofernes töten soll/will. Sie fühlt erst im Schlafgemach des Holofernes den plötzlichen Impuls zur Tat und ist sich zunächst gar nicht sicher, ob der Himmel ihr diese befiehlt oder verbietet. („*Sento un impulso interno, che quasi lo direi voler divino, di tor la vita all' empio; ma se il ciel melo vieti, o se melo comandi, io non discerno.*", VV. 340-344). In der biblischen Vorlage zeigt hingegen das Gebet 9,2-19 eindeutig, dass Judit ihre Tat im Detail geplant hat. Schon der Verweis auf Simeon und Dina lässt darauf schließen, und explizit bit-

tet sie in 9,12, dass „sein Stolz durch sein eigenes Schwert geschlagen werde."
Die Überlistung des Holofernes durch Judits schöne Augen und die Überwindung des Feindes durch die Hand einer Frau sind von vornherein beabsichtigt und nicht, wie in Maddalis Libretto, Ergebnisse von plötzlichen Anweisungen des Himmels.

Judits Rede mit den Ältesten
Auch in anderen Reden kann man kleine, aber bedeutsame Unterschiede zu Vorlage erkennen. Im Gespräch mit den Ältesten (VV. 194-237) beschränkt sich Judit auf die Ermahnung zu Buße und Gebet und verurteilt vor allem die undankbare Furcht („*ingrato timor*", V. 209). Dieser Gedanke fehlt in der Vulgata (wie auch in der Septuaginta). Judit erinnert als Beweis für Gottes Hilfe in der Not an das Meerwunder, das Manna in der Wüste und die süßen Quellen. Damit zitiert sie Achiors Beispiele von Jdt 5,12.15 statt der Prüfungen der Väter Abraham, Isaak und Jakob aus Jdt 8,22f. Im Libretto wird weiters der Aspekt ausgelassen, dass das Leid den Menschen „zur Besserung" gereichen solle, „nicht zum Untergange" (Jdt 8,27). Judits Funktion reduziert sich somit darauf, den verzagten Betuliern Mut zuzusprechen und sie zur Umkehr zu bewegen. Eine Erklärung des Leides wird nicht geboten. Schließlich kündigt sie an, ins feindliche Lager gehen zu wollen, ohne jedoch zu wissen, was sie dort tun wird.

Judit bei Holofernes
Das Libretto springt nach dem Schlusschor des ersten Teils direkt zum Gespräch Judits mit Holofernes. Dieses ist weitgehend biblisch. Judit argumentiert, das Volk Israel habe Gott beleidigt und werde demnach den Assyrern zur Beute fallen. Sie wolle im Gebet Näheres erfahren. Holofernes erlaubt ihr, das Lager zum Gebet zu verlassen. Interessant sind die von Judit gesprochenen Verse 273-275: „Herr, von meiner Rede brauchst du keine Untreue fürchten, denn ich enthülle dir die nackte Wahrheit." Dieser Satz findet sich in der Vulgata nur in Jdt 5,5, wenn Achior sagt: „Wenn du, mein Herr, zu hören dich würdigest, will ich die Wahrheit von diesem Volke, (...) sagen, und kein falsches Wort soll aus meinem Mund kommen."[324] Nun folgen die oben erwähnten freien Einschübe vor und während Judits Tat.

Weitere Veränderungen
Nach Judits Rückkehr nach Betulia bekehrt sich Achior und Judit fordert ihn auf, mit den Betuliern in den Kampf zu ziehen (VV. 464-469). Achior setzt sich sogleich an die Spitze der Soldaten (VV. 478-481). Dadurch gewinnt das Libretto im Gegensatz zur Bibel eine weitere kriegerische Dimension.

---

324 Vgl. aber Jdt 11,5LXX.

Ausgelassen werden neben den ersten vier Kapiteln des Juditbuches das große Gebet Judits vor dem Verlassen der Stadt (Jdt 9), ihre Vorbereitungen, ihr Weggang und Eintreffen im Lager (Jdt 10), alle Aspekte der kultischen Reinheit Judits (Jdt 12,2-4.7-9), die Einladung zum Gastmahl sowie das Gastmahl selbst (Jdt 12,12-20), die Reaktion der Assyrer auf den Tod des Holofernes (Jdt 14,8-15,2) und das weitere Geschehen des Buches (Jdt 15,3-16,31).

Maddali kennt demnach den Bibeltext gut, ordnet ihn jedoch seinen Intentionen unter: Der Aussageschwerpunkt liegt dabei auf der Notwendigkeit die Furcht zu verbannen, zu bereuen und auf Gott zu vertrauen, denn das bewirke Gottes Erbarmen und den Sieg.

Theologische Aussagen

Gottes Eingreifen

Gott scheint als Person nicht direkt im Libretto auf, greift aber indirekt sehr wohl ein: Judit erhält, wie sie selbst immer wieder betont, Anweisungen, Inspirationen von Gott (VV. 167; 340-344; 364). Ihre Tat ist keinesfalls ihr persönlicher Einfall, sondern sie handelt nur im Auftrag des Himmels. Zweimal bezeichnet Judit Gott als „großen Gott der Schlachten" („*gran Dio de le battaglie*"): Das erste Mal in ihrem Gebet unmittelbar vor der Tat (V. 356) und das zweite Mal nach ihrer Rückkehr, als sie von ihrer Tat berichtet (V. 436). Sie fordert die Betulier auf, den fliehenden Assyrern mit brennendem Eifer zu folgen, mit dem der Himmel sie bewaffnet habe. Gott greift also in die Schlacht direkt ein. Dieser Aspekt scheint im Libretto von Maddali einen anlassbezogenen, Hoffnung stiftenden Sinn zu haben. Denn das Werk endet ungewöhnlicherweise vor der großen Schlacht mit der Bitte des Volkes um Sieg. Judits Gebet um Kraft vor der Tat wird sofort erhört. Abra bezeichnet den Schlag Judits als von einem heiligen Wagemut geführt und daher glücklich („*Dà un santo ardir guidato fù il colpo fortunato*", VV. 371-373). Sie fühlt sich auch auf dem Heimweg von Gott behütet, da Judits Unternehmung ja Gottes Entschluss war (VV. 384f.). Und Judit weiß, dass Gott den Betuliern, die dem fliehenden assyrischen Heer nacheilen, Tapferkeit ins Herz eindrücken wird (VV. 467-469).

Der wahre Gott

Alle handelnden Personen inklusive der Chor sprechen von Gott. In direkter Form *zu* Gott beten Usija und Judit. Für die anderen Protagonisten ist Gott hier wie in der biblischen Vorlage das zentrale Thema der Handlung. Die Frage: „Wer ist der wahre Gott – Jahwe oder Nebukadnezzar?", die heutige Exegeten als wichtigen theologischen Schwerpunkt sehen, findet sich in derselben Deutlichkeit auch hier im Libretto Maddalis.

Judit, Usija und auch Achior sprechen vom *Gott Israels* als „*wahrer Gott des Himmels*" („*vero Dio del Cielo*", VV. 32; 52; 276; 316; „*vero Dio*",

VV. 140; 454). Gott erweist sich seinem Volk als solcher vor allem durch seine Hilfe. Achior berichtet Holofernes vom Durchzug durch das Rote Meer (VV. 38-43), Judit erinnert Usija ebenfalls an das Meerwunder, dazu noch an das Manna in der Wüste und die sprudelnden Quellen (VV. 204-207): Gott hilft also seinem Volk.

Beachten der Gesetze, Reue und Demut
Das Mittel, um diese Hilfe auch tatsächlich zu erhalten, ist das *Einhalten seiner Gesetze*, so Achior; Denn wenn das Volk Gottes Gesetzen untreu werde, bleibe es unterdrückt (VV. 44-46). Deshalb verspricht er nach seiner Bekehrung auch, Gottes Gesetz beachten zu wollen, solange er Odem in der Brust habe („*sin che spirto havrò nel petto la sua legge osserverò*", VV. 459f.). Auch der Schlusschor betont noch einmal, dass *der* die Gnade des Himmels sicher erflehe, der die Gesetze Gottes beachte und *den heiligen Namen verehre* (VV. 497-500). Mit Berufung auf eben diesen heiligen Namen ergreift Judit auch das Schwert, um Holofernes zu töten. Zuvor betet sie, dass durch diese Tat „der Ruhm deines Namen vollkommen werde" (VV. 368-369).

Ein ebenso wichtiges Mittel zur Erlangung göttlicher Hilfe ist *wahre Reue* und *demütige Bitte um Vergebung* (so Usija). Daher ruft Usija das Volk auch zu Fasten, Gebet, Weinen und Seufzen auf (VV. 112-115. Auch Judit mahnt zu Reue und Vergebungsbitte (VV. 213-215). Wiederholt wird auf die Wichtigkeit der *Demut* hingewiesen: „Gott weiß der demütigen Reue Sieg zu verschaffen", jubelt Abra denn auch nach Judits vollbrachter Tat („*e all' umil pentimento vittorie sà donar*", VV. 392f.).

Verbannung der Furcht
Als genauso wesentlich für die Erweckung des göttlichen Mitleides bezeichnet Judit aber die *Verbannung der Furcht* aus den Herzen. Wer Gottes Hilfe in der Vergangenheit aus Furcht vergisst, erweist sich als undankbar (VV. 181f.; 208f.). Stattdessen solle man den Glauben beleben, mahnt sie wiederholt (z.B. V. 210: „*Deh! la fede ravvivate*"). Usija wiederum spricht öfter von *Gottes hoher Güte*, auf die man vertrauen solle (z.B. V. 115: „*e confidiam nell' alta sua clemenza*"). Der wahre Gott des Himmels erweist sich als solcher also durch seine Hilfe, die er seinem Volk angedeihen lässt, wenn es seine Gesetze beachtet, demütig um Vergebung bittet und in lebendigem Vertrauen und furchtlos auf seine hohe Güte vertraut.

Gott stürzt die Hochmütigen
Judit handelt auf Gottes Anweisungen hin, das sagt sie selbst. Und Usija glaubt ihr und lässt sie mit den Worten gehen: „Der Himmel ruft dich" (V. 232). Abra versichert sowohl vor als auch nach der Tat, dass die Unternehmung Gottes Ratschluss sei (VV. 345; 385). Nach ihrer Rückkehr betont Judit, dass der gütige

Gott ihre Hand ohne ihren Verdienst ausgewählt habe, um seinen todbringenden Beschluss auszuführen (*"Il nostro Dio clemente la destra mia senza mio merto elesse ad eseguir il suo fatal decreto."*, VV. 448-450). Was nun inhaltlich sein Wille ist, wird ebenfalls klar: *Er will die Hochmütigen stürzen*: Immer wieder verweisen Usija, Judit und Abra auf die Demut ihres Volkes und sehen darin den entscheidenden Vorteil vor den hochmütigen Assyrern. Schon am Ende des ersten Aktes singt der Chor hoffnungsvoll, dass Gott vorhabe, durch eine unbewaffnete Hand den Hochmut des „anderen" zu demütigen (VV. 241-244). Judit betet vor der Tat, dass Gott ihr, der demütigen Dienerin, den Impuls gab, ihr Volk vom hochmütigen Feind zu befreien (VV. 364-366). Abra jubelt nach der Tat (VV. 390-393): „Jener Gott, der nie irrt, schlägt des anderen Hochmut nieder und weiß der demütigen Reue Sieg zu verschaffen." Und Judit spricht explizit davon, dass Gott den schrecklichen Stolz der Assyrer von weiblicher, wehrloser, einzelner und unkriegerischer Hand gestraft wissen wollte (VV. 438-440).

Hingegen fehlt die wichtige Aussage Judits aus Jdt 8,21-27, dass Gott die Seinen durch Leid prüfen wolle, und daher nicht jedes Unglück als Strafe für begangene Sünden zu werten sei. Von den Sünden selbst wird auch nicht gesprochen, Judit mahnt lediglich zu Reue für Irrtümer (*"errore"*). Zentrales Thema des Librettos ist demnach nicht, wie Leid zu erklären ist bzw. welche Ursachen dafür verantwortlich sind, sondern wie es zu *bestehen* ist: Und dafür gibt es nur eine Antwort: die Furcht zu verbannen und demütig den Glauben zu erneuern.

Nebukadnezzar als Gegengott
Holofernes stellt schon zu Beginn klar: *Nebukadnezzar* ist „durch die Gabe der Sterne der einzige Gott auf Erden" (VV. 21f.). In seiner Arie wiederholt er diesen Aspekt: Er, Holofernes, sei Anführer des Heeres des Königs, der ein Gott auf Erden ist (VV. 76-77). Auch sein Hauptmann betont zweimal, dass der assyrische König der Gott der Erde sei (VV. 60; 104f.). Als Beweis dafür wird immer wieder die *Macht* (*"potenza"*) genannt, die der assyrische König innehat.

Der „Gegengott" Nebukadnezzar wird allerdings durch das Geschehen eindrucksvoll depotenziert.

Judit als Gottes untadelige Dienerin

Bevorzugte Magd Gottes
Judits Charakter wird in diesem Libretto durchwegs positiv bewertet. Dabei scheint als wichtigstes Merkmal ihres Wesens ihre *enge Beziehung zu Gott* auf. Gott, der nie irrt, der allmächtig ist und alles mit erhabener Allmacht barmherzig regiert (Judit in ihrem Gebet vor der Tat, VV. 357f.) gibt Judit alles ein, was sie zu tun hat. Sie setzt keinerlei eigene Initiativen und fragt sich vielmehr ängstlich, ob die Impulse, die sie vernimmt, auch tatsächlich Gottes Wille sind.

Abra folgt Judit gerne, da sie weiß, dass Judit von Gott beseelt ist. Usija nennt Judit „fromme Tochter und bevorzugte Magd Gottes" („*Divota Figlia, e favorita ancella del nostro Dio*", VV. 216f.), die der Himmel ruft. Auch Judit selbst bezeichnet sich als „demütige Dienerin" („*serva umile*", VV. 363; 437).

Respekteinflößende Frau
Als Gottes gehorsame Dienerin erlangt sie wiederum bei ihren Mitmenschen Respekt und Autorität. Achior nennt sie nach ihrer Rückkehr „große Frau" („*gran donna*", V. 444), „strahlende Frau" („*donna illustre*", V. 451) und neigt sich vor ihr als „demütiger Diener" („*umil servo*", V. 445). Aber sogar Holofernes ist von ihrer Majestät mehr noch als von ihrer Schönheit beeindruckt. Ihr majestätisches Antlitz („*maestoso volto*", V. 269) und die willkommenen, weil scheinbar Sieg versprechenden Worte erwecken in ihm Liebe und hohen Respekt (!) („*traboccante amor / alto rispetto*", V. 272). Wenn er gelobt, im Falle seines Sieges auch an ihren Gott zu glauben (VV. 293f.), wirkt dieser Holofernes sogar beinahe glaubwürdig. Die erotische Komponente wird hier ausgeblendet, Judit ist vor allem Respekt einflößend und majestätisch. Ihre Schönheit wird nicht thematisiert zugunsten ihrer tadellosen Frömmigkeit und Integrität.

Fromme Eiferin
Ein wesentlicher Charakterzug Judits ist weiters ihr *großer Eifer* („*il gran zelo*"). Dieser Eifer wird ihr von Usija wiederholt attestiert (VV. 219; 314). Aber auch das Volk fühlt sich von ihrem großen Eifer, den der Gott Israels in ihr entzündet hat, bestärkt und ermutigt (V. 243). Objekt dieses Eifers ist zunächst einmal selbstverständlich die Errettung Betulias, aber im tieferen Sinn generell die Erfüllung der göttlichen Anweisungen. Usija erkennt in diesem großen Eifer sofort die unmittelbar bevorstehende Hilfe Gottes. Judits Eifer lässt hoffen, dass Gott sich seines Volkes erbarmt (VV. 218-220). Die Furcht des Volkes und die Unsicherheit Usijas dagegen hatten keinen Anlass zur Hoffnung gegeben. Abra wiederum lobt Judit für ihren *frommen* Eifer („*divoto zelo*"), der Judit veranlasst, vor der Tat flehentlich zu beten, um ganz sicher zu sein, dass sie im Auftrag Gottes handle (VV. 353f.).

Mit dem Eifer verbunden wird ihr großer Verdienst bzw. Vorzug („*il gran merto*", VV. 219; 427; 478). Usija lobt ihren Verdienst nach ihrer Rückkehr überschwänglich, während Judit betont, dass sie ohne Verdienst von Gott ausgewählt wurde („*Il nostro Dio clemente la destra mia senza mio merto elesse*", VV. 448f.).

Bewertung
So scheint Judit bei Maddali/Porsile ganz als fromme, demütige, Gott mit Eifer dienende Magd. Sie lügt Holofernes zwar teilweise an, spricht aber meist nur zweideutig zu ihm und erzeugt bei ihm und bei allen, die ihr begegnen Respekt.

Ihre Schönheit wird nicht thematisiert, und jede erotische Komponente wird strikt vermieden. Sie ist die untadelige, verdienstvolle Heilige, die den Mord an Holofernes nur auf Anweisung des Himmels unternommen hat. Ihrer vollkommenen Integrität kann weder Lüge noch Bluttat schaden. Daher wird auch ihr Aufruf zum Kampf am Ende des Librettos in den Kontext der Gottgefälligkeit eingebettet. Der „Gott der Schlachten" will es, dass die Feinde im Kampf besiegt werden. Er unterstützt den „gerechten" Krieg. Dass das (adelige) Publikum hier bereits an eine spätere „majestätische" und gottgefällige Regentin denken soll, kann angesichts des großen Eifers, den Karl VI. in dieser Frage an den Tag gelegt hat, mit guten Gründen vermutet werden.

Pietro Metastasio: La Betulia Liberata (1734)

Biografisches[325]

Pietro Metastasio, geboren am 13. Jänner 1698 als Pietro Trapassi in Rom, stammte aus bescheidenen Verhältnissen. Sein Taufpate war allerdings der kunstsinnige Kardinal Pietro Ottoboni, der ihm den Schulbesuch ermöglichte. Durch seine Begabung für improvisierte Gedichte zog er schon mit elf Jahren die Aufmerksamkeit Giovanni Vincenzo Gravinas auf sich. Gravina war einer der Gründer und Vorsitzender der „Accademia dell' Arcadia", einer Institution, die sich für die Rückbesinnung auf Prinzipien der Antike in der italienischen Literatur engagierte, mit dem Ziel einer klareren und schlichteren Gestaltung von Dichtung. Gravina adoptierte Pietro Trapassi und hellenisierte dessen Nachnamen in „Metastasio". Metastasio erhielt 1714 die Tonsur und den Titel *abate*, vielleicht auch aus karrieretechnischen Gründen.[326] 1718, im Todesjahr seines Gönners, wurde er in die „Accademia dell' Arcadia" aufgenommen und erbte von Gravina ein kleines Vermögen. Doch das Geld war bald ausgegeben und mit der „Accademia" überwarf er sich, daher ging Metastasio für einige Zeit nach Neapel. Dort lernte er die berühmte Diva Marianna Benti Bulgarelli kennen, genannt „La Romanina", die ihn mit den größten Komponisten dieser Tage bekannt machte und zu seiner Mentorin wurde.

In Neapel schrieb Metastasio seine ersten erfolgreichen Opernlibretti, darunter „Didone abbandonata", „Siroe", „Artaserse" etc., die von berühmten Komponisten vertont wurden. 1727 ging er zurück nach Rom und schrieb dort sein erstes Oratoriumlibretto: „Componimento sacro per la festività del SS. Natale", das im Palast Pietro Ottobonis aufgeführt wurde.

---

325 Vgl. http://de.wikipedia.org/wiki/Pietro_Metastasio.
326 Smither, *Oratorio I*, 390-395.

Ruf nach Wien
1729 wurde er von Kaiser Karl VI. als Nachfolger Apostolo Zenos als Hofdichter nach Wien gerufen, in eine Stellung, die er bis zu seinem Tod innehatte. Dort erwarb er sich bald einen ausgezeichneten Ruf als Oratorienlibrettist. Er galt auch als Reformator der italienischen Oper, seine Operntexte (z.B. „La Clemenza di Tito") wurden von den wichtigsten Komponisten seiner Zeit vertont. Metastasios sieben Wiener Oratorien, entstanden in den letzten Lebensjahren Karls VI. zwischen 1730 und 1740, sind typische Beispiele (und Höhepunkte) von katholischen Oratorien im aufgeklärten Milieu des 18. Jahrhunderts. Zu den Komponisten, die seine Texte vertonten, gehören Mozart, Leo, Jommelli, Porsile, Piccini u.v.a. Metastasio war auch der einzige Librettist nördlich der Alpen, der in Italien rezipiert wurde: Knapp die Hälfte aller zwischen 1750 und 1790 in der Chiesa Nuova in Rom aufgeführten Oratorien haben seine Texte als Vorlage.[327] Mit dem Regierungsantritt Maria Theresias endete das Interesse des Hofes an neuen Oratorienlibretti allerdings abrupt, vor allem wegen der einsetzenden Kriegswirren und den damit verbundenen wirtschaftlichen Schwierigkeiten. Metastasios Produktivität erlahmte ab 1745 zusehends, auch aus gesundheitlichen Gründen. Hingegen konnte er erleben, wie sein Ruhm kontinuierlich stieg. Als er 1782 nach langem schwerem Leiden starb, war er der erfolgreichste und meist vertonte Librettist aller Zeiten.

Oratorien
Metastasio schrieb sieben Oratorien in Wien: „La passione di Gesù Cristo" (1730), „Sant' Elena al Calvario" (1731), „La morte d'Abel" (1732), „Giuseppe riconosciuto" (1733), „La Betulia Liberata" (1734), „Gioas re di Giuda" (1735) und „Isacco figura del Redentore" (1740). Alle sieben wurden in der Karwoche des entsprechenden Jahres in der Wiener Hofkapelle uraufgeführt. Die Komponisten waren so bedeutende Männer wie Caldara, Reutter, Porsile oder Predieri. Die Themen der Oratorien stammen vor allem aus dem Alten Testament (Abel, Josef, Judit, Joasch und Isaak), eines aus dem Neuen Testament (Passion) und eines aus der Hagiografie (Sant' Elena).

Apostolo Zeno und die „Reform" der Oratorienlibretti
Als Nachfolger Apostolo Zenos übernahm Metastasio dessen Gewissenhaftigkeit im Verfassen der Libretti. Zeno hatte von Oratorienlibrettisten stärkere Bibelorientierung und Wahrung der aristotelischen Einheiten von Raum, Zeit und Handlung gefordert. Gegen die zahlreichen hagiografischen Oratorien dieser Zeit (wobei Wien ohnehin eine Ausnahme darstellte und die biblischen Stoffe nie verlassen hatte), und vor allem gegen allzu freizügige Zusätze behandelte

---
327 Riepe, „Oratorium", 749-751.

Zeno die Texte als geistliche Dramen. Er rang um Einfachheit und Klarheit im Aufbau und versuchte, möglichst oft die Bibel selbst zu Wort kommen zu lassen. Dabei merkte er für den Leser die Bibelstellen gewissenhaft an.[328] Weiters vermied er es, göttliche Personen sprechen zu lassen. Er empfand es als unpassend, Gott oder Christus in profanen Ausdrücken und unziemlichen Vergleichen reden zu hören. Auch die im Barock so beliebten allegorischen Personen lehnte er ab.

Metastasio folgte ihm in diesen Grundsätzen, nicht zuletzt deshalb, weil sich der allgemeine Zeitgeist ebenfalls wieder der Bibel zuwandte. Racines „Ester" und „Athalie" wurden gerade damals in ganz Europa bekannt und stark rezipiert, auch von Zeno selbst, während Metastasio seinen „Gioas" als von Racine unabhängig gesehen haben wollte.[329] Auch bei Metastasio findet sich in allen Oratorien die Einheit von Raum, Zeit und Handlung gewahrt, viele Passagen können daher nur rückblickend erzählt werden. Auch er bedient sich einer edlen, angemessenen Sprache, vermeidet göttliche und allegorische Personen und vermerkt Bibelstellen und sogar Zitate aus autoritativen Schriften (von Kirchenlehrern o.ä.). Metastasio verfügte allerdings über die größere dichterische Begabung, daher wirken seine Libretti bei aller Bindung an die Bibel niemals gekünstelt, die Bibelstellen niemals forciert in das Geschehen hineingezwungen wie bei Zeno.[330] Er hielt sich auch nicht ganz streng an die zenianischen Vorschriften und ließ zum Beispiel in „Isacco" einen Engel auftreten, erfand nichtbiblische Personen dazu (Gamari in „Isacco" oder Amital in „Betulia") und schrieb auch ein hagiografisches Oratorium („Sant' Elena al Calvario"). Was die theologische Interpretation anging, hielt sich Metastasio allerdings genau so streng wie Zeno an die exegetischen Vorgaben der Kirche. Vor allem die Sichtweise des Alten Testaments als Präfiguration des Neuen hielt er ein. Isaak ist etwa ebenso „figura del nostro Redentore" wie Abel. Strukturell sind die Oratorien Zenos und Metastasios gleich aufgebaut. Rezitative, die Raum geben für die Handlung oder für theologische, emotionale usw. Betrachtungen münden in Da-Capo-Arien, die das Gesagte noch einmal auf den Punkt bringen. Ensemblestücke oder Chöre werden selten verwendet, „Betulia Liberata" ist mit immerhin über drei Chören eine Ausnahme. Der Schlusschor fasst die Hauptaussage des Librettos oft noch einmal moralisierend zusammen. Übrigens benannten beide Librettisten ihre Werke nicht: „*oratorio*": Zeno verwendete die Bezeichnung „*Poesie sacre drammatiche*", Metastasio betitelte seine Werke „*componimento sacro*" bzw. „*azione sacra*".

„Zu den Stärken der Libretti Metastasios zählen seine exzellente Charakterisierung, die geschickte und subtile Einbringung einer großen Vielfalt an Gefüh-

---

328 Vgl. Schering, *Oratorium*, 164.
329 Smither, *Oratorio I*, 393.
330 Smither, *Oratorio I*, 390.

len, sein Reichtum an musikalisch inspirierenden Bildern und die Musikalität der Poesie."[331]

Zur Entstehungsgeschichte von La Betulia Liberata

„La Betulia Liberata" entstand 1734 und wurde in der Vertonung durch Reutter während der Karwoche 1734 in der Wiener Hofburgkapelle uraufgeführt. Elder sieht darin „one among numerous strategies employed by Charles V [sic!] to set the stage for his daughter's succession to the throne."[332] Die sich ankündigende Thronbesteigung Maria Theresias wird bei der Charakterisierung Judits sicher eine Rolle gespielt haben, dazu kam jedoch noch die damalige dramatische außenpolitische Situation: Im Winter 1733 drang das Heer Karl Emanuels III. von Savoyen, das mit Spanien und Frankreich im Polnischen Erbfolgekrieg vereint war, in der Lombardei und Mailand ein. Nach der Winterpause bedrängte es 1734 das österreichische Heer und siegte u. a. bei Parma. Auch Mantua war bedroht. Metastasios Amtsvorgänger Zeno verzweifelte an der Situation und schrieb in einem Brief, dass er angesichts der Verwüstungen keine Kraft mehr habe, an den göttlichen Willen zu glauben. Wie ihm erging es wohl vielen seiner Mitbürger. Metastasio hingegen beschritt einen anderen Weg: Er schrieb „La Betulia Liberata" und wich darin von seinen früheren Oratorien thematisch ab: Ging es in jenen um das Dilemma zwischen Pflicht und Wollen, versuchte Metastasio nun die Zuhörerschaft zu vereinen und sie bewusst an die Seite des Herrschers zu stellen.[333] Er tat dies, indem er die Erinnerung an bessere, siegreiche Zeiten aufleben ließ: An die erfolgreich abgewendete Türkenbelagerung von 1683, an den Sieg 1716 bei Petrovaradin und vor allem an die Belagerung und Eroberung Belgrads im Jahr 1717 durch Prinz Eugen.[334]

Den Sieg bei Petrovaradin bejubelten die Zeitgenossen als „Sieg des glorreichen, von Gott gesegneten Christentums gegen die düsteren Banner des Halbmonds". Der Sieg bei Belgrad führte geradewegs zum Frieden von Passarowitz, der Österreich große Zugewinne verschaffte. Prinz Eugen wurde in Gedichten und Hymnen verehrt, so zum Beispiel durch Paolo Antonio Rolli, der aus London eine Ode über den berühmten Sieger Eugen schickte.[335] Darin wird unter anderem Karl VI. vor einem nur kurzfristig sinnvollen Frieden mit dem Feind gewarnt. Das mutige Handeln Eugens wird dem schreckerstarrten, unbeweglichen Europa gegenübergestellt. Aber auch der apostolische Nuntius in Wien,

---

331 Smither, *Oratorio I*, 394.
332 Elder, „Virgins," 104.
333 Vgl. Sala di Felice, „Betulia come casa d' Austria", 44.
334 Eine ausführliche Behandlung dieser Thematik findet sich in: Stroppa, *Fra notturni sereni*, 182 ff.
335 Zitiert in: Stroppa, *Fra notturni sereni*, 185f.

Domenico Passionei, feiert Eugen in seiner „Orazione in morte di Eugenio di Savoia" als heldenhaften Befreier der Christenheit und rühmt vor allem dessen feste Standhaftigkeit.[336]

In Metastasios „Betulia Liberata" finden sich motivische und wörtliche Anklänge an beide Schriften. Die Warnung vor dem Frieden mit dem Feind wird von Usija in VV. 103ff. übernommen: „*E qual pace sperate...*", das vor Furcht bleiche und erstarrte Europa wird als Volk von Betulia von Usija in V. 2 als „*Pallidi e afflitti*" getadelt[337] und der heldenhafte Befreier der Christenheit, Eugen, wird zur ebenso heldenhaften Befreierin der Juden, Judit. Nicht zufällig sind auch Judits hervorstechendste Eigenschaften Vertrauen auf Gott und feste Standhaftigkeit.

Metastasio knüpft also an die vergangenen Siege Eugens an, um dem Volk in gefahrvollen Zeiten Mut zuzusprechen, so wie der Priester Eljakim an die vergangenen Hilfestellungen Gottes erinnert, um die Israeliten zu trösten.[338] Die Worte Usijas, sein Tadel der Verzweiflung des Volkes, wurden von Metastasio direkt an die Wiener Bevölkerung gerichtet. Das Oratorium dient als Ermunterung und Mahnung, das Vertrauen in Gott zu setzen, seine Ratschlüsse hoffnungsvoll abzuwarten und vor allem nicht zu verzweifeln, denn, wie Usija in seiner ersten Arie singt: „Von aller Schuld ist die größte Schuld die eines Übermaßes an schändlicher Furcht."

Inhalt und Aufbau

Metastasio verwendet sechs Personen und den Chor der Betulier: Judit/*Giuditta*; Usija/*Ozìa*, „*Principe di Betulia*"; Achior, „*Principe degli Ammoniti*"; Amital (eine von Metastasio erfundene Figur), eine israelische Edeldame; Kabri/*Cabri* und Karmi/*Carmi*, „*Capi del popolo*". Die Handlung findet ausschließlich in Betulia selbst statt. Alles, was sich nicht in der Stadt ereignet, wird rückblickend erzählt, streng nach dem aristotelischen Ideal der Einheit von Ort, Zeit und Handlung. Die Konzentration auf die belagerte Stadt Betulia hatte aber auch andere Gründe: (1) Das Wiener Publikum konnte sich mit der bedrängten Situation der Betulier besser identifizieren (s. o.). (2) Die Erinnerung an die Türkenbelagerung von 1683 und die siegreiche Belagerung Belgrads wurden deutlicher geweckt. (3) Durch die Ausblendung des assyrischen Lagers beraubte Metastasio Holofernes seiner Stimme und seiner Erscheinung und damit jeder Möglichkeit, menschliche Züge zeigen zu können. Der assyrische Feldherr wird so zum Dämon, zum Laster ohne Gesicht stilisiert.

---

336 Zitiert in: Stroppa, *Fra notturni sereni*, 186.
337 Vgl. aber auch Debora in Zenos „Sisara" (1732), die ebenfalls das Volk seiner Mutlosigkeit wegen tadelt.
338 Jdt 4,13.

Inhalt:
I. Teil: Betulia ist seit einiger Zeit von den Assyrern belagert und leidet unter Wassermangel. Das Oratorium beginnt mit einer Ansprache des Usija vor dem versammelten Volk, in der er das Volk für seine feige Furcht tadelt. Denn wer verzweifle, liebe und glaube nicht. Amital und Kabri schildern ihm die verzweifelte Lage der Stadt, Amital wirft ihm sogar vor, kein Herz zu haben für die Not der verschmachtenden Kinder und ihrer hilflosen Mütter. Sie drängen Usija zur Aufgabe. Er entschließt sich notgedrungen zum Ultimatum. Das Volk stimmt ein Gebet an. Da erscheint Judit und tadelt das Volk für seine Feigheit, ebenso aber Usija für die Dreistigkeit, Gott ein Ultimatum zu stellen. Sie mahnt alle, das Leid als Prüfung des Glaubens zu sehen und hoffend zu ertragen. Danach kündigt sie an, einen Plan zu haben und bei Sonnenuntergang die Stadt verlassen zu wollen. Achior wird hereingeführt. Er schildert sein Gespräch mit Holofernes und dessen Reaktion auf seine Darstellung des Verhältnisses der Israeliten zu ihrem Gott. Holofernes sei der hochmütigste und schrecklichste Mensch unter der Sonne. Usija tröstet Achior und nimmt ihn gastfreundlich auf. Judit erscheint, prächtig gekleidet, und verlässt furchtlos die Stadt. Das Volk blickt ihr staunend nach.

II. Teil: Usija führt mit Achior einen Diskurs über den Eingottglauben. Usija erklärt keine anderen Götter tolerieren zu können, da schon aus Vernunftgründen Gott als absolutes, grenzenloses Wesen nicht an einem anderen Gott seine Grenze haben könne. Achior muss der Argumentation weichen, will aber seine sichtbaren Götter nicht zugunsten eines unsichtbaren Gottes aufgeben. Usija hält dagegen, dass man Gott in allem, auch in der eigenen Brust erkennen könne.
Amital will Usija für sein Vertrauen auf Judit tadeln, da kommt diese zurück und verkündet, Holofernes getötet zu haben. Sie berichtet, von Holofernes gut aufgenommen und zum Mahl geladen worden zu sein, danach schildert sie drastisch alle Einzelheiten der Enthauptung. Achior bezweifelt ihre Worte, als sie ihm jedoch das Haupt des Holofernes zeigt, fällt er in Ohnmacht. Durch Judits Tat bekehrt sich Achior. Auch Amital bereut ihren Kleinglauben und wendet sich reuig wieder Gott zu. Karmi berichtet von der kopflosen Flucht des assyrischen Heeres. Das Lob, das man Judit spenden will, wehrt diese bescheiden ab und stimmt ein Loblied auf Gott an. Die Schlussmoral des Chores lautet, dass der Hochmut als Fürst aller Laster im Herzen jedes Menschen ausgelöscht werden müsse, um der Seele wieder zum Licht zu verhelfen.

Metastasio erzählt also das Buch Judit beginnend mit Kapitel 7 abgesehen von den Rückblenden weitgehend chronologisch nach, jedoch rückt er bei jedem der Teile eine Frage in den Vordergrund, die erörtert wird. Nicht so sehr die Handlung selbst, also Judits Heldentat, steht im Blickpunkt des Interesses, sondern ein prinzipieller Diskurs über richtiges Verhalten angesichts der Not, über wahren Gottglauben etc. Schematisch bedeutet das:

a) *Problemstellung*
- VV. 1-148: Frage: Soll man angesichts der Not verzweifeln und aufgeben (Amital, Kabri) oder auf ein Wunder Gottes innerhalb einer bestimmten Frist hoffen (Usija)?
- VV. 149-222: Antwort Judits: Weder noch: Die eine Haltung zeige mangelndes Vertrauen, die andere sei eine unzulässige Versuchung Gottes.
- VV. 223-288: Frage: Wie geht man mit Andersdenkenden (am Beispiel Achiors) um? Man liefert sie den Feinden aus (Holofernes in Achiors Erzählung) oder nimmt sie gastfreundlich auf (Usija).
- VV. 289-327: Coda: Judit nimmt eine dritte Haltung angesichts der Not ein: auf Gott vertrauen und handeln.

b) *Problemlösung*
- VV. 328-420a: Frage: Welcher Gott ist der wahre? JHWH (Usija) oder „die vielen Götter" (Achior): Achior weicht der Kunst, ändert aber seine Überzeugung nicht.
- VV. 420b-523: Judits Antwort: die Erzählung ihrer Heldentat im Rückblick.
- VV. 524-633: Wirkungen des Machterweises Gottes: Achior bekehrt sich, Amital bereut ihre Kleingläubigkeit, die Feinde fliehen.
- VV. 634-682: Coda: Lobgesang, Moral: Judits Haltung war die einzig richtige.

„La Betulia Liberata" ist mit 682 Versen das längste der metastasianischen Oratorien. Judit erscheint erst bei Vers 149 und hat nur 175 Verse, für eine Hauptrolle sehr wenig. Interessant ist auch, dass ihre Tat nur im Rückblick erzählt wird, und zwar als langes Rezitativ (keine Arie und nur ein kurzer Chor-Einwurf in VV. 414-536!). Dieses Rezitativ mündet aber nicht in eine Arie, wie zu erwarten wäre, sondern wird weitergeführt bis zu dem Ohnmachtsanfall Achiors, der von Judit als Moment der Erleuchtung interpretiert wird: „Vielleicht zerriss der Schleier, der ihm den Sinn verdunkelt hat, auf einmal. Er flieht nicht die Wahrheit, aber es fehlt ihm die Erfahrung, um die Heftigkeit so viel Lichts ertragen zu können" (VV. 533-536). Erst jetzt beginnt die Arie, aber sie handelt nicht von Judits Tat, sondern von der langsamen Gewöhnung eines Gefangenen an das wieder erblickte Licht, Symbol für den in seinem Irrglauben gefangenen Achior, der sich erst langsam an die erstmals erblickte Wahrheit gewöhnen muss. Das Zentrum der Handlung besteht also nicht in der Heldentat, sondern in den Konversionen,[339] die Hauptrolle hat das befreite Betulia mit seinen Einwohnern und Gästen.

---

339 Vgl. Stroppa, *Fra notturni sereni*, 167.

Theologische Auswertung

Unterschiede zur biblischen Vorlage

Aussparung von Personen

Wie in den Barockoratorien fehlt auch hier *Nebukadnezzar*. Die Frage, wer der wahre Gott sei, entfällt damit zwar nicht, sie wird aber nicht kriegerisch, sondern als zivilisierter Disput unter „Freunden" abgehandelt. Der Hohepriester *Eljakim* fehlt zwar ebenfalls, seine aufmunternden Worte an das Volk werden jedoch von Usija gesprochen.

Ganz und gar unüblich ist, dass in Metastasios Oratorium *Holofernes* und auch *Bagoas* nicht vorkommen. Sie scheinen nur in den Erzählungen Achiors und Judits auf. *Holofernes* wird von Achior in einer Arie als „schrecklich von Angesicht, mit barbarischen Sitten" charakterisiert, der sich entweder selbst zu den Göttern zähle oder gar keinen Gott habe. Aus seinen Augen blitze stets rascher Zorn, er sei zum Wüten schnell bereit, aber nur zögernd zum Mitleid. Und vor allem: Die Sonne sähe keine hochmütigere Seele oder ein wilderes Herz (VV. 264-276). Judit wiederum schildert Holofernes vorerst noch als mitleidig und menschlich, wenn auch das Mitleid in diesem Gesicht unüblich erscheine (VV. 464ff.). Doch der Todeskampf des Feldherrn erinnert dann doch mehr an den eines wilden Tieres: Judit senkte ihren Schlag auf den „schändlichen" Nacken („*su l' empia cervice*", V. 496). Der „Barbar" versuchte vergebens zu schreien, sich zu bewegen, der „schreckliche" Kopf fiel beim zweiten Schlag, das Gesicht erbleichte, die Lippen formten stumme Worte, und vor allem versuchten die Augen vergeblich die Strahlen der Sonne zu sehen (Symbol für das Dunkel, in dem der „Hochmütige" zeit seines Lebens war, ohne Aussicht, jemals das Licht der Wahrheit zu erblicken). Schließlich sah Judit ihn „sterben und drohen", und sie erzitterte (VV. 498-514). Holofernes ist also der Inbegriff eines Hochmütigen, der daher auch im Tod nicht zum Licht gelangen kann. Sein Sterben kennzeichnet dies am besten: Die Todesstunde war zu Metastasios Zeit von großer Bedeutung für das Heil. Doch Holofernes bleibt im Dunkel und seine letzte Regung ist *ein Drohen*.

Der Holofernes des Metastasio ist demnach der „radikal andere",[340] beschrieben als schändlicher Tyrann, dem in diesem Libretto keine Stimme gegeben wird, die ihm menschliche Züge verleihen könnte.

Bagoas wiederum wird nur sehr kurz charakterisiert: Judit erzählt von vielen Hauptleuten, die beim Festmahl des Holofernes dabei waren, die sich aber einer nach dem anderen zurückzogen. „Der Letzte von ihnen blieb, und der Schlimmste. Dieser schloss abgehend die Tür und ließ mich allein mit ihm." (VV. 474ff.). Bagoas ist also der „Schlimmste", der am längsten bleibt. Damit ist alles von Bagoas gesagt, was sich in den früheren Oratorien über ihn findet:

---

340 Stroppa, *Fra notturni sereni*, 197.

Er ist der Übelste (als Vertrauter des Holofernes, der ihr auch die Einladung zum Festmahl überbringt), er bleibt am längsten (weil er Holofernes gewogen ist und Judit misstraut), geht aber schließlich doch (um Holofernes die Möglichkeit zu geben, Judit zu verführen), Metastasio schildert all das implizit, ohne auf genau diese pikanten Details eingehen zu müssen, ein „Wunder an Anspielungsgabe".[341]

Aufwertung von Personen
Die Rolle *Usijas* ist aufgewertet: Er darf gleich zu Beginn eine lange Rede an das Volk halten, nimmt dabei die Rolle Eljakims ein und versucht zu Beginn des zweiten Teiles Achior zu bekehren. Er ist die theologische Stimme des Oratoriums und bereitet auch Achiors Bekehrung vor, wenngleich auch er von Judit korrigiert und ergänzt wird. *Achior* wird durch den Diskurs mit Usija ebenfalls aufgewertet. Er wird zum vernunftbegabten Heiden, in dem „Keime der Wahrheit" („*semi del vero*", V. 334) sichtbar sind, stilisiert. Mit ihm wird freundlich gesprochen, er „verdient" den Versuch einer Missionierung (wohingegen niemand auch nur daran denkt *Holofernes* bekehren zu wollen!). *Kabri* als Presbyter übernimmt zeitweise die Rolle des Volkes und drängt zur Aufgabe (VV. 26-71). *Amital*, eine israelitische Edeldame, ist von Metastasio als Sprachrohr der verzweifelten Mütter erfunden. Sie hat aber noch eine Funktion: Der Kleinglaube des Volkes, die Mutlosigkeit und Verzweiflung, die als mangelndes Gottvertrauen angeprangert werden, werden an ihr exemplarisch sichtbar. Gleichzeitig dient ihre Bekehrung am Schluss als Vorbild, wie man zu Gott zurückfinden kann.

Inhaltliche Differenzen
Usija tadelt die *Mutlosigkeit* des Volkes heftig und bezeichnet sie als „schändliche Feigheit" („*vergognosa viltà*", V. 2). Er, und nicht der Priester Eljakim (Jdt 4,13), erinnert an die vergangenen Heilstaten Gottes (VV. 48-59).

Auch Judit tadelt nicht nur Usija wie in Jdt 8,10ff., sondern auch *das Volk* für dessen mangelndes Vertrauen.

Der gesamte *Dialog* zwischen Achior und Usija (VV. 328-420) stammt nicht aus der Bibel.

Amital bereut am Schluss stellvertretend für das Volk ihren *Kleinglauben*.[342] So werden die Auswirkungen von Gottes Machterweis noch um eine Konsequenz gesteigert. Amital und nicht wie in der Bibel Usija nennt Judit außerdem

---

341 Stroppa, *Fra notturni sereni*, 199.
342 VV. 565ff.: Amital: „Auch ich sündigte. Ich bereue. Meine Furcht beleidigte das göttliche Erbarmen".

„begnadet vor allen Frauen,"[343] was als Anspielung auf die Begegnung zwischen Maria und Elisabet aus Lk 1,42 gedeutet werden kann.

Das rettende Handeln Judits wird auf *eine einzige Nacht* gestrafft (gegen Jdt 12,10), die abendlichen Gebete und die Sorge Judits um ihre rituelle Reinheit (Jdt 12,1-9) entfallen.

Verweise auf das Juditbuch

Metastasio verwendet den zweiten und dritten Teil des Juditbuches fast vollständig, wenn auch nicht in der ursprünglichen Reihenfolge. Auf Kapitel 7* und 8* (Verzweiflung Betulias, Ultimatum und Einführung Judits) folgt Kapitel 6 ab Vers 10* (Erscheinen Achiors in Betulia). Kapitel 5* und 6,1-9* (Rede Achiors und Auslieferung an die Betulier) werden rückblickend erzählt. Der zweite Teil des Oratoriums beginnt mit dem nichtbiblischen Diskurs zwischen Usija und Achior. Die Kapitel 11 bis 13* werden von Judit bei ihrer Rückkehr nach Betulia selbst rückblickend erzählt, die Kapitel 14-16* werden chronologisch adäquat übernommen. Jdt 16,22-31 (Die Feier in Jerusalem und Judits letzte Lebensjahre) sind kein Thema mehr.

Metastasio beschäftigte sich sehr genau mit dem Bibeltext. Er schrieb in Fußnoten die jeweilige Bibelstelle unter seinen Text. Auch andere verwendete Quellen, seien es Bibelstellen aus anderen biblischen Büchern oder Schriften bedeutender Männer der Kirche, werden angeführt.

Bezugnahmen auf Stellen aus dem Buch Judit finden sich folgende:

Jdt:
2,12-18
4,1-2.13
5,1-5.7-9.12-17.22-24
6,1-3.6.9-10.16-17.19
7,1-17.20-21.23-25
8,1-2.4-10.12-13.18-25.27-33
10,2-4.6-8.10-11.16
11,3.4-21
12,11.20
13,1.3-4.6-12.15.17-18.22-23.25.28-29
14,2.6-8.14.18
15,1.3-14
16,5-6.8.12

---

[343] V. 625: Amital: „O großherzige Frau, dich hat Gott vor jeder anderen bevorzugt, gesegnet"; vgl. dagegen Jdt 13,23, wo Usija dieses Lob ausspricht.

Die Kapitel 1, 3 und 9 fehlen völlig. Im Kapitel 2 fehlen 11 Verse, im Kapitel 4 14 Verse, die Kapitel 5 und 6 beziehen sich auf je 12 Verse überhaupt nicht. Die Kapitel 7 und 8 sind nahezu vollständig mit nur 3 bzw. 7 nicht angeführten Versen, Kapitel 10 erwähnt 11 Verse nicht, Kapitel 11 scheint bis auf die zwei Anfangsverse vollständig aufgeführt (siehe dazu allerdings unten), Kapitel 12 erwähnt dagegen nur 2 von 20 Versen. Kapitel 13 verschweigt 13 Verse, Kapitel 14 12, Kapitel 15 ist summarisch angegeben und erwähnt nur 2 Verse nicht, in Kapitel 16, das einmal als Ganzes angegeben ist, sind nur 4 Verse tatsächlich erwähnt.

Orte der Verweise
In den *Arien* findet sich *nie* ein Verweis auf das Juditbuch (und nur in drei Arien sind Verweise auf andere biblische Bücher und außerbiblische Schriften vorhanden).

Der *Chor* betet zweimal (annähernd wörtlich) Jdt 7,20-21 (das Gebet der Betulier), im Schlusschor zitiert Judit vier Verse aus dem Kapitel 16 (nur in etwa).

Hauptort der Verweise auf das Juditbuch sind die *Rezitative*. Insgesamt wird dort 55x in Fußnoten auf einzelne oder mehrere Verse angespielt. Am häufigsten sind dabei Verweise zu den *Worten Judits* zu finden (31x), davon allein 14 zu ihrer Erzählung der Heldentat. Usija, Achior und Amital spielen im 1. Teil oft auf das Juditbuch an (15x/10x/7x), im 2. Teil beschränken sie sich auf je 2 Verweise. Die Bibelnähe Amitals erklärt sich aus ihrer Rolle als Sprachrohr des Volkes. Ihr werden auch wörtliche Zitate, die eigentlich das Volk spricht, in den Mund gelegt. Kabris und Karmis Worte hingegen sind nur selten an das Juditbuch angelehnt (4x bzw. 7x).

Arten der Verweise
Es finden sich vier Arten von Verweisen:
(1) *Summarische Verweise:* Das sind Angaben von mehreren Versen bis zu ganzen Kapiteln, die aber im Libretto nur in einem Satz zusammengefasst werden:

7,1-11 bzw. 7,7-11 (Aufzug des assyrischen Heeres vor Betulia und Beschluss zur Belagerung) steht in der Fußnote zu Usijas Aussage: „Es ist wahr, das assyrische Lager bedrängt uns mit hartnäckiger Belagerung, aber wir sind noch nicht besiegt" (VV. 3-5), bzw. zu Kabris Klage, dass Holofernes die Quellen besetze (VV. 65-67).

2,12-18 (Eroberungsfeldzug des Holofernes) belegt Amitals Worte: „Können wir etwa auf die schon besiegten Nachbarn hoffen?" (VV. 23-24)

15,3-14 (Verfolgungskampf und Beutezug der Israeliten) wird im Libretto mit: „Lass die Fliehenden verfolgen, Karmi, und das meiste unserer Beute gehöre Judit als Lohn." (VV. 623-625)

Auf Kap. 16 mit dem Untersatz: *Cant. Iudith* wird beim Aufruf Judits, Gott festliche Gesänge darzubringen, verwiesen (V. 633).

Der interessanteste summarische Verweis ist jedoch der auf 11,4-21 (Gespräch Judits mit Holofernes): Dieses Gespräch veranlasste Exegeten immer wieder, darüber nachzudenken, ob Judit hier lüge und wie das moralisch zu bewerten sei. Metastasio, der vor allem Calmets Verurteilung kannte, zog sich aus der Affäre, indem er das gesamte Gespräch von Judit mit folgenden Worten nacherzählen ließ: „Einen Teil der Wahrheit enthülle ich ihm, einen Teil verschweige ich" („*Parte io gli scopro, taccio parte del vero*", VV. 462-463).

(2) *Handlungsbelege:* Hierbei handelt es sich um einzelne Verse, die die Biblizität von im Libretto erwähnten Sachverhalten beweisen sollen. Einzelne Verse belegen dabei einzelne Aussagen im Libretto. Die Handlungsbelege kommen vor allem in den rückblickenden Textpassagen zum Zug, etwa bei Achiors Erscheinen in Betulia und seiner Erzählung (VV. 223-255; Verweise auf Jdt 6,9.10; 5,5; 5,1-4; 6,1-3.6), bei Karmis Erzählung von der Flucht der Assyrer (VV. 578-610; mit Verweisen auf 14,7.8.14.18; 15,1) und vor allem bei Judits Bericht von ihrer Tat (VV. 458-523): Zur Veranschaulichung der Verwendungsweise der Bibeltexte wird im Folgenden der Beginn der Erzählung Judits den Verweisen gegenübergestellt:

Libretto: VV. 458-472	Verweis auf:
Kaum dass ich Betulia verlassen hatte, ergriffen mich die feindlichen Wachen.	10,11(a)[344]: Es begab sich aber, als sie um Tagesanbruch den Berg hinabging, begegneten ihr die *Kundschafter der Assyrer*, und *hielten sie an.* 10,16(b): *Und sie führten sie nach dem Zelte des Holofernes,* und meldeten sie an.
Zu Holofernes wurde ich von ihnen vorgeführt. Er fragte mich wozu ich käme und wer ich sei.	11,3: „Nun aber sag mir, *weßwegen* du von ihnen geflohen bist, und *zu uns kommen wolltest.*"
Einen Teil der Wahrheit enthülle ich ihm, einen Teil verschweige ich.	*Summarischer Verweis auf 11,4-21*
Er versteht nicht und schätzt meine Worte. Mitleidig, menschlich (aber fremd erscheint mir in jenem Gesicht das Mitleid) hört er mich an, stimmt mir zu, gratuliert mir und tröstet mich.	(ohne Verweis)

---

344 Metastasio begnügt sich damit, Verse als Ganzes anzugeben, auch wenn sich das Libretto nur auf einen Teil bezieht. Hier werden nur die für das Libretto relevanten Teile des Bibelverses abgedruckt.

Beim fröhlichen Mahl will er mich bei sich haben.	12,11 (?): „denn es ist eine Schande bei den Assyrern, wenn ein Weib eines Mannes spottet, und macht, daß sie unversehrt von ihm kommt."[345]
Auf auserwählten Tischen rauchen schon die goldenen Gefäße, schon leert der Tolle zwischen den Speisen immer wieder Becher mit feurigem Wein;	12,20: Und Holofernes ward fröhlich bei ihr, *und trank Wein überaus viel, soviel er niemals getrunken in seinem Leben.*

Aus dem Vergleich lassen sich zwei Dinge ersehen:

Einerseits sind Metastasios Verweise gewissenhaft und stimmen meist mit den Aussagen im Libretto überein.

Andererseits jedoch sind gerade bei dieser Passage die *Auslassungen* interessant, die Metastasio macht: Es fehlen nämlich im Libretto (und dadurch auch in den Verweisen) alle ambivalenten Elemente des biblischen Textes, z.B. 10,12-13 (Judit antwortet den Aufklärern, sie käme quasi als Überläuferin, um vor Holofernes Gnade zu finden); 12,12-14 (Judit wird von Bagoas zum Mahl geladen und antwortet in unterwürfigem Tonfall, ihrem Herrn jeden Wunsch erfüllen zu wollen) usw. Jede Schmeichelei Judits wird ausgeblendet, ebenso jeder Hinweis auf die brennende Begierde des Holofernes (12,16). Das Stilmittel der rückblickenden Erzählung wird demnach dazu benützt, unliebsame Teile der Handlung auszusparen. Die zahlreichen Handlungsbelege erwecken zwar den Eindruck der völligen Bibeltreue, doch bei näherem Hinsehen belegen sie nur das von Metastasio Gewünschte.

(3) *Ungefähre Zitate:* Das sind direkte Reden des Juditbuches, die auch im Libretto als direkte Reden (ungefähr) wiedergegeben werden, wenn auch nicht immer von den Original-Personen der Bibel. Nicht immer war es leicht, diese Zitate von den annähernd wörtlichen Zitaten (s.u.) zu trennen, Überschneidungen waren unumgänglich.

Das erste ungefähre Zitat ist das von Jdt 4,13 (Eljakims Trostworte an die Israeliten), das aber im Libretto von Usija gesprochen wird. Amital spricht in etwa die Worte, die in der Bibel das Volk spricht (7,14.17), und Kabri lobt Judit gegen Ende des Stückes ungefähr mit den Worten Usijas aus Jdt 13,25. Die meisten ungefähren Zitate hat natürlich Judit. Ihre Worte lehnen sich eng, teilweise wörtlich (siehe unten) an die Bibel an, die Orte dafür sind ihre erste Ansprache (besonders VV. 167-176 und 196-218 mit Verweis auf 8,9.10.12.13; sowie 8,18-25.27.30-33), ihr Gebet vor der Tat (VV. 486-490 mit Verweis auf 13,7) sowie ihr Schlussgesang (VV. 634-669* mit Verweis auf 16,5.6.12.8). Auch hier

---

345 Hier ist wohl eher 12,10 gemeint: Und es geschah am vierten Tage, da gab Holofernes ein Mahl seinen Knechten, und sprach zu Bagao, seinem Kämmerlinge: „Geh hin, und berede jene Hebräerin, daß sie freiwillig sich entschließe, bei mir zu wohnen."

sind es die Auslassungen, die interessieren. Im Schlussgesang etwa werden die umstrittenen Verse abermals ausgelassen (16,9-11, in denen Judit ihre Täuschung durch Schönheit rühmt), und 16,8 wird verharmlost: Die Verse 666-669 lauten: „Es waren nicht Giganten, die gewöhnt sind die Sterne anzugreifen, es war eine *einzelne und unkriegerische Frau, die sie erschreckte.*" 16,8 aber heißt: „Denn ihr Gewaltiger fiel nicht durch junge Mannschaft, noch schlugen ihn die Söhne Titans, noch widersetzten sich ihm hohe Riesen, sondern Judith, Merari's Tochter vernichtete *ihn durch ihres Angesichtes Schönheit.*"

(4) *(Annähernd) wörtliche Zitate:* Annähernd wörtlich zitiert Metastasio: 7,13.16 (alles Amital); 7,20-21 (Gebet des Volkes); 7,23-25 (Ultimatum des Usija); 8,22-23.24-25.27 (Judit); 13,22-23 (Amital); 15,10b*(Achior):

VV. 90f.: Gott sei zwischen uns und dir Richter. Du willst mit dem Assyrer nicht von Frieden reden.	7,13: Gott sey Richter zwischen uns und dir; denn du hast Unglück über uns gebracht, weil du nicht friedlich mit den Assyrern hast reden wollen, (...) (*Volk*)
VV. 105-109: Es ist immer noch besser ihn lebendig anzubeten, als in Schande vor dem Volk zu sterben und dabei die Gatten und die Kinder vor unseren Augen sterben zu sehen. (*Amital*)	7,16: Denn es ist besser, daß wir als Gefangene am Leben bleiben, und den Herrn loben, als daß wir sterben, und allen Menschen zum Schimpfe werden, wenn wir unsere Weiber und unsere Kinder vor unsern Augen sterben sehen. (*Volk*)
VV. 128-132: Fasst Mut. Inzwischen wird sich Gott vielleicht besänftigen und die Ehre seines Namens wieder aufrichten. Wenn dann ohne Hoffnung für uns der fünfte Morgen kommt, öffne man die Stadt und ergebe sich. (*Usija*)	7,23b: Seid wohlgemuthet, Brüder ... 7,24: denn vielleicht kürzt er seinen Zorn ab, und gibt die Ehre seinem Namen. 7,25: Wenn aber nach Ablauf der fünf Tage keine Hilfe kommt, so wollen wir nach den Worten thun, die ihr gesprochen habet. (*Usija*)
VV. 137-148: Erbarmen, wenn du erzürnt bist, Erbarmen, Herr, mit uns: die Schuldigen mögen ihre Strafe haben, aber sie mögen sie von dir haben. Wenn der unterdrückt leidet, der dich verehrt, von dem, der dich nicht kennt, werden die Schändlichen sagen: Dieser ihr Gott, wo ist er? (*Usija und Chor*)	7,20: (...) erbarme dich unser, oder strafe du unsere Missethaten mit deiner Geißel, und übergib, die dich bekennen, einem Volke nicht, das dich nicht kennt, 7,21: daß sie nicht sagen unter den Heiden: Wo ist ihr Gott? (*Volk*)
VV. 198-206: Er prüft so die Treue der ihm Teuersten: Abraham, Isaak, Jakob und Mose wurden ihm so lieb.	8,22: (Sie sollen gedenken,) wie unser Vater Abraam versucht worden ist, und, (...), Gottes Freund geworden ist. 8,23: Also ist Isaac, also Jacob, also Moses (...).

Aber jene, die es wagten seine Gerechtigkeit murmelnd zu beleidigen, löschte entweder Schlangenbiss oder Feuer aus. Wenn wir unsere Sünden gerecht wägen, ist unsere Strafe viel geringer als diese. (*Judit*)	8,24: Jene dagegen, welche (…) ihre Ungeduld und die Schande ihres Murrens wider den Herrn ausgestoßen haben, 8,25: die sind von dem Verderber vertilget, und von den Schlangen getödtet worden. 8,27: sondern denken und glauben, daß diese Strafen geringer sind, als unsere Sünden, (…). (*Judit*)
VV. 626-627: Dich hat über jede andere Gott ausgewählt und gesegnet. (*Amital*)	13,23: (…) Gesegnet bist du, o Tochter! von dem Herrn, dem höchsten Gott, vor allen Weibern auf Erden. (*Usija*)
VV. 628-630: Du bist die Freude Israels, die Ehre deines Volkes. (*Achior*)	15,10b: (Du bist der Ruhm Jerusalems), du die Freude Israels, du die Ehre unsers Volkes. (*Alle*)

Nicht immer stimmen die Personen, die wörtlich zitiert werden, überein mit den Zitierenden. Davon abgesehen, hält sich Metastasio ziemlich genau an die Vorlage.

Bewertung
Das Juditbuch wird häufig als Beleg herangezogen. Über ein Drittel der Verweise sind Handlungsbelege, ein weiteres gutes Drittel ungefähre Zitate. Wörtliche Zitate finden sich 10x, summarische Hinweise 6x. Die Verweise selbst sind meist in ihrem ursprünglichen Kontext belassen und verfälschen die Aussage nicht. Vieles wird ungefähr bis annähernd wörtlich zitiert, Judits Ansprache an Usija und das Volk ist sehr umfassend wiedergegeben, ebenso Achiors Bericht und Judits Erzählung ihrer Tat. Das Libretto behandelt zahlreiche Aspekte des Juditbuches sehr getreu. In manchen anderen Aspekten allerdings ergeben die Auswahl der Verweise und vor allem die Auslassungen von einigen Textstellen einen veränderten Gesamteindruck. Das betrifft vor allem alle Textstellen, die Judit in moralisch ambivalentem Licht zeigen würden. Sie kommen allesamt im Libretto nicht vor. Diesen Bemühungen, „die Aufmerksamkeit des Lesers vom irregulären Charakter der Unternehmung jener berühmten Frau abzulenken"[346] fielen die Verse 10,12-13; 11,4-21 (nur summarisch erwähnt), 12,13-14; 16,9-11 und auch das gesamte Kapitel 9 (Judits Gebet) zum Opfer. Größtmögliche Bibeltreue führt also durch geschickte Auswahl zu einer beschönigten, verharmlosten Aussage im Libretto.

---

346 Brief Metastasios an Francesco Fattiboni vom 28. September 1761. Zitiert in: Metastasio, *Oratori*, 259f.

Verweise auf andere biblische Bücher

Altes Testament:
Gen 22
Ex 3,14; 14,21-22; 15,23-25.26; 17,6; 20,1-5
Num 11; 16; 21
Dtn 4,29; 6,13; 8; 10,20
Ps 18,1; 138,6-8
Spr 24,10
Hld 6,9
Sir 10,15
Jes 37,16.20
2 Makk 7,37

Neues Testament:
Röm 1,20
1 Kor 8,4-6
2 Tim 1,7
1 Joh 4,18

In seiner ersten Ansprache an das Volk bezieht sich *Usija* auf 2 Tim 1,7 und Spr 24,10, um auf das Übel der Furcht hinzuweisen. 1 Joh 4,18 wird zu: „Wer verzweifelt, liebt nicht, glaubt nicht" („*Chi dispera, non ama, non crede*", V. 15). Auf die Stellen aus Exodus 14,21-22; 15,23-26; 17,6 spielt Usija im Kontext der Erinnerung an Gottes vergangene Heilstaten an (VV. 50-58). Dasselbe tut *Judit* bei ihrer ersten Ansprache mit Gen 22 (Isaak-Perikope; V. 199). Dtn 8 nimmt sie als Beleg, dass Gott durch Leid den Glauben seiner Teuersten prüft (V. 199), Num 11; 16 und 21 sind für sie der Hintergrund für die Aussage, dass Gott die gegen ihn Murrenden vernichtet (VV. 201-204). Ihren Auftritt selbst kommentiert *Kabri* mit einem Zitat von Hld 6,9: „Wer ist diese, welche wie die Morgenröte hervorkommt?" (V. 149f.).

Im Gespräch Usijas mit Achior spielt Usija auf einige biblische Stellen an, um Achior von der Geschichtsmächtigkeit des jüdischen Gottes zu überzeugen: Mit 1 Kor 8,4-6 und Dtn 6,13; 10,20 erinnert Usija an das erste Gebot Gottes, nur ihn allein zu verehren (VV. 336-338). Ex 20,1-5 und 2 Makk 7,37 erfüllen denselben Zweck (VV. 341-344); das Zitat von Jes 37,16.20 soll zeigen, dass auch dieser Prophet bereits Gott als einzig geglaubt hat (VV. 340f.); Ex 3,14*, das Jahwe-Wort, wird von Usija wörtlich zitiert: „Ich bin der ich bin" (V. 346). In seiner Arie „Wenn du Gott sehen willst" („*Se Dio veder tu vuoi*") bezieht sich Usija auf Dtn 4,29; Ps 18,1 (eig.: 18,2) und Ps 138,6-8; Röm 1,20 für seine Aussage, dass Gott überall zu entdecken sei und es keinen Ort gäbe, wo er nicht sei (VV. 406-413).

Bis zum *Schlusschor* gibt es keine weiteren Bibelstellen abseits vom Juditbuch. Erst dort wird als Fußnote zur Aussage, dass der Hochmut der Fürst allen

Lasters sei, Sir 10,15 angegeben. Usija ist es also, der bei Metastasio bei weitem am meisten theologisiert. Er hat zwei lange Szenen, in denen er seine Glaubensgewissheiten verkünden kann: Seine erste Ansprache an das Volk mit der sich anschließenden Diskussion mit Amital und Kabri, sowie das berühmte Glaubensgespräch mit Achior. Judit hat nur in ihrem ersten Auftritt Gelegenheit für theologische Aussagen.

Es lassen sich auch hier verschiedene Arten von Verweisen unterscheiden:
(1) *Der summarische Verweis* belegt kurze Anspielungen des Librettos mit mehreren Bibelversen oder ganzen Kapiteln. Immer wieder werden Gottes Heilstaten mit solchen Verweisen erwähnt, meist nur mit einem Satz oder wenigen Worten, um das allseits Bekannte in Erinnerung zu rufen. Summarisch wird auf Ex 14,21-22; 15,26; 15,23-25; 17,6 (Durchzug durch das Rote Meer; Versüßung des Wassers bei Mara; Schlagen von Wasser aus dem Felsen) von Usija (VV. 52b-56a) verwiesen, um einen Überblick über Gottes Wundertaten während des Auszuges aus Ägypten zu geben. Nur wenige Worte genügen ihm dabei: „Wer teilte für unsere Schritte das Rote Meer, wer versüßte uns die bittere Quelle, wer öffnete uns in trockenen Felsen breite Ströme von kühlen Quellen?"[347] Judit erinnert ebenfalls in kurzen Worten (VV. 197b-201a) an Gottes Prüfungen, die er für seine Getreuen bereit hielt: Sie spielt dabei auf Dtn 8 und Gen 22 an: Dtn 8 ist eine Mahnrede Gottes an sein Volk, immer eingedenk zu sein, *wer* es aus Ägypten geführt hat. Gott deutet hierin selbst die vierzig Jahre in der Wüste als Zeit der *Prüfung* (8,2b: „um dich zu demüthigen und zu prüfen, und damit offenbar würde, wie dein Herz gesinnet wäre, ob du seine Gebote hieltest oder nicht.") und der *Erziehung* (8,5: „damit du erkennest in deinem Herzen, daß dich der Herr, dein Gott, so gezogen, wie ein Mann seinen Sohn ziehet."). Die metastasianische Judit erinnert daran nur mit einem Satz: „Er prüfte so den Glauben seiner Teuersten." Als Beispiele nennt sie: „Abraham, Isaak, Jakob und Mose wurden ihm auf diese Weise lieb." Nur bei Isaak findet sich dazu ein summarischer Verweis von Metastasio auf Gen 22 (die Bindung Isaaks). Für die Strafen für das murrende Volk (Feuer und Schlangen) wird auf drei ganze Kapitel aus dem Buch Numeri verwiesen, die jeweils den Aufstand des Volkes und die Bestrafung (und die anschließende Reue des Volkes) breit schildern. Im Diskurs mit Achior verweist Usija darauf, dass man Gott als einzigen bekennen müsse. 1 Kor 8,4-6 soll das belegen. Dort heißt es zwar in 1 Kor 8,4: „(...) so wissen wir, daß der Götze in der Welt nichts ist, und daß kein anderer Gott ist, als der Eine.", bzw. in Vers 6: „aber wir haben doch nur Einen Gott, (...).“ Es geht in diesen Versen allerdings um Speiseopfer an Götzen, und Paulus belegt mit seinen Worten nur, dass diese Opfer unwirksam und somit unwichtig

---

347 Auch Achior erinnert summarisch an diese Wundertaten. Bei ihm gibt Metastasio jedoch nur die Stellen aus dem Juditbuch an.

sind. Keineswegs spricht er hier das Gebot aus, dass alle Menschen Gott als einzig bekennen müssten, vielmehr beruft er sich auf das Wissen um Gottes Einzigartigkeit, das hier auch gar nicht zur Debatte steht. Das Zitat ist somit aus seinem Kontext gerissen und uminterpretiert worden. Weiters betont Usija, dass Gott seine Macht selbst offenbart habe. In den Fußnoten sind dabei 2 Makk 7,37 und Ex 20,1-5 angegeben. Ex 20,1-5 ist das Erste der Zehn Gebote Gottes und Gott erinnert hier daran, dass er das Volk aus Ägypten geführt habe und begründet so das Verbot, anderen Göttern zu dienen, sowie das Bilderverbot. In Ex 20,5 nennt er sich „starker und eifernder Gott". Weniger verständlich ist der Verweis auf 2 Makk 7,37: Die Aussage eines der sieben Söhne der Witwe, er bitte Gott, dass sein Peiniger irgendwann unter „Qualen und Martern" bekennen müsse, dass Gott allein Gott sei, passt nicht gut zu Usijas Worten: „Derselbe Gott, dessen Wunder und Macht du gepredigt hast, der mit seinem Mund sie enthüllte, …." Auch hier wirkt der Zusammenhang zwischen Librettotext und angegebener Bibelstelle forciert.

(2) *Der argumentative Verweis* belegt ein Argument des Librettos mit einem, selten mehreren Bibelvers(en). Er findet sich bei Usijas Worten sowie bei der Schlussmoral des Chores:

Usija: Ich fürchte, mehr als dieses [Unglück], eure Furcht. (VV. 6b-7a)	**2 Tim 1,7**: Denn Gott hat uns nicht den Geist der Furcht, sondern der Kraft und Liebe und Nüchternheit gegeben.
Usija: Sie [die Furcht] macht uns unfähig zum Schutz (?). (VV. 8b-9a)	**Spr 24,10**: Wenn du muthlos verzweifelst am Tage der Angst, so mindert sich deine Kraft.
Usija: Wer verzweifelt, liebt nicht, glaubt nicht. (V. 15)	**1 Joh 4,18**: Furcht ist nicht in der Liebe, sondern die vollkommene Liebe treibet die Furcht aus, denn die Furcht hat Pein; wer aber Furcht hat, der ist nicht vollkommen in der Liebe.

Diese drei ersten Verweise zum Thema Furcht sind sehr unterschiedlich. Während Spr 24,10 die Aussage Usijas gut untermauert, fallen die beiden neutestamentlichen Belege aus ihrem ursprünglichen Kontext heraus. In 2 Tim 1,7 handelt es sich um eine Mahnung, das bischöfliche Hirtenamt mit Freude und ohne Zagen auszuführen. Bei Timotheus handelt es sich in Paulus' Augen nicht um einen verzagten, sondern um einen zu wenig engagierten Bischof. Deshalb schreibt er auch weiter: „Schäme dich also nicht des Zeugnisses an unseren Herrn." Timotheus verzagt nicht angesichts von Unglück wie das betulische Volk, sondern tritt nicht mutig genug als Zeuge des Evangeliums auf.
Der dritte Verweis, 1 Joh 4,18 wirkt ebenfalls forciert: Denn Johannes spricht im Kontext von der Wichtigkeit, in der Liebe zu Gott zu bleiben. Die Furcht ist hier

eher als Furcht vor dieser Verbindung zu Gott zu verstehen: Wer sich vor der allumfassenden Liebe Gottes und ihren Konsequenzen fürchtet, ist nicht vollkommen in der Liebe. Die Furcht ist demnach ein Indikator dafür, dass man noch nicht vollkommen in dieser Liebe Gottes ist, keinesfalls ist sie ein Beweis für das völlige Fehlen von Liebe! Und der Schluss, wer sich fürchtet, liebt nicht und *glaubt nicht*, fehlt in dieser Belegstelle gänzlich.

Usija: (Nein: bekennen muss ihn jeder als einzig) und ihn allein verehren. (VV. 336b-338)	**Dtn 6,13b**: (…) Den Herrn, deinen Gott, sollst du fürchten und ihm allein dienen, und bei seinem Namen schwören. **Dtn, 10,20a**: Du sollst den Herrn, deinen Gott, fürchten, und ihm allein dienen. (…)
Usija: [Dass er der Einzige ist, bestätigt] die treue Autorität unserer Vorfahren. (VV. 340b-341a)	**Jes 37,16b**: Du bist allein Gott über alle Reiche der Erde, du hast Himmel und Erde erschaffen. **Jes 37,20b**: auf daß alle Reiche der Erde erkennen, daß du der einzige Herr bist!
Usija: Wenn du Gott sehen willst, betrachte ihn in allen Dingen. (VV. 406-407)	**Dtn 4,29**: Und wenn du daselbst[348] den Herrn, deinen Gott, suchest, so wirst du ihn finden: wenn du ihn nur von ganzem Herzen suchest, und in aller Angst deiner Seele. **Ps 18,2**:[349] Die Himmel erzählen die Herrlichkeit Gottes, und das Firmament verkündet die Werke seiner Hände. **Röm 1,20**: denn das Unsichtbare an ihm ist seit Erschaffung der Welt in den erschaffenen Dingen kennbar und sichtbar, nämlich seine ewige Kraft und Gottheit,….
Usija: Sag mir, wo er nicht ist. (V. 413)	**Ps 138,6**: Wunderbar kommt mir vor dein Wissen; gar hoch ist es, ich kann es nicht erreichen! 7: Wo soll ich hingehen vor deinem Geiste? und wohin fliehen vor deinem Angesichte? 8: Stieg' ich gen Himmel, so wärest du da; stieg' ich in die Hölle, so wärest du da.

Diese Verweise belegen die Aussagen Usijas in adäquater Weise und erklären sich von selbst.

---

348 „Daselbst" bezieht sich auf die Zerstreuung unter die Völker, die Gott androht, sollte Israel ihn zum Zorn reizen.
349 Verwiesen wird auf Ps 18,1, das ist aber offensichtlich ein Fehler, denn dort hieße es: „Zum Ende ein Psalm Davids."

Der letzte argumentative Verweis findet sich im Schlusschor:

| Chor: Doch der Hochmut ist der Anführer [der Laster]. (V. 679b) | **Sir 10,15**: (…). Und die Hoffart ist der Anfang aller Sünde; wer darin verharret, wird mit Fluch überhäuft, und zuletzt gestürzt. |

Auch dieser Verweis ist passend zur Aussage.
Damit kann hier bereits festgestellt werden, dass die Verdammung der Furcht als Fehlen von Liebe und Glaube sich nicht leicht biblisch belegen lässt. Nur so erklären sich die aus dem Kontext gerissenen Verweise. Alle anderen Aussagen sind gut belegbar und passen gut zu den angegebenen Bibelstellen.

(3) *Das wörtliche Zitat:* Nur zweimal wird aus den biblischen Büchern (außer Judit) wörtlich zitiert: Beim ersten Auftreten Judits (VV. 149-152) zitiert Kabri wörtlich Hld 6,9, allerdings mit einer Satzumstellung: „Wer ist diese, welche wie die Morgenröte hervorkommt, furchtbar wie ein geordnetes Heerlager, schön wie der Mond, auserkoren wie die Sonne?" Dazu vermerkt Metastasio: „Iudith typus Eccles. Sicut Sponsa Cant."[350]

Usija zitiert im Diskurs mit Achior Jahwes Selbstoffenbarung im Dornbusch Ex 3,14*: „Ich bin, der ich bin."

Wieder sehen wir also, dass Metastasio meist sehr gewissenhaft mit der Bibel umgeht, immer wieder wörtlich zitiert und genau arbeitet. Manchmal jedoch, bei ihm wichtigen und zentralen Aussagen, ordnet er diese Gewissenhaftigkeit seinen Intentionen unter. Dann entstehen etwas forcierte und aus dem Zusammenhang gerissene Belege, die nicht immer nachzuvollziehen sind.

Verweise auf andere autoritative Schriften

An für die katholische Kirche autoritativen Schriften zitiert Metastasio:

Augustinus:
  in serm. *De Symb.*, cap. XV
  in princip. Serm. XX
  de veteris et novo testamentum, serm. XLVIII-XLIX (2x) de Judith I-II[351]
  de Trin., lib. V, cap. 1
Ambrosius:
  sub Luc., lib. II
  in Psalm. CXVIII, oct. XIX
  de Offic., lib. III, cap. XIII

---

350 Metastasio, *Oratori*, 158, FN 24.
351 Wird in Metastasio, *Oratori*, 156 u. 165 als: serm. CCXXVIII-IX de Temp. zitiert.

Hieronymus:
in cap. VII Matth.
Homilien des hl. Chrysostomus:
hom. LXI *in Ioan.*, n. 4
hom. LXII *ad Popul Antioch.* V, 161-163; = hom. XLII *in Acta Apost.* N. 3-4
hl. Bernhard:
de Consid., lib. II, cap. X, XI; lib. V, cap. VII

Von diesen dreizehn außerbiblischen Bezügen fallen drei (Aug., in serm. *De Symb.*, cap. XV; Ders., in princip. Serm. XX; Ambr., *sup. Luc.*, lib. II) in *Usijas erster Arie* als Unterstreichung der Tatsache, dass Furcht die schwerste aller Sünden sei und Gott beleidige. Vor allem Augustinus stellt den Zusammenhang zwischen Furcht und Gottlosigkeit her:

> „Ich bitte, dass du nicht so im Mut sinkst und du dir die Hoffnung auf das Gute nicht nimmst, dass es dir nicht so gehe wie den Ungläubigen. Denn nicht die Vielzahl der Sünden führt in die Verzweiflung, sondern die Gottlosigkeit." („*Tantum ne concidas animo, neque spem tibi abscidas bonorum, ne, quaeso, accidat tibi qoud impiis solet. Non enim peccatorum multitudo adducit in desperationem, sed impietas*", PL, 1198).

Amitals Klage: „Perir ci vedi fra cento affanni e cento" nimmt Bezug auf Augustinus serm. XLVIII-IX de Judith, wo die Leiden der belagerten Stadt beschrieben werden. In *Judits erstem Auftritt* folgen wiederum drei außerbiblische Bezüge: Auf Ambr., *in Psalm. CXVIII* wird bei dem wörtlichen Zitat von Jdt 8,13 angespielt, wahrscheinlich auf folgende Stelle:

> „Semper homo, etiamsi sanctus et justus sit, debet orare, ut exaudiat eum Dominus secundum misericordiam suam, non secundum merita virtutis alicujus, quia rara virtus multa peccata. Et secundum judicium suum, ut infirmis opem ferat. Et maxime hoc debemus orare cum aliquibus urgemur adversis."[352]

Ihr Tadel: „Mangel und Übermaß sind nicht verschieden" („*Vizio ed eccesso non è diverso*" VV. 179 f.), ist eine sentenzhafte Zusammenfassung von Bernhard, *de Consid.*, lib. II, cap. X, XI, wo es u. a. heißt: „*Tene medium, si non vis perdere modum*" bzw.: „*Caliginis duae sunt causae, ira et mollior affectus*".[353] Schließlich spielt sie mit ihrer Aussage, dass Gott durch Leid den Glauben seiner Treuesten erprobt (VV. 196ff.) auch auf eine Homilie des Chrysostomus an, der in einer Gruppe von Homilien über den Sinn des Leides nachdenkt und zu eben diesem Schluss kommt.

---

352   *PL 15*, 1556.
353   *PL 182*, 753 u. 755.

Achiors Schilderung seiner Rede vor Holofernes und Usijas begeisterte Reaktion darauf (VV. 253ff.), nötigt Metastasio zu einer Anmerkung aus dem Kommentar des Hieronymus zu Mt 8,18 („ein guter Baum kann keine schlechten Früchte bringen"): Sogar (der schlechte Baum) Achior könne etwas Nützliches sagen („*et Achior ad Holophernem aliquid utile sit locutus*", PL 26, 49), denn ein schlechter Baum bringe nur so lange schlechte Frucht, als er in seinen Sünden verharre.[354]

Die *Arie Judits* vor ihrem Aufbruch aus der Stadt („*Parto inerme*", VV. 312ff.) bezieht sich auf Augustinus, der in serm. XLIX de Judith II schreibt: „*Pergit divino Spiritu ducta*".[355] Judit fühlt sich vom Heiligen Geist geleitet und geht daher furchtlos und ohne Zweifel.[356] Im *Schlusschor des ersten Teiles* wird erstaunt festgestellt, dass Judit die öffentliche Verantwortung ganz auf sich nimmt. Dazu verweist Metastasio auf Ambrosius, *de Officiis Ministrorum*, der dort ein Lob auf Judit anstimmt:

> „Quanta honestatis auctoritas, ut consilium de summis rebus femina sibi vindicaret, nec principibus populi commiteret! Quanta honestatis auctoritas, ut Deum adjutorem praesumeret: quanta gratia, ut inveniret!"[357]

Dass sie ihre Pläne nicht mit der Obrigkeit berät, spielt auf die Homilie des Chrysostomus LXI in Joan. an, von dessen Gedanken *sull' ornatum* auch der zweite Teil des Chores inspiriert ist.

Im zweiten Teil finden sich nur noch im *Diskurs des Usija mit Achior* zwei außerbiblische Verweise: Die VV. 386 ff., in der Usija die Unmöglichkeit, sich Gott vorstellen zu können beschreibt („Er besteht nicht aus Teilen wie der Körper; er ist nicht in Gefühlen unterschieden wie unsere Seelen; er unterliegt nicht der Form wie alles Geschaffene") sind eine wörtliche Übersetzung aus den *Considerationes* Buch V, cap. VII des hl. Bernhard. Auf die Frage Achiors, ob die Beschreibung Gottes als gut und groß nicht auch unzulässig sei, antwortet Usija in VV. 394 ff. wieder mit einem (teilweise) wörtlichen Zitat, diesmal aus Augustinus, *de Trin.*, lib. V, cap. 1:

> „Gut (glaube ich ihn), aber ohne Qualität; groß, aber ohne Quantität und Maß; immer anwesend, ohne Ort oder Grenze; und, wenn ich auf diese Weise auch nicht erkläre, wie er sei, forme ich mir zumindest keine Idee von ihm, die ihn beleidigt."

---

354 Die Anmerkung (Metastasio, *Oratori*, 162, FN 50) ist m. E. falsch gesetzt, sie gehört wohl eher zu Vers 255f., zu Usijas Ausruf: O ewige Wahrheit, wie du auch im Mund von Feinden triumphierst!.
355 *PL 39*, 1840.
356 Der Verweis auf die göttliche Eingebung, die Judit geleitet hat, findet sich in dem Libretto sehr häufig, und ist von Metastasio bewusst eingesetzt, um die moralischen Schwierigkeiten des Buches zu überlagern.
357 *PL 16*, 179.

("*sine qualitate bonum, sine quantitate magnum, (...) sine situ praes(id)entem, sine loco ubique totum, (...). (...), etsi nondum potest omni modo invenire quid sit; pie tamen cavet, quantum potest, aliquid de eo sentire quod non sit.*" PL 42, 912).

Fazit

Vor allem *Usija* bringt Gedanken abseits des Juditbuches vor. In seinen Worten finden sich 17 Verweise auf andere biblische Bücher und 4 auf nichtbiblische Schriften. *Judits* Worte spielen auf 5 biblische und 4 nichtbiblische Schriften an, der *Chor* verweist auf ein biblisches Buch und 2 nichtbiblische Schriften, Kabri bezieht sich einmal auf ein anderes biblisches Buch, Amital und Achior je einmal auf eine nichtbiblische Schrift. Die wesentlichen Orte dieser Bezüge sind *Usijas erste Ansprache* (8 Verweise), *Judits erste Ansprache* (8 Verweise), der *Diskurs Usijas mit Achior* (13 Verweise) und die beiden *Schlusschöre* (zusammen 3 Verweise).

Aussagen, die nicht im Buch Judit vorkommen
(1) „Von aller Schuld ist die größte Schuld die eines Übermaßes an schändlicher Furcht." („*D' ogni colpa la colpa maggiore è l' eccesso d'un empio timore*", V. 12f.). Diese Aussage findet sich nicht im Juditbuch, weder explizit noch implizit. Daher muss Metastasio sie anderweitig belegen. Er tut dies mit sehr klaren, eindringlichen Mahnungen, angelehnt an Aussagen von Paulus bis Augustinus.
(2) „Wer ist diese, welche wie die Morgenröte hervorkommt". Kabris Zitat aus dem Hohelied bzw. der implizite Vergleich Judits mit der Braut des Hohenliedes ist ein Versuch Metastasios, Judit gerade *nicht* als Präfiguration Marias, sondern im Kontext der katholischen Bibelauslegung als Vorausbild der Kirche darzustellen. Als Urbild der Kirche, der Vereinigung aller Gläubigen, kann Judit zum Vorbild im Vertrauen und Gehorsam Gott gegenüber werden und auch den verzweifelten Wienern des Jahres 1734 wieder Mut einflößen.
(3) „Mangel und Übermaß sind nicht verschieden." („*Vizio, ed eccesso non è diverso*", VV. 179f.). Judit tadelt Usija für sein Ultimatum. Durch das Zitat des heiligen Bernhard wird aber auch noch einmal die Furcht des Volkes angeprangert. Judit stellt beide „Sünden" auf dieselbe Stufe. Dieser Aspekt fehlt im Juditbuch.
(4) „Wer kann sich Gott vorstellen? Er besteht nicht aus Teilen,…"; „Ich glaube ihn gut, aber ohne Qualität…"; „Wenn du Gott sehen willst, sieh ihn in jedem Objekt. (…) Sag mir, wo er nicht ist." Die Beschreibungen Gottes in theologisch-philosophischen Worten als den nicht Vorstellbaren, nicht zu Beschreibenden, aber überall Anwesenden finden sich nicht im Juditbuch. Dort wird über Gott ausschließlich in seinem Bezug und Verhältnis zu den Menschen nachgedacht, nicht aber in seinem eigenen Sein. Wie er zu charakterisieren ist, hat für die bedrängten Betulier der Bibel weniger Gewicht als die Frage, wie er zu *ver-*

söhnen ist. Der Wechsel in philosophische Termini im Verlauf des Diskurses rührt daher, dass Achior die zuvor ins Treffen geführte Autorität der Vorfahren in Glaubenssachen als Feind nicht gelten lässt. Usija muss daher an Achiors Vernunft appellieren und allgemein einsehbare Argumente bringen.

Aussagen die sich so nicht im Juditbuch finden
(1) „Der mich antrieb zu dieser großen Prüfung, begleitet und beschützt mich: Ich trage ihn in meinem Geist und höre ihn sagen, dass ich siegreich sein werde." („*Chi m' accese al gran cimento, m' accompagna, e m' assicura: l' ho nell' alma, ed io lo sento replicar, che vincerò*", VV. 315-318). Judits Worte in ihrer Abschiedsarie vor dem Verlassen der Stadt sind siegessicher und ohne den kleinsten Zweifel. Sie ersetzen das Gebet in Jdt 9. Dieses jedoch ist ein Bittgebet, wo Judit unter anderem um Standhaftigkeit und Kraft bittet. Sie fleht darum, den Feind besiegen zu können und ist sich dessen keineswegs sicher. Der einzige Hinweis auf eine von Gott eingegebene Tat findet sich in 8,31: „also prüfet nun, ob das auch aus Gott sey, was ich zu thun beschlossen habe." Für eine Inspiration, ein In-sie-Dringen des heiligen Geistes wie etwa bei Jiftach, ist das aber ein dürftiger Hinweis. Nicht zuletzt, weil sie sofort nachsetzt: „und betet, daß Gott mein Vorhaben befestigen wolle." Es ist also *ihr* Entschluss, *sie* hat beschlossen, etwas zu tun, um den glücklichen Ausgang muss noch gebangt und vor allem gebetet werden.
(2) „Dass eine friedliche Frau wie sie die öffentliche Verantwortung auf sich nimmt, ohne sich mit dem Herrscher zu beraten, (…). Sie schmückt sich mit großer Sorgfalt, und doch gibt es keinen Zweifel an ihrer Tugend." (*privata assume delle pubbliche cure donna imbelle il pensier! Con chi governa non divide i consigli! (...) Orna con tanto studio se stessa; e non risveglia un solo dubbio di sua virtù*, VV. 319-325). Das Erstaunen des Volkes im Schlusschor des I. Teiles wirkt wie eine Apologie auf die Dreistigkeit einer Frau, ohne Rücksprache mit dem Herrscher selbstständig zu handeln und sich dabei auch noch gefährlich schön zu schmücken. Die Exegese der Zeit hatte ja auch Judit wegen eben dieser Handlungen verurteilt oder mühsam verteidigt. In der Bibel findet sich diese moralische Empfindlichkeit nicht. Das Volk Betulias staunt zwar, aber nur über ihre überaus große Schönheit (Jdt 10,7). Zwar wird auch im Juditbuch in den Versen 10,4 und 13,20 darauf hingewiesen, dass Judits Schönheit auf Tugend beruhe bzw. ein Engel sie unbefleckt vom Feind zurückgeführt habe, doch das Volk selbst preist Judit für ihre Tat und für ihre Schönheit, fern von sonstigen Bedenken wegen zu großer Eigenmächtigkeit oder Unkeuschheit.
(3) „Jeder muss ihn (Gott) als einzig in seinem Wesen bekennen und ihn allein verehren. (…) (Das beweist) der überkommene Konsens jeder Epoche, die Glaubensautorität unserer Vorväter; derselbe Gott (…) sagte: ‚Ich bin, der ich bin'." („*Confessarlo unico per essenza debbe ciascuno, ed adorarlo solo. [L' afferma] Il venerato consenso d' ogni età; degli avi nostri la fida autorità; l' istes-*

so Dio (...) disse: ‚Io son quel che sono'", VV. 336-346). Usija verweist Achior gegenüber zuerst auf den alteingesessenen Glauben der Vorväter. Im Juditbuch fehlen der Diskurs und daher auch diese explizit ausgesprochenen Gedanken. Die Einzigartigkeit Gottes, die Wichtigkeit, ihn allein zu bekennen, und der Hinweis auf die Vorväter sind jedoch häufiges Thema (vgl. 5,5-25; 8,18f.).
(4) „O Seele, die feindlichen Könige, die deinem Licht nachstellen, sind die Laster; ihr Führer jedoch ist der Hochmut." („*Alma, i nemici rei, che t' insidian la luce, i vizi son; ma la superbia è il duce*", VV. 677ff.). Der Hochmut der Assyrer wird auch von Judit vor Gott angeprangert. In Jdt 9,12 heißt es etwa: „Mache, Herr, daß sein Stolz durch sein eigenes Schwert geschlagen werde." Auch der in der Fußnote angegebene Jesus Sirach erwähnt den Hochmut als Beginn allen Lasters. Die ausformulierte Lasterlehre mit der Betonung des Hochmutes als größtes Laster stammt jedoch erst von christlichen Denkern.

Aussagen, die solche des Juditbuches ergänzen oder belegen
(1) Usija ruft dem Volk das Exodusgeschehen in Erinnerung (VV. 50-59). Das ergänzt Jdt 4,13.
(2) Amitals Klage (VV. 92f.) zitiert wörtlich Jdt 7,13 und als Untermalung noch einen Satz des Augustinus.
(3) Die Verweise zu Judits erster Ansprache ab V. 196 ergänzen und belegen nur die Aussagen des Juditbuches über den Prüfungscharakter des Leides.
(4) Achiors Rede schließt mit einem Hieronymus-Zitat (V. 255), das jedoch inhaltlich nichts am Gesagten verändert.

Die Funktion dieser Bezüge wird dadurch klar: Aussagen, die sich nicht im Buch Judit finden, werden durch die Verweise auf autoritative Texte legitimiert. Akzente, die im Buch Judit nicht so deutlich gesetzt werden, werden durch Bezüge ergänzt. Formulierungen, die das im Juditbuch Gesagte noch griffiger ausdrücken können, werden den oft wörtlichen Zitaten des Buches nachgestellt.

Das Gottesbild

Gott als beständiges Thema
Gott greift nicht direkt in die Handlung ein, aber mehr als in allen anderen Oratorien ist er beständiges Thema. Alle Protagonisten sprechen über ihn, ausgenommen Karmi, der in diesem Libretto lediglich die Funktion eines auswärtigen Korrespondenten hat.
Darüber hinaus sprechen auch alle Protagonisten außer Karmi *zu* Gott: *Usija* betet mit dem *Chor* in den Versen 137-148 bzw. 219-222 zu Gott und schickt in den Versen 124f. vor dem Ultimatum ein Stoßgebet zum Himmel. *Judit* betet zwar nicht vor dem Aufbruch aus der Stadt wie in Jdt 9, berichtet aber rückblickend von ihrem Gebet vor der Tat (VV. 486-490). *Achior* betet nach seiner Be-

kehrung ein *Confiteor* (VV. 556-563), Amital nach ihrer Umkehr ein Bußgebet (VV. 565-576). *Kabri* knüpft an dieses Gebet ein eigenes kurzes an: „Wie sorgst du für uns, göttliche Güte" (V. 577). Der Schlussgesang Judits mit dem Chor kann ebenfalls durchaus als Lobgebet gesehen werden. Damit findet eine beachtliche Kulmination von Gebeten am Schluss des Oratoriums statt.

Gottesbezeichnungen
Gott wird in diesem Oratorium je einmal als *ewige* bzw. *göttliche Barmherzigkeit* („*eterna Pietà*", V. 14 bzw. „*divina pietà*", V. 567) angesprochen, als *göttliche Güte* („*Bontà divina*", V. 577), als *großer Gott* („*gran Dio*", VV. 634/646/658/670 im Refrain), als *ewiger Gott*, („*Eterno Dio*", V. 124) als *unser Herr* („*nostro Signor*", V. 449), und im *Confiteor* des Achior als *unendlicher Geist, Quelle des Lebens und der Wahrheit* („*mente infinita, fonte di vita, di verità*", VV. 557-559). Amital bezeichnet Gott zu Beginn auch als *erzürnter Gott* („*Dio sdegnato*", V. 25). Ansonsten wird aber auf Umschreibungen verzichtet.

Zentrale Aussagen über Gott
„Furcht beleidigt die göttliche Barmherzigkeit, denn wer verzweifelt, liebt nicht und glaubt nicht." (VV. 12-15).

Usijas Tadel gleich zu Beginn wird immer wieder aufgenommen und mündet schließlich in Amitals reuiger Bekehrung. Der Gegensatz zwischen Glauben und Kleinglauben, also ängstlichem Erschrecken vor jeder Not und damit Mangel an Vertrauen ist ein oft thematisierter. Die Radikalität, Furchtsamen auch die Liebe abzusprechen, findet sich nicht so häufig und beruht auf einer etwas eigenwilligen Uminterpretation eines Pauluszitates. Der Grund der Vehemenz dieser Aussage liegt bei Metastasio wohl nicht im theologischen, sondern im politischen Bereich. Im Buch Judit wird die Furcht des Volkes angesichts des Ausmaßes der (religiösen!) Bedrohung jedenfalls nicht verdammt.

„Das Leid ist die Strafe des erzürnten Gottes."
Amital sieht die Notlage der Stadt als Folge von Schuld an, die das Volk auf sich geladen habe. Auch Usija und das Volk selbst vertreten diese Ansicht, wenn sie Gott anflehen, er möge die Schuldigen doch selbst bestrafen und sie nicht durch ein ungläubiges Volk bestrafen lassen. Nicht zuletzt übernimmt auch Achior die These, Israel sei nur zu besiegen, wenn es Gott beleidigt habe und dadurch von diesem bestraft werde. Die Vorstellung, das Leid sei Strafe für Sünde und Schuld kehrt in der Bibel immer wieder, wird aber ebenso oft problematisiert oder zurückgewiesen.[358] Im Buch Judit und bei Metastasio wird diese Aussage durch Judit korrigiert:

---

358 Vgl. Buch Ijob; Die Aussagen Jesu über den Blindgeborenen, etc.

„Gott prüft durch das Leid die ihm Teuersten, er rückt zurecht und unterdrückt nicht."
Nicht den rächenden Gott, der Sünden feindlich bestraft, sondern den liebenden Gott, der den Glauben seiner Freunde erprobt, postuliert Judit. Gott will durch Leid die ihm Teuren belehren, erziehen, korrigieren und prüfen. Die Strafe für begangene Sünden fiele nämlich weitaus größer und härter aus als das, was Gott sein Volk erleiden lässt. Daher sei die einzig richtige Antwort auf das Leid ungebrochenes Vertrauen und beständige Hoffnung.

„Gott kämpft für die, die an ihn glauben und wirft seine Feinde nieder."
In scheinbarem Widerspruch zur vorhergehenden Aussage steht der triumphierende Schlussgesang: „Lob sei Gott, der seine schändlichen Feinde unterwirft,…" („*Lodi al gran Dio, che oppresse gli empi nemici suoi,…*," VV. 634f.). Die Innenansicht divergiert mit der Außenansicht. Denn Leid ist innerhalb des Volkes ein „Privileg" von Gottes Getreuen, nach außen hin ist es aber doch die Strafe für die Schändlichkeit von Gottes (!) Feinden. Dazu ist anzumerken, dass der Gottesglaube Israels immer ein Glaube an den Gott, der für sein Volk da ist, war, also eine Beziehung darstellte, und die Geschichte Israels von den Erfahrungen des Volkes mit seinem Gott berichtete. Es geht nicht um ein universalistisches Weltbild, das Leid an sich erklärt und sich abstrakt über Gott und die Welt Gedanken macht, sondern um die „Liebesbeziehung" zwischen Gott und Israel. Und für Israel war erfahrbar, dass sich Hoffen und Vertrauen lohnen und dass es von seinem Gott aus der Bedrängnis durch andere Völker befreit wird. In Metastasios Libretto fehlt allerdings der für das Gesamtverständnis wichtige Aspekt, dass es sich im Buch Judit um einen Kampf Gottes gegen den selbst ernannten Gott Nebukadnezzar handelt (Jdt 3,13). Dort sind die Assyrer tatsächlich „Gottes Feinde" und die Niederlage der Assyrer versteht sich daher auch nicht als Strafe für irgendeine Sünde, sondern als Machtweis des einzigen wahren Gottes. Durch das Fehlen dieses Aspektes ändert sich die Grundvoraussetzung: Die Bedrohung ist rein militärisch, Gott rettet sein Volk vor der Unterwerfung unter einen *hochmütigen Feldherrn* und nicht: Gott rettet sein Volk vor der Unterwerfung unter einen *fremden Gott*.

Krieg und Gewalt werden dadurch bei Metastasio keineswegs kritisiert. Im Gegenteil: Gott kämpft für seine Getreuen, er wirft die Feinde nieder. Diese Rettung ist triumphalistisch und militärisch charakterisiert: Gott *besiegt* durch Judit das Böse, er hat *gekämpft*, er drückt die schändlichen Feinde nieder.[359] Jdt 16,3 wird nicht antikriegerisch verstanden.

---

359 Schlusschor.

„Gott gibt seinen Auserwählten die Gedanken ein und erfüllt seine Versprechen."

Judit handelt nicht aus eigener Initiative, sondern weiß sich von Gott inspiriert, begleitet und geführt. Gott greift demnach intensiv in das Geschehen ein. Er bewegt Judits Lippen und gibt ihr ihre Gedanken ein. Die Betonung der göttlichen Vorsehung lässt dem freien Willen relativ wenig Platz. Dennoch werden die Bekehrungen Achiors und Amitals als freiwillig dargestellt. Sie sind zwar Folge des Machterweises der Vorsehung, aber beruhen nicht auf einer Eingebung Gottes. Das würde die Bekehrungen auch ihrer Freiwilligkeit berauben und daher sinnlos machen. Dieses Verhältnis zwischen Gnade und freiem Willen war schon zur Zeit des Augustinus ein zentrales Thema und prägte die Reformationszeit wie kein anderes. Metastasio bemüht sich um einen Mittelweg zwischen Vernunftoptimismus und Gnadendenken, bei näherer Betrachtung ließen sich aber Widersprüche nicht vermeiden.

Philosophische Aspekte

Ein philosophischer Gottesbeweis als Oratoriendialog

„La Betulia Liberata" verschaffte Metastasio den Ehrentitel „*Il poeta filosofo*", und zwar wegen des berühmten Dialoges zwischen Achior und Usija, in dem ein philosophischer Gottesbeweis als Oratoriendialog geführt wird. Der Aufbau dieses Dialogs ist hochinteressant:

Einleitung: Absichtserklärung Usijas VV. 328-336a	Usija will die Keime der Wahrheit in Achior zum sprießen bringen.
Grund für Usijas Absicht: *alt- und neutestamentliche Verweise:* 1 Kor 8,4-6; Dtn 6,13; 10,20 VV. 336b-338	Jeder muss Gott als Einzigen verehren.
Hinterfragung Achiors V. 339a	Warum als Einzigen?
Erstes Argument: Berufung auf Tradition: *alttestamentliche Verweise:* Jes 37,16.20; 2 Makk 7,37; Ex 20,1-5; Ex 3,14 VV. 339b-346	Wegen der Glaubensautorität der Vorfahren und Gottes Selbstoffenbarung im Dornbusch.
Einwand Achiors: VV. 346-347a	Alles das ist für einen Heiden nicht bindend.
Zweites Argument: Berufung auf Vernunft: *2. Weg des Thomas: der kausale Beweger* (ohne Verweis); VV. 347b-376	Es gibt eine erste Ursache, von der alle anderen abhängen, das nennt man Gott. Wenn Gott unendlich und vollkommen ist, kann er nicht an einem anderen Gott eine Grenze haben.

Achior weicht der Vernunft, will aber seine sichtbaren Götter nicht aufgeben: VV. 377-384a	Diesen einzigen Gott kann man sich nicht einmal vorstellen!
Drittes Argument: Berufung auf christliche Theologie: *Verweise auf große Kirchenmänner:* Bernhard, Consid.; Augustinus, de Trin. VV. 384b-399a	Ein vorstellbarer Gott ist kein Gott. Er besteht nicht aus Teilen, unterliegt keiner Form, er ist gut, groß und gegenwärtig, aber ohne Qualität, Maß oder Ort.
Nachgeben Achiors: VV. 399b-400a	Also kann man nicht hoffen, ihn jemals zu sehen?
Viertes Argument: Berufung auf persönliche Erfahrung: *Altttestamentliche und neutestamentliche Verweise:* Dtn 4,29; Ps 18,2; Röm 1,20; Ps 138,6-8 VV. 400b-413	Gott lässt sich in allem und jedem finden, auch im eigenen Herzen.
Schluss: Neuerliches Zweifeln Achiors und Erklärung Usijas: VV. 414-420a)	Die Gewohnheit steht der Vernunft entgegen.

Einleitung: Gott ist als Einziger zu verehren
Usija spannt hier einen Bogen theologisch-philosophischer Argumentation, der seinesgleichen sucht. Auf jeden Einwand Achiors hin wechselt er die Begründungsebene. In der Einleitung der Diskussion erklärt er Achior den Grund seiner Mühe: Er könne in Achior den Keim der Wahrheit erkennen, also Ansätze von Erkenntnis des „wahren" Glaubens, und wolle diesen Keim zum Sprießen bringen. Dahinter steht die These, dass auch Heiden einen Funken der göttlichen Wahrheit besitzen können, da sie wie alle Menschen vernunftbegabt sind. Mittels dieser Vernunft könne man aber nur zu einer einzigen *wahren* Erkenntnis kommen, nämlich zu der, dass der jüdisch-christliche Gott als Einziger anzubeten sei. Dieser These folgend, wäre es sinnvoll und gut, den „Ungläubigen" diese Wahrheit argumentativ näher zu bringen.[360]

Begründung durch Tradition: Altes und Neues Testament
Usija geht von der (metastasianischen) christlichen Gegenwart aus, dem *Neuen und Alten Testament*, und stellt die für alle geltende Forderung auf, nur Gott als Einzigen zu verehren. Er begründet dieses Gebot zunächst mit der Tradition, also durch das *Alte Testament*, zitiert aus dem Dekalog ebenso wie aus der Selbstoffenbarung Gottes schlechthin, der Dornbuschszene.

---

360 Vgl. dazu Stroppa, *Fra notturni sereni*, 162, wo diese „Intoleranz" gegenüber Atheisten und Juden in allen Werken Metastasios geortet wird.

Begründung durch Vernunft: Thomas von Aquin
Als diese Begründung durch Achior als für Heiden nicht bindend zurückgewiesen wird, geht Usija zu einer philosophischen Argumentationslinie über. Voraussetzung dafür ist der Konsens mit Achior, dass alle Menschen, Juden und Nichtjuden, über dieselbe Vernunft verfügen und durch Vernunftgründe überzeugt werden können. Das „*intellego ut credam*" des Abaelard, das das „*Credo ut intellegam*" des Anselmus abgelöst hatte und in der Vernunft den Ausgangspunkt sah, um die religiösen Wahrheiten zu erhellen, war in der zweiten Hälfte des 17. Jahrhundert im Cambridger Neu-Platonismus wieder aufgenommen worden und beeinflusste auch die Entwicklung des Deismus.[361] Metastasio, sonst ein Anhänger des Descartes, weicht hier mit dem zweiten Weg des Thomas vom cartesischen Denken ab. Descartes befürwortete nämlich als Gottesbeweis das ontologische Argument des Anselmus mit seinem Postulat der je immer größeren Unähnlichkeit Gottes, während Thomas dies ablehnte und mit seinen „Fünf Wegen", Aristoteles rezipierend, Gott als letztes Ziel und Ursache, bzw. im zweiten Weg, als den unbewegten Beweger darlegte.[362] Auf diese *Ebene philosophischer Theologie* begibt sich nun Usija: Frei nach den Betrachtungen des Comte de Canale[363], wie mit Türken oder Götzendienern zu argumentieren sei, beweist Usija zuerst die Existenz Gottes selbst durch den thomasischen Gottesbeweis, und später die Notwendigkeit, dass dieser Gott nur Einer sein könne, da sich die Unendlichkeit und Vollkommenheit Gottes sonst nicht widerspruchsfrei denken lasse. Damit kann er Achior in Argumentationsnotstand bringen.

Beseitigung von emotionalen Glaubensbarrieren: Augustinus und Bernhard
Dem der Kunst, aber nicht der Überzeugung Weichende, fehlen zwar nun Gegenargumente, er *möchte* aber dennoch nicht seine sichtbaren Götter einem nicht vorstellbaren Gott opfern. Sofort wechselt Usija abermals die Ebene: Auf Glaubenszweifel dieser Art antwortet er nicht mehr mit Gottesbeweisen, sondern mit *Lehrschriften katholischer Autoritäten*, mit Betrachtungen und Abhandlungen über das Sein Gottes. Die Argumente, ein vorstellbarer Gott sei kein Gott, da Gott eben nicht mit unseren Maßstäben und Begriffen korreliere und ihm daher auch keine Analogie gerecht würde, entnimmt Metastasio aus den „*Considerationes*" des hl. Bernhard. Die Schwierigkeit, Gott nicht definieren zu dürfen und

---

361 Pinamonti, „Il ver si cerchi", 78. Stroppa sieht darüber hinaus auch das Denken Gravinas dokumentiert, der platonisch-pythagoräische Vorstellungen von der Quelle der Erkenntnis hat: Stroppa, *Fra notturni sereni*, 163, Fußnote 124.
362 Thomas, *Summa theologica*, cap.1, qu. 2, a. 3.
363 Vgl. dazu: Stroppa, *Fra notturni sereni*, 162: Fußnote 123. Die Worte des Comte de Canale sind wiederum an Descartes angelehnt, der den biblischen Beweis für Ungläubige als nicht schlagkräftig genug bezeichnet (vgl. Metastasio, *Oratori*, 265).

ihn dennoch als groß, gut und immer anwesend glauben zu können, löst er mit Augustinus.

Vergewisserung der Existenz Gottes in der Natur: Altes und Neues Testament
Dem nunmehr fast bekehrten, aber immer noch mit der Unsichtbarkeit Gottes hadernden Achior begegnet Usija in einem letzten Schritt wieder mit dem *Altem und Neuem Testament*, diesmal aber unter weisheitlichen Aspekten: Gott könne man überall erkennen, er sei gleich der Sonne: zwar nicht direkt mit den Augen zu betrachten, aber in allem indirekt zu bewundern. Nach dem grundsätzlichen „Erweis" der Existenz Gottes mit philosophischen Mitteln und der Hinführung zum Wesen des jüdisch-christlichen Gottes durch Kirchenmänner erfolgt also die Rückbindung an die Bibel. Sie dient hier nicht als Beweismittel für Gottes Existenz, wohl aber als Lebenshilfe, wie man sich dieser Existenz im eigenen Leben vergewissern kann.

Die zwei Bekehrungen als Ausformung von Pascals „Pensées"

Die Einfügung dieses Dialogs an den Ort, an dem sonst die Heldentat Judits stattfände, ist nicht ein Versuch, leeren Raum mit wichtigen Betrachtungen zu füllen, sondern ein essentieller Teil des metastasianischen Handlungsgefüges: Denn das Zentrum und das Ziel des Oratoriums ist nicht die Heldentat, sondern die Auswirkung des göttlichen Machterweises. Achior erahnt denn auch zwar die „Wahrheit" in Usijas Worten, doch seine Gewohnheit steht der „Vernunft" noch entgegen (VV. 415ff.). Erst durch den Sieg über das Böse, durch den Erweis der göttlichen Macht in Judits Tat erfolgt die endgültige Bekehrung Achiors. Bezeichnend ist dabei das Bild des Schleiers, der nun in der Bekehrung riss und ihn zunächst in eine Ohnmacht stürzte (*Forse quel velo, (...) a un tratto or si squarciò*, VV. 532ff.). Judits Arie deutet dies als die Reaktion eines Gefangenen, der im ungewohnten Sonnenlicht zuerst erblindet (VV. 537-544). Anklänge an das Höhlengleichnis Platons sind hier zu erkennen. Ebenso aber sind die verwendeten Termini von Erleuchtung, Licht der Wahrheit, das den Schleier zerreißt und aus dem Dunkel führt etc. durchaus aufklärerisch. Dieser Bekehrung folgt jene Amitals. Achior, als vernunftbegabter Heide mit Keimen der Wahrheit, stellt den typischen „unschuldigen Atheisten" dar, der durch Vernunft zur Glaubenserkenntnis kommen kann, Amital die typische „Glaubende aus Gewohnheit", die durch ihren dadurch schwachen Glauben allzu oft sündigt. Die beiden Konversionen (wie auch Teile des oben besprochenen Dialogs) sind an Pascals „Pensées" angelehnt. Pascal lehnt die rein mentalistische Konversion ab, nur die völlige, gesamtmenschliche Umkehr sei dauerhaft. Das deistisch wirkende, intellektuelle Bekenntnis Achiors wird durch die Betonung von Reue und

Hoffnung auf Vergebung in Amitals Umkehr christlich ergänzt.[364] Hier ist bedeutsam, dass Amital nicht von ihrer Schuld spricht, aus der heraus sie ihr Vertrauen verlor, sondern von ihrem Elend (V. 567f.).[365] Das Unglück des Menschen, nicht seine Sündhaftigkeit lässt ihn den Glauben verlieren.

Fazit: Metastasios Denken bildet eine Versöhnung zwischen Christentum und Rationalismus, einen Ausgleich zwischen Augustinus, Descartes, Thomas und dem Neuplatonismus, zwischen dem Vernunftoptimismus der Jesuiten und dem Gnadenbewusstsein der Jansenisten. Dabei ist ein metaphysischer Optimismus erkennbar, der zwar den Einbruch der göttlichen Gnade zur Umkehr als notwendig erachtet, aber dennoch Gottes Existenz als auch durch die Vernunft erschließbar ansieht, der an die Möglichkeit und Wahrheit der Erkenntnis Gottes allein durch die Vernunft glaubt und so dem Menschen die Möglichkeit zugesteht, auch nach der Erbsünde zwischen Gut und Böse zu unterscheiden.[366]

Judit als heilige Heldin und demütiges Werkzeug

Judit wird bei ihrem ersten Auftreten durch Kabri mit einem Zitat von Hld 6,9 eingeführt (V. 149): „Wer ist diese, welche wie die Morgenröte hervorkommt." Laut dem Kommentar zu „La Betulia Liberata" wollte Metastasio durch dieses Zitat bewusst mit einer Tradition brechen, die Judit als Vorausbild Marias darstellte und stattdessen Judit einer anderen Tradition entsprechend als *„typus ecclesiae"*, Urbild der Kirche charakterisieren.[367]

Weiters wird in den folgenden Versen (VV. 153-166) erwähnt:

(Amital): Nach ihrem *vernachlässigten Haar*,	---
ihrem groben Mantel	8,6: und sie trug ein Bußgewand über ihre Lenden.
und ihrem gesenkten Blick	---
ist sie die Tochter Meraris	8,1: (…) die Tochter Merari's, (…)
(Usija) Judit!	
(Kabri): Ja, die treue Witwe Manasses	8,2: Und ihr Mann war Manasses, der … gestorben war.

---

364 Stroppa, *Fra notturni sereni*, 169.
365 Stroppa, *Fra notturni sereni*, 105.
366 Accorsi, „Azioni Sacre", 25.
367 Metastasio, *Oratori*, 262. Der Kommentar verweist auf die *Explication du Cantique des Cantiques* von Duguet-d´Asfeld, 1754: Die Kirche würde demnach wie die Morgenröte die Dunkelheit des Heidentums vertreiben, das Licht der Wahrheit erscheinen lassen, ihr Licht erfülle das ganze Universum und sei schrecklich für die Dämonen und das Böse etc.

(Usija): Welcher Grund *führte sie nur aus dem geheimen Ort,* in dem sie sich nun schon das vierte Jahr verborgen hält?	8,9: Da diese nun hörte, (…), *sandte sie* zu den Aeltesten Chabri und Charmi. 8,10: *Und als sie zu ihr kamen* (…)
(Amital): Ich weiß, dass sie dort *betend die Nächte verbringt* und fastend die Tage.	8,6 (…) und fastete alle Tage ihres Lebens ausgenommen die Sabbate und Neumonde (…).
Ich weiß, dass der Himmel ihr Reichtum und Schönheit verlieh, aber *dass sie die Schönheit und den Reichtum verachtet.* Und so geschah es, dass der Neid an ihr keinen Makel, ob echt oder erfunden, finden kann.	8,7 Sie war aber überaus schön von Angesicht, und ihr Mann hatte ihr viele Reichthümer hinterlassen (…). 8,8: Und sie hatte bei jedermann einen sehr guten Namen; denn *sie fürchtete Gott sehr* und niemand war, der etwas Böses von ihr redete.

Asketin
Außer der Tatsache, dass Judit zu Usija kommt und nicht umgekehrt, behält sie alle biblischen Attribute von Jdt 8,1-8 bei, allerdings mit einigen *Hinzufügungen*: Von vernachlässigten Haaren ist z.B. in der Bibel nicht die Rede, auch nicht davon, dass sie jede *Nacht* betend durchwacht oder dass sie Reichtum und Schönheit verachtet. Sie wird also noch *asketischer* gezeichnet als in der Vorlage. Außerdem wird sie nicht sofort erkannt und Usija wundert sich, warum Judit überhaupt hier erscheint.[368] Sie scheint sich also nicht oft in Gesellschaft begeben zu haben.

Autorität...
Nach ihrem Tadel für Volk und Usija nennt dieser sie „weise, heilige, auserwählte Frau", deren Lippen Gott beseelt. Sie sei „dem Herrn teuer" und er bittet sie, für Betulia Vergebung zu erflehen und es zu führen und ihm zu raten. Ihre *Autorität* wird hier sogar auf den ersten Blick noch vergrößert: In Jdt 8,29 fordert Usija Judit nämlich nur auf, für sie zu beten. Von „raten" oder gar „führen" ist keine Rede. Auch der Schluss der Szene ist wirksam gelöst: Auf Judits Aufforderung hin, während ihrer Unternehmung für sie zu beten, stimmt das Volk sofort sein Bittgebet wieder an, während in Jdt 8,34 sich die Ältesten einfach von Judit verabschieden.

...und Werkzeug Gottes
Doch wird diese Autorität subtil untergraben, denn der Grund dafür, dass Usija auf sie hört, ist die Überzeugung, dass *Gott ihre Lippen beseelt* (VV. 192f.). Auch sie selbst sieht das so: Nicht nur, dass Gott ihre Lippen bewegt, er gab ihr

---

368 Gegen B. Elder, die in ihrem Artikel schreibt, dass Usija Judit *holen lässt*: „Midway through Part I Ozias decides that the faithful widow of Manasse should be summoned from her seclusion"; „Virgins", 101.

auch die *Gedanken* ein. Diese Gedanken soll das Volk durch seine Gebete unterstützen (VV. 216ff.), auch wenn niemand weiß, welches Vorhaben genau in ihrem Sinn reift (VV. 211ff.). *Gott* hat Judit den Plan eingegeben, das wird mehrfach betont. Usija erkennt das in V. 311 an, wenn er sagt: „Gott inspiriert dich", sie selbst singt in ihrer Arie vor ihrem Aufbruch aus der Stadt, dass der, der sie zur großen Unternehmung entflammt hat, sie auch begleitet und schützt. Sie habe ihn in der Seele und höre ihn wiederholen, dass sie siegen werde (VV. 315-318). Auch nach ihrer Rückkehr betont sie die Urheberschaft Gottes an der Unternehmung. Jede Unternehmung sei leicht für ein (von Gott) inspiriertes Herz (VV. 477f.), und das Lob der anderen unterbricht sie mit dem Hinweis, sie sei nur die Hand gewesen, Gott aber der Geist, der den Schlag führte, daher gebühre ihr auch das Lob nicht (VV. 630ff.). Die göttliche Eingebung siegt, wie Gott es versprochen hat (vgl. Judits Gebet vor der Tat: „Du hast es versprochen, auf dich vertrauend habe ich es unternommen." VV. 488f.). Dadurch wird zweierlei deutlich: 1.) Judit handelt nicht aus Eigeninitiative, sondern aufgrund der göttlichen Inspiration. 2.) Judit weiß sich von Gott zur Tat gerufen und begleitet, sie weiß ihre Worte als von Gott eingegeben und kann daher mit großer *Bestimmtheit* auftreten.

Elder moniert, dass Metastasio Judits Bestimmtheit eng mit ihrem Glauben verknüpft, während die biblische Judit unabhängig und selbstständig aus sich heraus entscheide.[369] Allerdings hält sich Metastasio dabei nur an die Vulgata, die ja gerade in diesen Aspekten von der griechischen Textfassung abweicht. Judits Tat wird im Vergleich zur Septuaginta tatsächlich von Gott diktiert, statt eine mutige, äußerst ungewöhnliche Initiative einer ebenso ungewöhnlichen Frau zu sein. Metastasios Judit verweist allerdings noch etwas öfter auf Gottes Urheberschaft als die biblische: Letztere nämlich lässt sich z.B. das Lob der Bevölkerung sehr wohl gefallen und ist sich auch des glücklichen Ausgangs der Unternehmung nicht so gewiss.

Typus Mariae versus typus ecclesiae?
Judit ist also das *demütige Werkzeug*, das sich einzig durch ihren unbedingten Gehorsam gegenüber Gottes Plänen auszeichnet. Die Kraft der göttlichen Eingebung wollte Metastasio betonen, „um die Aufmerksamkeit des Lesers dadurch vom irregulären Charakter der Unternehmung dieser berühmten Frau abzulenken", so schrieb er selbst in seinem Brief an Francesco Fattiboni 1761.[370] Doch genau die Attribute der demütigen Frau, die sich in Gottes Pläne gehorsam fügt, die von Gott auserwählt wird und das Böse besiegt, sind *marianisch*. Maria hat ja laut katholischer Interpretation durch ihr vorbehaltloses Ja zu Gottes Plänen den Erlöser geboren, der wiederum das Böse besiegt hat. Dazu kommt noch,

---

369 Bennett Elder, „Virgins," 102.
370 Zit. in: Metastasio, *Oratori*, 259f.

dass Metastasio Jdt 13,23 beinahe wörtlich und von einer Frau (!) sagen lässt: „Du bist gesegnet, von Gott auserwählt vor allen Frauen auf der Erde" („*O generosa donna, te sopra ogni altra Iddio favorì, benedisse*", VV. 625f.), einen Vers, der deutlich an den Begrüßungssatz der Elisabeth an Maria erinnert. Sollte also Metastasio tatsächlich vorgehabt haben, den marianischen Charakter Judits auszublenden, so ist es ihm nur sehr mangelhaft gelungen. Eher ist zu fragen, ob Judit „*typus ecclesia*" und Judit „*typus Mariae*" tatsächlich einen Widerspruch darstellen, wie in dem Kommentar zu „Betulia Liberata" behauptet wird. Der Verweis auf den „*typus ecclesiae*" diente Metastasio wohl eher dazu, den bedrängten Wienern das vorbildliche Verhalten Judits als nachzuahmendes Verhalten der Kirche, also auch des Publikums, vor Augen zu stellen.

Klug
Judit ist aber nicht immer „nur" das Sprachrohr Gottes. Sie darf durchaus auch eigene Gedanken formulieren. Sie revidiert das allgemeine Gottesbild des erzürnten Gottes, der durch Leid bestraft und ersetzt es mit einem liebenden und prüfenden Gott. Sie deutet die Ohnmacht Achiors als einzige richtig, als Reaktion auf die plötzliche Erleuchtung (VV. 532ff.). Und sie beweist strategisches Geschick, indem sie die Betulier zu einem Ausfall auffordert, der die Flucht der Assyrer zur Folge hat (VV. 452ff.). Metastasio stellt sie also als kluge Theologin, Philosophin und Strategin dar. Nur die Tat selbst wäre ohne Gottes Hilfe über ihre Kräfte gegangen.

Unbewaffnet, allein und unkriegerisch
Drei häufig angesprochene Attribute Judits sind „*unbewaffnet*" („*inerme*"), „*allein*" („*sola*") und „*unkriegerisch*" („*imbelle*"), dreimal in der Kombination „unbewaffnet und allein" (von Usija, Judit und Achior, VV. 304/312ff./524b), einmal als „allein und unkriegerisch" (Judit im Schlusschor V. 668) und einmal nur als „unkriegerisch" (vom Chor, V. 321). Doch Judit kontrastiert diese Attribute in ihrer Arie (VV. 312ff.) sofort mit Furchtlosigkeit: „Ich gehe *unbewaffnet* und *fürchte nichts, allein* gehe ich und bin *sicher*." Die Attribute „allein und unbewaffnet" verstärken somit zwar das Erstaunen der anderen (und damit ihren Glauben an die göttliche Inspiration), sind aber für Judit keineswegs ein Grund sich zu fürchten. Die metastasianische Judit muss nicht einmal Gott um Stärke, Kraft oder Standhaftigkeit bitten wie die biblische (Jdt 9,14; 9,18 u. ö.). Ziel der wiederholten Betonung, Judit sei ein schwaches Weib ist also nicht, ihr Fähigkeiten oder Mut abzusprechen, sondern nur, den Gedanken unmöglich zu machen, Judit hätte ohne Gottes Hilfe reüssieren können. Gottes Handeln soll dadurch noch deutlicher erkennbar werden. Metastasio verwendet daher auch nie die Wendung „starke Frau", die sonst sehr gebräuchlich war. Judits Unternehmung übersteigt die Kräfte eines Menschen, sie siegt allein durch göttliche Vorsehung und Hilfe.

Schön?
Selten hört man bei Metastasio jemanden in Bezug auf Judit von *Schönheit* sprechen: Nur dreimal wird sie überhaupt erwähnt: Kabri nennt Judit in seinem Hoheliedzitat „vergleichbar der Sonne und dem Mond schön und erwählt", allerdings nachdem er sie als „*schrecklich*" tituliert hat (VV. 150-152). Amital spricht von Judits vom Himmel verliehener Schönheit, die jene aber *verachtet* (VV. 162-164). Und Usija bewundert ihre Schönheit vor ihrem Aufbruch aus der Stadt (VV. 290-301), um aber sofort zu fragen, *wer* sie denn so schön gemacht habe. Schön ist Judit also durch Gott, er hat sie auserwählt und ihre Schönheit vergrößert (vgl. Jdt 10,4), und das steht in engem Zusammenhang mit ihrer Tugend. Nicht sie selbst hat sich schön gemacht, um Holofernes zu verführen, wie ihr kritische Geister oft vorwarfen, sondern Gott hat es für gut befunden, ihre Schönheit für diese Unternehmung zu vergrößern. Das streicht Metastasio heraus. Noch auffälliger ist das *Fehlen* jeder Erwähnung ihrer Schönheit in ihrer Erzählung der Tat: Kein Hinweis findet sich hier, dass die Wachen sie ihrer Schönheit wegen zu Holofernes geführt hätten, keine Andeutung, dass Holofernes deshalb so seltsam freundlich und mitleidig zu ihr war, weil er sie begehrte. Und, wie bereits erwähnt, fehlt auch im Schlussgesang, in Judits „Zusammenfassung" der Tat, jeder biblische Vers, der auf die Macht ihrer Schönheit hindeuten würde. Ebenso fehlt Judits Bitte an Gott, ihr dabei zu helfen, dass Holofernes durch ihre Schönheit getäuscht würde (wie „sicherheitshalber" das ganze Gebet Jdt 9).

Bewertung
Metastasios Judit ist also klug, aber den Plan der Befreiung Betulias gab Gott ihr ein. Sie ist schön, aber diese Schönheit beruht auf ihrer Auserwählung durch Gott. Sie ist reich, verachtet aber ihren Reichtum aus Gottesfurcht. Sie ist unkriegerisch und unbewaffnet, aber Gott führt ihre Hand zum tödlichen Streich. Sie ist selbstbewusst in Wort und Tat, weist aber bescheiden jedes Lob von sich auf Gott. Ihre Tugenden sind alle von Gott gegeben und auf Gott gerichtet. Sie ist die „heilige Heldin" (V. 578) und das demütige Werkzeug, die Betulia vom Bösen befreit und doch „nur" die Hand Gottes war. Und angesichts so viel Gottverbundenheit hat Metastasio es erreicht, jeden Zweifel über ihre moralische Integrität im Keim zu ersticken. Die Hand Gottes kann nicht lügen, nicht überlisten und nicht morden. Sie kann nur der göttlichen Vorsehung zum Durchbruch verhelfen. Durch Metastasios Libretto wird Judit wieder zu der Allegorie, die sie lange Zeit war, zur Demut, die den Hochmut überwindet.

Die Vertonungen von Metastasios „Betulia Liberata"

Georg Reutter d. J. (1708-1772)[371]

Georg Reutter der Jüngere wurde am 6. April 1708 in Wien getauft. Seine Eltern waren Georg Reutter der Ältere und die Hofsängerin Therese Holzhauser. Ab 1727 wirkte er als Komponist, wurde 1731 Hoforganist und 1736 Kapellmeister von St. Stephan. Ab 1747 bekam er den Posten des Hofkapellmeisters und war außerdem Lehrer von Joseph und Michael Haydn. Er komponierte etwa 27 Opern, 8 Oratorien, 81 Messen, 6 Requien, dazu noch Chor- und Kammermusik.

Georg Reutter vertonte Metastasios Libretto als Erster, für die Aufführung in der Hofkapelle in der Karwoche des Jahres 1734. Das Orchester beschränkt sich auf Streicher (2 Violinen, Violoncello) und Basso Continuo. Judit, Amital und Achior sind Sopranpartien, Usija Alt und Kabri und Karmi Tenorstimmen.[372] Das Werk wurde 1735 und 1740 (im Jahr der Thronbesteigung Maria Theresias) in Wien wiederholt.

Andrea Bernasconi (1706-1784)[373]

Andrea Bernasconi wurde 1706 (oder 1712?) in Marseille geboren und wuchs in Parma auf. Nach Aufenthalten in Mailand, Verona, Venedig und Wien wurde er 1753 Vizekapellmeister in München und 1755 Hofkapellmeister. 1784 starb er in München. Er schrieb etwa 21 Opern.

Bernasconis „Betulia Liberata"[374] wurde in der Fastenzeit 1738 in Wien uraufgeführt und 1754 in einer revidierten Fassung in München präsentiert. Aufführungsort und -anlass konnte ich nicht in Erfahrung bringen. Die auffälligste Änderung an Metastasios Libretto war die der Auslassung von Karmi. Usija, Judit und Amital sind Sopranpartien, Achior ist Alt und Kabri Tenor. Das Orchester ist mit Streichern, Oboen, Flöten, Fagotten, Hörnern, Pauken und Basso Continuo groß besetzt. Die Karmi zugedachten Verse werden auf Amital, Kabri und Usija verteilt, davor und danach ergeben sich ebenfalls Verschiebungen auf andere Personen. Da nun Karmis große Arie im zweiten Teil (VV. 613ff.) Amital zufällt, entsteht die Notwendigkeit, Amitals Arie davor von Kabri singen zu lassen. Dadurch ergibt sich aber eine schwerwiegende inhaltliche Änderung: Nicht Amital bereut ihren Kleinglauben, sondern Kabri! Amital hingegen berichtet von der Panik im assyrischen Lager und den Erfolgen der Israeliten. Dagegen mutet der wahrscheinliche Druckfehler in Achiors Bekehrung: „Io credo" statt

---

371 Vgl. http://www.aeiou.at/aeiou.encyclop.r/r558823.htm.
372 Reutter, *Betulia Liberata*.
373 Vgl. http://www.operone.de/komponist/bernasconi.html.
374 Bernasconi, *Betulia Liberata*.

„Io cedo" marginal an. Aus praktischen oder finanziellen Gründen (das Fehlen eines guten Sängers oder auch Geldmangel) wurde demnach das Libretto verändert und in seiner Aussage verfälscht.

Ignaz Holzbauer (1711-1783)[375]

Ignaz (Jacob) Holzbauer wurde am 18. September 1711 in Wien getauft. Er wirkte zunächst in seiner Heimatstadt. 1747 ging er für einige Zeit nach Italien, bevor er 1750 zum Hofkapellmeister in Stuttgart ernannt wurde. Drei Jahre später übernahm er dieselbe Funktion in Mannheim und wurde einer der wichtigsten Vertreter der Mannheimer Schule. Er schrieb über 200 Symphonien, 15 Opern, zahlreiche Messen und Kantaten, einige Streichquartette, jedoch nur zwei Oratorien. Von seiner „Betulia Liberata" sind nur zwei Aufführungen in Mannheim belegt, es existiert jedoch ein gedrucktes Libretto von 1761 in Wien,[376] was auf eine Aufführung schließen lässt. Das Orchester ist mit Streichern, Flöten, Oboen und Hörnern besetzt. Judit, Amital, Kabri und Karmi sind Soprane, Usija und Achior Tenöre.[377]

Holzbauers Libretto weist einige Kürzungen auf: Usija verweist durch das Fehlen der Verse 52b-59a nur summarisch auf Gottes Wunder, ohne ins Detail zu gehen. Dasselbe geschieht bei Achiors Erzählung. Hier fehlen die Verse 242b-248a. Schwerwiegender ist die Auslassung von Judits theologischer Begründung des Leides (VV. 197b-207a). Usijas erstaunte Frage nach dem Urheber von Judits Schönheit fehlt ebenso (VV. 295-301).

Im zweiten Teil ist der philosophische Diskurs zwischen Usija und Achior radikal gekürzt: Auf Usijas Anspruch, jeder müsse Gott als Einzigen anbeten (VV. 336b-338) antwortet Achior mit V. 381b ff., er wolle nicht einen Gott anbeten, den er sich nicht vorstellen könne, worauf Usija einwendet, Gott könne man überall sehen (VV. 400b ff.). Es fehlen demnach alle Argumente Usijas, ob biblischer oder philosophischer Natur, der Gottesbeweis wird zu einem nichts sagenden Gespräch verkürzt, das das Schwanken Achiors („*Sento sedurmi*") im Anschluss an Usijas Arie unglaubwürdig macht.

In Judits Erzählung ihrer Tat ist die Passage ausgelassen, in der die mitleidige Reaktion des Holofernes auf Judits Worte erwähnt wird (VV. 463b-467a). Weit bedeutsamer ist die Änderung in den VV. 566b ff., wonach Amital ihren Kleinglauben bereut, aber Usija anfleht, *er* möge für sie dafür bei Gott um Verzeihung bitten. Usija singt darauf eine Arie, in der er ihr als mit demütig bittendem Herzen Bereuende das Erbarmen Gottes zusichert. Durch diese Funktion als Sprachrohr Gottes wird Usija natürlich sehr aufgewertet.

---

375 Vgl. http://de.wikipedia.org/wiki/Ignaz_Holzbauer.
376 Sartori, *Libretti italiani*, Bd. 3, 429.
377 Holzbauer, *Betulia Liberata*.

Die Kürzungen betreffen demnach vor allem theologische Abhandlungen, die Änderung in VV. 566b ff. stärkt Usijas Rolle, die durch die Auslassungen im philosophischen Diskurs zuvor an Gewicht verloren hat.

Florian Leopold Gassmann (1729-1774)[378]

Florian Leopold Gassmann wurde am 3. Mai 1729 in Brüx (Most) in Tschechien geboren. Nach dem Besuch des Jesuitengymnasiums in Komtau floh er aus dem Elternhaus, um Musiker zu werden. Er wirkte zunächst in Venedig, wo er von 1757 bis 1762 jedes Jahr zum Karneval eine Oper schrieb und außerdem Chorleiter am Mädchenkonservatorium wurde. 1763 berief man ihn als Ballettkomponist in der Nachfolge Glucks nach Wien, schon ein Jahr später wurde er Kammerkomponist und 1772 Hofkapellmeister. 1771 initiierte er die Wiener „Tonkünstlersozietät", ein „Pensionsinstitut" zur Unterstützung von Witwen und Waisen verstorbener Musiker. Dieses Institut wurde vom Hof gefördert und durfte vier große Konzerte im Jahr zum eigenen Benefiz veranstalten.[379] Zur Gründung dieser Institution 1772 vertonte Gassmann Metastasios „Betulia Liberata". Bereits zwei Jahre später starb er an den Spätfolgen eines Unfalls, und seine Familie musste von eben dieser Institution unterstützt werden. Er komponierte etwa 22 Opern, 50 Sinfonien, Divertimenti, Streichquartette, Kirchenmusik und Oratorien.

Gassmanns „Betulia Liberata" wurde am 29. März 1772 uraufgeführt. Dieses Konzert begründete in Wien die bürgerliche Konzerttradition, die sich im übrigen Europa längst etabliert hatte. Laut Mosels Salieri-Biografie wirkten über zweihundert Musiker und Sänger mit.[380] Das Publikum bestand aus Bürgern. Dennoch vermutet Bradley in seiner Dissertation, dass die Stoffwahl zur Ehre Maria Theresias erfolgt sei, da zwischen der Kaiserin und Gassmanns Familie enge Beziehungen bestanden und sie sogar die Taufpatin von Gassmanns Tochter gewesen sei.[381] Immerhin unterstützte der Hof ja auch das Institut kräftig. Zwischen den beiden Teilen spielte La Motte, ein bekannter Geiger. Judit und Amital werden von Sopranstimmen gesungen, Usija und Achior sind Altpartien, Kabri ist Tenor, Karmi Bass. Das Orchester inkludiert Streicher, Oboen, Klarinetten, Englischhorn, Fagotte, Hörner, Trompeten und Posaunen. Bradley vermerkt dazu, Gassmann habe durch „musikalische Effekte, stereotype Charaktere, brillante Gesangslinien und die große Anzahl an Mitwirkenden" beim nicht übermäßig gebildeten Publikum gepunktet und auch verschiedene Stilrichtungen von *opera-buffa*-Elementen über Glucks Reformkompositionen bis zum Kontra-

---

378 Vgl. CD-Booklet: Gassmann, Betulia Liberata.
379 Aus Mosels Salieri-Biografie, zitiert in: Angermüller, *Salieri*, 228.
380 Zitiert in: Angermüller, *Salieri*, 228.
381 Bradley, *Maria Theresia*, 140.

punkt von Fux eingearbeitet.[382] Das Werk wurde 1772 und 1776 wiederholt und zum fünfzigsten Jahrestag der Gründung der Tonkünstlersozietät von Antonio Salieri bearbeitet und aufgeführt.

Gassmann hält sich getreu an das Libretto, es fehlt nur ein einziger Satz, nämlich aus Usijas erstem Rezitativ V. 5bf.: „Also so schnell weicht ihr der Not?" Dabei dürfte es sich allerdings um keine bewusste Auslassung handeln.

Wolfgang Amadeus Mozart (1756-1791)[383]

Wolfgang Amadeus Mozart wurde am 27. 1. 1756 in Salzburg geboren und galt früh als (vom Vater Leopold stark gefördertes) Wunderkind. Seine Kindheit verbrachte er mit ausgedehnten Konzertreisen durch ganz Europa. Die erstrebte Stellung an einem europäischen Hof erhielt er aber nicht. Bis 1781 wirkte er daher in Salzburg als Konzertmeister der Hofkapelle. Nach dem endgültigen Zerwürfnis mit dem Erzbischof ging er nach Wien und lebte dort als freier Künstler mit wechselnden Erfolgen. Am 5. Dezember 1791 starb er verarmt in Wien. Er gilt als der bedeutendste Komponist seiner Zeit und bildet mit Joseph Haydn und Ludwig van Beethoven das Dreigestirn der Wiener Klassik.

An geistlichen Kompositionen schrieb Mozart in seinen Salzburger Jahren im Dienst des Erzbischofs 16 Messen, 4 Litaneien, 2 Vespern und andere kleinere Kirchenkompositionen, in Wien nur noch die c-moll-Messe und das „Requiem", beides unvollendet. Oratorien komponierte er nur zwei: „La Betulia Liberata" (KV 118) und „Die Schuldigkeit des Ersten Gebots", sowie die oratorienähnliche Kantate: „Davidde penitente", Letzteres eine Umarbeitung der oben erwähnten c-moll-Messe".[384] Über die Uraufführung von Mozarts „Betulia Liberata" weiß man nichts. Mozart komponierte das Werk für Padua im Sommer 1771 in Salzburg, also mit 15 Jahren. Auftraggeber war Don Giuseppe Ximenes de Principi d' Aragona, der Oratorien und Kantaten im Rahmen von privaten „musikalischen Akademien" aufführen ließ. Allerdings gibt es keine Hinweise auf eine tatsächliche Aufführung. 1784 bat Mozart seinen Vater, ihm das Werk nach Wien zu schicken, da er es (umgearbeitet?) für die Wiener Tonkünstlersozietät verwenden wollte. Angeblich wurde „La Betulia Liberata" mit zwei dazu komponierten Nummern in der Fastenzeit 1786 aufgeführt,[385] doch fehlen auch darüber direkte Nachrichten.

Die auffälligste Veränderung zu anderen Vertonungen ist die Besetzung der Judit mit einer Altstimme. Amital und Kabri sind Soprane, Karmi ist eine Mezzosopranrolle, Usija Tenor und Achior Bass. Das Orchester ist groß besetzt: 2

---

382 Bradley. *Maria Theresia*, 183.
383 Vgl. Korten, „Mozart", 630ff.
384 Vgl. Beaujean, „Mozart", 602.
385 Vgl. Programmheft zu Mozart: Betulia Liberata, Salzburger Festspiele 2006, 11.

Flöten, 2 Oboen, 2 Fagotte, 4 Hörner, 2 Trompeten, Streicher und Basso Continuo. Mozart folgt dem Libretto genau, es finden sich keine Kürzungen.[386]

Francesco Piticchio (1760-1800?)[387]

Die Lebensdaten Francesco Piticchios sind nicht genau bekannt. Geboren wurde er vermutlich in Palermo, er wirkte ab 1784 in Dresden, und von 1787-1791 in Wien. Dort ist vermutlich 1786 seine „Betulia Liberata" uraufgeführt worden.[388] Zu diesem Zeitpunkt war Metastasio bereits vier Jahre tot. Vielleicht erklärt das die zum Teil gravierenden Änderungen, die Piticchio am Libretto vornahm.[389] Das Orchester ist mit Oboen, Hörnern, Fagotten und Streichern besetzt. Diese Besetzung wird übrigens bei allen Arien verwendet, ein sehr unübliches Verfahren. Die Personen sind auf Usija, Karmi, Achior und Judit reduziert. Judit ist Sopran, Karmi Tenor, Usija und Achior sind Altstimmen.

Die Änderungen betreffen erstaunlicherweise nicht die (teilweise stark gekürzten) Rezitative, sondern die Arien. Schon Usijas erste Arie weist einen völlig anderen Text auf,[390] der die Brisanz des metastasianischen Textes stark mildert. Karmi übernimmt im Rezitativ sowohl Kabris als auch Amitals Worte. Die Arie entfällt. Usija verweist wie schon bei Holzbauer nur summarisch auf die Wunder Gottes (VV. 52b-58a entfallen). Karmi springt daraufhin von V. 65a auf V. 87b, zur Forderung der Kapitulation. Die Arie Amitals wird durch eine andere ersetzt, mit ähnlichem, aber wiederum abgemildertem Inhalt.[391] Judits Auftritt kommentiert Usija allein, das Hoheliedzitat entfällt dabei. Judits theologische Erklärung des Leids als Prüfung fällt auch hier der Kürzung zum Opfer. Auf V. 197a („Hofft auf Gott und ertragt eure Übel") folgt direkt (VV. 211b ff.) die Ankündigung eines großen Plans. Im folgenden Chor singt bereits Achior mit (!), der erst danach auf der Szene erscheint. In Achiors Erzählung werden auch hier die Details der Verse 240b-248a (die Geschichte des Gottesvolkes) gekürzt. Nach Usijas Verabschiedung von Judit (V. 311) folgt eine gravierende Veränderung: Judit betont noch einmal, von Gott inspiriert zu sein, in ihrer Arie ist der erste Teil neu getextet, ihre unerschütterliche Sicherheit weicht dadurch einer („weiblicheren") Hoffnung. Nun erscheint noch einmal Karmi (der hier zum Liebhaber Judits stilisiert wird) und bedrängt Judit in einem Terzett, sie möge ihn doch zu ihrer Unternehmung mitnehmen. Usija bangt ebenfalls um sie,

---

386 Mozart, *Betulia Liberata*.
387 Vgl. Dubowy, „Piticchio", 641.
388 Vgl. Reischert, *Kompendium*, 535.
389 Piticchio, *Betulia Liberata*.
390 Siehe Anhang.
391 Siehe Anhang.

schließlich besingen alle drei ihren Abschiedsschmerz.[392] Damit endet der erste Teil.

Im philosophischen Diskurs wird der Gottesbeweis des Thomas (VV. 347-381a) und der augustinische Ansatz ausgelassen (VV. 390b-400), dadurch bleibt nur noch ein Bruchteil der Argumentation übrig. Nach dem Diskurs erfolgt sofort die Rückkehr Judits. Ihre Erzählung ist ebenfalls gekürzt: Die Verse 464b-466a und vor allem 502a-504 bzw. 508b-516a (Todeskampf des Holofernes) fehlen. Dafür fügt Piticchio nach dem Ende der Erzählung einige Verse ein, in der Judit ihrer Erleichterung über den glücklichen Ausgang Ausdruck verleiht sowie noch einmal betont, dass Gott allein alles bewirkt hat. Auch eine neu eingeschobene Arie betont ihre („weibliche") Freude, dass Schmerz und Schrecken für ihr trauriges Herz vorüber sind. Die eigentliche Arie Judits („*Prigionier che fa ritorno*") singt Usija. Amitals Bekehrung entfällt. Karmi erhält eine andere Arie,[393] vor das eigentliche Finale wird ein Quartett eingeschoben, in dem Judit und Karmi ihr (Liebes-) Glück besingen und Achior und Usija ihre Zufriedenheit darüber betonen. Dafür entfällt die „Schlussmoral" der Verse 673-682.

Judit wird in dieser Fassung also zur liebenden, weichherzigen Frau stilisiert, die mit Metastasios Original nur wenig zu tun hat. Jede Selbstsicherheit, Unerschrockenheit und „männliche" Tapferkeit fällt der Zensur zum Opfer, statt sicher zu sein, hofft sie, statt gerne zu gehen, leidet sie Qualen, statt jedem Mann zu entsagen, hat sie einen Geliebten. Vielleicht empfand man diese Umgestaltung damals als sympathischer, weil stärker an Geschlechter-Stereotypen angepasst, mit der dichterischen Vorlage kann sie sich jedenfalls nicht messen.

Antonio Salieri (1750-1825)[394]

Antonio Salieri wurde am 18. August 1750 bei Venedig geboren und kam durch seinen Lehrer, Florian Leopold Gassmann, mit 16 Jahren nach Wien. Ab 1770 wirkte er als Opernkomponist. 1774 wurde er als Nachfolger Gassmanns Hofkomponist, 1788 Hofkapellmeister. Salieri war einer der Gründer der Gesellschaft der Musikfreunde in Wien. Er stellte das musikalische Programm für den Wiener Kongress zusammen und arbeitete auch als Pädagoge.

Im Frühjahr 1820 begann Salieri mit der Bearbeitung von Gassmanns „Betulia Liberata". Er stand der Tonkünstlersozietät sehr nahe: Ab 1796 hatte er an jedem der wohltätigen Konzerte teilgenommen, als Komponist, Korrepetitor oder Dirigent.[395] 1821, 50 Jahre nach der Gründung der Wiener Tonkünstlersozietät

---

392 Siehe Anhang.
393 Siehe Anhang.
394 Vgl. http://www.aeiou.at/aeiou.encyclop.s/s023591.htm.
395 Aus Mosels Salieri-Biografie, zitiert in: Angermüller, *Salieri*, 228.

und der Uraufführung des Oratoriums brachte er es anlässlich des Jubiläums zur Aufführung, in einer Bearbeitung, „wie Gassmann selbst gethan haben würde,"[396] nämlich durch Abkürzungen einiger Rezitative und Arien und durch Vermehrung der Chöre. Dazu spendete er noch tausend Gulden zur Deckung sämtlicher Aufführungskosten. Dem Werk stellte er einen von Friedrich Treitschke gedichteten Lobgesang auf Gassmann voraus: „Du, dieses Bundes Fels und Gründer, vernimm den Dank, das segnend Flehn, mit dem die Witwen und die Kinder nach deinem Himmelswohnsitz sehn. (…)."[397]

Salieri nimmt folgende Kürzungen vor: Es fehlen die Verse 52b bis 59a. Usija erinnert daher (wieder einmal) nicht an den Auszug aus Ägypten und das Meerwunder, sondern verweist nur allgemein auf Wunder, die Gott gewirkt hat. In Amitals Monolog vor ihrer Arie sind die Verse 77b-87a gestrichen, die detaillierte Schilderung der Not der bedrängten Betulier, vor allem der Kinder. Bedeutender als die Auslassung von VV. 109b-117a (Teile der Diskussion zwischen Amital und Usija vor dem Ultimatum) ist die von VV. 197b-209a. Die theologische Begründung des Leides als Prüfung für die Getreuen Gottes wird gestrichen. Damit fehlt (wieder einmal) Judits zentrale theologische Aussage, mit der sie die Meinung Usijas und der anderen korrigiert, Leid sei die Strafe für begangene Sünden. Der Verweis auf die Wunder Gottes während des Auszuges aus Ägypten fehlt auch bei Achiors Bericht, da die VV. 142b-250a ausgelassen sind und damit auch die wichtige Aussage, dass Gott für die ihm Teueren immer gekämpft habe. Im ersten Teil fehlt noch die gastfreundliche Aufnahme des Achior durch Usija, da nach Achiors Arie (V. 276) direkt auf Judits Erscheinen (V. 288) gesprungen wird.

Im zweiten Teil strich Salieri den gesamten philosophischen Dialog zwischen Usija und Achior. Stattdessen fügte er einen Chor ein:

> *Volgi o ciel benigni i rai le nostr' alme a consolar.*
> *Il tuo sdegno il nostro pianto giunga al fine disarmar.*
> *Deh Signor, ah non fia mai che ci voglia abbandonar.*
> (Wende o Himmel, uns freundliche Strahlen zu, um unsere Seelen zu trösten.
> Unser Weinen möge deinen Zorn zuletzt entwaffnen.
> O Gott, ach, nie geschehe es, dass du uns verlassen wollest.)

In Amitals darauf folgendem Rezitativ wird nur ein Satz ausgelassen (VV. 426b-428a). In Judits Erzählung ihrer Tat fehlt die Erwähnung von Bagoas, der Einwurf Amitals und Judits Entgegnung, jede Unternehmung sei für ein inspiriertes Herz leicht (VV. 474b-478a).

---

396 Angermüller, *Salieri*, 228.
397 Salieri, *Betulia Liberata*.

Durch die Umarbeitung wird Gott zum rächenden Gott, das Leid als Prüfung zum Leid als Strafe umgedeutet. Auch der gastfreundliche Umgang Usijas mit dem „Feind" Achior fällt weg.

Trotz dieser tief greifenden Kürzungen schien das Werk für die Rezension immer noch zu langatmig gewesen zu sein. Denn die „Wiener Allgemeine musikalische Zeitung" schrieb in ihrer Kritik: „die immerwährenden Rezitative [sind] für unseren Geschmack zu ermüdend."[398]

Trotz intensiver Nachforschung konnte ich nicht klären, ob die Vertonungen der „Betulia Liberata" von Pasquale Anfossi oder Niccolò Jommelli in Wien aufgeführt wurden, von denen in der Nationalbibliothek handschriftliche Partituren vorhanden sind. Jommelli und Anfossi kürzen das Libretto beträchtlich und verfälschen die Aussage Metastasios zugunsten früherer Darstellungen des Sujets.

Generell ist eine Tendenz bemerkbar, das Libretto Metastasios gerade in den Passagen zu kürzen, die ihm den größten philosophisch-theologischen Ruhm eingebracht hatten, und das Sujet wieder in den gewohnten, oberflächlicheren Interpretationen zu zeigen.

Exkurs: Heutiger Umgang mit Metastasios Libretto am Beispiel dreier Aufführungen von Mozarts „Betulia liberata" in den Jahren 2004-2006

In Wien wurde „La Betulia Liberata" in der Vertonung durch Mozart 2004 und 2006 gegeben. 2004, unter der Leitung von Bertrand de Billy im Rahmen des Wiener Osterklangs am 9. April im Theater an der Wien; 2006 im Rahmen der Wiener Festwochen unter Nikolaus Harnoncourt im Großen Musikvereinssaal am 27. und 28. Mai, in Salzburg ebenfalls 2006 am 18. August. In beiden Wiener Aufführungen wurde das Werk gekürzt:

Im Programmheft von 2004[399] steht nur eine deutsche Übersetzung abgedruckt. Die Kürzungen sind drastisch und bringen insgesamt ein teilweise sinnentleertes Korsett hervor. Usijas Ultimatum entfällt etwa, daher gehen Judits Vorwürfe in dieser Angelegenheit völlig ins Leere. Achiors Auftreten wird nicht kommentiert, nach dem Bitt-Chor „*Pietà se irato sei*" (VV. 219-222) folgt sofort Achiors Arie „*Terribile d' aspetto*" VV. 269-276), man weiß demnach nicht einmal, von wem Achior diese Aussagen macht, geschweige denn, wer er eigentlich ist und was er bei Holofernes erlebt hat. Judits verändertes Äußeres fällt der Kürzung ebenso zum Opfer wie der gesamte philosophische Diskurs. Die Arie Usijas „*Se Dio veder tu vuoi*" (VV. 406-413) steht allein und unerklärt im Raum. Judits Schilderung der Tat ist vollständig geblieben, doch schließt sofort

---

398 Angermüller, *Salieri*, 229.
399 Programmheft zu Mozart: Betulia Liberata, Theater an der Wien, 9.4.2004.

ihre Arie „*Prigionier che fa ritorno*" an (VV. 537-544), die eigentlich ein Kommentar zur (gestrichenen) Ohnmacht Achiors sein sollte. Die Schilderung Karmis über die Flucht der Assyrer wird auf die Arie allein verkürzt, wodurch der Zusammenhang völlig unklar bleiben muss. Die Kürzungen erfolgten offensichtlich nach rein musikalischen Gesichtspunkten, die Arien wurden behalten, viele der (handlungs- und sinntragenden) Rezitative völlig gestrichen. Metastasios Werk muss auf diese Weise unverständlich und sogar teilweise sinnlos wirken.

Bedeutend geistreicher ging Harnoncourt mit dem Libretto um. Im Wesentlichen kürzt er jedes Rezitativ, lässt aber keines ganz aus. Im Programmheft[400] ist der (aufgeführte) Text deutsch und italienisch abgedruckt. Inhaltlich ergibt sich wie schon bei Salieri, dass Judits theologische Antwort über den Sinn des Leids fehlt, dass Usijas und Achiors Erinnerung an die Heilstaten Gottes nur summarisch erfolgen und dass die detaillierte Schilderung der Not durch Amital verkürzt wird. Im philosophischen Diskurs entsteht durch die Kürzung ein logisches Problem: Auf Achiors Frage, wer Gottes Einzigartigkeit beweise, antwortet Usija mit dem Verweis auf Gottes Selbstoffenbarung: „Er sagte: ‚Ich bin, der ich bin' und sagte damit alles" (V. 346) Hier erfolgt der Strich, und Achior antwortet darauf, er weiche Usijas Redekunst (!) und beklagt, dass jener Gott unvorstellbar sei (VV. 380-384). Bei Metastasio hingegen weist Achior den Verweis auf israelitische Glaubenserfahrungen zurück und gibt sich erst philosophischen Vernunftgründen geschlagen.

Die dritte Aufführung von „La Betulia Liberata" fand in Salzburg am 18. August 2006 unter Christoph Poppen statt. Die einführenden Artikel des Programmheftes[401] sind wissenschaftlich fundiert und informativ, der Text ist im italienischen Original und in einer deutschen gereimten Übersetzung abgedruckt. Besonders erfreulich ist aber der Umstand, dass Mozarts Werk hier ungekürzt zur Aufführung kam. Nur so wird man wohl der theologischen Dichte des metastasianischen Textes gerecht.

Fazit

17. Jahrhundert

Allgemeines
Die Darstellungen des Juditbuches im Oratorium des 17. Jahrhunderts sind sehr divergent. Allgemein ist Folgendes zu bemerken:

---

400 Programmheft zu Mozart: Betulia Liberata, Musikverein Wien, 27. u. 28.5.2006.
401 Programmheft zu Mozart: Betulia Liberata, Salzburger Festspiele, Felsenreitschule, 18.8.2006.

Die Nähe zur biblischen Vorlage nimmt im Lauf der Zeit zu. Hatte Draghis Libretto noch sehr wenig Ähnlichkeit mit dem Text des Juditbuches, findet man bereits bei Zacher wichtige biblische Elemente. Stampiglia hält sich zumindest im Handlungsgerüst an das Original, und Maddali zitiert sogar einige Verse sinngemäß.

Die Libretti beginnen allesamt nicht vor dem fünften Kapitel des Juditbuches. Nebukadnezzar kommt als Person nicht vor, die Gefahr geht außer bei Maddali/Porsile ausschließlich von Holofernes aus und betrifft auch nur Betulia.

Judits Aufenthalt im assyrischen Lager beschränkt sich jeweils nur auf einen Tag.

Das Gastmahl des Holofernes findet nicht statt oder wird wie bei Maddali nur rückblickend erwähnt. Holofernes schläft in den anderen Libretti ohne Einwirkung von Alkohol ein.

Zwei kontrastierende Sichtweisen von Judit im 17. Jahrhundert
Bei Ottoboni/Scarlatti und Stampiglia/Badia wird Judit sehr *selbstständig und unabhängig* dargestellt. Sie handelt aus eigener Initiative, nicht als Werkzeug Gottes. In diesen Oratorien fehlt auch jeder Hinweis auf ihre Demut oder Keuschheit. Draghis Judit hat zwar eine enge Gottesbeziehung, ihre Entschlossenheit weckt aber auch Zweifel an ihrer moralischen Integrität. Die mutige, selbstständige Judit scheint sich demnach in diesen Libretti nicht mit der demütigen und keuschen Judit vereinbaren zu lassen.

Bei Zacher und Maddali/Porsile hingegen wird *Judits Demut* herausgestellt. Das geht einher mit der Betonung von Gottes direkter Eingebung der Tat. Judit ist hier demütig, aber sie handelt nicht selbstständig. Sie agiert als gehorsames Werkzeug Gottes. Auch hier wird die Ambivalenz in Judits Charakter einseitig verkürzt.

Das Gottesbild im 17. Jahrhundert
Das Gottesbild ist auf zwei Hauptpunkte zentriert: (1) *Gott kämpft für die Seinen und tötet deren Feinde*, (2) *Wer auf Gott vertraut, geht nicht unter*. Die Geschichtsmächtigkeit Gottes geht dabei bei Zacher und Maddali/Porsile auf Kosten der menschlichen Freiheit: Hier ist Gottes Vorsehung alles beherrschend und lässt keinen Raum zur Eigeninitiative. Bei den anderen Libretti ist Gott zwar mitverantwortlich für den Sieg, doch die Menschen handeln auf eigenen Impuls hin. Ein wichtiger Aspekt bei Draghi, Stampiglia/Badia und Maddali/Porsile ist auch, dass *Gott Sünden bestraft, jedoch auf Reue barmherzig reagiert*. Der Gedanke, dass *Gott die Tyrannen tötet bzw. die Hochmütigen stürzt*, findet sich auch in drei Oratorien (Ottoboni/Scarlatti, Stampiglia/Badia und Maddali/Porsile). Die Problematik von Krieg und Gewalt wird generell nicht thematisiert, einzig Zacher bringt dazu einige Ansätze. Die zentrale Botschaft der Ora-

torien lautet demnach, wer sich vor Gott richtig verhält, ihm vertraut und seine Sünden bereut, siegt.

Metastasio
Metastasios Oratorium ist nicht nur das meist vertonte Judit-Oratorium überhaupt, sondern auch das vielschichtigste.

Antwort auf Kriegswirren
„La Betulia Liberata" ist eine Antwort auf die Kriegswirren der Jahre 1733/34 und dient der Aufrichtung der Angst leidenden Wiener Bevölkerung. Daher wird Furcht stärker gebrandmarkt als in der Bibel.

Vernunft und göttliche Gnade
Das Anliegen der Aufklärung, die Menschen durch Vernunft zum „Licht" der Erkenntnis zu führen, findet sich im eingefügten philosophischen Diskurs zwischen Usija und Achior vertreten. Metastasio erweist sich hier als Mittler zwischen Christentum und Rationalismus, zwischen Jesuiten und Jansenisten und zwischen Augustinus, Descartes, Thomas und dem Neuplatonismus. Der Mensch kann Gott trotz Erbsünde durch die Vernunft erkennen, es bedarf aber dennoch des Einbruchs der göttlichen Gnade in das menschliche Herz, um wahre Umkehr zu ermöglichen.

Verwendung von Bibeltexten
Die von Metastasio selbst vermerkten Bibelstellenverweise erlauben einen Einblick in dessen Verwendung von Bibeltexten. Dabei zeigt sich, dass Metastasio das Buch Judit in verschiedener Weise zitiert: (1) summarisch, mit verkürzenden Tendenzen; (2) als Handlungsbelege; (3) sinngemäß und (4) annähernd wörtlich. Interessant sind vor allem die Auslassungen, die unliebsame Züge der Hauptperson verschleiern. Die Verweise auf andere biblische Bücher sind nicht so häufig. Auf das Neue Testament wird nur viermal Bezug genommen, aus dem Alten Testament kommen Elemente aus der Tora, den Weisheitsbüchern und aus Jesaja vor, wobei die Verweise auf die Tora oft summarisch sind, als Belege für Gottes Heilstaten. Das Neue Testament wird teilweise eigenwillig ausgelegt. Metastasios postulierte Bibeltreue findet also dort eine Grenze, wo sie sich nicht mehr mit eigenen Aussage-Intentionen deckt. Die Verweise auf andere autoritative Schriften (Kirchenväter und -lehrer) dienen vor allem der argumentativen Untermauerung von Aussagen, die sich so nicht im Juditbuch finden, in zweiter Linie zur Ausschmückung oder Ergänzung für das im Buch Judit Gesagte.

Göttliche Vorsehung und Vertrauen
Gott ist in diesem Oratorium ein beständiges Thema, zu ihm beten alle Protagonisten außer Karmi. Er ist die göttliche Barmherzigkeit und Güte. Die Macht seiner Vorsehung wird besonders betont, dazu das Versprechen, dass er für die kämpft, die auf ihn vertrauen. Der freie Wille des Menschen ist zwar Voraussetzung für die Bekehrung des Achior, doch Judits Tat wird als von Gott eingegeben bezeichnet, Judit selbst ist reines Werkzeug. Das Leid hat erzieherische Bedeutung und dient der Prüfung derer, die Gott teuer sind. Wer verzagt und an Gottes Vorsehung zweifelt, dem wird Gottesliebe und Glaube abgesprochen.

Judit als aphysische Allegorie
Judits Ambivalenz wird zugunsten einer allegorischen Darstellung ausgeblendet. Alle umstrittenen Elemente wie Lüge, Erotik oder Täuschung fehlen, dagegen wertet Metastasio den Inspirationsgedanken auf und lenkt so die Aufmerksamkeit des Rezipienten bewusst auf Gottes Vorsehung. Durch diese Verkürzung der Juditgestalt auf ihre asketischen, heiligen, Gott vertrauenden und demütigen Momente wird der Geschlechterkonflikt ebenso wenig thematisiert wie die Frage nach einer Legitimation der Tat. Judit wird wieder zur aphysischen Allegorie. Grund für diese beschönigende Interpretation der Judit-Gestalt könnte einerseits der Vergleich mit dem glorifizierten Feldherrn Prinz Eugen von Savoyen, andererseits auch die Strategie Karls VI. gewesen sein, der die Thronbesteigung seiner Tochter Maria Theresia vorbereitete und der Bevölkerung ein biblisches Identifizierungsmuster zur Verfügung stellen wollte.

Judit im Theater

Vorbemerkungen

Theater des Barock

Das Theater des Barock bestand in Österreich aus drei wichtigen Gattungen: aus der *Oper*, die im 17. Jahrhundert in Italien entstanden war und bald ihren Siegeszug nach Wien antrat; aus den *Volksschauspielen und Wanderbühnen* und aus dem *Jesuitendrama*. Die Oper hatte zu dieser Zeit noch kein Interesse für den Judit-Stoff, denn dieser fiel in die Kategorie Oratorium. Unter den Volksschauspielen und Stücken von Wanderbühnen findet sich im Barock keine nachgewiesene Aufführung einer „Judit", was nicht bedeutet, dass keine stattgefunden haben kann. Doch muss ich mich mangels anderer Quellen auf ein Werk der Gattung: Jesuitendrama beschränken.

Jesuitendrama

Das Jesuitendrama war eines der einflussreichsten Instrumente des Ordens zum Zwecke der Erziehung zu christlicher Lebenshaltung und der Verbreitung zentraler Glaubensbotschaften. Die Jesuiten erkannten bald, dass in der Heranbildung der Jugend eine große Möglichkeit lag, Menschen zu Christen in ihrem Sinne zu erziehen. In den Schulen der Jesuiten sollte der menschliche Verstand zur Erkenntnis religiöser Wahrheiten gelangen. Ebenso wichtig war aber die Förderung der Phantasie, um diese Wahrheiten im ganzen Menschen zu verankern. 1551 waren die Jesuiten von Kaiser Ferdinand I. nach Wien gerufen worden, 1554 erhielten sie das Haus der Karmeliter am Hof, das Profeßhaus, und bereits ein Jahr später fand die erste Jesuitenaufführung statt. Erst bediente man sich der Komödien von Plautus oder Terenz, ab 1600 setzte die Eigenproduktion der Jesuiten ein. Der große Aufschwung des Jesuitentheaters in Wien begann mit der Verbindung des Ordens mit dem Kaiserhof: Ab 1576 fanden Aufführungen für die Söhne Ferdinands I. in den Stallungen statt, Kaiser Matthias und noch mehr Kaiser Ferdinand II. erwiesen sich dann als echte Freunde der Jesuiten. Die Glanzzeit des Wiener Jesuitentheaters begann schließlich 1640 unter Ferdinand III. mit der Aufführung von Avancinis „Franciscus Xaverius", einem der ersten *„Ludi Caesarei"*: Dabei handelt es sich um Stücke, die auf den Kaiser bezogen waren, groß und prunkvoll ausgestattet wurden und immer das aktuelle Geschehen mit in die Handlung hinein nahmen. Dem Herrscher wurde in diesen Spielen vor Augen geführt, wie sein richtiges, also katholisches Verhalten angesichts seiner Stellung und der damit verbundenen Aufgaben auszusehen hatte. Die Erziehung der Jesuiten beschränkte sich also nicht nur auf die Schüler der Kollegs, sondern setzte gerade auch bei den Mächtigen an.

Das Jesuitendrama fungierte als eine Art „Gegenreformation des Theaters", es speiste sich aus den humanistisch-protestantischen Schuldramen, nahm daneben aber alle Einflüsse auf, die im Theater gerade vorherrschend waren. Es erfreute sich im 17. Jahrhundert größter Beliebtheit, in Wien zählte man oft bis zu dreitausend Zuschauer pro Aufführung.[402] Ausführende waren Zöglinge des Kollegs, die tragenden Rollen hatten die Schüler der Rhetorik inne. Ziele der Aufführungen waren Übung in Rhetorik, Verbesserung der Lateinkenntnisse und natürlich die Belehrung und Unterhaltung des Publikums. Dabei wurde mit allen verfügbaren Bühneneffekten gearbeitet: Flugmaschinen, Versenkungen, Windmaschinen, Schlachten, Volksgetümmel, allerhand übernatürliche Erscheinungen, etc. wurden großzügig eingesetzt. Damit konnten auch die des Latein unkundigen Zuschauer der Handlung folgen. Schon die Titel verrieten dabei eine Zweiheit der Aussage: Es ging stets um das irdische Geschehen einerseits und um dessen wahren, unvergänglichen Gehalt andererseits. Diese beiden Aspekte wurden im Dramentitel durch ein „*sive*" (oder) verbunden. Im Drama selbst fungierten demnach auch neben den irdischen Personen immer allegorische Gestalten oder überirdische Wesen, die den bleibenden Gehalt verdeutlichten. So konnte man sicher sein, dass das Publikum bei aller befriedigten Schaulust und Unterhaltung das Wesentliche der Botschaft mitnahm: die Gewissheit, dass trotz aller irdischen Mühsal das Gute siegen und das Laster untergehen wird, weil Gott die Geschicke der Menschen lenkt.

18. Jahrhundert: Theater für Bürger und Volk
Im 18. Jahrhundert wurde das Theater immer mehr aus seinem höfischen Kontext gelöst: Maria Theresia ließ 1741 das ehemalige Hofballhaus zum Burgtheater umbauen, sodass die *Oper*, darunter die Reformopern Glucks, später auch Werke von Mozart u. a., auch für Bürger zugänglich wurde. Die *Ordenstheater* erfreuten sich weiterhin großer Beliebtheit, daneben wurden aber die *Volksschauspiele* wichtig. Durch Wandertruppen „importiert", erreichte diese Gattung ihren ersten Wiener Höhepunkt durch J. A. Stranitzky, der der Figur des *Hanswurst* seinen ganz persönlichen Stempel aufdrückte und als erster großer Schauspieler des *Altwiener Volkstheaters* in die Geschichte einging. Seine Nachfolger waren G. Prehauser und später P. Hafner. Der Hanswurst trat oft in der so genannten „Staatsaktion" auf, „die von fernen, historischen Fürstlichkeiten handelt und das Abbild der barocken Oper darstellt."[403] In diese drang er mit seinen derben Späßen, seinem Mutterwitz und seinem Sarkasmus und untergrub dadurch die eigentliche Handlung. Die manchmal ausufernden Stegreifepisoden mussten sich in der Aufklärung gegen die zunehmende Feindschaft von Gelehrten wie J. C. Gottsched behaupten, und zeitweise wurden die Volksschauspiele von Maria Theresia sogar verboten. Doch man wusste sich zu helfen, indem man feste Rollenspiele verfasste und das Extemporieren zurückstutzte. Dadurch wurde das

---
402 Fülöp-Miller, *Jesuiten*, 506.
403 Gregor, *Österreichisches Theater*, 114.

Volksschauspiel zu einer eigenen literarischen Gattung, die erst im 19. Jahrhundert mit J. Nestroy zu einem letzten Höhe- und Endpunkt gelangte.

Nicolaus Avancini: Fiducia in Deum sive Bethulia liberata (1642)

Biografisches[404]

Leben

Nicolaus Avancini entstammte einem alten Südtiroler Adelsgeschlecht und wurde am 1. Dezember 1611 in Brez bei Trient geboren. Er besuchte das Jesuiten-Gymnasium in Graz, wo sein Onkel, der Jesuit Florianus Avancini, Professor war und trat mit 16 Jahren in die Gesellschaft Jesu ein. Er studierte in Graz Philosophie (1630-1633) und in Wien Theologie (1636-1640). Zunächst Rhetorikprofessor und Philosophielehrer wirkte er nach seiner Profess im Jahre 1646 beinahe 20 Jahre als Universitätsprofessor in Wien und las Moral und Dogmatik. Daneben versah er auch das Amt eines akademischen Predigers und verfasste nicht zuletzt zahlreiche wissenschaftliche, asketische und dichterische Arbeiten. Die letzten beiden Jahrzehnte seines Lebens war er in der Verwaltung des Ordens tätig, unter anderem als Visitator, Provinzial und Mitglied der Generalcongregation. Er starb am 6. Dezember 1686 in Rom an einer Lungenentzündung.

Werke

Seine Dramen waren zwar allesamt Schuldramen, für die Schule geschrieben, und Avancini erhob keinen Anspruch, dass seine über zwanzig Dramen (27, davon sechs Übersetzungen aus dem Italienischen) als vollendete Dramatik zu gelten hätten. Allerdings überstiegen die meisten seiner Dramen die Schulzwecke bei weitem. Sie waren patriotische Prunkstücke, die bei großen Festen der kaiserlichen Familie aufgeführt wurden und der Verherrlichung der Tugend und der Bekämpfung des Lasters dienen sollten. Trotz der Länge der Stücke (bis zu acht Stunden) wurden nicht wenige am nächsten Tag wiederholt, wenn sie dem Kaiserhaus gefallen hatten. Avancini gilt als der berühmteste Verfasser von Jesuitendramen und als einer der wenigen, die namentlich bekannt waren und deren Werke auch gedruckt wurden. Von den meisten Jesuitendramen sind ja nur die Periochen erhalten, kurze Inhaltsangaben in deutscher Sprache, die des Lateins weniger kundigem Publikum das Verständnis erleichtern sollten. Avancinis Werke wurden im Nachhinein gedruckt, aber aus Zeitmangel unverändert belassen. Sie sind äußerst effektvoll angelegt, mit kunstvoller Bühnentechnik, vielen Requisiten, zahlreichen handelnden Personen, Musik und Tanz.

---

[404] Vgl. Scheid, *Avancini*, 6 u. Kabiersch, *Avancini*, 7ff.

Entstehung von „Fiducia in Deum sive Bethulia liberata
„Fiducia in Deum sive Bethulia liberata" entstand 1642,[405] als Avancini als Rhetorikprofessor in Wien tätig war. Anlass der Stoffwahl war nach seinen eigenen Angaben[406] die Bedrohung Wiens durch die Schweden im Zuge des Dreißigjährigen Krieges[407]. Er wollte also zu einer Zeit, als „der Schwede den Ister[408] bedrohte" das Gottvertrauen der Bevölkerung heben.

Inhalt und Aufbau

An Personen werden erwähnt:[409] Judit/*Judith*, eine Witwe; Abra, eine Magd; Usija/*Ozias*, der Hohepriester; Kabri/*Chabri* und Karmi/*Charmi*: Priester; Holofernes, der Feldherr der Assyrer; Narseas, ein Gesandter; Dabrias und Vasces, zwei Anführer; Bagoas/*Vagao*, ein Eunuch; Achior, Anführer der Ammoniter; Nabath, Sebal, Abathias, Jerihel, Jophet, und Simeon: Ältere Kriegspflichtige; Merob; Nicol; ein Engel; Chermes und Rison: Anführer; Chor der Jungen; Chor der Furcht; Chor des Schmerzes; Chor der Hoffnung; Chor der Freude; Landmänner; Kundschafter; Fußvolk.

Das äußerst umfangreiche Werk gliedert sich in fünf Akte und ein vorausgestelltes *Argumentum*:

Argumentum: Das Argumentum enthält eine kurze Inhaltsangabe des Stückes. Es erzählt die biblische Geschichte nach eigenen Angaben ab Kapitel 5, lässt aber Nebukadnezzar unerwähnt. In Stichworten wird die Handlung des Dramas nachgezeichnet. Das Argumentum endet mit der Aussage: „Betulia wird durch das besondere Gottesvertrauen und Gebet Judits allein befreit."[410]

1. Akt:
1. Szene: Achior, auf Befehl des Holofernes an einen Baum nahe Betulia gebunden, mahnt, dass Betulia die Hoffnung nicht aufgeben und auf Gottes Vorsehung vertrauen solle.
2. Szene: Holofernes kommt und verhöhnt Achior. Achior mahnt, dass sich auch das glücklichste Los schnell ändern könne, wenn es Gott gefalle. Holofernes erkennt keinen Gott an als den eigenen Verstand, lästert Gott und kündigt an, Betulia zerstören zu wollen und Achior mit untergehen zu lassen.

---

405 Die gedruckte Jahreszahl 1643 ist ein Druckfehler. Siehe dazu Kabiersch, *Avancini*, 57.
406 Avancini, *Lyricorum lib. III*, 160, zitiert bei Scheid, *Avancini*, 17.
407 Im Frühjahr 1643 drangen die Schweden dann auch tatsächlich bis in den Norden Wiens vor, ohne jedoch Schaden anzurichten.
408 „Ister" oder „Istros" ist der griechische Name für „Donau". Die Griechen benannten den Fluss so, nachdem sie seinen Unterlauf im 7. Jahrhundert vor Christus schiffbar gemacht hatten.
409 http://www.uni-mannheim.de/mateo/camena/avan3/jpg/s367.html.
410 Avancini, *Fiducia*, 361.

3. Szene: Zwei Kundschafter aus Betulia finden Achior und binden ihn nach einigem Zögern los, um ihn zu Usija zu bringen. Ausschlaggebend dafür ist, dass Achior bekennt demselben Gott zu vertrauen wie der Kundschafter.
4. Szene: Holofernes sendet Narseas aus, um den Betuliern ein Ultimatum zu stellen. Sie können zwischen Leben und Tod wählen, zwischen der weißen oder der schwarzen Fahne. Narseas selbst ist nicht ganz siegessicher.
5. Szene: Narseas, Vasces und Dabrias graben mit anderen Soldaten den Betuliern das Wasser ab. Dabei finden sie Statuen, Metallstücke und Tafeln, auf denen die wunderbare Errettung der Israeliten am Roten Meer beschrieben ist. Dabrias verlacht die Geschichte als Märchen, Vasces hingegen ist beeindruckt. Narseas geht, um das Ultimatum zu stellen, die anderen eilen mit den Fundstücken zu Holofernes.
6. Szene: Holofernes lässt sich die Tafeln erklären, verlacht die darauf stehenden Wunder (vom Gang durch das Rote Meer bis zum Sieg Josuas) aber und prahlt abermals mit seinen Siegen. Vasces jedoch ist vom Sieg über die Betulier nicht mehr überzeugt.
Erster Chor (Chorus Timoris): Die personifizierte Angst erscheint mit schrecklicher Maske und Tierfell. Das personifizierte Betulia erschrickt furchtbar und versucht zu fliehen. Die Angst verfolgt es, nimmt aber danach ihre Maske ab und entpuppt sich als freundliches Wesen, das Betulia ein Ende der Not verheißt.

2. Akt:
1. Szene: Im Tempel Betulias wird über die Übergabe der Stadt diskutiert. Achior mahnt die Priester an Gottes Hilfe zu glauben. Kabri plädiert für die Auslieferung, Karmi bevorzugt den schnellen Tod. Usija ist unschlüssig.
2. Szene: Judit tritt auf. Usija rechtfertigt das Ultimatum mit der großen Notlage. Judit hingegen tadelt den Mangel an Vertrauen auf Gott, ruft zu Buße und Gebet auf, denn Gott könne man durch flehentliche Gebete von seinem Zorn abbringen. Den Zeitpunkt seiner Hilfe bestimmen zu wollen, sei hingegen falsch. Usija entschließt sich einen Versuch zur Rettung der Stadt zu unternehmen und ordnet an, dass zwei Priester eine Zisterne graben sollten, während Judit zum Gebet aufrufen möge. Das billigt Judit.
3. Szene: Narseas bittet vorgelassen zu werden. Usija beruft zuerst die Ältesten zu sich. Gemeinsam hören sie sich die Botschaft des Narseas an: Betulia solle sich unterwerfen, oder es werde mit Waffengewalt erobert.
4. Szene: Usija und die Ältesten beraten. Nabath betont, dass es Gott sei, der hier angegriffen werde und dass sich daher Untätigkeit nicht gezieme. Auch Usija meint, dass für Gott zu sterben der ehrenvollste Tod sei. Man beschließt das Friedensangebot abzulehnen.
5. Szene: Usija verkündet Narseas, dass Betulia nicht dienen werde. Wenn das Volk Durst plage, werde der Himmel Regen senden. In diesem Moment beginnt es zu regnen. Narseas erklärt die Bedeutung der beiden mitgebrachten Fahnen. Usija wiederholt, dass sich Betulia nicht unterwerfen werde. Daraufhin wirft Narseas ihm die schwarze Fahne vor die Füße und kündet an, dass die Stadt dem Erdboden gleich gemacht werde.
6. Szene: Unter der Aufsicht Karmis graben einige Arbeiter Zisternen, um Regenwasser aufzufangen. Da finden sie eine Steintafel mit dem Bild des Mose, der gerade aus einem Felsen Wasser schlägt. Das wird als gutes Omen dafür gewertet, dass Gott auch die Not Betulias wenden werde. Wieder beginnt es zu regnen.
7. Szene: Narseas berichtet Holofernes von Betulias Weigerung sich zu unterwerfen. Dieser reagiert äußerst zornig und droht wiederum Betulia hart zu bestrafen. Auch ihren Gott wolle er mit Füßen treten und selbst als einziger Gott über Menschen und Götter herrschen.

Zweiter Chor (Chorus Dolor Bethuliae): Das personifizierte Leid erscheint auf der Bühne und verheißt Betulia den Sieg, aber erst nach einigen Qualen. Betulia ist schwach vor Hunger und Durst und wird von feurigen Schwertern bedroht. Es flüchtet sich zum personifizierten Vertrauen. Dieses mahnt, Gott auch in ausweglosen Situationen zu vertrauen. Betulia überlässt sich dem Willen Gottes.

3. Akt:
1. Szene: Judit hat eine Eingebung, die ihr sagt, sie solle in das feindliche Lager gehen und dem Holofernes die letzte Niederlage zufügen. Ungläubig vernimmt sie die Stimme in ihrem Inneren. Jede Vernunft würde verbieten, so etwas zu denken. Dennoch will Judit der Stimme gehorchen. Doch beschließt sie zuvor die Ältesten zu befragen. Nur mit ihrer Einwilligung werde sie das Wagnis auf sich nehmen.
2. Szene: Rison freut sich auf den bevorstehenden Kampf gegen Betulia. Chermes mahnt ihn darauf zu achten, dass kein Blut der eigenen Soldaten vergossen werde. Sie wollen gerade den Angriff beginnen, da zieht plötzlich ein heftiges Unwetter auf. Rison fragt sich, ob der Himmel ihnen das Glück neide, daraufhin beginnt Chermes, Schmähreden gegen den untätigen, faulen, feigen Gott im Himmel zu führen. Gegen Risons eindringliche Mahnungen lästert Chermes weiter und droht, die Blitze schleudernde Gottheit, welche sie auch immer sei, von ihrem Thron zu vertreiben. Zwei Blitze schlagen ein, der zweite trifft Chermes tödlich.
3. Szene: Judit befragt die Ältesten nach ihrer Meinung zu ihren Eingebungen. Diese hegen einige Zweifel, ob es sich tatsächlich um eine Eingebung Gottes handeln könne und zeigen sich auch besorgt um Judits Keuschheit.
4. Szene: Nach längerer Beratung kommen Usija, Kabri und Karmi zum Schluss, dass Gottes Wege unerforschlich seien, es also durchaus möglich sein könne, dass Judits Eingebungen von Gott stammten.
5. Szene: Usija erteilt Judit die Zustimmung ihr Vorhaben auszuführen. Judit fühlt sich in ihrem Glauben an die Eingebung bestärkt.
6. Szene: Holofernes betrauert Chermes und droht, der hebräische Gott werde sich noch vor seiner Hand fürchten. Bagoas und Rison ahnen Böses. Da entsteht Verwirrung im Lager. Himmlische Heerscharen verfolgen die assyrischen Soldaten mit Blitzen und hüllen schließlich Holofernes in eine dunkle Wolke ein. Ein Engel mahnt, dass Gott zwar beim ersten Mal nur drohe; werde das aber nicht beachtet, versetze er den vernichtenden Schlag.
7. Szene: In Betulia bemerkt man den Aufruhr im assyrischen Lager. Man deutet es als gutes Omen, da möglicherweise Gottes rächende Hand hinter dem Tumult stehe.
8. Szene: Judit wird von Usija und einem Chor verabschiedet. Usija bestaunt ihre Furchtlosigkeit, der Chor gibt ihr gute Wünsche mit auf den Weg und die Gewissheit, dass Gott sich seines eigenen Vorhabens annehmen werde.
9. Szene: Zwei assyrische Soldaten erholen sich gerade von der Verheerung ihres Lagers durch himmlische Heerscharen, als sie Judit und Abra herannahen sehen. Die beiden Frauen wissen sich beobachtet, verbannen ihre Furcht im Herzen und sprechen listig davon, dass ihre einzige Hoffnung auf Holofernes ruhe. Die Soldaten fragen sie über den Zustand der belagerten Stadt aus, den Judit als hoffnungslos schildert. Darum sei sie gekommen, um nicht mit der Stadt unterzugehen. Die Soldaten sind von ihrem Wesen bezaubert und führen sie zu Holofernes.
Dritter Chor (Chorus Spei): Die Hoffnung gebietet dem darniederliegenden Betulia, aufzustehen und Hoffnung zu schöpfen. Betulia beginnt langsam zu hoffen und versucht der geflügelten Hoffnung nachzufliegen, kommt ihr aber nicht nach. Da befestigt die Hoffnung einen Hoffnungsanker am Himmel und reicht ihn Betulia.

4. Akt:
1. Szene: Rison versucht zu verhindern, dass Judit zu Holofernes geführt wird. Er misstraut ihr (und den Frauen generell): „Vor List und Tücke der Frauen fürchtet man sich nie genug", und will Bagoas nicht durchlassen.
2. Szene: Bagoas versteht Risons Furcht nicht. Schließlich sei Judit weder Drakon noch Medusa und habe wie alle Frauen von Natur aus ein weiches Herz. Und sollte sie doch etwas Böses vorhaben, werde doch Holofernes selbst es bemerken.
3. Szene: Holofernes tritt in Gedanken versunken auf. Er hat böse Vorahnungen und ist über seine Furcht, die ihm bisher fremd war, beunruhigt. Die Worte Achiors gehen ihm nicht aus dem Kopf, dass jene Hand immer zu fürchten sei, die Gott schütze. Bagoas versucht ihn aufzuheitern und erzählt ihm von Judit. Holofernes hofft, dass sie seine Befürchtungen zerstreuen könne und lässt sie rufen.
4. Szene: Rison will Bagoas mit Judit trotz des Befehls des Holofernes nicht ins Zelt lassen. Da greift Holofernes selbst ein. Rison versteckt sich im Zelt, um alles mitzuhören. Judit sagt zu Holofernes, sie erhoffe von ihm Leben und Heil. Die Lage der Stadt sei zwar aussichtslos, aber Achiors falsche Versprechungen hätten Betulia von der Kapitulation abgehalten. Auch das Ultimatum habe er hintertrieben, indem er das Volk an die Heilstaten Gottes erinnerte. Holofernes ist von Judit angetan und gesteht ihr Bitten zu. Sie bittet, ihren Gott verehren zu dürfen, das wird ihr gewährt. Auch bei Nacht das Lager zu verlassen, um zu ihrem Gott zu beten, gestattet er ihr. Sie verspricht ihm, ihn dereinst durch Jerusalem zu führen, Holofernes nimmt das als Verheißung seines Sieges. Sie aber denkt an den Triumphzug mit dem getöteten Holofernes.
5. Szene: Rison hat alles gehört, glaubt Judit aber nicht. Allein der unterschiedliche Glaube verhindere Loyalität.
6. Szene: Judit verlässt mit Abra zum ersten Mal das Lager um zu beten. Sie wird von den Soldaten nicht gehindert. Judit bereitet sich vor, für das Vaterland und für Gott zu sterben. Sie betet, dass Gott ihr Kraft für ihre Tat gebe und beteuert ihren Gehorsam bis zum Tod.
7. Szene: Ein Engel erscheint und verheißt Judit den Sieg über Holofernes noch an diesem Abend. Judit selbst werde nicht sterben, sondern ruhmreich zurückkehren. Betulia aber möge endlich erkennen, dass derjenige nicht unter feindliches Joch falle, der auf Gott vertraue. Der Engel befestigt an einem Pfeil eine aufmunternde Botschaft für die Stadt und schießt den Pfeil über die Stadtmauern. Danach geht er ab. Judit und Abra bleiben beglückt zurück.
8. Szene: Holofernes wirft Rison den heftigen Streit mit Bagoas vor. Rison wiederum warnt Holofernes noch einmal eindringlich vor Judit. Holofernes tut die Warnungen als Zeichen von Feigheit ab und ist empört, dass Rison ihn so offen kritisiert. Er ordert ein Festmahl, bei dem Judit zu seiner Rechten sitzen soll.
9. Szene: Der Pfeil mit der Botschaft des Engels wird in Betulia gefunden und Usija vorgelesen. Dieser jubelt, da er nun die Gewissheit hat, dass Betulia von Gott geliebt wird.
10. Szene: Ein Chor von Jugendlichen singt Holofernes bei seinem Festmahl ein Loblied und rühmt darin seine Stärke und Unbezwingbarkeit. Auch Tänze werden ausgeführt.
Vierter Chor (Chorus Gaudii): Die Freude befiehlt der Furcht und dem Leid, Betulia von den sie umgebenden Fesseln, Dornen und Schwertern zu lösen. Danach werden Furcht und Leid selbst an einen Felsen gebunden und von Dornen und Schwertern bedroht. Betulia fliegt mit der Freude davon.

5. Akt:
1. Szene: Holofernes, vom Festmahl betrunken, hat im Rausch Trugbilder. Rison bringt ihn zu Bett.
2. Szene: Bagoas führt Judit durch das Lager und versichert ihr wiederum, dass niemand sie hindern werde es zu verlassen. Judit erklärt ihm, sie wolle zuerst ans Bett des schlafenden Holofernes treten, um zu sehen, ob er sie bei sich haben wolle, sollte jedoch der Schlaf länger andauern, werde sie zu ihrem Gebet schreiten.
3. Szene: Judit und Abra sind allein vor dem Zelt des schlafenden Holofernes. Erst jetzt begreift Abra, was Judit vorhat. Sie mahnt zuerst ängstlich zu mehr Überlegungen, doch Judit überzeugt sie, dass die Tat von Gott und für Gott und die Heimat erdacht sei. Gemeinsam beten sie, dann geht Judit allein ins Zelt. Der Mord geschieht hinter der Bühne. Danach kehrt sie zu Abra zurück, legt den Kopf des Holofernes in Abras Korb und gemeinsam verlassen sie wie zum Gebet ungehindert das Lager.
4. Szene: Rison geht nur wenig später durch das Lager, um zu überprüfen, ob die Wachen sorgsam sind. Nachdem er zweimal angehalten wird und nur nach Nennung der Parole durchgelassen wird, beendet er seinen Rundgang zufrieden. Er glaubt das Lager sicher.
5. Szene: Judit und Abra kommen bei Tagesanbruch in Betulia an. Judit zeigt dem fassungslosen Usija das Haupt des Holofernes. Er schämt sich, je gezweifelt zu haben und bittet Judit, alles genau zu erzählen. Sie berichtet davon, dass sie Holofernes gefallen habe, dass er betrunken ins Bett getaumelt sei, dass sie zu ihm geführt worden sei und dort die Gelegenheit genutzt habe ihn zu töten und dass sie auf Befehl des Holofernes selbst freien Ausgang aus dem Lager genossen habe. Den Jubel des Volkes wehrt sie ab. Sie habe nur auf Geheiß Gottes gehandelt. Nun mahnt sie zur Eile: Die Betulier mögen die Gunst der Stunde nützen und die Assyrer überfallen. Usija entsendet Nabath, um das zu veranlassen.
6. Szene: Rison, Bagoas und eine Wache hören beunruhigt den Kriegslärm der Betulier. Während Bagoas an simples Säbelrasseln glaubt, erkennt die Wache die ernste Lage. Rison hat böse Vorahnungen und befiehlt Bagoas, Holofernes zu wecken.
7. Szene: Da die Betulier immer näher kommen, drängt auch Dabrias, Holofernes zu wecken. Bagoas versucht es mit Rufen und Klopfen. Als alles nichts hilft und die ersten Betulier bereits ins Lager vordringen, betritt Bagoas das Zelt. Er läuft entsetzt wieder heraus und berichtet zu Tode erschrocken von seiner Entdeckung des enthaupteten Holofernes. Erschüttert erkennt er seine Schuld an der Tat.
8. Szene: Rison erfährt von der Tat und beschuldigt heftig und verzweifelt Bagoas, der diese Schuld auch auf sich nimmt. Sein größtes Verbrechen sei es gewesen der Frau zu glauben. Rison und die anderen Assyrer erkennen das Haupt des Holofernes auf der Stadtmauer Betulias und ergreifen die Flucht.
9. Szene: Eine Gruppe von Betuliern, darunter Usija, Judit, Karmi und Achior, verspottet das Haupt des Holofernes. Usija sinniert, dass Gott die Verbrecher zwar manchmal kurze Zeit ungestraft lasse, aber dass letztendlich das Verbrechen bestraft werde. Auch sei niemand immer unglücklich und niemand immer glücklich. Wer im Finstern wandle, möge den Tag erwarten. Judit wiederum betont, dass das Vertrauen auf Gott das Entscheidende sei. Achior bekennt sich zum hebräischen Gott, der allein die Macht habe die Mächtigen zu brechen und der väterlich für sein Volk wache.
10. Szene: Die Betulier kehren als Sieger mit reicher Beute zurück. Usija möchte das Eigentum des Holofernes Judit überlassen. Diese lehnt aber ab: Für einen edlen Geist sei gieriges Verlangen nach Schätzen unziemlich, für eine Witwe sei jeder Purpur abzulehnen. Ihre einzige Belohnung solle das Haupt des Holofernes sein. Alles andere möge die Stadt behalten. Wieder weist sie das Lob der Bevölkerung zurück: Ihre einzige Tugend sei die Hoffnung, al-

les was über Hoffnung hinausgehe, mache Gott. Achior stimmt nun den Schlussgesang an: Wen Krieg, Leid und Not bedrohen, der solle dulden und durchhalten. Das Wichtigste sei auf Gott zu vertrauen, denn keine Hoffnung, die auf den Himmel gesetzt worden sei, sei jemals untergegangen.

Theologische Auswertung

Vergleich mit der biblischen Vorlage

Aussparung von Personen
Die einzige handlungstragende Person, die Avancini auslässt, ist Nebukadnezzar. Dadurch wird Holofernes zum allein handelnden Kriegsführer stilisiert, der noch dazu sich selbst und seinen Verstand als Gott verehrt sehen will. Avancini „sah also in dem Bedrücker Holofernes eigentlich den länderplündernden Schweden, dessen Anstürmen gegenüber man den Mut nicht sinken lassen dürfe", formuliert Scheid.[411]

Hinzufügung von Personen
Die zahlreichen zusätzlich eingeführten Protagonisten lassen sich leicht aus dem Genre „Schuldrama" erklären, bei dem natürlich möglichst viele Schüler teilnehmen sollten. Neben für die Handlung unwesentlichen Figuren wie Zisternen-Gräber, Merob, Nicol, 2 Kundschafter, 2 Wachen oder auch mehrere Älteste (Nabath, Sebal, Abathias, Jerihel, Jophet und Simeon), modifizieren Personen wie der Bote *Narseas* und die beiden Feldherren *Dabrias* und *Vasces* die Handlung bedeutender. Sie dienen als Stimmungsbarometer im Lager der Assyrer. Denn nicht alle Assyrer sind in diesem Stück kritiklose Verehrer von Holofernes und hochmütige, selbstherrliche Verächter des hebräischen Gottes. Es herrscht unter ihnen keinesfalls Einigkeit darüber, wie sicher der Sieg über Betulia ist und wie ernst man den hebräischen Gott nehmen soll, daraus resultieren einige grundsätzliche theologische Gespräche zu dem Thema.

Die *allegorischen Personen* in den Chören dienen zur Erhellung und zur wiederholten Betonung der Kernaussagen des Stückes. *Rison, Chermes* oder der *Engel* schließlich führen neue Inhalte in das Stück ein:

Der Engel gibt Judit schon vor der Tat die Sicherheit, dass der Mord gelingen und ihr selbst nichts geschehen wird. Das macht Judits Zögern unmittelbar vor der Tat ein wenig unverständlich.

Chermes dient als Beispiel, dass Gotteslästerung sofort mit dem Tod bestraft wird. (Allerdings fragt sich dann, warum die noch größere Blasphemie des Holofernes nicht auch durch das einfache Mittel eines Blitzschlages gelöst werden konnte.)

---

411 Scheid, *Avancini*, 17.

Risons Rolle schließlich greift besonders stark in das Stück ein. Seine vom Autor intendierte Funktion war offenbar die, den Hochmut und die Selbstüberschätzung des Holofernes deutlich zu machen. Gleichzeitig wird die Vergeblichkeit, gegen Gottes Pläne handeln zu wollen, sichtbar. Denn Rison warnt Holofernes wiederholt vor Judit, er versucht bereits das erste Zusammentreffen zu boykottieren und riskiert sogar eine Auseinandersetzung mit dem Feldherrn. Er kontrolliert persönlich die Wachen, um zu verhindern, dass jemand (Judit) unbehelligt aus dem Lager gehen kann. (Allerdings weiß er aus Akt 4, 4. Szene, dass Judit freien Ausgang hat.) Gegen die Befehle des Holofernes und im weiteren Sinne gegen Gottes Vorsehung müht er sich aber vergeblich. Sein Handeln dient also einerseits der theaterwirksamen Erhöhung der Spannung (hört Holofernes auf ihn oder nicht, entdeckt Rison die eben das Lager verlassenden Frauen mit ihrer Trophäe im Sack, etc.) und andererseits der Verdeutlichung der Vergeblichkeit, gegen Gottes Vorsehung ankämpfen zu wollen.

Aus weiblicher Perspektive ergibt sich jedoch eine weitere Folge seines Agierens: Die (vom Autor beabsichtigte oder nicht beabsichtigte) Destruktion der Heldin in zweifacher Hinsicht: Erstens wird sie als Frau von Rison allen anderen Frauen gleichgestellt, denen er als gemeinsame Eigenschaft List und Tücke zuordnet. Damit wird Judit ihre Besonderheit, ihre Einzigartigkeit abgesprochen (und gleichzeitig werden alle Frauen als Betrügerinnen denunziert). Noch schwerwiegender ist die Tatsache, dass er Judit sofort durchschaut. Damit wird auch ihre Klugheit abgewertet, denn diese zeigte sich ja gerade in Judits Fähigkeit die Feinde zu täuschen und ermöglichte damit erst den Erfolg. Risons Einschätzung, von Judit nur das Schlechteste zu denken, wird vom Fortgang der Handlung als richtig bewertet und davon wird das Positive und Außergewöhnliche an Judit überschattet.

Inhaltliche Unterschiede
Durch die zahlreichen Zusätze Avancinis, die ich gegen Nicolaus Scheid nicht als „kleinere, unwesentliche Erweiterungen"[412] ansehen kann, wird der Inhalt maßgeblich verändert, zumal in seiner theologischen Aussage. Hier nur die wichtigsten Unterschiede:

Holofernes bemüht sich selbst zu dem am Baum angebundenen Achior, um ihn zu verhöhnen.[413] Er verlässt also sein Lager und riskiert von den betulischen Kundschaftern gefasst zu werden.

Die „*Gottheit*", die Holofernes anbetet, ist nicht Nebukadnezzar, sondern sein eigener Verstand.[414]

---

412 Scheid, *Avancini*, 18.
413 Avancini, *Fiducia*, 1. Akt, 2. Szene.
414 Avancini, *Fiducia*, 1. Akt, 2. Szene.

Holofernes sendet einen *Boten* mit einem Ultimatum, in welchem der Stadt Frieden versprochen wird, sollte sie sich ergeben.[415] Davon ist in der biblischen Vorlage nicht die Rede. Im Gegenteil: Die anderen Völker haben von sich aus Boten mit Friedensangeboten entsendet, und Holofernes ist sehr ungehalten darüber, dass die Betulier nichts dergleichen getan haben.

Die *Wunder*, wie der plötzliche Regen im 2. Akt, 6. Szene; der Blitzschlag im 3. Akt, 2. Szene; die Verwirrung des Lagers durch himmlische Heere im 3. Akt, 6. Szene; die Botschaft des Engels an die Betulier im 4. Akt, 9. Szene werden im folgenden Kapitel näher behandelt. Sie dienen zwar vordergründig theatralischen Effekten, verändern aber das Verhältnis zwischen Gottes Zeichen und der Not des Volkes entscheidend. Das betrifft auch die Funde der Steintafeln und des Mosebildes.

Judit lässt die Ältesten im 3. Akt, 3. Szene beurteilen, ob ihre Eingebungen von Gott sind oder nicht. Erst nach langer Beratung entscheiden diese, dass dies möglich sein könnte, und sie erlauben Judit, ihre Tat zu wagen. Der einzige Anhaltspunkt für diese Befragung der Ältesten ist in Jdt 8,31 zu finden, wo es heißt: „So prüft, ob das, was ich beschlossen habe zu tun, von Gott ist und betet, dass Gott meinen Entschluss fest macht." Die Exegeten des 17. Jahrhunderts stimmen aber überein, dass es sich dabei um keine Prüfung im eigentlichen Sinn handle, sondern um eine Bestätigung. Z.B. meint Lapide, immerhin ein Mitbruder Avancinis, es sei damit gemeint, die Ältesten mögen das Geschehen abwarten und daraus ersehen, dass es von Gott sei.[416] Auch Menochio sagt, nicht in einer Untersuchung, sondern in Gunst und von Gebeten begleitet möge dies erkannt werden.[417] Dazu kommt, dass dieser Vers bzw. jeder dazu verwandte Gedanke in der Septuaginta fehlt.

Judit selbst leitet die *Bußchöre* an. In der biblischen Vorlage betet Judit immer allein und zurückgezogen.

Judit ist beim *Gastmahl* des Holofernes nicht anwesend (4. Akt, 10. Szene). Erst danach, als Holofernes schon schläft, lässt sie sich von Bagoas zum Zelt des Holofernes führen. Auch der Mord geschieht hinter der Bühne. Dadurch wird alles Anstößige von der Bühne verbannt: die erotischen Aspekte ebenso wie die blutrünstigen. Holofernes trinkt demnach nicht aus Freude über Judits Anwesenheit so viel Wein. Er lädt übrigens alle seine Anführer zum Gastmahl, und nicht, wie in der biblischen Vorlage, nur seine Diener (damit seine Anführer nicht Zeugen seiner Wollust würden).

Usija, Kabri und Karmi sind in diesem Stück Priester.

---

415 Avancini, *Fiducia*, 1. Akt, 4. Szene und 2. Akt, 3. Szene.
416 Lapide, *Commentaria*, 334.
417 Menochio, *Commentarii*, 110.

Theologische Aussagen

Gott greift ein

Gott selbst ist zwar kein Protagonist dieses Stückes, er greift dennoch sehr häufig ins Geschehen ein. Dieses Eingreifen wird auch von den Assyrern bemerkt, stellt also nicht nur eine Interpretation der Betulier dar. Auf mehrere Weisen und im Kontext der dazu gehörenden Deutungen wird damit eine Kontinuität erreicht, die Gottes unaufhörliche und unbeirrbare Kontrolle über die irdischen Vorgänge eindrucksvoll betont.

Die objektiv am wenigsten dingfest zu machende Art von Gottes Eingreifen ist die der *Lenkung der Personen* selbst: Gott gibt Judit ein, was sie tun soll. Diese Eingebung kann allerdings in ihrer Authentizität angezweifelt werden und wird es auch zunächst: von Judit selbst und von den Ältesten, die lange darüber beraten (3. Akt, 3. Szene). Erst der Lauf der Geschichte beweist, dass die Eingebung tatsächlich von Gott war. Weiters verstockt Gott Holofernes, sodass er nicht auf die Warnungen des Rison hört (4. Akt, 8. Szene) Er gibt ihm auch ungewohnte Ängste und Vorahnungen ein, die jedoch ignoriert werden. Diese subtile Lenkung der Personen ist, wie schon erwähnt, nur zu erahnen und nicht in allen Punkten objektiv ersichtlich.

Eine andere Art des Eingreifens könnte man als *scheinbare Zufälligkeiten* bezeichnen: Die Auffindung der Steintafeln, Statuen und Metallstücke im 1. Akt, 5. Szene durch die assyrischen Soldaten gehört dazu. Sie stellt den Assyrern die Macht des hebräischen Gottes vor Augen. Dass die Botschaft von manchen verstanden wird, zeigt sich an der Reaktion des Vasces: Er ist beeindruckt von den Wundern, die der hebräische Gott vollbracht hat und zweifelt erstmals am bevorstehenden Sieg der Assyrer. Auch das Mosebild, das die Betulier im 2. Akt, 6. Szene nach ihrer Ablehnung des Auslieferungsangebotes finden, ist so eine „Zufälligkeit", die gleich als gutes Omen gedeutet wird.

Wiederum deutlicher für alle wird Gottes Eingreifen in den „*Naturwundern*". Dazu gehört zunächst einmal der Regen, der an dramatisch bedeutsamen Stellen fällt: Das erste Mal regnet es im 2. Akt, 5. Szene, als Usija dem Boten Narseas erklärt, dass Betulia den Assyrern nicht dienen werde. Die Betulier lassen sich von den Drohungen der Assyrer nicht erschrecken, da sie bereits weit Schlimmeres ertragen hätten. Und wenn es für den Durst keine Flüssigkeit gäbe, werde eben Regen vom Himmel fallen. Genau nach diesen Worten beginnt es tatsächlich zu regnen. Das wird von Usija selbstverständlich als Bestätigung und Gutheißung des Himmels angesehen. Das zweite Mal regnet es kurz darauf, in der folgenden Szene, als die Betulier Zisternen graben, um das Regenwasser zu sammeln und dabei auf das Bild des Mose stoßen, der gerade aus dem Felsen Wasser schlägt. Nicol sieht das als gutes Omen an, denn genauso unerwartet könnte Gott auch diesmal helfen. Und wirklich ergießt sich gerade in diesem Moment ein Platzregen. Das zweite Naturwunder (im 3. Akt, 2. Szene) ist strafender Natur: Es handelt sich um den Gewittersturm, der in kürzester Zeit aufzieht, gerade als die assyrischen Soldaten sich zum ersten Angriff auf Betulia bereit machen. Rison interpretiert das sofort als Eingreifen des hebräischen Gottes. Als Chermes daraufhin beginnt Gott zu lästern, zucken Blitze, die Chermes zunächst warnen und schließlich erschlagen. Rison, sicher kein Anhänger des hebräischen Gottes, mahnt Chermes eindringlich vor der Lästerung. Er weiß in seinem unbestimmten Glauben an irgendeine Gottheit um die Gefährlichkeit dieses Tuns. Denn welche Gottheit es auch sei, die Blitze schleudert, verhöhnen dürfe man sie nicht.

Die deutlichste Art göttlichen Eingreifens ist *Himmelsboten* zu entsenden. Das geschieht zunächst im 3. Akt, 6. Szene: Da erscheinen himmlische Soldaten und verwirren das assyrische Lager. Gleichzeitig wird Holofernes in eine dunkle Wolke gehüllt und von einem Engel ausdrücklich gewarnt, dass Gott, sollten seine Drohungen nicht beachtet werden, den Frevler mit harter Hand schlagen werde. Ein Engel bestärkt auch Judit im 4. Akt, 7. Szene und ermutigt Betulia durch eine Botschaft zwei Szenen später.

Dramaturgisch bedeutsam ist die *Steigerung* in der Art des Eingreifens Gottes: Ist es im 1. Akt nur die scheinbare Zufälligkeit der Auffindung von Steintafeln etc., geschehen im zweiten Akt bereits zusätzlich Naturwunder in Form von Regen. Der dritte Akt hält Naturwunder und Himmelsboten bereit und im vierten Akt schließlich erscheint ein Engel mit einer prophetischen Rede an Judit und einer Botschaft für Betulia. Im fünften Akt folgt dann die Erfüllung der Verheißungen. Hier ist kein zusätzliches Eingreifen Gottes mehr notwendig, denn die Taten sprechen für sich. Insgesamt wird in jedem Moment des Stücks deutlich, dass Gott die Geschicke der Menschen unaufhörlich lenkt.

Gott ist beständiges Thema
Generell wird, nicht zuletzt dank dieses oftmaligen Eingreifens in die Handlung, beinahe unausgesetzt über Gott gesprochen. Von Achior über Holofernes, die Kundschafter, den Gesandten Narseas bis hin zu den allegorischen Gestalten, alle diskutieren über Gott und seine Macht. Zu Gott in Form eines *Gebetes* sprechen hingegen nur *Usija* (2. Akt, 1. Szene), *Judit* und *Kabri* mit dem Chor der unschuldigen Knaben und Mädchen (2. Akt, 7. Szene), Judit allein (4. Akt, 6. Szene bzw. 5. Akt, 3. Szene) und *Achior*, als er sein Gelübde ablegt, von nun an dem hebräischen Gott dienen zu wollen (5. Akt, 9. Szene). Theologische Reden halten vor allem Achior und Judit. Gleich die erste Szene des Stückes beginnt mit zentralen theologischen Aussagen, die von Achior vorgetragen werden. Judit erhält in ihren Gesprächen mit den Priestern und mit Abra Gelegenheit, ihre (vorbildliche) Sicht des Glaubens darzulegen. Mit fortschreitender Handlung wird zwangsläufig immer weniger über Gott diskutiert. Die grundsätzliche Hermeneutik ist bereits vorgestellt, nun beweisen die Taten ihre Richtigkeit.

Wahre Aussagen über Gott
Die Aussagen über Gott sind zwar ungemein zahlreich, lassen sich inhaltlich jedoch zu einigen Grundbotschaften zusammenfassen. Gott wird dabei als „*Deus*", „*Numen*", oder immer wieder auch als „*il Tonante*" („der Donnernde") bezeichnet:

„Wer auf Gott vertraut, der geht nicht unter und besiegt seine Feinde."
Diese zentrale Botschaft des Stückes wird bereits im Titel ersichtlich, der *Fiducia in Deum* als Obertitel und *Bethulia liberata* erst als Untertitel führt. Achior, obgleich noch nicht zum jüdischen Glauben bekehrt, spricht schon am Ende seines Monologs in der ersten Szene davon, dass der nicht untergehe, der sich der rechten Hand des Donnernden anvertraue („*Non perit, qui se Tonantis Dat regendum dexterae*", S. 364).

Die Botschaft hat zwei Aspekte: Einerseits, als Innenseite der Aussage, wird damit gesagt, dass man nicht auf sich selbst oder die irdischen Realitäten seine Hoffnung setzen dürfe, sondern als einzigen festen Anker Gott ansehen müsse. Das beinhaltet auch, dass man Gott den Ausgang der Geschehnisse überlässt. Dafür wird garantiert, dass man seine Hoffnung nicht vergeblich auf Gott setzt. Andererseits, an der Außenseite, gilt, dass sich niemand von scheinbarer Überlegenheit oder Schwäche beeindrucken lassen solle; Für Gott ist alles möglich. Er kann auch die schwache Hand den tödlichen Schlag führen lassen.

Judit und Achior verkünden diese Botschaft in variierter Form immer wieder. Judit etwa im 2. Akt, 2. Szene: „Die sichere Hoffnung richtet sich auf den Beistand der Sterne" (S. 388); im 4. Akt, 7. Szene: „Für niemanden endet die Hoffnung in unglücklichem Ausgang, dessen fester Anker am ewigen Gott anhaftet" (S. 439); im 5. Akt, 10. Szene: „Wer auf Gott vertraut, geht niemals unter" (S. 464) und öfter. Achior wiederum stimmt im das Stück abschließenden Rundgesang den Refrain an: „Vertraue dem Himmel: Niemals ging eine Hoffnung unter, die auf den Donnernden gesetzt war." („*Fide coelo: non perivit Ulla spes Tonante nixa.*", S. 464f.) Aber auch vom Himmel selbst wird diese Botschaft verkündet. Der Engel sagt im 4.Akt, 7.Szene: „Dieser Abend wird der Welt den Beweis geben, was es nützt, beständiges Vertrauen auf den Himmel zu setzen" (S. 438) Judit meint dann im 5. Akt, 10. Szene auch folgerichtig, dass ihr einziger Verdienst der war, zu hoffen. Alles andere habe Gott getan (S. 464).

„Gott muss man blind gehorchen."
Diese Botschaft ist mit der letzten eng verwandt. Denn Gott vertrauen heißt eben, nicht nach seinem eigenen Gutdünken zu handeln, sondern Gott klug den Ausgang zu überlassen. Judit bringt dieses Argument den Priestern gegenüber im 3. Akt, 3. Szene, die ihr Vorhaben als unvernünftig und unbedacht bezeichnen. Gegen jede Vernunft müsse man blind der befehlenden Stimme der Gottheit gehorchen, fordert sie („*Coece imperantis Numinis voci obsequi*", S. 411).

Und auch Usija ringt sich in der drauf folgenden Beratung mit den Priestern zur Erkenntnis durch, dass es ein Kennzeichen des herrschenden Gottes sei, dass man dem eigenen Geist weniger glauben und die Zügel des fremden Ratschlusses ertragen müsse (S. 414).

„Gott lenkt die Geschicke."
Auch in diesem Stück wird die Geschichtsmächtigkeit Gottes stark betont. Allein durch Gottes häufiges Eingreifen ersieht man, wer die Welt und die Menschen führt und lenkt. Explizit ausgedrückt wird es etwa von Achior: im 1. Akt, 2. Szene betont er Holofernes gegenüber, dass auf Gottes Geheiß alle Kriege geführt werden (S. 364), und dass Gott es sei, der lenke und herrsche (S. 367). Auch Judit verkündet im 2.Akt, 2.Szene, dass es Einen gebe, der die Geschicke günstig wendet (*„Est, qui secundat fata"*, S. 388). Ähnliches sagt sie auch im 4. Akt, 6. Szene (S. 437), und im 5. Akt, 3. Szene bezeichnet sie die günstige Gelegenheit für die Tat als von Gott gegeben (*„Occasionem pandit optatam Deus"*, S. 450). Selbst Narseas, der assyrische Bote, meint mahnend zu Holofernes, dass es für Gott (welchen Gott er damit meint, bleibt offen) ein Leichtes sei, die Ratschlüsse des Ehrgeizigen zu wenden (*„Facile est Deo Consilia tumidi vertere"*, S. 371). Daraus ergibt sich auch ein Nebenaspekt, nämlich die Aussage, dass *für Gott alles möglich sei*. So beteuert Judit im 3. Akt, 1. Szene sich selbst, als sie von der Eingebung Gottes überrascht wird, dass der, welcher gebietet, auch die Kräfte dazu geben werde (*„qui jubet, vires dabit"*, S. 408), doch auch Kabri benützt den Gedanken im 3. Akt, 4. Szene als Argument dafür, dass die an Judit ergangene Eingebung durchaus von Gott stammen könne, (*„Potest venire gratia, unde sperari nequit"*, S. 413). Damit eng verbunden ist die Aussage:

„Gott gibt ausgewählten Menschen Mut, Glut und Gedanken ein."
Was Judit im 3. Akt, 1. Szene am eigenen Leib verspürt, ist das Thema der Beratung der Priester in Szene 3 und 4 desselben Aktes. Judit versichert auf die Fragen der Priester, wie sie denn ihr Vorhaben ausführen wolle, dass Gott es ihr befohlen habe und er ihr deshalb auch die Mittel geben werde, den Befehl auszuführen. Gegen Ende der Szene 3 versichert sie Usija: „Der das Wollen gegeben hat, wird Wissen und zugleich Können geben für das, was er gebot" (S. 412). Dieser glaubt ihr nach der anschließenden Beratung mit den anderen Priestern und sendet sie im 3. Akt, 5. Szene dorthin, wohin Gott sie gerufen habe (*„Vade, quò Numen vocat"*, S. 414). Dadurch sieht Judit sich bestärkt in ihrem Glauben an diese Eingebung, und im 4. Akt, 7. Szene erfährt sie durch den Engel eine weitere Bestätigung dafür (S. 438). Auch Abra ist davon überzeugt, dass die Glut im Herzen ihrer Herrin von Gott kommt: „Vom Himmel kommt, welche Flamme auch immer die Brust der Helden entzündet.", sagt sie zu Beginn der 3. Szene im 5. Akt (S. 450). Und sie betont gleich darauf: „Ich halte es

für die Stimme der Gottheit, was immer dem großen Geist Glut eingibt. (*"Numinis vocem reor, quodcumque magnae suggerit menti calor"*, S. 450). Der Fortgang der Handlung selbst verkündet die Richtigkeit dieser Aussage.

„Wen Gott schützt, der geht nicht unter."
Im 1. Akt, 1. Szene äußert Achior seine Überzeugung, dass der nicht unterdrückt werden könne, den die göttliche Vorsehung beschütze. Im Gegenteil: Er werde die Bedrücker selbst drücken (*"Sed prementem ipse opprimet"*, S. 364). Seine Warnung in der darauf folgenden Szene an Holofernes, dass die Hand immer zu fürchten sei, die Gott schützt (*"Semper timenda est dextra, quam munit Deus"*, S. 366) beeindruckt Holofernes so sehr, dass sie ihm im 4. Akt, 3. Szene sogar ungekannte Ängste verursacht (S. 429). Daneben erfahren auch die anderen Assyrer, dass die Betulier einen Gott an ihrer Seite haben, der für ihre Sache kämpft: Im 1. Akt, 5. Szene zeigt sich etwa Vasces vom Inhalt der Steintafeln beeindruckt und meint: „Wenn du wahr sprichst, dann haben die Hebräer einen Gott, der ihre Angelegenheiten unterstützt." (S. 374); Eine Szene später wiederholt er den Gedanken vor Holofernes mit den Worten: „Wen immer jenes Volk als Gott verehrt, es huldigt ihm nicht mit vergeblicher Verehrung. Er richtet den Unterdrückten auf, er bestärkt den Stehenden" (S. 377).

„Gott hat in der Geschichte schon mehrfach geholfen."
Diese Botschaft wird vor allem durch die Steintafeln im 1. Akt, 5. Szene (S. 373f.), sowie durch das Mosesbild im 2. Akt, 6. Szene (S. 397f.) transportiert. Das Exodus-Geschehen, die Wunder in der Wüste und im Kampf unter Josua stehen dabei im Vordergrund. Auch Achior verweist auf diese Wunder im 2. Akt, 1. Szene, als er Usija vom Gespräch mit Holofernes berichtet (S. 382). Judit erinnert Usija in der darauf folgenden Szene daran, wie oft Gott bereits dem Volk das gewünschte Heil gewirkt habe (S. 388). Und sogar ein Soldat der Assyrer erkennt im 3. Akt, 9. Szene, dass mit diesem Volk nicht leicht Krieg zu führen sein wird, da es einen Gott hat, der das Meer still stehen ließ etc. (S. 420). Die Erinnerung an vergangene Heilstaten Gottes soll den Mut der Betulier bestärken, dass er auch in dieser scheinbar ausweglosen Situation helfen werde, und gleichzeitig die Assyrer vor allzu großer Siegessicherheit warnen.

„Wer Schuld auf sich lädt, geht unter."
Wieder ist es Achior, der diese zentrale Botschaft zuerst verkündet. Im Gespräch mit Usija im 2. Akt, 1. Szene verkündet er: „Für die Schuldigen kann der Rächergott nicht Partei ergreifen. Er pflegt die zu drücken, die er hasst" (*"Sontibus vindex Deus Studere nescit: premere, quos odit, solet"*, S. 381). Ein wichtiger Aspekt dabei ist, dass die Strafe der Schuld angemessen ist. Achior setzt fort: „Und die Verbrechen ziehen immer eine verwandte Strafe nach sich." Das betont auch Judit Usija gegenüber im 2. Akt, 2. Szene: Gott strafe nicht mit jähem

Geist und knüpfe seine Strafe immer an die Schuld. „Aber du kannst die Strafe beseitigen, wenn du die Schuld ablegst" („*Tollere at poenam potes, Si crimen aufers*", S. 389). Ein Verbrechen ist offensichtlich der Hochmut, denn Judit sagt in derselben Szene, dass Gott die Hochmütigen drücke, die Bedrängten aber verschone (S. 389). Im dritten Akt, 2. Szene erkennt vor allem Rison den Ernst dieser Botschaft. Als Chermes vor seinen Augen vom Blitz getroffen wird, ruft er aus, dass keiner ungestraft mit unfrommem Mund den Olymp lästere (S. 410). Und als kurz darauf das Lager von den himmlischen Heerscharen verwirrt wird, warnt er Holofernes, dass, wer immer sich Gott feindlich entgegengestellt habe, untergegangen sei („*Obvius quisquis stetit Deo, perivit*", S. 416). Der Engel, der Holofernes in dieser Szene mit einer dunklen Wolke einhüllt, mahnt ebenfalls, dass Gott beim ersten Mal zwar nur drohe, aber dann mit harter Hand zuschlage (S. 417). Schließlich wiederholt auch Usija im 5. Akt, 9. Szene nach dem Untergang des Holofernes diesen Gedanken: Gott erdulde manchmal, dass der Verbrecher eine Zeit ungestraft bleibe, aber die Verzögerung vergelte er dann mit der Schwere der Geißel. Kein Verbrecher habe jedenfalls (je) lange gelebt („*Nullus dius vixit scelestus*", S. 461). Achior, der sich in derselben Szene zum Gott Israels bekehrt, rühmt diesen dafür, dass er allein mit mächtiger Hand den Hochmütigen die Rüstung abnehmen kann und will (S. 461).

Gott straft also die Schuld nach ihrer Schwere. Für die Betulier, die keine große Schuld auf sich geladen haben, genügt es daher Bußgewänder anzulegen und um Verzeihung zu bitten. Den Hochmütigen und Reuelosen dagegen ist der Tod beschieden.

„Gott erbarmt sich der Reuigen."
Diese Aussage mildert die vorangegangene etwas ab. Denn Gott ist nicht unbarmherzig. Er lässt sich durchaus von seinem Zorn abbringen und von der Strafe abhalten. Voraussetzung dafür ist die Einsicht in die Schuld, die Reue. Durch Gebete und Akte der Buße kann er umgestimmt werden. Darum schlägt Achior auch im 2. Akt, 1. Szene den Priestern vor, dass man Gott in Gebeten anrufe (S. 386). Auch Judit ruft in der darauf folgenden Szene zur Buße auf, zu flehentlichen Gebeten und Tränen. Diese werden Gott den Blitz aus der Hand reißen („*Excidit fulmen manu; Cùm noxa corde ponitur*", S. 389).

„Wer sich an den Donnernden hält, verlacht Gutes und Schlechtes. Denn er weiß: Gott bestimmte niemandem ruhige Tage."
Achior im 1. Akt, 2. Szene (S. 365f.) sowie Usija im 5. Akt, 9. Szene weisen darauf hin, dass im Leben jedes Menschen gute und schlechte Zeiten wechseln (Usija: „*Nullus est semper miser, Nullusque felix semper*", S. 461). Diese Einsicht solle nun die Glücklichen nicht selbstgefällig werden lassen und die Unglücklichen hoffen lassen. Wer gerade in Not ist, möge sich dessen erinnern und den neuen Tag erwarten. Das Wichtigste dabei sei, Gott zu vertrauen. Denn wer

seinen Geist an Gott hänge, könne die Wechselfälle des Schicksals ruhig ertragen.

Falsche Aussagen über Gott
Chermes und Holofernes lästern bei Avancini wiederholt Gott. Sie werden dafür mit dem Tod bestraft. Ihre todeswürdigen Aussagen über Gott sind folgende:
Der Kluge hält sich seine Gottheit im eigenen Verstand. Holofernes erkennt keine Gottheit an. Ihm ist sein eigener Verstand Gottheit. Das sagt er auch explizit im 1. Akt, 2. Szene: „Mir ist mein Verstand Gottheit.(...) Dich bete ich an, Verstand; du bist für mich ein größerer Gott als irgendeine Gottheit" („*Mea mihi mens est Numen. [...] Te mens adoro; tu mihi majus Deo Quocumque Numen*", S. 366). Er prahlt auch wiederholt mit seinen vergangenen Siegen und sieht das als Beweis dafür, dass ihm niemand, nicht einmal eine Gottheit, etwas anhaben kann.

„Die Narren behaupten einen Gott aus Himmel, Meer und Erde."
In derselben Szene gibt Holofernes auch eine Begründung, warum seiner Meinung nach eine Gottheit postuliert wird. Das tun die Narren („...*Numen aliquod insani petunt*", S. 366) und die, die sich vor dem Kampf fürchten. Achior spreche nur deshalb von einer mächtigen Gottheit der Betulier, weil er Angst vor der Schlacht habe („*Gerere dum Martem times, Deum esse in hostem fingis*", S. 366).

„Ich werde mit dieser Rechten dem Gott die Zähne reißen."
Am Ende der oben genannten Szene brüstet dich Holofernes damit, diesem Gott „die Zähne zu reißen" („*Dexterâ hac mundi Deo Rapiam lupatos*", S. 367). Im 3. Akt, 6. Szene, als er den erschlagenen Chermes betrauert, droht er, der hebräische Gott möge seine Hand fürchten (S. 415). Chermes selbst wird wegen ähnlicher Aussagen vom Blitz getroffen.

„Nichts ist der Gott Abrahams. Er ist eine faule, untätige Gottheit."
Chermes fordert Gott mit solchen Worten im 3. Akt, 2. Szene heraus („*Nullus Abramidûm est Deus*", S. 409) Gott handle wirkungslos, die Blitze fielen vergebens, er fürchte sich vor einem Kampf mit ihm, Chermes („*Irrita et cassa cecidit illa. Nempè istam manum Ignava timuit*", S. 410).

Die Gotteslästerer sprechen demnach Gott seine Gottheit ab, also seine Macht, seine Wirkmächtigkeit und seine Unbesiegbarkeit. Gleichzeitig erhöhen sie sich über diesen Gott und postulieren sich selbst und ihre Macht bzw. ihren Verstand als Gottheit. Das wird mit dem Tod bestraft.

Judits Charakter: Eine Frage der Perspektive

Die Ambivalenz in Judits Charakter kommt in diesem Stück besonders gut zur Geltung. Avancini lässt Judit nämlich in vier sehr unterschiedlichen Sichtweisen betrachten.

Usijas Sicht: gottgeweiht und gehorsam
Für den hier als Priester fungierenden Usija ist Judit die „*den Göttern geweihte Frau*" („*Sacrata Divis mulier*", S. 387). Im 2. Akt, 2. Szene diskutiert er mit ihr über das Ultimatum. Er spricht mit ihr als Ebenbürtiger, rechtfertigt zwar sein Ultimatum, lässt sich aber von ihren Mahnungen zur Einsicht bringen, dass man den Zorn Gottes durch Gebete und Akte der Buße besänftigen müsse. Er ordnet Gebete an und weist Judit die Aufgabe zu, den Mädchenchor anzuführen (S. 390). Als über ihre Eingebungen beraten wird, überzeugt ihn ihre *Tugend*, die *Glut des bewährten Herzens*, die *hervorragende Kraft des hohen Verstandes, der auf Gott vertrauende Geist*, aber auch ihr Entschluss, sich den *Beschlüssen der Priester zu unterwerfen* („*persuadet tua Virtus, & altae mentis excelsus vigor, Animusque fisus Numini, & subdens sua Consilia nostris*", S. 414f.). In der letzten Szene des Stücks lobt er noch einmal ihre Tugend und bietet ihr das Eigentum des Holofernes als Beute an. Er sieht in ihr eine Heilige, die klug, tugendhaft, Gott vertrauend und dennoch den Priestern untergeben gehorsam ihre Pflicht tut. Ihre Schönheit nimmt Usija nicht wahr.

Die Sicht des Bagoas und des Holofernes: schön und schwach
Bagoas und Holofernes dagegen sehen in Judit vor allem eine besonders schöne Frau. Beide schwärmen vom „*Reiz ihres Antlitzes*" („*Vultus decor*", S. 430 u. 431), Bagoas auch noch von der fließenden Wölbung des Körpers. Außerdem sind beide davon überzeugt, dass ein Mann einer Frau grundsätzlich überlegen sei und daher auch ihre möglichen Listen durchschaue. Bagoas versteht in der Auseinandersetzung mit Rison im 4.Akt, 1.Szene dessen Befürchtungen überhaupt nicht, handle es sich doch um eine „*schwache, wehrlose Frau*" („*sola,...debilis, inermis*", S. 426). In der nächsten Szene versichert er sich selbst, eine Frau habe von Natur aus ein *weiches Herz* („*Molle mulieri dedit Natura pectus*", S. 418). *Sie könne Holofernes niemals überlisten*, im Gegenteil, ihre Auskunft über Betulia werde ihm nützen (S. 418). Und Holofernes wird auf Risons Warnungen im 4.Akt, 8.Szene wütend, weil ihn Rison offenbar für so unfähig halte, dass er die List einer Frau nicht bemerke („*Adeò Holofernes mentis ac animi est inops, Ut praecavere nesciat*", S. 441). Beide nehmen an Judit nur ihre Schönheit, nicht aber ihren Verstand, ihren Mut und die Quelle ihrer Kraft wahr und verkennen generell die Frauen als den Männern grundsätzlich unterlegen.

Die Sicht des Rison: listig und tückisch
Rison wiederum bemerkt in Judit weder ihre Schönheit noch ihre Heiligkeit, noch ihre Besonderheit oder Ähnliches, sondern sieht sie einzig als Frau, die wie alle anderen Frauen ist: *listig und tückisch und den Mann ins Verderben stürzend* („*Dolos Fraudesque nimium nemo foemineas cavet*", S. 426). Erschwerend sei, dass sie *einen anderen Glauben* habe als Holofernes, der (meint Rison, offenbar in Unkenntnis der wahren Gedanken des Holofernes, die dieser im 1. Akt, 2. Szene offenbart[418]) vor dem assyrischen Gott die Knie beuge, während sie den hebräischen Gott verehre (S. 435). Er erkennt damit zwar den Ernst der Lage und die Gefahr, in der Holofernes schwebt, verkennt aber die Ursache dieser Gefahr. Denn Judit ist nicht deshalb listig, weil sie eine Frau ist und gern Männer ins Verderben stürzt, sondern weil sie sich ihrem Gott und ihrer Heimat verpflichtet weiß. Sie täuscht bei Avancini nur deshalb, weil Gott es ihr eingegeben hat. Sie gehorcht ihm blind. Gerade in diesem Stück muss man Judit von allen Vorwürfen reinwaschen, denn in wenig anderen Interpretationen wird ihre Eigeninitiative so sehr negiert wie hier. Wenn jede ihrer Taten von Gott eingegeben ist, dann auch ihre Täuschung und ihr Betrug.

Judits Sicht: Gott vertrauend und gehorsam
Judit selbst sieht sich als reines *Werkzeug Gottes*. Sie hält sich weder für heilig, noch für besonders klug oder listig. Der einzige Vorzug, den sie gelten lässt, ist *ihr beständiges Hoffen*. Alles andere habe Gott getan, betont sie in der letzten Szene des Stücks („*Unum hoc meum est, Speràsse. Quidquid spem supra est, fecit Deus*", S. 464). Und dieses Gottvertrauen will sie auch ihrem Volk einpflanzen. Sie vernimmt die Eingebung Gottes im 3.Akt, 1.Szene mit großem Erstaunen und Zweifel, ist aber dennoch gewillt, alles zu tun, was Gott ihr befiehlt, freilich nicht ohne zuvor die Priester zu befragen. Ihr *Gehorsam* und ihre *Bescheidenheit* sind zentrale Aspekte bei Avancinis Judit. Immer wieder spricht sie von der Wichtigkeit des blinden Gehorsams (z.B. S. 411f.), ihre Bescheidenheit wiederum zeigt sich unter anderem an der Tatsache, dass sie von der reichen Beute nichts als den Kopf des Holofernes behalten will und alles andere der Stadt schenkt (S. 463). Purpur gezieme einer Witwe nicht und gieriges Verlangen nach Schätzen sei ebenfalls nicht statthaft, meint sie in der Schlussszene („*Nobilem mentem sitis Avara lucri dedecet*", S. 463). Ihre Bereitschaft, sich in den Willen Gottes zu fügen ist so stark, dass sie jederzeit gewillt ist, ihr Leben und auch ihre Keuschheit hinzugeben (S. 412, 438 etc.) da sie sich nicht vorstellen kann, wie sie Holofernes anders besiegen können sollte. Genauso fügt sie sich auch dem Beschluss der Priester: Wenn diese urteilten, dass die Eingebungen von Gott seien, dann werde sie das auch so sehen, wenn nicht, werde sie sie vergessen („*Velle si vultis, volo: Si nolle, nolo*", S. 411f.). Dieses unerschütterli-

---

418 Nämlich: „Mir ist mein Verstand Gottheit".

che Vertrauen in die höheren Instanzen verleiht ihr im Gegenzug eine starke Entschlossenheit und eine Furchtlosigkeit, die sogar Usija bestaunt.

Bewertung
Judit fungiert in diesem Stück demnach als Heilige, als wehrlose Schönheit, als listige Verführerin und als gehorsames Werkzeug Gottes. Diese Charakterzüge, die in anderen Interpretationen oft einseitig reduziert werden, werden hier alle ausführlich dargestellt. Ein wesentlicher Aspekt ihrer Persönlichkeit jedoch kommt überhaupt nicht zum Tragen: ihre Selbstständigkeit und Eigeninitiative. Er wird zugunsten einer übersteigerten Vorstellung von göttlicher Allmacht geopfert Dadurch wird aus einer emanzipierten, für heutige Frauen vorbildlichen Heldin eine dem Patriarchat überangepasste Dienerin.

Judith und Holofernes: Volksschauspiel (um 1760)

Einleitendes[419]

Das hier untersuchte Volksschauspiel fand sich als Handschrift im steiermärkischen Landesarchiv von Graz. Der Kustos der damaligen k. k. Universitätsbibliothek in Graz, Dr. Anton Schlossar sammelte im späten 19. Jahrhundert solche Volksschauspiele und gab sie mit Anmerkungen und Verbesserungen versehen 1891 heraus. Bei „Judith und Holofernes" handelt es sich um ein „geschichtlich-religiöses Spektakelstück, das von Wandertruppen aufgeführt wurde."[420] Wie viele andere Volksschauspiele zeigt es in Themenauswahl und Aufbau starke Anklänge an die Jesuitendramen.[421]

Schlossar datiert die Handschrift, die „offenbar zum Theatergebrauche bestimmt und mit allen Spuren eines solchen versehen" war, um 1760-1770, die Entstehung des Stückes gibt er mit „um die Jahrhundertmitte" an, darauf verweise schon die Erwähnung der Landesmutter (Maria Theresia) im Schlussgesang. Zwar kann Schlossar keinen Nachweis für eine stattgefundene Aufführung erbringen, doch erachtet er es als sicher, dass es in Kärnten, in der Steiermark, und wohl auch in Salzburg und Österreich gespielt wurde.[422] Laut eigenen Angaben korrigierte er vor allem die „entsetzliche Orthographie", ließ unsinnige Namen, Worte und Endungen aus und unterteilte das Stück in Auftritte.

---

419 Schlossar, *Volksschauspiele*, 382.
420 Baltzer, *Judith*, 41.
421 Vgl. auch Purdie, *Story of Judith*, 72f.
422 Schlossar, *Volksschauspiele*, 381.

Aufbau

Schlossar druckt zwar kein Personenverzeichnis ab, berichtet aber von einem solchen in der Handschrift, worin an erster Stelle „Hans Wurst" (sic!) gestanden habe.[423] Er fungiert als Bote des König Nebukadnezzar sowie als Bediensteter des Holofernes. Weitere Personen sind: König Nebukadnezzar/*Nabucodonosor*); Holofernes (Feldherr der Assyrer); Felix und Valericus (Boten des Königs);[424] Hartmann (ein Hauptmann); Macarius (ein Heeresführer?); zwei Trabanten des Königs; Usija/*Ozias* (Fürst Betulias); Samuel und Pumo (zwei Ratsherren aus Betulia); Jojakim (Hohepriester); Achior (Führer der Ammoniter); Judit (eine Witwe aus Betulia); Simon (ein Bauer); Volk.

Schlossar vermerkt, dass die Handschrift ursprünglich in drei Akte gegliedert war, er aber der besseren Übersichtlichkeit wegen die Handlung in achtundzwanzig Auftritte unterteilt habe.[425]

(1. Akt); *1. Auftritt:* Der König ordnet nach der Besiegung der Meder an, in Cicilia (sic!), Damascus in Galilea (sic!)[426] und Jerusalem die Völker zur Unterwerfung aufzufordern. Valericus und Felix werden als Boten gesandt.
2. Auftritt: Auch Hanswurst sollte als Bote nach Jerusalem gehen. Er verirrt sich aber. Valericus und Felix erlauben ihm nach einem grotesken Streitgespräch, dass er sich ihnen anschließt.
3. Auftritt: Der König wartet ungeduldig auf die Rückkehr der Boten. Als Macarius meint, sie könnten durch den Zorn des Königs getötet worden sein, gerät Nebukadnezzar in Wut und lässt Macarius zur Hinrichtung abführen.
4. Auftritt: Hanswurst, Valericus und Felix kehren zurück und berichten von den abschlägigen Antworten der Völker. Der König befiehlt deren völlige Vernichtung.
5. Auftritt: Der König beruft Holofernes, sein Strafgericht auszuführen, Holofernes gehorcht untertänig.
(2. Akt); *6. Auftritt:* Die Ratsherren Samuel und Pumo eilen zum Zelt des Holofernes, um sich im Auftrag ihres Obersten zu ergeben.
7. Auftritt: Holofernes lehnt das Bittgesuch der Ratsherren ab. Hanswurst vermutet, eine Frau hätte bei ihm mehr Chancen, Gnade zu erwirken.
8. Auftritt: Usija bittet Jojakim ängstlich um Rat gegen die Assyrer. Dieser mahnt zu Kriegsvorbereitungen und zu Buße und Gebet. Er betet mit dem Volk zu Gott.
9. Auftritt: Holofernes fragt nach der Eigenart des israelitischen Volkes, das die Gebirge besetzt hält. Achior gibt ihm wahrheitsgetreu Antwort und erweckt damit den Zorn des Holofernes. Er wird nach Betulia gebracht und an einen Baum gebunden.

---

423 Schlossar, *Volksschauspiele*, 382. Schlossar korrigiert den Namen in Folge mit: Hanswurst.
424 Da das Personenregister fehlt, nenne ich in Klammer die sich aus dem Stück ergebende Funktion der Handelnden.
425 Schlossar, *Volksschauspiele*, 382.
426 Vermutlich gehen diese und andere Fehler auf Schlossar zurück. Der anonyme Autor des Stückes dürfte nämlich, wie sich noch zeigen wird, fundierte Bibelkenntnisse gehabt haben, was von dem Bibliothekar Schlossar nicht unbedingt gegolten haben muss.

10. Auftritt: Samuel und Pumo erkennen in Achior einen früheren Freund und Mitbürger Betulias. Sie führen in zu Usija.
11. Auftritt: Achior berichtet von seinem Schicksal und wird freundlich aufgenommen.
12. Auftritt: Holofernes lässt durch Felix alle Brunnenquellen abschneiden, Felix unterbindet zusätzlich auch die Proviantzufuhr.
13. Auftritt: Jojakim, Usija und Pumo beklagen die Situation in der belagerten Stadt.
14. Auftritt: Simon, ein Bauer übergibt eine Petition der Stadt, die die Auslieferung an Holofernes fordert. Usija vertröstet mit einem Fünf-Tages-Ultimatum.
15. Auftritt: Judit kommt dazu und tadelt Usija für das Ultimatum. Sie ruft zu Buße und Gebet auf und kündigt vage „ein Vorhaben" an. Usija erlaubt ihr, die Stadt zu verlassen.
16. Auftritt: Judit trifft Reisevorkehrungen und betet zu Gott um Hilfe bei ihrem Unternehmen.
17. Auftritt: Judit verlässt mit ihrer Magd die Stadt.
(3. Akt); *18. Auftritt:* Ein assyrischer Soldat greift Judit mit ihrer Magd auf und führt sie zu Holofernes.
19. Auftritt: Holofernes erwartet ungeduldig einen Abgesandten der Israeliten, als Judit gemeldet wird.
20. Auftritt: Hanswurst bringt Judit herein. Sie beeindruckt Holofernes und Felix durch ihre Schönheit und Klugheit.
21. Auftritt: Judit freut sich, Holofernes überlistet zu haben und mahnt die Magd wachsam zu sein.
22. Auftritt: Hanswurst lädt Judit im Auftrag von Holofernes zum Nachtmahl ein. Sie nimmt an, isst aber nur von ihren selbst mitgebrachten Speisen. Nach dem Mahl führt sie den berauschten Holofernes zu seinem Bett.
23. Auftritt: Holofernes ist eingeschlafen, Judit betet, dann enthauptet sie Holofernes. Sie übergibt den Kopf der Magd und beide verlassen das Lager.
24. Auftritt: Usija und Samuel bangen um die Zukunft. Da kehrt Judit zurück.
25. Auftritt: Judit berichtet von den Geschehnissen im Lager und zeigt den Betuliern den Kopf des Holofernes. Alle loben Gott.
26. Auftritt: Judit zeigt auch Achior den Kopf des Holofernes. Dieser preist sie. Judit befiehlt, den Kopf an die Stadtmauer zu hängen, einen Ausfall zu machen und die Assyrer in die Flucht zu schlagen.
27. Auftritt: Hartmann, Felix und Valericus zögern, Holofernes zu wecken. Hanswurst geht ins Zelt und entdeckt die Tat. Ratlos und verwirrt fliehen die Assyrer, die Betulier verfolgen sie.
28. Auftritt: Usija und Jojakim loben Gott und Judit. Im Schlussgesang wird auch für die Landesmutter (Maria Theresia) gebetet.

Theologische Auswertung

Unterschiede zur biblischen Vorlage

Zu den Personen
Nur Bagoas fehlt im Personenregister, er wird jedoch teilweise durch Hanswurst ersetzt.

An hinzugefügten Personen finden sich in diesem Stück: allen voran Hanswurst, der die Handlung auflockern und auch dem einfachen Zuschauer bekömmlich machen soll, weiters Valericus und Felix, Hartmann, Macarius, sowie die Ratsherren Samuel und Pumo und Simon, der Bauer. Sie alle erfüllen jedoch zumindest zeitweilig Funktionen von im Stück ausgelassenen oder namentlich nicht erwähnten Personen: Hanswurst agiert zunächst wie Valericus und Felix als Bote des Königs, später übernimmt er die Rolle des biblischen Bagoas. Hartmann handelt stellvertretend für die Obersten des assyrischen Heeres. Die Episode mit Macarius ist nichtbiblisch, wohingegen Samuel und Pumo als Älteste Betulias fungieren und der Bauer Simon die Meinung des Volkes vertritt.

Inhaltliche Unterschiede
Das Stück folgt weitgehend sehr genau der biblischen Vorlage. Lediglich bei den Auftritten zwei und drei handelt es sich um frei erfundene Szenen. Der zweite Auftritt, ein groteskes Streitgespräch zwischen Hanswurst, Felix und Valericus, dient nur zur Unterhaltung des Publikums und hat mit dem Inhalt nichts zu tun. Im dritten Auftritt soll der rasche und ungerechte Zorn des Nebukadnezzar mittels der Hinrichtung des Macarius verdeutlicht werden. Im Übrigen finden sich nur kleine Änderungen der Vorlage, etwa, dass Judit zu den Ältesten kommt und nicht umgekehrt. Bedeutender ist die Tatsache, dass Achiors Bekehrung nicht erwähnt wird. Er preist zwar Judit für ihre Tat, fällt aber weder in Ohnmacht noch legt er ein Glaubensbekenntnis ab. Irritierend ist außerdem der Umstand, dass im siebenten Auftritt Samuel und Pumo als Gesandte ihres Obersten, den sie im zehnten Auftritt als Usija identifizieren, bei Holofernes um Gnade flehen, Holofernes jedoch im neunten Auftritt moniert, dass dieses Volk ihm als einziges nicht entgegenkam.

Verwendung des Bibeltextes

Erstaunlicherweise wird in diesem Stück der Bibeltext sehr genau verwendet. Von den 346 Bibelversen der Vulgata finden sich hier immerhin 119 wörtlich zitiert, wenn auch in volkssprachlicher Ausführung und nicht immer vollständig. Auf weitere 39 Verse wird inhaltlich Bezug genommen. Vor allem die Auftritte neun, vierzehn, fünfzehn bis achtzehn, zwanzig, fünfundzwanzig und sechsundzwanzig sind nahezu komplett der Bibel entnommen. Das Schauspiel folgt demnach sowohl im Ablauf als auch häufig im Wortlaut dem Juditbuch. Die Bibelverse werden zumeist chronologisch wiedergegeben, einzelne geringfügige Umstellungen verändern nichts an ihrer Aussage. Alle Kapitel des Juditbuches sind abgedeckt, in unterschiedlichem Umfang.

Verwendete Bibelverse (wörtlich zitierte Verse sind fett gedruckt, nacherzählte normal):

Jdt 1,7.11
    2,1-3.**5**.17-18
    3,1.**2-3**.11.**13**
    4,1-3.8-9.**13-14**
    5,**3-17.20.24-25.27**
    6,2-3.10.12-13.**15.17-18**.19
    7,10-11.**13.16-17**.19-20.23-25
    8,**10-12.14-15.20-21.27.28-34**
    9,2-4.6.12-19
    10,3.5.**8-9.11-13.15-16**
    11,**1-9.10-17**.18.**19-21**
    12,2-6.10.**13-14.17-18**
    13,4-6.7.11-12.**13**.15.**17-20.22-24.27-28.31**
    14,**1-2.4-5**.12.13-14.**16**.18
    15,1-4.**10-12**.14-15
    16,1

Erläuterung

Die Auftritte *1* und *4* verbreitern sich über Jdt 1,7.11 bzw. Jdt 2,1-3. Sie beinhalten demnach den Stolz des Nebukadnezzar, die Entsendung der Boten, die abschlägige Antwort der Boten und Nebukadnezzars Racheschwur. Die Auftritte *2* und *3* sind zur Gänze frei erfunden.

In den Auftritten *5-8* häufen sich enge biblische Bezüge und die ersten (annähernd) wörtlichen Zitate finden sich. So beruft Nebukadnezzar in Auftritt 5 Holofernes mit einem Zitat von **Jdt 3,13** („denn der König Nebukadnezzar hatte ihm befohlen, alle Götter der Erde auszurotten, damit nämlich er allein Gott genannt würde von jenen Völkern"), das in direkter Rede wiedergegeben wird (Z. 224-226): „Zerstöre und vertilge auch alle Götter, auf dass Wir allein für den einzig wahren Gott der Erde von allen erkannt werden." Weitere annähernd wörtliche Zitate: **Jdt 2,5** (Z. 235-239), im 7. Auftritt: **Jdt 3,2-3** (Z. 276-280), im 8. Auftritt: **Jdt 6,15** (Z. 329), **7,20-21** (Z. 337-341), **4,13-14** (Z. 345-352). Der 5. Auftritt folgt dabei Jdt 2,4-6, der 6. Auftritt dramatisiert Jdt 2,17-18 bzw. 3,1, der 7. Auftritt schließt sich 3,11 an, der 8. Auftritt 4,1-3 und 4,8.

Der *9.* Auftritt (Achiors Rede vor Holofernes) besteht bis auf die Zeilen 369-375 (Einwurf des Holofernes und Zwischenruf des Hanswursts) nur aus biblischen Worten. **Jdt 5,3-7.9-17.20.24-25.27; 6,2-3** werden annähernd wörtlich zitiert, **6,7.9** in direkte Rede transformiert. Sowohl die Frage des Holofernes als auch die Rede des Achior und die Reaktion darauf sind demnach fast zur Gänze wiedergegeben.

Die Auftritte *10-13* sind kurz und treiben die Handlung voran. Jeweils ein bis mehrere Bibelverse pro Szene werden ausgeschmückt:
    10. Auftritt: Jdt 6,10;
    11. Auftritt: Jdt 6,12-13.19;
    12. Auftritt: 7,10;
    13. Auftritt: 7,11.19-20.

Dazu kommen im 11. Auftritt 2 wörtliche Zitate: Usija betet in Z. 461-465 **Jdt 6,15** (Gebet des Volkes), Jojakim tröstet Achior mit den Worten des Volkes aus **Jdt 6,17-18**.

In den Auftritten *14-18* finden sich beinahe nur wörtliche Zitate aus dem Juditbuch: 14. Auftritt: **Jdt 7,16.17.13.23-25**; 15. Auftritt: **Jdt 8,10-12.14-15.27.21b.20.21a.28-34**; 16. Auftritt: **Jdt 9,2-4.6.12-19** sowie Jdt 10,3.5 als Handlungsbeleg; 17. Auftritt: **Jdt 10,8b-9**; 18. Auftritt: **Jdt 10,11b-13.15-16a**.

Der *19*. Auftritt schmückt Jdt 10,16b (die Anmeldung Judits bei Holofernes) aus. Der *20*. Auftritt ist nahezu rein biblisch. Abgesehen von Hanswursts Einführungsworten (Z. 667-668) und zwei Liebeserklärungen des Holofernes (Z. 697-701 und Z. 727-28) werden fast nur Bibelverse zitiert: **Jdt 11,1-9.13b.10-17.20-21.19** sowie eine Anspielung auf 11,18 und 12,10. Damit scheint das elfte Kapitel vollständig im Text auf. Auftritt *21* hat keinerlei biblischen Bezug. Auf ihn gehe ich später noch ein.

In den Auftritten *22-24* finden sich biblische Zitate neben Ausschmückungen. Die Einladung Judits zum Gastmahl im 22. Auftritt überbringt Hanswurst, dadurch wird Jdt 12,12 in Mundart transformiert. Die Antwort Judits in **Jdt 12,13-14** wiederholt sie vor Holofernes noch einmal. Auf **Jdt 12,18b** und in etwa **12,17** folgt nun erst **Jdt 12,2-6** (Judits Beachtung der Speisegesetze und ihre Bitte um freien Ausgang zum Gebet), unterbrochen von freien Zusätzen. Der 23. Auftritt folgt Jdt 13,4-6, zitiert dann wörtlich Judits Gebet aus **Jdt 13,7**, fügt einen Gesang ein und schildert dann Jdt 13,11-12. Im 24. Auftritt ist Usijas und Samuels Verzweiflung unbiblisch, **Jdt 13,13** wird wörtlich zitiert und von 13,15 wird berichtet.

Vollständig biblisch sind die Auftritte *25-26*: Sie zitieren **Jdt 13,17-20.22-24** bzw. **Jdt 13,27-28.31; 14,1-2.4-5**. Der *27*. Auftritt folgt zwar der Bibel, doch der Text wird von Hanswurst weitgehend ins Lächerliche transformiert. Wörtlich zitiert wird **Jdt 14,12** und **14,16**. Jdt 14,9-10.13-14.18 sowie 15,1-4 scheinen in abgeänderter Form auf, so wird etwa 15,3-4 in einen Gesang der verfolgenden Betulier umgewandelt. Im *28*. Auftritt schließlich wird **Jdt 15,10-12** wörtlich zitiert, 15,14-15 bzw. 16,1 nur angedeutet. Der Schlussgesang hat mit dem Lobgesang der Judit aus Jdt 16,2-21 so gut wie nichts zu tun.

Personen und ihre Nähe zum Bibeltext
Judit spricht im gesamten Stück fast ausschließlich Bibeltexte bzw. in direkte Rede transformierte Erzähleinheiten. Umso auffälliger sind ihre Worte im 21. Auftritt (Z. 747-760):

> „Gott sei Dank, mein Vorhaben hat schon einen glückseligen Anfang genommen. Holofernes, trau nicht zu viel der Weiber Gunst, dann bist du sehr betrogen: ihre List, die richtet dich zu Grund, denn sie sind schmeichelhaft und verlogen (...)."

Diese Aussagen fallen in stilistischer, formaler, und vor allem inhaltlicher Hinsicht völlig aus dem Rahmen.

Achior verwendet ebenfalls nahezu ausschließlich biblische Worte, mit kleinen unbedeutenden Zusätzen im 10. und 11. Auftritt.

Holofernes und **Usija** haben einige Bibeltexte zu sprechen, doch finden sich einige freie Ergänzungen. Diese dienen bei Holofernes zur Illustrierung seiner fast sklavischen Unterwürfigkeit gegenüber Nebukadnezzar. So antwortet er dem König im 5. Auftritt:

> „Ich als ein unwürdiger Vasall werde alle Zeit Dero Befehlen genauesten Vollzug leisten" (Z. 231-232).

Weitere Zusätze verdeutlichen im 7., 12. und 19. Auftritt seine königstreue Grausamkeit und im 20. und 22. Auftritt das entfachte Liebesfeuer zu Judit sowie sein Werben um sie beim Gastmahl. Usija hingegen wird durch die nichtbiblischen Einschübe im 8., 11. und 24. Auftritt ängstlich und verzagt charakterisiert. So meint er etwa im 11. Auftritt zu Achior und Jojakim:

> „Kommt, kommt eilends in mein Haus, es möchte[427] der Feind einen Angriff machen (Z. 472-73)."

Jojakim übernimmt immer wieder Bibelverse anderer Protagonisten, vor allem des Volkes. Besonders interessant ist sein Gebet im 8. Auftritt, das als einzige Stelle des Stücks nicht chronologisch dem Bibeltext folgt, sondern sich als Kompilation von Bibelversen und Anklängen an liturgische Texte (natürlich in ihrer vorkonziliaren Fassung) erweist:

Z. 329: „Herr Gott Himmels und der Erden, wir rufen herzlich an deine Allmacht und Barmherzigkeit und bitten ernstlich um Verzeihung unserer Sünden und Missethaten:	6,15: und sprachen: *Herr Gott des Himmels und der Erde,...* vgl. 7,19: (...), wir haben Unrecht gethan und *Missethat* begangen. Anklänge an: „Nachlaß, Vergebung und *Verzeihung unserer Sünden schenke uns der allmächtige und barmherzige Herr*" (Bekenntnis der Schuld)[428]
wende zu uns, liebster Gott, deine Barmherzigkeit	„*Komm uns zu Hilfe mit deinem Erbarmen*" (Weiterführung der letzten Vaterunser-Bitte)[429]

---

427 Im österreichischen Dialekt bedeutet „möchte" in diesem Zusammenhang: Der Feind könnte / Ich befürchte, der Feind könnte einen Angriff machen.
428 Schott, *Meßbuch 1962*, 459.
429 Schott, *Meßbuch 1962*, 489.

und siehe nicht mehr an die vielen Sünden, mit welchen wir dich beleidigt, sondern gedenke vielmehr der Frömmigkeit unserer Väter Abraham, Isaak und Jakob,	*„Schaue nicht auf meine Sünden, sondern auf den Glauben deiner Kirche"* (Kommunionvorbereitung des Priesters)[430]
und um ihretwillen erbarme dich unser und gib uns nicht in die Hände deiner Feinde.	7,20: Du, der du gütig bist, *erbarme dich unser,* (...) *und übergib, die dich bekennen, einem Volke nicht, das dich nicht kennt.*
Bewahre auch deine heiligen Städte und Tempel,	vgl. 4,2: Schrecken und Grauen überfiel ihre Sinne, dass er nicht etwa auch *an Jerusalem und am Tempel* des Herrn thäte, was er den übrigen Städten und ihren Tempeln gethan.
damit nicht der Feind spottweis spreche: Wo ist ihr Gott, den sie zuvor geehrt haben?	7,21: *dass sie nicht sagen unter den Heiden: Wo ist ihr Gott?*
Liebster Gott, erzeige an uns deine Barmherzigkeit, so wollen wir dich auch loben nach Möglichkeit unserer Schwachheit. Amen"	7,4: (...) beteten einmüthig, dass der Gott Israels *seine Barmherzigkeit zeigen wolle an seinem Volke.*

Die anderen Protagonisten verwenden nur selten biblische Verse wörtlich. Insbesondere Felix, Valericus und Hanswurst haben viel frei erfundenen Text. Allerdings ist zu Hanswurst zu bemerken, dass er im 22. und 27. Auftritt die Rolle des Bagoas übernimmt und als solcher den Bibeltext zumindest sinngemäß nachvollzieht, freilich in einer derben, direkten Sprache. Die Einladung Judits zum Gastmahl klingt dann so:

Z. 766-768: Hei, hört's, Frau Judl, mei Herr, der Herr Oxenferna lasst enk sagen und ihr sollt g'schwind zu ihm auf's Nachtmahl kemma.	Jdt 12,12: (...) „Es fürchte sich nicht das gute Mägdlein, zu meinem Herrn hineinzugehen, um vor seinem Angesichte geehrt zu werden, und mit ihm zu essen, und Wein zu trinken in Fröhlichkeit.

Neben der Verunglimpfung der Namen wirkt auch die Direktheit der Aussage im ernsthaften Kontext komisch. Noch deutlicher wird der drastische Humor im 27. Auftritt, wo Hanswurst den enthaupteten Holofernes entdeckt:

Z. 921-933: *Geht hinzu und klopft.* Sö. Herr Oxferna, auf sollt a stehn, denn d' Mäus san aus ihren Löchern geschloffen. *Klopft nochmals.* Hei, Herr Oxferna, seid kan Narr, das is kein Schlaf. Auf sollt a stehn. Der Kerl hat an Schlaf als wie a todtes Ross.	Jdt 14,12: (...) denn die Mäuse sind aus ihren Löchern gekrochen. (...) Jdt 14,13: Da ging Bagao in seine Kammer, und stand vor dem Vorhange, (...), denn er vermuthete, daß er schlafe mit Judith.

---

430 Schott, *Meßbuch 1962*, 491.

Hei, Judl, weck du den Oxferna auf, wann d' drin bist. Na schau, i muss schon gar eini gehn. *Geht hinein.* Hei, Herr Oxferna, g'schwindt sollt a aufstehn! – Ja hazi, was ist denn das? *Geht heraus.*	Jdt 14,14: Da er aber keine Bewegung des Liegenden durchs Gehör vernahm, trat er näher (...) und sah den Leichnam des Holofernes ohne Kopf, (...).
Hei, weist was Neues? Der Herr Oxferna liegt drin, er hat kein Haupt, kein Kopf und kein Schädel, dös hat g'wiss than die Sakraments hebräische Gredl.	Jdt 14,16: und sprach: Ein einziges hebräisches Weib hat das Haus des Königs Nabuchodonosor zu Schanden gemacht; denn siehe, Holofernes liegt auf der Erde, und sein Haupt ist nicht an ihm.

Die Respektlosigkeit, mit der Hanswurst mit Holofernes und Judit spricht, ist typisch für die subversive Komponente der Figur des Narren. Er darf und soll sich vor niemandem beugen. Die Entdeckung des Geschehens und die Beurteilung der Tat folgen zwar dem biblischen Bericht, stehen aber dennoch in ihrer Emotionslosigkeit im krassen Gegensatz zum dortigen Heulen und Schreien von Jdt 14,14.17-18. Verstärkt wird die groteske Wirkung noch durch die entsetzte Reaktion Hartmanns, der nach Hanswursts Bericht seinerseits ins Zelt geht, den enthaupteten Holofernes sieht und in seiner Verzweiflung ebenfalls Jdt 14,16 (allerdings korrekt) zitiert. Die richtige Schlussfolgerung, die Bagoas/Hartmann hier zieht, Judit sei die Mörderin des Holofernes, wird durch Hanswursts vorangegangene Worte zu einem unbedachten Nachplappern degradiert.

Theologische Aussagen

Durch die große Bibelnähe ergeben sich kaum Unterschiede in den theologischen Aussagen. Auffällig ist vielleicht die häufige Anrede Gottes als „*liebster Gott im Himmel*" oder „*liebster Gott*" durch Usija, Jojakim und Samuel.[431] Gelegentlich sind Anklänge an die Mess-Liturgie zu erkennen, etwa wenn Pumo in Z. 498f. sagt:

> „O Gott, unser Vater, erbarme dich über uns und erlöse uns von dieser so harten Drangsal."

Die eingefügten Personen des assyrischen Lagers: Hartmann, Felix, Valericus und Hanswurst, sprechen überhaupt nicht von Gott, im Gegensatz zu den Betuliern Samuel, Pumo und Simon, die entweder Bibelverse zitieren (Z. 507-515) oder sich mit Stoßgebeten an Gott wenden (Z. 496-499; Z. 855-859). *Nebukadnezzars Anspruch*, als Gott verehrt zu werden, wird deutlich herausgestellt, er wird dabei ebenso wie Holofernes in seiner übermäßigen Grausamkeit leicht ironisiert dargestellt. Der von Usija, Achior u. a. vertretene Glaube, die *Be-*

---

[431] vgl. Z. 300, Z. 341, Z. 461, Z. 488, Z. 855.

drängnis sei Strafe für begangene Sünden findet sich in dem Stück ebenso wie Judits *Korrektur dieses Glaubens*.

Die Gesangseinschübe verdeutlichen die biblischen Aussagen noch einmal in verkürzter Form: Im Gesang während Judits Tat (Z. 832-839) wird die *Kraft des Gebetes* gewürdigt: „Ach, sehet dann, ihr Menschen fein, / Gott zeiget hier alsdann, / Dass er noch stets will holder sein, / So man ihn rufet an. (...)." Der Gesang der Betulier während ihres Kampfes gegen die Assyrer betont in einfachen Worten die *Urheberschaft Gottes an der Befreiung* (Z. 956-957): „Der Feind schon unterlieget, / Und Gott hat ihn besieget." Im Schlussgesang schließlich wird noch einmal *Gottes Allmacht und Barmherzigkeit* gepriesen, während im biblischen Lobgesang Judits im Kapitel 16 nur die Allmacht Gottes, nicht aber seine Barmherzigkeit thematisiert wird. Den Abschluss des Stückes bildet die Bitte um Hilfe für die Landesmutter (Maria Theresia) und um Errettung aller in feindlicher Bedrängnis (Z. 987-994):

> „Weiter, o Gott, wir auch bitten than, / Für unsre Landesmutter fein, / Wann sie die Feind' thun greifen an / Thu unser Helfer sein. / Wir kommen auch zu beten: / O thu uns all' erretten, / Damit dein Nam auf dieser Erd / Allzeit geheiliget werd."

Judit in allen Facetten

Judit wird durch die große Bibeltreue des Stückes in all ihren Facetten dargestellt. Sie ist die hoch geachtete, gottesfürchtige, weise Frau der Vulgata, die als Gottes Werkzeug die Tat vollbringt. Der Hinweis auf ihre Keuschheit als Grund des Erfolges fehlt nicht: Jojakim zitiert in Z. 965ff. den einschlägigen Vers 15,11; ebenso werden ihre theologischen Aussagen und Gebete weitgehend wiedergegeben. Doch auch die ambivalenten Stellen sind nicht unterdrückt. Das 11. Kapitel wird im 20. Auftritt vollständig zitiert, und die mancherorts als anstößig aufgefasste Bitte von 9,13 findet sich im 16. Auftritt wieder. Damit ist die listige Seite ihres Vorgehens klar herausgestellt. Dennoch wirkt der 21. Auftritt mit Judits prinzipieller Verurteilung der Frau deplatziert (Z. 748-751): „Holofernes, trau nicht zu viel der Weiber Gunst, dann bist du sehr betrogen: ihre List, die richtet dich zu Grund, denn sie sind schmeichelhaft und verlogen." Judits Lügen und Schmeicheleien bezeichnen ja gerade *nicht* ihren gewöhnlichen Umgang mit Männern oder gar ihren Charakter, vielmehr sind sie außergewöhnliche Mittel in einer außergewöhnlichen Situation. Judit beweist bereits in ihrer ersten Rede vor den Ältesten (Jdt 8,10-27), dass sie mächtige Männer nicht fürchtet, ihre Meinung geradeheraus sagt und niemandem schmeichelt. Um jedoch als unbewaffnete Frau gegen den Anführer einer Weltmacht reüssieren zu können, bedarf es besonderer Mittel. Man kann über Judits Vorgehen hier vielleicht geteilter Meinung sein, doch handelt es sich jedenfalls um einen einmaligen Akt und nicht etwa um ihren grundsätzlichen Zugang zum männlichen Geschlecht. Durch die Einzigartigkeit ihres Charakters verbietet sich zudem ein grundsätzlicher Vergleich mit „allen Frauen" von selbst. Die Szene steht demnach im Gegensatz zum sonst bibelgemäßen Juditbild und bedient wohl eher Ressentiments des Publikums als sie inhaltliche Verdeutlichung bewirkt.

Fazit

Ein Vergleich zwischen den Jahrhunderten ist aufgrund der unterschiedlichen Genres unzulässig. In *Avancinis Jesuitendrama* fällt die starke Betonung von Gottes Allmacht auf, das wiederholte direkte Eingreifen Gottes in die Handlung und die geringe Freiheit des Menschen. Das Werk zielt auf Belehrung, die allegorischen Gestalten am Ende der einzelnen Akte vermitteln die Botschaft eindringlich. Der Titel des Stücks ist auch seine Hauptaussage: Das *Vertrauen zu Gott* ist angesichts der Not (Betulias, aber auch Wiens im Dreißigjährigen Krieg) Garant für die Wendung des Schicksals. Der Mensch kann gegen die Allmacht Gottes nichts ausrichten, doch wer vertraut, geht niemals zugrunde. Auch *Judit ist reines Werkzeug Gottes*, ihre einzige Tugend, sagt sie, sei die Hoffnung, alles andere habe Gott gemacht. Ihre Demut und Keuschheit werden stark betont. Sie nimmt übrigens auch nicht am Gastmahl des Holofernes teil, sondern geht erst später ins Zelt, als Holofernes schon eingeschlafen ist. Dieses fromme Juditbild wird allerdings von dem hinzugefügten Rison konterkariert. Er misstraut Judit von Anfang an und stellt sie als *verschlagene, listige Feindin* dar. Der Ausgang des Stückes gibt beiden Sichtweisen Recht.

Das Volksschauspiel „Judith und Holofernes" weist überraschenderweise die größte Bibelnähe von allen untersuchten Theater- und Oratorienlibretti auf.[432] Große Teile des Stückes sind Zitate des biblischen Textes, dadurch wird die Ambivalenz von Judits Charakter sehr gut getroffen. Auch die komische Rolle des Hanswursts hat im Vergleich mit dem Rison des Jesuitendramas mehr aus der Bibel Entnommenes zu sagen, wenn auch in mundartlicher Verzerrung. Als einziger der hier untersuchten literarischen Texte beginnt das Schauspiel mit Nebukadnezzars Eroberungen, verkürzt also die Handlung nicht, und stellt auch das Gastmahl des Holofernes ausführlich dar. Dennoch wird auch hier Krieg und Gewalt nicht problematisiert und der Akzent auf die Überwindung des Feindes und nicht auf die Überwindung der zerstörerischen Kraft des Krieges gelegt.

---

432 Ob das in der Natur der Volksschauspiele liegt, ist schwer zu sagen, da viele biblische Erzählungen nur wenig Text und noch weniger direkte Reden aufweisen und daher naturgemäß ausgeschmückt werden müssen. Es lassen sich zwar auch in anderen Volksschauspielen genaue Zitate aus der Bibel finden, vgl. z.B.: Polheim, K., K. u. Schröder, St. (Hg.), *Volksschauspiele Bd. IV: Paradeisspiele. Schäferspiele* (Paderborn, München u. a.: Ferdinand Schöningh, 2004). aber selten wird ein biblischer Stoff im gesamten Ablauf so eng an die Bibel angelehnt wie hier.

Wie schon bei Avancini wird auch hier der Bezug zur Gegenwart des Autors deutlich: Im Schlusswort wird Gott um seine Hilfe in Bedrängnis und um seinen Schutz der „Landesmutter" gebeten.

Judit in der bildenden Kunst

Vorbemerkungen

Italien: Wiege des Barock

In Italien entwickelte sich der Barockstil nach dem Tridentinum sehr rasch und erreichte, ausgehend von der Architektur, auch in Malerei und Skulptur noch vor 1600 erste Höhepunkte. Erstes kulturelles Zentrum des Barock war Rom. Zahlreiche Aufträge und großzügige Auftraggeber lockten Maler aus ganz Europa hierher, die hier den italienischen Barockstil studierten und später in ihrer Heimat verbreiteten. Führende Vertreter der Malerei im Frühbarock waren Künstler wie Annibale und Agostino Carracci, Orazio und Artemisia Gentileschi und auch einer der bedeutendsten Maler seiner Zeit, Michelangelo da Caravaggio (1573-1610). Caravaggios Werke beeinflussten Maler in ganz Europa, noch lange nachdem sein Stil des naturalistischen Barock in Rom selbst an Bedeutung verloren hatte. Auch Peter Paul Rubens (1577-1640), der wichtigste Vertreter und gleichsam Inbegriff der flämischen Barockmalerei, nahm sich anfangs Caravaggio zum Vorbild, bevor er seinen spezifischen Stil entwickelte und seinerseits die europäischen Maler beeinflusste.

Von Rom aus entwickelte sich der Barockstil mit je unterschiedlichen Ausprägungen in ganz Europa, in den Niederlanden, in Spanien, Frankreich, England und schließlich auch in Deutschland und Österreich.

Österreich: Verspätete Blütezeit

In Österreich gelangte der Barock erst am Ende des 17. Jahrhunderts zu seiner Blüte. Die Kriegswirren des Dreißigjährigen Krieges und die Türkenbedrohung hatten die Entwicklung in der Kunst verzögert. Man rezipierte zwar auch hier die italienische und flämische Kunst, fand aber erst spät zu eigenständigen Leistungen. Das große Kunstinteresse Erzherzog Leopold Wilhelms (1614-1662) ließ Wien aber in den Besitz von Meisterwerken der italienischen und französischen Malerei kommen. Leopold Wilhelm, jüngster Sohn Ferdinands II. und damit von der Thronfolge ausgeschlossen, entwickelte während seiner Tätigkeit als Statthalter der Spanischen Niederlande in Brüssel eine rege Sammlertätigkeit und erwarb sich so eine bedeutende Gemäldegalerie. Als er 1656 nach Wien zurückkehrte, brachte er diese Sammlung mit und legte damit den Grundstein für die Kaiserliche Sammlung und letztlich für die Gemäldegalerie des Kunsthistorischen Museums. Immerhin acht oder neun „Judits" befanden sich darin (Davon ist eine als „Judit" fraglich, weitere zwei stammen von unbekannten Malern und zwei sind nicht zuzuordnen. Vier Bilder sind heute noch im Kunsthistorischen Museum.)[433]

---

433 Im Kunsthistorischen Museum befinden sich außerdem noch Judit-Bilder von Blomaert, Liss und Allori, diese wurden aber erst später erworben. Ebenfalls nicht besprochen

Im 18. Jahrhundert setzte Wien selbst durch die Gründung der Akademie der bildenden Künste einen Impuls für österreichische Barockmalerei. Künstler wie Paul Troger, Franz Anton Maulbertsch oder Franz (Xaver) Karl Palko wurden hier ausgebildet oder gaben ihr Können weiter.

Das Juditbuch als Thema
Das Buch Judit wurde im Barock sehr häufig als Thema gewählt. Sieht man einmal vom Kunsthandwerk ab, das zahlreiche Tapisserien, Brauttruhen etc. mit Judit-Motiven hervorbrachte, wurde Judit vor allem auf Ölgemälden dargestellt. Judit-Skulpturen sind zwar bekannt, vor allem die berühmte des Donatello (1386-1466) in Florenz, doch in unserem Zeitraum und in Österreich generell konnte ich keine ausfindig machen. Als Fresko-Motiv in Sakralbauten findet man sie immer wieder, in Wien selbst jedoch nur ein einziges Mal, in der Dominikanerkirche „Maria Rotunda" im 1. Bezirk, Postgasse 4.

In der Malerei des Barock wird Judit aus ihrem typologischen Zusammenhang gerissen. Sie fungiert nicht als christliche Allegorie, als Präfiguration Marias oder als Exemplum der siegreichen, wahren Kirche,[434] sondern wird in ihrer Individualität als Frau gesehen, mit allen moralischen und sonstigen Konfliktstoffen, die durch diese Entkoppelung aufbrechen. Die Ambivalenz ihrer Person und eine oft stark divergierende Bewertung ihrer Tat führen zu sehr unterschiedlichen künstlerischen Antworten.

Das berühmteste Judit-Bild des Barock stammt von Caravaggio, weitere oft erwähnte Darstellungen sind die von Artemisia Gentileschi oder Cristofano Allori.[435] Da sich diese Arbeit auf Wien beschränkt, werden hauptsächlich zwei Gruppen von Bildern zur Sprache kommen: Bilder internationaler Künstler, die sich nachweislich in Wien befunden haben[436] (das sind vor allem die vier schon erwähnten Judit-Darstellungen aus der Sammlung Erzherzog Leopold Wilhelms), sowie Bilder österreichischer Maler, die in Wien gemalt wurden, auch wenn sie sich heute nicht mehr hier befinden.

An Malern der ersten Gruppe werden besprochen: Paolo Veronese, Carlo Saraceni, Alessandro Varotari, genannt Padovanino, Simon Vouet und Frances-

---

    werden zwei Bilder von Lucas Cranach, da diese weit vor unserem Zeitraum entstanden sind.
434 Zu diesem Thema siehe Kapitel: Judit in Verkündigung und Predigt.
435 Zum Thema: „Judit und Holofernes in der italienischen Malerei des Barock" siehe Uppenkamp, *Judith und Holofernes*.
436 Ich beziehe mich hier hauptsächlich auf den Katalog der Gemäldegalerie des Kunsthistorischen Museums von 1991, auf das Inventar der Sammlung von Erzherzog Leopold Wilhelm, sowie auf den Katalog von Christian von Mechel aus dem Jahr 1783.

co Solimena.[437] Maler der zweiten Gruppe sind Franz (Xaver) Karl Palko, Franz Anton Maulbertsch, Martin Johann Schmidt („Kremser Schmidt").

Eine andere Frage ist, welche Werke in Wien zwar nicht im Original vorhanden, aber dennoch *bekannt* waren. Denn viele namhafte Künstler, vor allem auch Rubens, ließen ihre Werke mittels Kupferstich in ganz Europa verbreiten, um für sich und ihre Werkstatt zu werben. Der Nachweis, ob und wann sich diese Kupferstiche in Wien befunden haben, ist zwar kaum zu erbringen, dennoch möchte ich stellvertretend für wahrscheinlich mehrere Werke einen Stich nach einem Gemälde von Peter Paul Rubens besprechen. Die Bekanntheit des Künstlers und seine starke Präsenz in Wien ließen mir diese Entscheidung als gerechtfertigt erscheinen.

Paolo Veronese: „Judith mit dem Haupt des Holofernes" (um 1582)

Biografisches[438]

Veronese wurde 1528 als Paolo Cagliari oder Caliari in Verona geboren. Sein Vater war Bildhauer, sein Onkel Antonio Badile Maler. Von ihm erhielt Veronese auch Unterricht. 1548 ging er nach Mantua und stattete den dortigen Dom mit Fresken aus. Um 1553 wurde er nach Venedig berufen, um in der Kirche San Sebastiano Altarbilder und Fresken zu schaffen. Dort zählte er bald neben Tizian und Tintoretto zum führenden Triumvirat der Spätrenaissance-Maler.[439] Er verband biblische Szenen gerne mit architektonischen Elementen seiner Zeit, stattete die Personen mit reichem Schmuck und Gewand aus und versetzte sie ins Venedig des 16. Jahrhundert. Seine Darstellung des „Letzten Abendmahls" brachte ihn sogar in Konflikt mit der Inquisition, da er zu viele „unpassende Figuren" wie einen Knecht mit Nasenbluten darauf gemalt hatte. Seine „Judith" fällt bereits in seine Spätzeit, wo die hellen Tagszenen dämmrigen Bildern und die Freudenfeste der Ernsthaftigkeit wichen und Veronese vermehrt Motive wie „Kreuzigung" oder „Pietà" malte. Das Bild kam über die Sammlung Erzherzog Leopold Wilhelms nach Wien und war möglicherweise Fragment einer größeren Komposition.

---

437 Solimenas Bild stammt nicht aus der Sammlung Erzherzog Leopold Wilhelms, sondern aus der Graf Harrach'schen Gemäldesammlung und befand sich auf Schloss Rohrau bzw. in Wien im Palais Harrach, bevor es 1935 dem Kunsthistorischen Museum geschenkt wurde.
438 Vgl. http://de.wikipedia.org/wiki/Paolo_Veronese.
439 Dennoch rechtfertigt m. E. die zeitliche Nähe zu Barockmalern wie Caravaggio die Besprechung in dieser Arbeit.

Bildbeschreibung

Das Bild zeigt Judit mit ihrer Magd. Sie ist im Begriff, den abgeschlagenen Kopf des Holofernes der Magd zu übergeben, die schon den Sack bereithält. Judit steht im Zentrum des Bildes. Ihr Körperbau ist kräftig, ihr Gesicht regelmäßig und schön, mit großen Augen. Sie ist mit einem prächtigen Gewand bekleidet, dessen Rock in bauschigem Schwung fällt. Oben ist das Kleid tief ausgeschnitten, die rechte Schulter ist bedeckt, links jedoch ist das Gewand ein wenig hinunter geglitten und gibt ein Stück der Schulter frei. Judit trägt eine Perlenkette und auf dem kunstvoll frisierten blonden Haar einen duftig herabfallenden Schleier. Ihr Körper ist dem Kopf des Holofernes zugewandt, den sie mit beiden Händen umfasst. Ihr Kopf wendet sich der auf der anderen Seite stehenden Abra zu, doch ihr Blick streift nur über die Magd hinweg ins Leere. Die Magd ist jung, dunkelhäutig und kleiner von Gestalt, sie trägt einen gelben Turban. Man sieht von ihr nur den Kopf und den linken Arm, der fordernd nach dem Kopf des Holofernes greift, sowie einen Finger der rechten Hand, die den Sack hält. Über ihr kann man einen Teil des Vorhanges zum Bett des Holofernes sehen. Das Schwert ist kaum zu erkennen. Der Rumpf des Holofernes ist wohl hinter Judits Rücken anzunehmen. Von der Gewalttat selbst gewinnt man keinen Eindruck, das Bild hat eher ruhigen, meditativen Charakter, ein Innehalten zwischen Tat und Flucht.

Bildinterpretation

Judit verkörpert auf diesem Bild das Ideal von Schönheit, wie man es sich im Venedig des 16. Jahrhundert vorstellte.[440] Ihr Blick ist schwer zu deuten. Vor allem Erstaunen und vielleicht ein bisschen Verlorenheit ist darin zu entdecken. Helga Theresa Georgen spricht von einem „Ausdruck von Verstörtheit" und erklärt dies damit, dass sich hier zwei unterschiedliche Verhaltensweisen in Judit vereinigen, nämlich die Ausführung der Tat und zugleich ihre Leugnung durch die zärtliche Geste der Wiedergutmachung. Das sei „einzigartig in der Ikonographie dieses Themas".[441] Es findet sich jedenfalls keine Spur von Koketterie, keine Spur von Triumph und keine Spur von Gewalttätigkeit darin.

Auch Holofernes wirkt mehr sanft schlafend als gewaltsam ermordet. Sein Gesicht hat nichts Brutales an sich, es ist nicht monströs überzeichnet, aber auch nicht zum Märtyrer stilisiert. Die Magd wiederum ist nicht die hässliche Alte, die die Schönheit und Jugend Judits kontrastiert, sondern eine junge, unauffällige Afrikanerin, weder besonders hübsch noch besonders hässlich. Sie dient hier nicht, wie auf anderen Gemälden, als Kommentar des Geschehens oder als Alter

---

440 Vgl. Uppenkamp, *Judith*, Magisterarbeit 1987: Bd. 1, 57.
441 Georgen, H. Th., *Kopfjägerin Judith*, 122-123.

Ego Judits, sondern schlicht als Attribut für Judits Reichtum wie die Juwelen und Kleider.[442]

Das Auffälligste an dem Bild ist wohl die unspektakuläre Darstellung der vollbrachten Tat selbst. Das Schwert ist dezent im Hintergrund, der Rumpf des Holofernes ist nicht sichtbar, jeder Hinweis auf Gewalt, Blut und Tod fehlt. Offensichtlich geht es nicht darum, den Betrachter zu schockieren: Es soll nicht die gewaltsame Tat in all ihrer erschreckenden realen Konsequenz im Vordergrund stehen, wie etwa bei Caravaggio; es soll andererseits aber auch nicht versucht werden, Judit unkeusche Motive zu unterjubeln, wie etwa bei Johann Liss. Veroneses Judit ist frei von allem Niedrigen, sie steht im wahrsten Sinne des Wortes über den Dingen: Der Kopf des Holofernes und der Sack befinden sich auf der selben Ebene, unter ihr, außerhalb ihres Gesichtsfeldes im unteren Drittel des Bildes, die Magd reicht durch ihre gebückte Haltung nur bis zur Schulter Judits. Diese überragt also das Geschehen, sie dominiert das Bild.

Offenbar soll demnach ausschließlich Judits Schönheit und Überlegenheit in Bann ziehen. Sie ist die Gute. Ihr melancholischer Blick könnte diese Tugendhaftigkeit sogar noch unterstreichen wollen: Er zeugt von ihrer demütigen Haltung. Judit ist dann die, die nicht über ihren Sieg triumphiert; die weiß, dass sie alles nur Gott verdankt; die die Gewalttat zwar zum Wohl ihres Vaterlands vollbringen kann, die sich aber nicht über den Tod eines Menschen, und sei er auch ein so unheilbringender wie Holofernes, zu freuen vermag. So übergibt sie ihrer Magd den Kopf des Holofernes, ohne ihn noch einmal anzusehen und überlässt damit die „banalen" praktischen Angelegenheiten anderen.

Carlo Saraceni: „Judith mit dem Haupt des Holofernes" (um 1615)

Biografisches[443]

Carlo Saraceni war gebürtiger Venezianer, ging jedoch 1598 nach Rom und blieb dort bis kurz vor seinem Tod. Künstlerisch wurde er von Elsheimer und Caravaggio beeinflusst. Als 1606 die Kirche Santa Maria della Scala Caravaggios Bild „Der Tod der Jungfrau" zurückwies, wurde Saraceni beauftragt für Ersatz zu sorgen. Er arbeitete auch als Freskenmaler (im Palazzo Quirinale sowie in der Verkündigungskapelle Santa Maria Aquiro) und schuf zwei Bilder in der Kirche Santa Maria dell' Anima.

Durch seine Vorliebe für dramatische Lichtgestaltung und naturalistische Details zählte er zu den Caravaggisten, seine Bilder wurden aber vor allem in seiner Anfangszeit oft mit denen Elsheimers verwechselt. Seine Vorliebe für

---

442 Vgl. Stocker, *Judith*, 37.
443 Vgl. http://en.wikipedia.org/wiki/Carlo_Saraceni.

Turbane, aber auch seine Farbgestaltung könnte über Umwege auch Rembrandt beeinflusst haben.

Im Jahr 1620 kehrte er nach Venedig zurück, wo er im selben Jahr starb.

Das Bild „Judith mit dem Haupt des Holofernes", gemalt um 1615, gelangte über Bartolomeo della Nave und dem Marquis von Hamilton in die Sammlung Erzherzog Leopold Wilhelms und von dort aus 1656 nach Wien, wo es sich bis heute im Kunsthistorischen Museum befindet.

Bildbeschreibung

„Ein Nachtstuckh von Öhlfarb auf Leinwath, warin die Judith mit einer Belczenhauben, darauf ein Kleinodt, in der linckhen Handt des Holofernis Kopf, neben ihr ein altes Weib mit einem Sackh, von welchem sye ein Zipfel in dem Mund hatt, und in der rechten Handt ein brennende Kertzen."[444] So beschreibt der Inventarist Leopold Wilhelms das Bild.

Man sieht auf dem Bild Judit als Halbfigur, den Kopf des Holofernes und die Magd, die den Sack aufhält. Die dunkel gelockte, schöne und junge Judit trägt eine schwer zu identifizierende Kopfbedeckung, die eher wie ein Stoffhäubchen denn eine „Belczenhauben" wirkt. Die Spange (das „Kleinodt") ist ihr einziger Schmuck. Auch ihr Gewand ist schlicht: eine weiße Bluse mit bauschigen Ärmeln und darüber ein blaues Miederkleid. Sie hält in der linken Hand, hauptsächlich mit Zeige- und Mittelfinger, den Kopf des Holofernes an den Haaren, die rechte Hand ist hinter dem offenen Sack verborgen. Durch die Kerze, die die Magd hält, sind ihr Dekolleté und die rechte Hälfte ihres Gesichts erleuchtet. Man sieht ein feines Lächeln auf ihrem Mund. Sie blickt von der Magd weg aus dem Bild heraus mit undefinierbarem Ausdruck. Die Magd ist als alte, faltige Frau dargestellt. Sie hält einen Zipfel des Sackes im leicht geöffneten Mund und blickt von unten mit weit aufgerissenen Augen auf Judit. Ihr Haar ist unter einem Turban verborgen. In der rechten Hand hält sie die erwähnte Kerze, die auch ihr eigenes Gesicht und das des Holofernes erhellt. Dieser wirkt sehr jung, auffälligerweise hat er keinen Bart und kurzes glattes Haar. Seine Augen sind geschlossen, doch sein Mund steht wie noch immer im Todesschrei weit offen. Das Bild ist von starken Licht-Schatten-Kontrasten geprägt. Was nicht von der Kerze beleuchtet wird, ist nur als Schatten zu sehen.

Bildinterpretation

Judit dominiert das Bild wie auch schon bei Veronese. Sie füllt das Bild aus und überlässt der Magd und dem Kopf des Holofernes nur das untere Bilddrittel. Doch im Gegensatz zu Veronese, wo man bei flüchtiger Betrachtung nichts

---

444 Berger, *Inventar Leopold Wilhelm*, XCVIII.

Dramatisches erkennen würde, wird hier sofort klar, dass etwas Außergewöhnliches geschehen ist. Saraceni erzielt dies durch zwei Effekte: durch klug ausgeleuchtete Gesichter und durch den Kontrast zwischen dem Dekolleté Judits und dem darunter geöffneten Sack. Zu den Gesichtern: Von allen drei Protagonisten wird die jeweils rechte Gesichtshälfte beleuchtet. Judits geöffnete Augen und geschlossener Mund kontrastieren zu den geschlossenen Augen und dem geöffneten Mund des Holofernes, während die Magd sowohl Augen als auch Mund aufsperrt. Ihr entsetzter starrer Blick, der den unseren auf das leichte Lächeln Judits richtet, bringt Dramatik in die Szenerie. Er hinterfragt das Geschehen und man überlegt als Betrachter unwillkürlich, wie es denn möglich ist, dass Judit nach dieser Tat so sanft und ruhig wirken kann, wie sie den Kopf des Holofernes so graziös halten kann und dabei so süß zu lächeln vermag. Es ist nicht unbedingt ein Vorwurf, der aus dem Blick der Magd spricht, sicher aber vollkommene Fassungslosigkeit, vielleicht Ehrfurcht. Das zweite irritierende Element dieses „Siegerfotos" ist das hell beleuchtete Dekolleté, von dem unser Blick direkt in das Dunkel des weit geöffneten Sackes gleitet. Der Kontrast wird durch den seltsamen Gesichtsausdruck des Holofernes noch verstärkt: Nicht Todeskampf spricht aus ihm, sondern tödliche Enttäuschung. Ihm, der sich erwartet hat, in dieser Nacht an der Brust der fremden Jüdin zu liegen, ihm öffnet sich stattdessen der Schlund jenes Sackes. Uppenkamp hat dazu bemerkt, dass der Zipfel des Sackes, den die Magd im Mund hat, und der sich schlundgleich öffnende Sack selbst Assoziationen von Verschlingen und Fressen erwecken.[445] Weiterführend könnte es vielleicht für den Betrachter des 17. Jahrhunderts auch Anklänge an den Höllenschlund wachgerufen haben. Auch durch das Fehlen des Schwertes wird unsere Aufmerksamkeit von der Tat weg gelenkt hin zum weiteren Schicksal des Heerführers: Die Begierde nach der Frau, nach ihrem sanften Gesicht und ihrem hellen Dekolleté stürzte ihn ins Verderben, nun verschlingt ihn der Schlund der Hölle. Die Magd hilft mit, diesen Schlund zu öffnen und Judit - ihre locker-lässige Handhaltung lässt an einen Marionettenspieler denken - leitet den einst so mächtigen Feldherrn wie eine Puppe direkt in den Abgrund.

Alessandro Varotari, genannt: Il Padovanino: „Judith mit dem Haupt des Holofernes" (ca. 1620/25)

Biografisches[446]

Alessandro Varotari (1588-1648/49) wurde am 4. April 1588 in Padua geboren. Sein Vater war Dario Varotari, ein Maler und Architekt, und seine Mutter die Tochter eines anderen Malers, nämlich des Giovan Battista Ponchino. Padova-

---

445 Uppenkamp, *Judith und Holofernes*, 252.
446 Vgl. http://www.artnet.de/library/06/0645/T064533.asp?.

nino wurde zeit seines Lebens stark von Tizian beeinflusst. Seine ersten Werke sind den Werken seines Vorbildes sehr ähnlich, manche, etwa „Die Jungfrau mit Kind", erweisen sich sogar als direkte Kopien. Padovaninos „Judith mit dem Haupt des Holofernes", entstand um 1620/25. Das Bild kam wie schon Saracenis „Judith" über die Sammlung Hamilton in den Besitz Erzherzog Leopold Wilhelms und von da nach Wien. Es befindet sich ebenfalls im Kunsthistorischen Museum.

Bildbeschreibung

Das Bild zeigt Judit als Dreiviertelfigur mit dem Schwert und dem Kopf des Holofernes. Der Hintergrund zeigt vom Betrachter aus rechts einen grauen Himmel mit Wolken und links einen dunkelroten Vorhang, wohl zum Zelt des Holofernes gehörig. Judit trägt ein Kleid mit weißem, duftigen Oberteil, dessen linker Ärmel verrutscht ist, wodurch Oberarm und linke Brust entblößt sind. Der Rock des Kleides ist rot-weiß gestreift. Darüber hat sie einen dunkelbraunen Mantel geworfen. An Schmuck trägt sie zarte Ohrringe, eine dünne, lange goldene Halskette und ein ebensolches Armband. In der linken Hand hält sie den übergroß wirkenden Schwertknauf, der Mittelfinger berührt fast den entblößten Busen. Die Finger der rechten Hand umgreifen ebenfalls das Schwert, krallen sich aber auch in das Haar des Holofernes. Während ihr Körper nach links gedreht ist, wendet sich ihr Kopf nach rechts. Sie blickt über ihre rechte Schulter zurück ins Zelt des Holofernes. Der Kopf des Holofernes wirkt wie das Schwert übergroß. Er hat dichte lockige Haare, einen Vollbart und eine markante Nase. Vom Gesicht sind außerdem nur der Umriss des rechten Auges und die Stirn zu erkennen.

Bildinterpretation

Wenn man weiß, dass Padovanino stark von Tizian beeinflusst war, liegt es nahe, dessen Judit-Bild zum Vergleich heranzuziehen. Doch Tizians Bild „Judith mit dem Haupt des Holofernes", das um 1570 entstand, sich heute in Detroit befindet und z.B. bei Uppenkamp abgebildet ist,[447] ähnelt dem Padovaninos nur in wenigen Details wie der Nase-Mund-Partie oder dem Ohrring, nicht aber in der Komposition. Umso auffälliger ist es, dass ein anderes Bild Tizians viele Ähnlichkeiten mit unserem Bild aufweist: Es handelt sich um ein Bild, das man meistens als „Salome mit dem Kopf Johannes' des Täufers" betitelt, das heutzutage aber immer wieder als „Judith" bezeichnet wird. Dieses Bild, datiert um 1515, weist erstaunliche Gemeinsamkeiten mit Padovaninos „Judith" auf: Die Heroine steht jeweils groß im Zentrum mit nahezu identischer Körperhaltung,

---

447 Uppenkamp, *Judith und Holofernes*, 258.

nur der Kopf ist bei Padovanino etwas mehr gehoben und der Blick weist nicht nach unten, sondern zurück. Doch der Gesichtsausdruck ist bei beiden Bildern derselbe. Der Hintergrund ist jeweils zweigeteilt, die rechte Seite zeigt einen bewölkten Himmel. Wenn man bedenkt, dass Padovanino seine Judit in seiner Frühzeit gemalt hat, als die Abhängigkeit von Tizian besonders groß war, kann es sich wohl hier um keinen Zufall handeln. Ob Tizians Bild nun Herodias, Salome oder Judit darstellen soll, müssen die Kunsthistoriker entscheiden. Sicher ist, dass die Möglichkeit einer Verwechslung selbst schon ein ambivalentes Licht auf Judit wirft. Denn wenn eine tugendhafte, mutige Heldin mit einer lasterhaften Heidin verwechselt werden kann und ein maßloser, hochmütiger Feldherr mit dem Wegbereiter Christi, dann hat sich im Verständnis einiges verschoben.[448]

Auch Padovaninos Judit gerät dadurch mit ins Zwielicht. Zwei Aspekte sind dabei besonders auffällig: Ihr wehmütiger Blick zurück ins Zelt des Holofernes und ihr linker Mittelfinger, der beinahe ihre Brustwarze berührt. Judit befindet sich nach der Tat auf dem Weg aus dem Zelt hinaus ins Freie, zurück in ihre Heimatstadt. Aber statt zielstrebig, freudig oder triumphierend nach Hause zu eilen, blickt sie an die Stätte der Tat zurück. Die bloße Brust und die unwillkürliche Berührung derselben lassen den Betrachter fragen, was dort wohl geschehen ist, woran sie so sehnsuchtsvoll zurückdenkt. Weder Furcht noch Widerwillen oder Ekel sind in ihrem Blick, also denkt sie wohl nicht an ihre Tat oder deren Entdeckung. Es drängt sich eher die Vermutung auf, Judit erinnere sich entweder an eine Liebesnacht, oder trauere einer verhinderten Liebesnacht nach. Beides hat jedenfalls nichts mit der biblischen Judit zu tun. Auch die Ähnlichkeiten mit Tizians Salome/Judit und mit der annährend zugleich entstandenen „Flora" (immerhin die Göttin der Kurtisanen) unterstützen diese Interpretation. Dazu kommen die beinahe liebevolle Umschlingung des riesenhaften Schwertknaufs mit beiden Händen und der verspielte Griff ins Haar des Holofernes. Padovaninos Judit stellt insgesamt also weniger eine Heldin als eine erotisierte Frau dar, die jedoch das Ziel ihres Begehrens unglückseligerweise gerade getötet hat. Hebbels Interpretation der biblischen Heldin steht demnach keinesfalls allein oder ohne Vorläufer da.

Simon Vouet: „Judith mit dem Haupt des Holofernes" (um 1640)

Biografisches[449]

Simon Vouet, geboren am 8. Januar 1590 in Paris und gestorben am 1. Juli 1649 daselbst, war der bedeutendste französische Maler in der ersten Hälfte des 17.

---

448 Vgl. dazu Hammer-Tugendhat: „Judith und ihre Schwestern", 355-357.
449 Vgl. http://www.artnet.de/library/09/0901/T090199.asp?.

Jahrhunderts. Er ging 1613 nach Italien, wo er es bald zu großem Ansehen brachte. Einer seiner Förderer war Papst Urban VIII. Er lebte dort vor allem in Rom, verbrachte aber auch einige Zeit in Genua, Venedig und Neapel. Sein Frühwerk zeigt noch den Einfluss Roms, doch wurde sein Stil durch seine Bekanntschaft mit der venezianischen Schule und dem intensiven Studium Veroneses bald modifiziert. 1627 wurde er von Ludwig XIII. nach Frankreich zurückgerufen und zum ersten Hofmaler ernannt. Auch in aristokratischen Kreisen war sein Stil überaus beliebt und er erhielt zahlreiche Aufträge für die Ausstattung von Schlössern und Palais'. Er leitete bald eine große Werkstatt mit vielen Schülern und beeinflusste so die französische Malerei nachhaltig. Viele seiner Werke gingen verloren oder wurden zerstört, bei einigen anderen ist die Zuordnung schwierig, da Vouet seine Bilder nicht signierte und er zudem viele Aufträge nicht selbst ausführte.

Das Bild „Judith mit dem Kopf des Holofernes" wird heute in seiner Eigenhändigkeit angezweifelt, manche vermuten einen Schüler Vouets, Claude Mellan als Urheber. Es kam über Erzherzog Leopold Wilhelm nach Wien und befindet sich heute im Kunsthistorischen Museum.

Bildbeschreibung

Das Bild zeigt Judit als Dreiviertelfigur mit dem Schwert und dem Kopf des Holofernes. Der Hintergrund ist dunkel. Judit ist zum Gehen gewendet. Sie hat rötliche, kurze Locken, die von einem roten Haarband gehalten werden. Ihr Kleid ist tief ausgeschnitten: Das Dekolleté ist von einem transparenten, leichten Stoff bedeckt, darunter beginnt ein dunkelgrünes Oberteil. Der Rock ist in einem kräftigen Rot-Ton. Die Arme sind durch eine Bluse und einem darüber liegenden gelben Umhang bedeckt. An Schmuck trägt sie lediglich kleine Ohrringe.

In der rechten Hand hält sie das Schwert nach unten, so dass man nur den Knauf sieht. In der linken Hand hält sie Holofernes am Haarschopf. Einige Strähnen stehen dabei nach oben, wie in einem Zopf gebunden. Sie hält die Augen gesenkt, ihr Mund lächelt. Ihre Gesichtsfarbe ist rosig und hebt sich vom bleichen Teint des Holofernes stark ab. Holofernes wirkt alt, er hat lockige Haare und einen Vollbart. Die Augen sind gesenkt, der Mund ist leicht geöffnet.

Bildinterpretation

Judit hat ihre Tat begangen und wendet sich zum Gehen. Das Schwert hält sie nur noch lose, es wird ihr wohl im nächsten Moment entgleiten. Sie ist hier als sehr selbstbewusste, sehr verführerische Dame dargestellt. Die Dominanz der Farbe Rot ist auffällig: Die rötlichen Locken, das rote Haarband, der rote, hoch angesetzte Rock und nicht zuletzt die rot geschminkten Lippen lassen eher an eine französische Nobelkurtisane als an eine keusche Witwe denken. Und auch der Gesichtsausdruck lässt sich schwer mit der demütigen, Gott vertrauenden Judit der Vulgata vereinbaren. Sie hält die Augen zwar gesenkt, aber die Bescheidenheit wirkt mehr als gestellt. Aus ihrer Mimik spricht Selbstbewusstsein und Triumph. Ein auffälliges Detail: Über den roten Lippen ist der Hauch eines dunklen Haarflaumes erkennbar, ein Anflug von Oberlippenbart, der ihre Züge männlicher erscheinen lässt. Dies ist bedeutsam, denn: Sie hält Holofernes fest an den Haaren und nimmt dabei im Gegensatz zu vielen anderen Judit-Darstellungen nicht Strähnen aus der Mitte, sondern die vordersten Haare. Dadurch wird die Stirn des Holofernes ganz freigelegt, und der Haarschopf, den Judit durch ihren Griff formt, erinnert an einen Mädchenzopf und verleiht Holofernes einen weiblichen Anstrich. Verstärkt wird dieser Effekt noch durch die helle Akzentuierung der Stirn. Judit wird also hier als Frau leicht vermännlicht und Holofernes als Mann verweiblicht dargestellt. Diese Überschreitung der Geschlechterrollen wird von Uppenkamp eingehend thematisiert. Sie kommt dabei zu dem Schluss, für die Frau könne eine solche Rollenübertretung „als Transzendierung weiblicher Beschränkungen begriffen werden; die Übertretung von männlich in Richtung weiblich bedeutet immer einen unerträglichen Verlust."[450] Die männliche Rollennorm ist gekennzeichnet durch soldatische Stärke, Affektbeherrschung und Klugheit. Holofernes aber konnte seine Affekte nicht beherrschen und verlor dadurch soldatische Stärke und Klugheit. Uppenkamp hat bei einer anderen Judit-Darstellung Vouets auch noch auf die typologische Ähnlichkeit mit der Simson-Delila-Geschichte hingewiesen.[451] Die Hand Judits, die eine Haarsträhne des Holofernes in der Hand hält, erinnert an den schlafenden Simson, der durch Delila mit seiner Haarpracht auch seine Stärke verliert. Auch bei unserem Bild ist die Assoziation zu Simson gegeben. Der große Feldherr hat nicht nur seinen Kopf verloren, sondern auch seine Männlichkeit. Und wie bei Simson war es auf Vouets Bild eine verführerische Schönheit ohne Skrupel, die ihm diesen Verlust beigebracht hat. Ein Mann, der nicht der männlichen Rollennorm verhaftet bleibt, stellt eine Bedrohung der sozialen Normen und damit der politischen Stabilität dar und verdient schon dadurch den Tod. Die Frau aber, durch die er fiel, mag zwar die Stärkere sein. Aufgrund der Unerträglichkeit der Rollenübertretung muss man sie dann aber in die Nähe der skrupellosen Betrügerinnen rücken. Eine positive Heldin kann nicht sein, wer einem starken, männlichen Krieger die Männlichkeit nimmt. Zumindest scheint Vouet das so gesehen zu haben.

---

450 Uppenkamp, *Judith und Holofernes*, 185.
451 Uppenkamp, *Judith und Holofernes*, 87-89.

Peter Paul Rubens: „Judith" (vor 1611)

Biografisches[452]

Peter Paul Rubens wurde als sechstes von sieben Kindern eines Rechtsanwaltes und Schöffen am 28. 6. 1577 in Siegen (Westfalen) geboren. Er wuchs in Antwerpen auf und erhielt dort nach der Schulzeit seine künstlerische Ausbildung bei Tobias Verhaecht, Adam van Noort und Otto van Veen. 1598 avancierte er zum Freimeister und Mitglied der Lucasgilde. Die Jahre 1600 bis 1608 verbrachte er großteils in Italien, war Hofmaler in Mantua und studierte in Rom ausgiebig Caravaggio und andere Meister. Der Tod seiner Mutter ließ ihn nach Antwerpen zurückkehren, wo er Hofmaler von Erzherzog Albert und der Infantin Isabella, dem Statthalter-Ehepaar der Spanischen Niederlande, wurde. Rubens baute sich eine große Werkstatt mit vielen Mitarbeitern auf, die es ihm ermöglichte, seinen zahllosen Aufträgen nachzukommen und die ihm ein ansehnliches Vermögen einbrachte. Nach dem plötzlichen Tod seiner ersten Frau 1622 trat er zusätzlich noch in diplomatische Dienste für die spanisch-habsburgische Krone und war sogar als Geheimagent tätig. 1630 heiratete die 16-jährige Helene Fourment und beendete 1633 seine diplomatische Karriere. 1635 erwarb er sich ein Landgut und begann wieder verstärkt zu malen. Ein jahrelanges Gichtleiden führte schließlich 1640 zu seinem Tod.

Rubens war der bedeutendste flämische Barockmaler und zudem ein hervorragender Geschäftsmann. Fast 3000 Werke sind von ihm vorhanden, die er allerdings großteils nicht selbst ausgeführt hat. Von ihm stammen meist „nur" die Bildkomposition und Anweisungen zur Ausgestaltung.

Das Bild „Judith", auch „Große Judith" genannt, gilt als verschollen und liegt nur noch im seitenverkehrten Kupferstich von Cornelis Galle vor. Es ist vor 1611 in Rom entstanden. Das *ante quam* geht aus der Widmung des Stiches an Wowerius hervor, die bezeugt, dass es sich bei dem Stich um die erste graphische Reproduktion nach Rubens handelt. Daher muss der Stich vor dem 1611 entstandenen Stich von Swanenburg gemacht worden sein.

Bildbeschreibung

Das Bild zeigt Judit als Ganzfigur im Moment der Enthauptung des Holofernes. Das kurze, krumme Schwert hat den Hals schon zur Hälfte durchtrennt und Blut spritzt aus der Wunde. Judit hält das Schwert in der rechten Hand,[453] mit der linken hält sie den Kopf des Holofernes an der Wange und drückt ihn von sich weg. Zwei Finger befinden sich dabei in seinem Mund. Ihre Arme sind musku-

---
452 Vgl. http://www.bautz.de/bbkl/r/rubens_p_p.s.shtml.
453 Der Stich zeigt das Original seitenverkehrt, ich jedoch beschreibe das Bild in seinem ursprünglichen Seitenaufbau.

lös. Sie ist elegant gekleidet, ihre hellen Haare sind kunstvoll frisiert. Einen Fuß hat sie vorgestreckt, er steckt in zierlichen Riemchen-Sandalen. Sie blickt konzentriert auf ihre Arbeit, der Mund lächelt ein wenig. Holofernes liegt nackt auf seinem Bett, das rechte Bein hat er angewinkelt, die rechte Hand zur Faust geballt. Sein Arm und die Arme Judits kreuzen sich, wobei sein linker Arm nach unten weist. Sein Körper ist sehr muskulös. Er hat lockiges Haar und einen Vollbart, die Augen brechen bereits, der Mund ist leicht geöffnet und man sieht die Zähne. Hinter den beiden steht Judits Magd, eine knochige alte Frau mit energisch vorgestrecktem Kinn. Sie trägt eine Art Kopftuch. Wachsam blickt sie nach hinten. Über der Szene schweben vier kleine Engel. Einer blickt ebenso wie die Magd wachsam aus dem Zelt, einer hält die Hand schützend über Judit, einer hat den Finger an den Lippen und einer schiebt den Bettvorhang zur Seite. Von oben fallen Lichtstrahlen auf Judit, die ihr Gesicht und ihre Arme beleuchten. Das Bett des Holofernes ist prunkvoll, die Bettfüße haben die Form von Löwentatzen. Der Nachttopf ist umgefallen und sein Inhalt ergießt sich auf einen solchen Bettfuß.

Bildinterpretation

Im Gegensatz zu den bisher besprochenen Bildern handelt es sich auf Rubens' Bild um ein äußerst dramatisches und dynamisches Geschehen. Judit wird wie bei Caravaggio während der Tat selbst dargestellt. Kein blutiges Detail bleibt dem Betrachter erspart. Man sieht die Halswunde klaffen und das Blut herausspritzen, man wird Zeuge des Todeskampfes des Holofernes. Der Realismus erstreckt sich sogar auf den im Kampf umgefallenen Nachttopf. Holofernes selbst ist das Zentrum der Dynamik. Sein rechter Arm ist offenbar gerade mit geballter Faust nach vor geschnellt, als wollte er das Schwert von sich weg schlagen. Doch der Schlag geht ins Leere, zwischen die Arme Judits hindurch. Auch das aufgestellte Bein und der andere Arm sprechen von Todeszuckungen. Er kämpft verbissen und mit ungeheurer Wucht. Auch die Magd wirkt seltsam verzerrt mit dem kantigen Kinn, der spitzen Nase und dem aufgerissenen Auge, fast wie ein Gespenst, und erhöht noch die Dramatik des Augenblicks. Dagegen steht Judit völlig ruhig, gelassen und konzentriert bei ihrer Tat, als hätte sie es mit einer alltäglichen Arbeit zu tun. Sie erweckt den Eindruck, als vollzöge sie eher eine längst eingeübte Tierschlachtung als eine Heldentat. Durch diesen starken Kontrast zwischen Akteurin und Opfer/Zeugin wird die Reaktion der anderen beinahe als unangemessen und grotesk empfunden. Auch Caravaggio, mit dem sich Rubens intensiv beschäftigte, hat diesen Kontrast in seinem Judit-Bild. Doch wirkt die rubensche Judit noch stärker und überlegener. Möglicherweise war sie damit Vorbild für Artemisia Gentileschis Judit-Darstellungen.[454] Und für beide

---

454 Vgl. Uppenkamp, *Judith und Holofernes*, 165.

diente vielleicht Elsheimers Bild als Inspirationsquelle. Doch bei aller Ähnlichkeit mit Werken dieser Künstler gibt es einen entscheidenden Unterschied: Die Judit von Rubens steht unter göttlichem Schutz. Nur wenige Judit-Darstellungen thematisieren Judits Verhältnis zu Gott. Doch hier sind es gleich vier Engel und die von oben einfallenden Lichtstrahlen, allgemein ein Symbol für Gott, die Judit bei ihrer Tat beschützen und unterstützen. Die vier Putten sind sehr drollig dargestellt und nehmen auch dadurch dem Bild alles Gewaltsame und Monströse. Vor allem der pausbäckige Engel, der eingewickelt in den Zeltvorhang den Finger an den Mund legt, wirkt kindlich-herzig. Er mahnt offenbar zur Ruhe. Die anderen mengen sich teilnahmsvoll ins Geschehen. Sie sehen nach, ob sich auch niemand dem Zelt nähert und halten die Hand schützend über das Geschehen. Die (göttlichen) Lichtstrahlen fallen direkt auf Judits Kopf, auf ihre Stirn. Hier wird eine Heldin bei ihrem Tun erleuchtet. Daraus erklärt sich auch die Gelassenheit, die Judit an den Tag legt. Sie weiß sich als in Gottes Auftrag Handelnde und als von ihm Begleitete.

Weitere Darstellungen im Wien des 17. Jahrhunderts

Judit in der Kirche Santa Maria Rotunda

Im DEHIO Handbuch aus dem Jahr 2003[455] findet sich in Wien lediglich eine einzige Judit-Darstellung aus der Barockzeit in oder an einem öffentlichen Gebäude. Es handelt sich um eine Gewölbemalerei in der Kirche Santa Maria Rotunda, besser bekannt unter dem Namen Dominikanerkirche im 1. Bezirk. Der Maler ist Matthias Rauchmüller, er schuf die Gewölbemalereien des Langhauses in den Jahren 1675/76. Im Emporengewölbe sieht man eine Allegorie auf das Hohelied, und in diesem Kontext findet sich die „Judit" links mit Schwert, hinter ihr eine Frau mit Tamburin in der Hand, und rechts ein „David". Unter der Empore hängt ein Ölbild mit dem heiligen Dominikus, der mit seinem Rosenkranz Gläubige vor dem Höllenschlund rettet, darunter zahlreiche Mitglieder des Kaiserhauses.

Paulus Moreelse: Judit als Handzeichnung

Im „Beschreibenden Katalog der Handzeichnungen in der Graphischen Sammlung Albertina"[456] findet sich eine Handzeichnung von Paulus Moreelse (1571-1638) mit dem Titel: „Judith mit dem Haupte des Holofernes". Im Alten Inventar wurde die Zeichnung noch Spranger zugeordnet, doch der Herausgeber des Katalogs Alfred Stix nennt gute Gründe, warum er Moreelse als Künstler sieht.

---

455 *DEHIO Handbuch, Wien*, 44.
456 *Katalog der Handzeichnungen*, 42; Abb.: Tafel 115, Nr. 461.

Das Bild zeigt Judit und ihre Magd als Ganzfiguren, beide jung und mit entblößter Brust. Beide tragen einen Toga-ähnlichen Umhang, der ihr jeweils äußeres Knie freilegt. Zwischen ihnen befindet sich der Sack, den die Magd aufhält und in den Judit gerade den Kopf des Holofernes legt. Während die Magd lächelnd auf den Kopf blickt, sieht Judit halb lächelnd, halb ernst in die andere Richtung. Sie stützt sich auf das Schwert und hat einen Fuß zierlich vor die Schwertspitze gestellt. Das Bild zeigt uns also vor allem das bekannte Motiv mit den gängigen ikonographischen Attributen und vermeidet jeden wertenden Kommentar. Auch die bloßen Brüste der Frauen haben auf dieser Zeichnung keine tiefere (un)moralische Bedeutung und folgen wohl eher einer bestimmten Darstellungstradition.

Francesco Solimena: „Judith zeigt dem Volk das Haupt des Holofernes"(um 1730)

Biografisches[457]

Francesco Solimena (1657-1747) wurde am 4. Oktober 1657 in Canale di Serino in Italien (Kampanien) als Sohn des Malers Angelo Solimena geboren. Bereits mit siebzehn Jahren kam er nach Neapel, wo er sein ganzes Leben blieb. In seiner Frühzeit entwickelte er, beeinflusst von Luca Giordano und Mattia Preti, einen sehr persönlichen und dramatischen Umgang mit Licht und Schatten, später wendete er sich einem mehr zurückhaltenden klassischen Stil zu.[458] Obwohl er Neapel Zeit seines Lebens nicht mehr verließ, wurde er zu einem der einflussreichsten Maler seiner Generation. Seine Auftraggeber waren u. a. Prinz Eugen, für den er das Hochaltarbild in der Kapelle des Schlosses Belvedere in Wien malte, und Ludwig XIV. Die österreichische Barockmalerei des 18. Jahrhunderts erhielt durch ihn wichtige Impulse: Paul Troger und Daniel Gran waren seine Schüler und gaben seinen Stil an der Wiener Akademie an Maulbertsch, Palko und andere weiter.

Das Bild „Judith mit dem Haupt des Holofernes" malte Solimena für Alois Thomas Raimund Harrach, den Vizekönig von Neapel (1728-1733). Es gelangte von dort in die Graf Harrach'sche Familiensammlung nach Österreich und befindet sich nunmehr im Kunsthistorischen Museum in Wien.

---

457 Vgl. http://www.artnet.de/library/07/0796/T079633.asp; http://de.wikipedia.org/wiki/Francesco_Solimena.
458 http://www.artnet.de/library/07/0796/T079633.asp.

Bildbeschreibung

Das Bild zeigt Judit nach ihrer Rückkehr nach Betulia. Das Volk ist zusammengelaufen, bewaffnete und unbewaffnete Männer, Frauen und Kinder. Im Hintergrund sieht man einen Teil der Stadtmauer, auf der sich ebenfalls Menschen drängen, und ein Gebäude, das einem süditalienischen Landhaus ähnelt. Judit steht im Bild rechts, erhöht auf einer Treppe und hält dem Volk mit der rechten Hand den Kopf des Holofernes entgegen. Über ihr schweben drei kleine nackte Engel. Einer davon trägt einen Heiligenschein, den er Judit zutragen will. Das Volk blickt teilweise auf Judit, mehrere Männer sehen zu den Engeln auf, einige knien zum Gebet nieder. Judit selbst steht ruhig und unbewegt. Sie ist dezent gekleidet, trägt ein weißes Häubchen auf dem Haar, wohl als Zeichen ihrer Witwenschaft, ein graublaues Kleid mit weißer Bluse und Gürtel und einen grauen Unterrock mit goldgelbem Streifen. Auch das Volk ist im Stil des 18. Jahrhunderts gekleidet. Aus dem Rock des Kleides hat Judit soeben den Kopf des Holofernes genommen, den sie mit ruhigem Blick dem Volk präsentiert. Sie hat keine Schuhe an und streckt einen Fuß nach vorne. Der Kopf des Holofernes ist bleich und eher klein. Er hat dichtes Haar und Vollbart, die Augen sind geschlossen, der Ausdruck wirkt friedlich. Der Himmel ist dicht bewölkt, im Hintergrund wird es hell.

Bildinterpretation

Das Bild hat den Charakter einer Apotheose. Der Kontrast zwischen den bewundernden, fassungslosen Betuliern, die sich in größtem innerem Aufruhr befinden und der regungslosen Statuen-gleichen Judit könnte nicht größer sein. Auf Judits Gesicht fällt himmlisches Licht, das es hell erstrahlen lässt, die anderen Personen des Bildes sind von dunklerer Hautfarbe, Holofernes wiederum hebt sich durch eine ins Graue gehende extreme Totenblässe ab. Judits ruhige elegante Haltung kontrastiert mit den spontanen Bewegungen des Volkes. Ihr Blick ist sicher und geradeaus gerichtet, die anderen blicken in verschiedene Richtungen, nach oben zu den Engeln, nach unten im Gebet, zueinander oder auf Judit. Alles ist auf die Heldin konzentriert. Verstärkt wird ihre Ausstrahlung noch durch die Engel, die sich förmlich zu streiten scheinen, wer Judit zuerst den Heiligenschein überbringen darf. Der Gottesbezug Judits wird deutlich herausgestellt. Judit ist von Gott zu ihrer Tat ausersehen, er hat sie mit Mut und Entschlossenheit ausgestattet und ihr Werk gelingen lassen. Jedes blutige Detail wird ebenso ausgespart wie irgendeine Andeutung über ihre Weiblichkeit und deren Bedeutung im Verhältnis zu Holofernes. Vom Gewand bis zur Haltung, von Kopf bis Fuß ist diese Judit eine über jeder Geschlechtlichkeit, über jeder menschlichen Regung stehende, tugendhafte Heroine. Das Bild soll zur Anbetung anregen, wobei die Botschaft lautet: Wer mit Gott ist, siegt.

Franz (Xaver) Karl Palko: "Judith mit dem Haupt des Holofernes" (1745)

Biografisches[459]

Von Franz (Xaver) Karl Palkos Leben (1724-1767) ist nicht sehr viel bekannt. Er wurde 1724 in Breislau (Schlesien) geboren und ging an die Wiener Akademie, um sich bei Antonio Bibiena als Maler ausbilden zu lassen. 1745 gewann er mit dem Bild: „Judith mit dem Haupt des Holofernes" den ersten Preis der Akademie. Ab 1752 arbeitete er am Dresdener Hof und später auch in Böhmen. Er wurde zum sächsischen und zum kurfürstlich-bayrischen Hofmaler ernannt. 1767 starb er.

Das Bild befindet sich heute im Puschkin-Museum, wo es Franz Maulbertsch zugeschrieben wird, sowie in einer Variante in Budapest.

Bildbeschreibung

Das Bild zeigt Judit, die Magd und den enthaupteten Holofernes. Judit ist gerade im Begriff, das Haupt des Holofernes in den von der Magd aufgehaltenen Sack zu legen. Sie stehen dazu an einem reich verzierten Tisch, an dem das Schwert lehnt. Der Rumpf des Holofernes liegt rechts im Bild, die Halswunde direkt zum Betrachter gewendet. Er ist nackt bis auf einen leuchtend blauen Umhang, der seine Lenden bedeckt. Die muskulösen Arme hält er etwas verkrümmt. Judit lehnt sich graziös an den Tisch, das Haupt des Holofernes mit beiden Händen umfassend, aus dessen Mund sehr hellrotes Blut strömt. Sie richtet den Blick zu Boden. Ihr Gewand ist dezent und elegant. Sie trägt zierlichen Schmuck, kleine Ohrringe und eine zartes Diadem. Das blonde Haar ist mit einem bläulichen Tuch bedeckt, das Kleid ist oben ebenfalls blau gestreift mit weißer Bluse, unten in einem warmen Rosa-Ton gehalten. Darüber fällt ein goldgelber Überwurf. An den Füßen trägt Judit Riemchen-Sandalen. Die Magd hat dunkles, in Zöpfchen aufgestecktes Haar, sie blickt konzentriert auf den aufgehaltenen Sack. Von hinten fällt Licht auf Judits Gesicht und Schultern, sowie auf die Schultern des Holofernes, während sowohl sein Haupt als auch die klaffende Halswunde in Dunkel getaucht sind.

Bildinterpretation

Das Bild strahlt eine gewisse Ruhe aus. Das Hauptaugenmerk liegt dabei auf Judits Gesicht. Die niedergeschlagenen Augen und die pausbäckigen Wangen geben diesem eine kindliche Note. Ihr Blick wirkt demütig, bescheiden, aber auch ein wenig traurig. Der bläuliche Kopfüberwurf erinnert an Mariendarstellungen. Dazu passen jedoch ihr etwas koketter Hüftschwung sowie ihre fast liebevolle

---

459 Vgl. Preiss, *Palko*, 9ff.

Umarmung des abgeschlagenen Hauptes nur schlecht. Das Bild lädt zum Nachdenken ein, indem es die Ambivalenz Judits deutlich macht. Die Magd bietet keine Hilfe in der Interpretation. Sie wendet den Blick vom Betrachter ab und richtet ihn fast starr nach unten. Der bartlose Kopf des Holofernes ist auch neutral dargestellt. So bleibt nur, die Spannung zwischen der deutlich gezeichneten Bluttat und dem unschuldigen, jungen Mädchengesicht wahrzunehmen, die Diskrepanz zwischen dem frommen, abgewendeten Blick und dem Anflug von Bedauern darin zu bedenken, und sich angesichts manch irritierender Details wie Hüftschwung und Umarmung des Hauptes zu fragen, was denn wirklich in diesem Kopf nun, nach vollbrachter Tat, vor sich geht.

Franz Anton Maulbertsch: „Judith mit dem Haupte des Holofernes" (um 1750)

Biografisches

Franz Anton Maulbertsch (1724-1796) wurde am 7. Juni 1724 in Langenargen am Bodensee (damals unter der Herrschaft der Grafen Montfort) getauft. Sein Vater war ein ortsansässiger Maler. Hier kam der junge Maulbertsch in ersten Kontakt mit der Malerei. Als Fünfzehnjähriger ging er nach Wien und wurde „Scholar", also Anfänger an der Wiener „Hof-Akademie der Mahlerey, Bildhauerey und Bau-Kunst" unter dem Direktor Jakob van Schuppen. 1745 hatte er seine Studien dort beendet, bevor die Akademie für vier Jahre geschlossen wurde. 1749 schrieb er sich, nun bereits als fertiger Maler, noch einmal in die wieder eröffnete Akademie ein. 1750 errang dort sein Bild „Die Akademie mit ihren Attributen bei den Füßen Minervens" den ersten Preis beim alljährlichen Wettbewerb. Maulbertschs Frühwerk lässt eine große Ähnlichkeit zu dem an der Akademie lehrenden Paul Troger erkennen. Berühmt wurde Maulbertsch durch seine zahlreichen Fresken, Decken- und Wandgemälde. Die Ausgestaltung der Piaristenkirche in Wien war sein erster Auftrag, Kirchen in ganz Österreich-Ungarn folgten. Von der Jesuitenkirche Am Hof in Wien über Kirchen in Mikulov, Budweis, Korneuburg bis nach Vác (Ungarn) führte ihn seine Arbeit. Maria Theresia lud ihn ein, 1772 die Decken- und Wandgemälde der Hofkammerkapelle in der Wiener Hofburg zu malen. Er erhielt aber auch Aufträge für wichtige Profanbauten, so schuf er etwa das Deckengemälde im Theologiesaal der Alten Universität Wien, die Freskierung des Prunksaals in Schloss Halbturn oder die Deckenfresken im Riesensaal der Innsbrucker Hofburg. Maulbertsch war ordentliches Mitglied der Wiener Akademie, ab 1770 Mitglied und Ratsmitglied an der Kupferstecherakademie Jakob Schmutzers und ab 1788 Direktor der „Pensionsgesellschaft bildender Künstler". Seit den frühen siebziger Jahren durfte er sich Hofkammermaler nennen.

Maulbertsch gehört zu den wichtigsten österreichischen Malern des 18. Jahrhunderts. Sein kraftvoller Umgang mit Farb- und Lichteffekten inspirierte noch die österreichische Moderne, Kokoschka zum Beispiel nannte ihn sein Vorbild.

Das Bild „Judith mit dem Haupte des Holofernes" wurde um 1750 gemalt, entstammt also Maulbertschs Frühzeit. Es war lange in der Sammlung des Fürsten Jusupow in St. Petersburg. Heute befindet es sich im Besitz des Puschkin-Museums in Moskau.

Bildbeschreibung

Das nicht sehr große Bild (nur 50 x 35,5 cm) zeigt Judit mit dem Rücken zum Betrachter. Sie kniet halb auf Holofernes, dessen muskulöser Rumpf im Todeskampf nach vorne zu fallen droht. Man sieht sein aufgestelltes linkes Bein, seinen linken Arm, dessen Hand zur Faust geballt ist und die blutende Halswunde. Judit hält in der Rechten den Kopf des soeben Getöteten und will ihn gerade der im Hintergrund sichtbaren Magd in den aufgehaltenen Sack legen. Ihre linke Hand liegt leicht aufgestützt auf dem Bauch des Toten und umfasst das Schwert, das direkt an der Stelle seines Geschlechts zu liegen kommt. Ihr Gewand ist am Rücken weit ausgeschnitten und wirkt unordentlich. Sie trägt keine Schuhe. Ihr Haar ist dunkel und aufgesteckt, sodass es den Nacken freigibt. Ihr Blick ruht nachdenklich und fast lächelnd auf dem abgeschlagenen Kopf, den sie an den dichten Haaren anmutig hochgehoben hat. Holofernes' Augen sind geschlossen, er trägt einen Vollbart und hat eine vorspringende Nase. Von der Magd sieht man nur ein weißes Häubchen, die aufgerissenen Augen und eine hakenförmige Nase. Der Hintergrund des Zeltes ist dunkel, auf der linken Bildseite leuchtet ein greller Lichtstrahl rund um das aufgestellte Bein des Holofernes und den offenen Sack.

Klara Garas schreibt dazu: „Es ist ein merkwürdiges Bild – leidenschaftlich und drastisch, mit jähen Verkürzungen, grellem Licht und unruhigen Formen. Die biblische Judith steht graziös, fast tänzelnd in der Bildmitte mit dem Rücken zum Betrachter. (...) Das Bild ist in packenden Kontrasten und starken Effekten aufgebaut. Der im Todeskampf zuckende, zu Boden stürzende mächtige Körper des Holofernes, leblos noch immer wild sich aufbäumend, neben der feinen und anmutig beschwingten Judith, die dunkle Tiefe des Zeltes und der die Bluttat erleuchtende scharfe Lichtschein zeugen von einem ganz besonderen Sinn für das Dramatische und Bewegte und von einer Bereicherung und Steigerung im Ausdruck und künstlerischen Mitteln."[460]

---

460 Garas, *Maulbertsch*, 12.

Bildinterpretation

„Die Komposition geht in entscheidenden Einzelheiten (Örtlichkeit, Lage des Enthaupteten, Kleidung, Haltung und Kopfwendung Judiths) auf das in mehreren Exemplaren erhaltene Bild von Johann Liss (nach 1620) bzw. dessen Stichreproduktionen von Pietro Monaco zurück."[461]

Ohne auf die Übereinstimmungen und Unterschiede zwischen den beiden Bildern näher eingehen zu wollen, wird deutlich, dass der Vergleich für Judit als Charakter nicht positiv ausfällt: Die Liss'sche Judit wird nämlich durch ihren gelben Mantel, dem herausfordernden Blick und dem weit ausgeschnittenen Kleid wiederholt mit einer Prostituierten assoziiert.[462] Und auch Maulbertschs Judit irritiert durch Körperhaltung, Mimik und Gewand. Sie wirkt keinesfalls wie eine hehre Heroine, die Lässigkeit, mit der sie das Schwert auf den toten Holofernes legt, der fast kokett erhobene Fuß, der dadurch (absichtlich?) den Blutströmen aus der Halswunde und auch dem linken Arm des Toten ausweicht, der herausfordernde Blick auf den abgehauenen Kopf und ihr (zerrissenes?) Kleid zeigt nichts von Abscheu, aber auch nichts von glücklicher Erfüllung einer Mission. Dazu kommen die Lichteffekte: Der Lichtschein fällt, entgegen der oben zitierten Beschreibung von Garas gerade nicht auf die Bluttat selbst, im Gegenteil: Die klaffende Halswunde und auch der blutende Kopf sind weitgehend unbeleuchtet. Hell erstrahlen einerseits der weit geöffnete Sack und andererseits das Schwert auf dem Schurz zwischen Holofernes' Beinen. Daneben leuchten auch Judits Rückenausschnitt und die bloße Wade. Das Licht wiederholt die Umrisse des aufgestellten Beines des Holofernes und formt so ein Dreieck. Den Körper des Holofernes kann man wie Garas als „sich wild aufbäumend" beschreiben, man kann ihn aber auch als in Leidenschaft hingegossen sehen. Zusammen mit Schwert und offenem Sack ergibt das eine eindeutige sexuelle Konnotation. Das Weibliche hat über das Männliche triumphiert, der Mann wird vernichtet und verschlungen. Ein Ende mit Schrecken sieht man aber Holofernes nicht an. Das Gesicht wirkt friedlich und entspannt.

Maulbertsch löst sein Bild somit aus dem Kontext von gottgesandt und widergöttlich, von tugendhaft und lasterhaft, von Gut und Böse heraus. Hier begegnen sich ein Mann und eine Frau im erbitterten erotischen Geschlechterkampf, den die Frau gewinnt. Das weibliche Prinzip Judit besiegt das männliche Prinzip Holofernes durch dessen eigene Waffe.

---

461 *Ausstellungskatalog Maulbertsch*, 82.
462 vgl. z.B.: Erhart, *Judith*, 87.

Martin Johann Schmidt, genannt „Kremser-Schmidt": „Judith zeigt dem Volke das Haupt des Holofernes" (1785)

Biografisches[463]

Martin Johann Schmidt, besser bekannt als „Kremser Schmidt" (1718-1801) wurde am 25. September 1718 in Grafenwörth, Niederösterreich, getauft. Sein Vater, der Bildhauer Johannes Schmidt war erst acht Jahre zuvor aus Bönstadt in Hessen hierher gekommen, wahrscheinlich auf Vermittlung seines neuen Auftraggebers, des Dürnsteiner Propstes Hieronymus Übelbacher. Dieser bemerkte und förderte auch das Talent des heranwachsenden Martin Johann und gab ihn zu seinem Hausmaler Johann Gottlieb Starmayr in die Lehre. Ab 1726 lebte die Familie bei Stein. 1740 schuf Martin Johann Schmidt seine ersten Fresken, gemeinsam mit seinem Lehrer. In der Folge wurden ihm Altarbilder und Freskenzyklen in einigen niederösterreichischen Stiften anvertraut, etwa in Seitenstetten, Göttweig, Melk oder Herzogenburg. Im Laufe seines Lebens entstanden über eintausend Altar- und Andachtsbilder in Kirchen und Klöstern. Seine Beliebtheit war so groß, dass man ihm auch in Kirchen ganze Gemäldezyklen anbot. Daneben schuf er Radierungen, Handzeichnungen und immer wieder Fresken. Er setzte sich mit Paul Troger und Daniel Gran auseinander, studierte die Kunst van Schuppens und beschäftigte sich intensiv mit Rembrandt. 1768 wurde er zum Mitglied der Wiener Akademie ernannt. Seine Werke verbreiteten sich weit über Österreich hinaus bis Polen, Russland oder Ungarn. Am 28. Juni 1801 starb er dreiundachtzigjährig in Stein.

Bildbeschreibung

Auf dem Bild sieht man Judit nach ihrer Rückkehr nach Betulia. Sie ist als Ganzfigur dargestellt und zeigt dem Volk das Haupt des Holofernes in einer weit ausladenden Geste der rechten Hand. Die linke Hand hält ebenfalls gestreckt ein Tuch oder einen Mantel. Sie ist prächtig gekleidet, trägt einen kunstvollen Haarschmuck aus Tüchern, Federn und Ketten, der fast orientalisch anmutet, ein figurbetontes weiß-blaues Kleid, das durch Borten gegliedert wird, und goldene Sandalen an den Füßen. Auch Ohrgehänge, eine Perlenkette und eine Brosche gehören zu ihrem Aufputz. Ihr Blick ist leer in den Raum gerichtet. Um sie scharen sich drei Frauen. Eine verneigt sich vor ihr, um ihr die Füße zu küssen, eine fasst sie um die Hüfte und blickt entsetzt auf das abgehauene Haupt, die dritte hält sich mehr im Hintergrund. Es handelt sich offenbar um die Magd. Der Kopf des Holofernes hat Vollbart und langes Haar, seine Augen sind geschlossen, der Mund hingegen leicht geöffnet. Die Gesichtsfarbe deutet keineswegs auf einen Toten hin, sie ist ebenso dunkel wie die der Frauen. Der

---

463 vgl. *Martin Johann Schmidt Gedenkschrift*, 5-8.

Himmel ist noch dunkel. Farblich bewegt sich Kremser Schmidt in einer „bewegten, rot-braunen Farbskala", das Bild ist „keineswegs im Sinne der klassizistischen Malerei gestaltet. Stille, Größe, Erhabenheit und Regelmäßigkeit, (...) sind (..) ebenso wenig zu finden wie der in ‚Verstand getauchte Pinsel'."[464]

Bildinterpretation

Die Szene ist sehr bewegt dargestellt. Die Frauen, Judit und sogar der Kopf des Holofernes wirken lebendig. Judit hat nichts von einer Statue an sich, wie etwa bei Solimena. Sie ist zwar auch hier schön, doch ihr Gesicht verrät nichts von Siegessicherheit oder Heldentum. Sie lächelt nicht, ihr Blick schweift ab, wie in Erinnerung an die Grauen der Tat, der Gesichtsausdruck wirkt beinahe traurig. Die große Geste ihrer Arme erscheint in diesem Zusammenhang mehr resignativ als stolz. Das Halbdunkel der Szene und die schwarzen Wolken im Hintergrund verstärken den ambivalenten Charakter des Gemäldes. Die eindeutige Aussage des Triumphes wie bei Solimena sucht man hier vergeblich. Von Engeln oder anderen Zeichen göttlicher Anwesenheit ist auch nichts zu sehen. Holofernes wiederum hat ruhige, beinahe sanfte Züge, der Mund scheint noch einen letzten Seufzer ausgestoßen zu haben, nichts deutet auf einen grausamen Feldherrn hin, eher wird man seine Züge mit denen eines duldenden Märtyrer vergleichen. Die frische Gesichtsfarbe verwirrt zusätzlich. Statt einer genauen Zuordnung von Gut und Böse, von Freude des Sieges und Verzweiflung über die Niederlage scheinen auf diesem Bild die Gegenpole ineinander zu fließen. Judit ist weder stolz noch glücklich, Holofernes kein hochmütiger Feind, der Sieg bringt keine Freude und die Niederlage keinen Zorn. Und auf wessen Seite Gott steht, bleibt auf diesem Bild offen.

Fazit

Die Judit-Darstellungen des 17. Jahrhunderts, die sich in Wien befanden, sind sehr unterschiedlich: Judit wird als fromme Schönheit ebenso gezeigt wie als verschlagene Verführerin. Wenn man vom Rubens-Gemälde absieht, dessen Wien-Bezug ja nicht nachweisbar ist, handelt es sich durchwegs um Darstellungen nach der Tat und ohne großes Gewicht auf Gewalt. Veronese, Saraceni, Padovanino und Vouet haben schöne Frauen gemalt, die nicht alle moralisch einwandfrei sind. Die Tat selbst steht dabei weniger im Vordergrund als vielmehr eine Aussage über Frauenstärke und Männerschwäche. Erotik spielt dabei eine Rolle. Der Gottesbezug Judits scheint in den vier Gemälden nicht explizit auf, bei Veronese kann man immerhin Judits Tugendhaftigkeit erkennen. Rubens dagegen betont die Gewaltsamkeit der Tat, dafür wird auch ihre Rechtmäßigkeit

---

464 Feuchtmüller, *Kremser Schmidt*, 136.

von „oben" manifestiert. Judit wird hier ausdrücklich von Gott geleitet und unterstützt.

Auch im 18. Jahrhundert hat Judit nichts an Ambivalenz verloren, im Gegenteil. Neben die keusche, gottgesandte, triumphierende Judit wie bei Solimena stellt sich eine aufreizende, grausame Mörderin wie bei Maulbertsch oder eine Heldin wider Willen, die einen Beinahe-Märtyrer auf dem Gewissen hat wie bei Kremser Schmidt. Jeder Künstler sucht und findet seine eigene Deutung, die mehr denn je mit anderen divergiert.

Resümee

Zusammenfassung

Wie das Juditbuch im Wien des 17. und 18. Jahrhunderts rezipiert wurde, war Thema dieser Studie. Das 17. und 18. Jahrhundert wurden ausgewählt, da sie für die Bibelwissenschaft allgemein und für die Rezeption des Juditbuches im Besonderen einen Paradigmenwechsel darstellen. Dabei spielen die Auswirkungen der Reformation eine ebenso große Rolle wie der generelle kulturelle und geistige Wandel an der Schnittstelle zwischen Barock und Aufklärung.

Vulgata und Septuaginta

Das Juditbuch liegt uns in zwei sehr unterschiedlichen Versionen vor: Nur zur Hälfte des Textes stimmen die zwei rezeptionsgeschichtlich bedeutsamsten Textfassungen, die **Vulgata und die Septuaginta**, überein. Heute wird, ohne dies explizit zu erwähnen, die Septuaginta ausgelegt. Doch bis zum II. Vatikanischen Konzil zogen katholische Exegeten,[465] Prediger und Künstler selbstverständlich die Vulgata heran. Daher wurde in dieser Arbeit als erster Schritt die Divergenz der Texte genau untersucht: Dabei ergab sich, dass Vulgata und Septuaginta je eigene Schwerpunkte setzen.

Wichtigster Unterschied ist, dass in der Vulgata die Themen *Keuschheit und Demut* stärker betont werden als in der Septuaginta. Die Keuschheit wird als eine Hauptursache für Judits Sieg geschildert. Die Demut gilt als Garant für das Erbarmen Gottes, der auf der Seite der Demütigen steht (statt wie in der Septuaginta auf der Seite der Schwachen und Unterdrückten). Stärker als in der Septuaginta ist die *Kraft des Gebetes* in den Vordergrund gerückt. Zu Gebeten wird von höchster Stelle aufgerufen, diese sollen das Erbarmen Gottes erwirken und aus der Not befreien. Auch das *Exodusgeschehen* als hoffnungstiftendes Heilshandeln Gottes wird in der Vulgata breiter entfaltet, wieder im Kontext mit Demut: Gottes Erbarmen erwies sich einst im Auszug aus Ägypten an den Demütigen, die Hochmütigen (die Ägypter) wurden vernichtet. Das berechtigt zur Hoffnung, dass sich Gott auch diesmal auf die Seite der Demütigen (der Betulier) stellen werde.

Diese Vorlage hielten nun die Exegeten, Prediger und Künstler in Händen, als sie über Judit sprachen und schrieben. Das darf nicht vergessen werden, wenn man allzu schnell die Betonung von Judits Demut oder Keuschheit bei früheren Exegeten anprangert. Sie sprachen nur über Themen, die in der Vulgata angelegt waren, freilich in unterschiedlicher Akzentsetzung.

---

465 Unter Beachtung anderer Textfassungen, meist jedoch nur der Septuaginta.

Wien

Die lokale Einschränkung auf Wien ermöglichte den Blick auf möglichst viele Arten der Rezeption. Das 17. Jahrhundert, kulturell gesehen das Jahrhundert des Barock, und das 18. Jahrhundert, kulturell der Übergang vom Barock zur Klassik bzw. geistesgeschichtlich zur Aufklärung, wurden in ihren allgemeinen Voraussetzungen betrachtet. Es wurde festgestellt, dass Wien in dieser Zeit katholisch dominiert war, erst Joseph II. zeigte erste Ansätze von Toleranz anderen Glaubensrichtungen gegenüber. Kulturell erlebte die Stadt eine Blütezeit, musikalisch schon im ausgehenden 17. Jahrhundert, in der Bildenden Kunst im Laufe des 18. Jahrhunderts. Die Jesuiten prägten Bildung und Frömmigkeit. Gleichzeitig musste sich das aufstrebende Reich auf seinem Weg zur Weltmacht in zahlreichen Kämpfen politisch bewähren, besonders die Türkenkriege stellten eine große Gefährdung der Wiener Bevölkerung dar.

Exegese

In der Exegese des Juditbuches lassen sich folgende Ergebnisse festhalten:
Die untersuchten Bibelkommentare entstanden in einer Zeit grundlegender Auseinandersetzungen mit den Protestanten und ihrem Schrift- und Kanonverständnis. Im Zentrum standen dabei die Frage nach der Kanonizität des Juditbuches und die Frage nach der Konformität von Judits Verhalten mit der regula fidei, was wieder direkte Auswirkungen auf die Frage der Kanonizität hatte: Vereinfacht gesagt lautete der Vorwurf, den die katholische Exegese zu widerlegen versuchte: Ein Juditbuch, das nicht historisch ist, darf auch nicht kanonisch sein und eine Judit, die sittlich fragwürdig handelt, passt nicht in die Heilige Schrift. Dabei rückten die katholischen Exegeten sukzessive von eigenständiger Schriftauslegung ab und reduzierten ihre ehemals so reichhaltigen Fragestellungen auf apologetische Zurückweisungen protestantischer Anfragen.

Cornelius a Lapide steht noch am Beginn dieser Entwicklung. Er wendet die überkommenen Methoden seiner Vorgänger an, greift also ausführlich auf die (lateinischen) Kirchenväter zurück und hat in seiner Auslegung vor allem den moralischen Nutzen seiner Leserschaft im Blick. Inhaltlich trägt er die Schwerpunkte der Vulgata mit, vor allem die Hervorhebung der Keuschheit in Judits Charakter. Wichtig ist ihm besonders die Darstellung Judits als Typus Mariae, die nicht einfach einen bösen Feldherrn, sondern das Böse schlechthin bekämpft: Die Tugend besiegt das Laster, die Nüchternheit die Trunksucht etc. Judits Lüge beurteilt er als entschuldbar, vorbildlich dagegen sei ihr zurückgezogenes Leben. Zentrales Thema des Buches sei die Kraft des Gebetes, das in Gemeinschaft und mit Buße verbunden Gottes Erbarmen bewirken könne.

Freilich übernimmt Lapide mit den Aussagen der Kirchenväter auch fragwürdige Haltungen, etwa die Warnung, dass der Anblick schöner Frauen gefährlich sein könne, und das beinahe hymnische Lob der Vorzüge eines Ziegenhaarmantels zur Auslöschung von fleischlichen Begierden.

Insgesamt findet er zu einem umfassenden Juditbild. An die Auseinandersetzung mit den Protestanten gemahnt nur das lange Kapitel zu Fragen der Historizität und Datierung, wo aber noch wenig Defensive oder Apologie spürbar ist.

Anders das Bild bei Dom Augustin Calmet: Zwar versucht auch er dem Leser durch Allegorisierung Werte zu vermitteln, wenn er Judit, die er auf literaler Ebene heftig der Lüge und der Unmoral bezichtigt, auf höherer Ebene als perfekte Witwe und damit als wahre Gestalt der Kirche Christi anpreist. Vorbildlich in Mut, Gottvertrauen und Beständigkeit wie Judit solle und werde auch die Kirche in Notzeiten agieren.

In seinen Datierungsthesen und den Abhandlungen über die Hohepriestersukzession erkennt man jedoch die apologetischen Interessen. Seine zeitliche Einordnung der Juditgeschichte grenzt manchmal ans Absurde, wenn er etwa Judits Alter mit 60 bis 65 Jahre angibt, und zeugt von der Bemühtheit, Judit als kanonwürdig zu erweisen.

Bei Menochio, Weitenauer und Widenhofer schließlich reduzieren sich die Auslegungen auf defensive Verteidigungen der Kanonizität des Juditbuches. Vor allem muss Judit als moralisch untadelig erwiesen und eine plausible Datierungsthese gefunden werden. Alle drei Exegeten betonen demnach, dass Judit nicht (oder nur leicht und unwissentlich) gelogen habe, dass sie nur keusche Absichten Holofernes gegenüber gehabt und Simeons Tat nie gebilligt habe. In der Frage der Historizität sucht man nach Lösungen der vielen Widersprüche früherer Ansätze. Hier tritt Weitenauer mit einer neuen Datierungsthese hervor, die jedoch außerbiblische Belege und Zeitrechnungen völlig ignorieren muss, um bestehen zu können. Bereits hier sieht man von jeder allegorischen oder geistigen Schriftauslegung ab und schreibt nicht mehr mit Blick auf einen zu belehrenden Leser, sondern für katholische und (gegen) protestantische Theologen.

Johann Jahn schließlich beschränkt sich nur noch auf die Frage der Historizität, die er gegen die katholische Tradition verneint, und lässt alle anderen Fragen außer Acht.

Die katholische Exegese gerät demnach immer mehr in die Defensive und verlässt ihr ureigenstes Gebiet der geistigen Schriftauslegung. So übernimmt sie unwillentlich die Argumentations- und Fragestrukturen der von ihr bekämpften protestantischen Auslegungsmethode.

Predigt

In Predigt und Verkündigung lassen sich folgende Aspekte ersehen:
(1) In der Leseordnung schien das Juditbuch in den Sonntagsgottesdiensten nicht auf. Anders als heute ermöglichte jedoch die damalige Predigtmethode das Eingehen auf biblische Personen, die nicht in den Texten der Lesung vorkamen.
(2) Die Typologie Judit-Maria wurde erstmals von *Prudentius* in seiner *Psychomachie* entfaltet. Judit ist hier die *personifizierte Keuschheit*, die einen, wenn auch vorläufigen Sieg gegen die Unzucht davonträgt. Den letzten Sieg wird erst die unbefleckte Jungfrau Maria erringen können.
(3) Diese Typologie wird auch von *Abraham a Sancta Clara* häufig herangezogen. Dabei wird Maria durchaus in kriegerischen Begriffen gezeichnet, ihr Sieg gegen den Satan überbiete Judit an Stärke, sie sei eine streitbare Judit, sei ihren Feinden das, was Judit dem Holofernes ist. Der Kontrast zwischen den alttestamentlichen „kämpferischen, todbringenden" Frauen und der „friedfertigen, lebensspendenen" Gottesmutter Maria, den B. E. Wilson beschreibt[466], wurde von Abraham nicht gesehen. Maria war nur ein Mehr an Kraft, nicht eine anders geartete Kraft zu Eigen. So konnte das Juditbuch in kriegerischen Bedrohungssituationen als Hoffnungsträger fungieren: Judit, die personifizierte Tugend, vermochte trotz ihrer scheinbaren Unterlegenheit gegen das personifizierte Böse, sei es ein feindliches Heer oder eine todbringende Seuche, zu siegen. Folgerichtig erscheint Holofernes nur im Kontext seiner Laster, Abraham verwendet ihn als abschreckendes Beispiel für Trunksucht und Lüsternheit. Judit hingegen soll durch ihr Verhalten der Wienstadt Mut machen, in Krieg und Not trotz Schwachheit nicht zu verzagen und soll selbst Symbol für das schwache, aber letztlich siegreiche Wien sein. Der Schwerpunkt in Abrahams Predigten liegt dadurch auf der *Stärke und Unerschrockenheit* Judits, erst in zweiter Linie auf ihrer Züchtigkeit und Frömmigkeit.
(4) Dieses Bild ändert sich im 18. Jahrhundert: Die Zeiten werden ruhiger, das 18. Jahrhundert setzt auf Vernunft und private Frömmigkeit. Demgemäß legen sowohl Ignaz *Wurz* als auch Adrian *Gretsch* ihr Hauptaugenmerk auf *Judits innere Werte: Keuschheit, Liebe zur Einsamkeit, Fasten und Buße und Beständigkeit im Gebet*. Bezeichnend ist, dass sich in keiner Marienpredigt ein Bezug zu Judit findet, die Typologie Judit-Maria wird nicht mehr verwendet. Auch die Themen Tapferkeit oder Unerschrockenheit sind ausgeblendet. Sie sei ein schwaches Weib, die als einzige Waffe das Gebet mitnehme (nicht, wie heutige ExegetInnen hervorheben, ihre Schönheit)[467]. Die Tat selbst wird selten erwähnt, als vorbildlich werden offenbar nur ihre Verhaltensweisen vor der Tat gesehen. Statt mutigem Widerstand gegen die Feinde wird nun Geduld und Ausharren im Leid propagiert. Auch hier bewirkt der Wegfall der allegorischen

---

466 Wilson, „Pugnacious Precursors", bes. 455f.
467 Vgl. z.B.: Rakel, „Buch Judit", 416.

Sicht, sowie die allgemeine Hinwendung zu vernunftgemäßer Moral und Tugend einen Wandel: Die Tötung des Holofernes selbst kann nicht mehr uneingeschränkt positiv gesehen werden, die Vorbildwirkung Judits muss in anderen Aspekten gesucht werden.

Die Predigten antworten in Kriegs- und Notzeiten, wie im 17. Jahrhundert bei Abraham a Sancta Clara zu beobachten, auf das Leid und die Verunsicherung der Bevölkerung mit der Zusicherung, dass Gott eine starke Beschützerin senden werde bzw. dass (das mit Judit identifizierte) Wien selbst trotz scheinbarer Schwäche stark genug zum Widerstand sei. Im 18. Jahrhundert dagegen wird die staatliche Macht und umfassende Kontrolle größer. Jetzt soll die Bevölkerung auf innere Werte wie Beständigkeit oder Mäßigkeit eingeschworen werden. Der Bürger soll zu frommem, christlichem, (den absolutistischen Regenten gegenüber) geduldigem Verhalten erzogen werden. Zugespitzt könnte man formulieren, statt Tapferkeit und Unerschrockenheit gegen fremde Machthaber wird nun Geduld und Ausharren gegenüber eigenen Machthabern angepriesen.

Oratorien

Die Oratorienlibretti des 17. und 18. Jahrhunderts ergeben folgendes Bild:

Inhaltliche Veränderungen
Die Libretti verkürzen das Juditbuch in örtlicher, zeitlicher und inhaltlicher Hinsicht: Das Juditbuch wird in keinem Oratorium von Beginn an erzählt. Frühestens im Kapitel 5 setzt die Handlung ein. Holofernes und nicht Nebukadnezzar ist der Feind, der Betulia und nicht dazu noch die ganze Welt bedroht. Das passt einerseits besser zu den aristotelischen Einheiten von Raum, Zeit und Handlung, andererseits auch inhaltlich zu der im 17. und 18. Jahrhundert erfahrenen Art von kriegerischer Bedrohung durch einen übermächtigen Feind. Das Ende der Libretti wird spätestens mit dem Lobgesang Judits erreicht. Wichtig ist der Sieg über den Feind, nicht Judits späteres Leben und Sterben.

Personen werden ebenso ausgelassen, wie wichtige Szenen. Das Gastmahl des Holofernes etwa fehlt in allen Oratorien. In den Libretti des 17. Jahrhunderts schläft Holofernes ohne Gastmahl und Alkohol bei Judit ein, bei Porsile und Metastasio wird vom Gastmahl nur berichtet.

Verwendung des Bibeltextes
Die Oratorien des 17. Jahrhunderts weisen eine Entwicklung auf: Geht Draghis Oratorium noch sehr frei mit dem Juditbuch um, zeigt sich eine *immer größer werdende Bibelnähe* im Laufe der Zeit. Den Höhepunkt erreicht dieser bewusstere Umgang mit dem Bibeltext im 18. Jahrhundert mit Metastasios „Betulia Liberata".

Schwerpunkte der Oratorien
In Draghis Libretto, dessen Entstehungsgeschichte und -umstände nicht bekannt sind, liegt der Schwerpunkt der Handlung auf moralischen Diskussionen zwischen Judit und ihrer Magd.

Scarlatti/Ottobonis Werk (ein aus Rom „importiertes" Stück) setzt den Akzent auf den Kontrast von Vertrauen und Verzagen. Judit und Achior (!) verkörpern das uneingeschränkte Vertrauen auf Gott, Usija und der Priester (!) das kleingläubige Verzagen.

Zachers unvollständiges Libretto (nur der zweite Teil ist erhalten) ist in bewegten Zeiten entstanden: Außenpolitisch stand der spanische Erbfolgekrieg im Vordergrund, daneben wurde Wien aber unmittelbar von den Kuruzzen bedroht. Bei dem Werk handelt es sich wohl um eine deutsche Fassung des Jesuitendramas von Avancini (siehe unten), nimmt aber im Schlusschor auf die eigene Zeit Bezug. Als Antwort auf Krieg und Thronwirren wird gezeigt, dass Gott allmächtig regiert und das einzige angemessene Verhalten des Menschen das Sich-Fügen sein muss.

Badia/Stampiglias Werk steht immer noch im Kontext des spanischen Erbfolgekrieges, allerdings geriet das Reich nun durch militärische Rückschläge in Bedrängnis. Dementsprechend wird betont, dass Gott geschichtsmächtig sei und die Tötung von Tyrannen befürworte. Gott sei außerdem barmherzig zu reuigen Sündern, aber Zeitpunkt und Art seiner Barmherzigkeit dürfe ihm nicht vorgeschrieben werden.

Bei Porsile/Maddali findet sich schon eine große Bibelnähe, die Handlung ist auch chronologisch eng an den biblischen Text angelehnt. Zeitgeschichtlich fällt die schrittweise Anerkennung der pragmatischen Sanktion auf und damit die Sicherung der Krone für die Tochter Karls VI., für Maria Theresia. Obwohl die Infantin zu diesem Zeitpunkt erst sechs Jahre alt ist, scheint bereits ein Propagandafeldzug für sie in Gang gesetzt worden zu sein. Möglicherweise waren diese Umstände mit ein Grund, dass in Maddalis Libretto erstmals jeder erotische Aspekt und jede Ambivalenz bei Judit fehlt und verstärkt auf ihre Tugendhaftigkeit eingegangen wird. Hier und noch mehr bei Metastasios Werk (dem etwa B. Elder einen Zusammenhang mit der Thronfolgepolitik Karls VI. attestiert), wird Judit über jeden moralischen Zweifel gehoben. Ebenso wichtig in beiden Libretti ist die Frage nach dem wahren Gott. Nebukadnezzar ist zwar nicht als Person, aber dennoch als Macht im Hintergrund erfahrbar.

Metastasio setzt außerdem noch den Akzent auf Achiors Bekehrung, die durch den philosophischen Diskurs vorbereitet und durch Judits Tat ermöglicht wird. Gottvertrauen und Mut angesichts der Not sind vor allem bei Metastasio zentrale Appelle, dessen Libretto auch ausdrücklich als Antwort auf die Kriegswirren der Jahre 1733/34 verstanden werden will: Der wahre Gott wird sich als solcher erweisen, aber gerade deshalb ist kein anderes Verhalten angemessen als unerschütterliches Vertrauen. Erst der Schlusschor führt noch eine weitere Kategorie in das komplexe Libretto ein: Holofernes als personifizierter Hochmut sei Führer der feindlichen Könige, also der Laster. Wenn die Seele ihn verbanne, habe sie damit alle Laster verbannt. Diese nachträgliche Allegorisierung schwächt aber die zeitpolitische Brisanz keineswegs ab.

Juditbild
Das *Juditbild* der Oratorien kann man, grob gesprochen, in zwei Varianten einteilen:
Da ist zum einen die *kühn und selbstständig handelnde Frau*, die ihre Entschlüsse selbst fasst, die sich selten (oder gar nicht) an Gott wendet und kaum Demut bekundet, die Heldin, die den Männern bei weitem überlegen ist und kein Problem hat, mit Holofernes von Liebe zu sprechen. Diese Judit findet sich in den älteren Oratorien von Draghi, Scarlatti und Badia. Damit eng verbunden ist auch Judits Lüge. Judit schmeichelt und lügt. Auch vor der Tat hat sie keinerlei Bedenken, bei Badia fehlt sogar das Gebet vor der Tat.

Zum anderen wird Judit als *demütige Dienerin Gottes* dargestellt, die nur auf Eingebung Gottes handelt, viel betet und auch Holofernes gegenüber die guten Sitten nicht verrät. So sehen sie die jüngeren Oratorien Zachers, Porsiles und Metastasios. Mit fortschreitender Bibelnähe (und mit dem Näherrücken der Regentschaft Maria Theresias?), so lässt sich beobachten, fällt das Motiv der Liebe zwischen Judit und Holofernes weg und die Heldenhaftigkeit Judits wird durch ihre Demut und ihren Gehorsam Gottes Eingebungen gegenüber relativiert. Dafür werden ihre Frömmigkeit und Enthaltsamkeit stärker thematisiert, bei Metastasio wird sie sogar noch asketischer gezeichnet als im biblischen Text. Das Spannungsfeld von Autonomie und göttlicher Führung[468] wird in den Oratorien großteils einseitig aufgelöst.

Die Oratorien lassen sich somit vereinfacht gesagt auf zwei „Antworten" eingrenzen: die Antwort auf kriegerische Bedrohungen und/oder die Antwort auf die Regentschaft einer Frau (Maria Theresia).

Theater

Hier ist ein Vergleich der beiden untersuchten Werke aufgrund der unterschiedlichen Genres kaum möglich. In *Avancinis Jesuitendrama* fallen die starke Betonung von Gottes Allmacht auf, das wiederholte direkte Eingreifen Gottes in die Handlung und die geringe Freiheit des Menschen. Das Werk zielt auf Belehrung, die allegorischen Gestalten am Ende der einzelnen Akte vermitteln die Botschaft eindringlich. Der Titel des Stücks ist auch seine Hauptaussage: Das *Vertrauen zu Gott* ist angesichts der Not (Betulias, aber vor allem Wiens im Dreißigjährigen Krieg angesichts der schwedischen Bedrohung) Garant für die

---

468 Hellmann, *Judit* (Titel).

Wendung des Schicksals. Der Mensch kann gegen die Allmacht Gottes nichts ausrichten, doch wer vertraut, geht niemals zugrunde. Auch *Judit ist reines Werkzeug Gottes*, ihre einzige Tugend, sagt sie, sei die Hoffnung, alles andere habe Gott gemacht. Ihre Demut und Keuschheit werden stark betont. Dieses fromme Juditbild wird allerdings von dem hinzugefügten Rison konterkariert. Er misstraut Judit von Anfang an und stellt sie als *verschlagene, listige Feindin* dar. Der Ausgang des Stückes gibt beiden Sichtweisen Recht.

Im *Volksschauspiel* aus dem 18. Jahrhundert erstaunt die *enge Nähe zum Bibeltext*. Es finden sich zahlreiche, oft wörtliche Zitate. Dadurch wird die Ambivalenz von Judits Charakter sehr gut getroffen. Auch die komische Rolle des Hanswursts hat im Vergleich mit dem Rison des Jesuitendramas mehr aus der Bibel Entnommenes zu sagen, wenn auch in mundartlicher Färbung. Als einziger der hier untersuchten literarischen Texte beginnt das Schauspiel mit Nebukadnezzars Eroberungen, verkürzt also die Handlung nicht, und stellt auch das Gastmahl des Holofernes ausführlich dar. Wie schon bei Avancini wird auch hier der Bezug zur Gegenwart des Autors deutlich: Im Schlusswort wird Gott um seine Hilfe in Bedrängnis und um seinen Schutz der „Landesmutter" gebeten.

Bildende Kunst

Die Auswertung der Juditdarstellungen in der **bildenden Kunst** bringt sehr divergierende Ergebnisse. Von den zehn untersuchten Gemälden zeichnen drei *das Bild einer frommen Heroine*, die aus Gottesfurcht Holofernes getötet hat. Veroneses Judit ist da eine schöne, auch Holofernes gegenüber noch mitleidige Heilige, die Judit des Rubens tötet ein tierähnliches Wesen und wird ebenso von kleinen Engeln umgeben wie die Judit Solimenas, die als triumphierende Heldin vor ihr Volk tritt. Nicht ganz so eindeutig sind Saraceni und Palko in ihren Aussagen. Hier finden sich Juditgestalten, die in der *Ambivalenz von unschuldiger, graziöser Ausstrahlung und Koketterie* stehen. Kremser Schmidt wiederum lässt Judits Rückkehr ohne zur Schau getragenen Triumph nachdenklich und zwiespältig geraten. Die dritte Gruppe von Juditbildern ist von Erotik geprägt. Bei Padovanino, Vouet und Maulbertsch findet keine göttlich geführte Heilstat statt, sondern ein *Geschlechterkampf*, den die Frau für sich entscheiden kann. Judit rückt hier in die Nähe von Salome und Flora, beides verführerische, aber zwielichtige Frauen.

Welche inneren und äußeren Motive die Künstler für ihre Darstellungen hatten, könnte Gegenstand einer (interdisziplinären?) Folgeuntersuchung sein. Da die Bilder in sehr unterschiedlichen Kontexten entstanden sind, müssten sowohl die örtlichen Bedingungen und Zeitumstände, die die Künstler selbst vorfanden, als auch die Gründe der Auftraggeber und vor allem der Bildersammler, gerade diese Darstellungsart des Sujets zu bevorzugen, herausgearbeitet werden.

Zusammenfassend kann man folgende Gemeinsamkeiten beobachten:
Sowohl Exegese als auch Predigt und künstlerische Ausdrucksformen sind Antworten auf aktuelle Fragen der Zeit. Bibelauslegung in allen Bereichen ist also Auslegung in eine konkrete Zeit hinein und für diese Zeit.

In der Predigt und in den literarischen Sparten dient das Juditbuch als Hoffnungsträger. Im Theater explizit, im Oratorium implizit wird es als Buch gegen *Verzweiflung in Not* verwendet. Die Stadt Wien wird mit der schwachen, aber frommen Judit identifiziert, Holofernes personifiziert die Feinde, ob sie nun Schweden, Türken oder andere bedrohliche Mächte wie die Pest sind.

Verbunden damit sind jedoch Ermahnungen zum richtigen Verhalten vor Gott. Auch in der Exegese des 17. Jahrhunderts wird herausgearbeitet, unter welchen Umständen Gott die Not wendet. Die Akzente liegen auf Vertrauen, Gebet, Frömmigkeit oder auch auf selbstständigem Handeln und Tapferkeit.

Verhältnis zwischen Bibelexegese und anderen Rezeptionsformen

Gerade in den hier untersuchten Werken wird eines deutlich: Die Auslegung eines Bibeltextes ist zeitbedingt. Ein so vielschichtiges Buch wie das Juditbuch, eine „ideo-story", kann und wird immer neu den Zeitumständen entsprechend interpretiert werden. Doch wie verhält sich dabei die theologische Auslegung zur künstlerischen? Ist die Bibelexegese etwas grundsätzlich anderes als die künstlerische Interpretation und worin besteht der Unterschied?

Zunächst einmal geht aus der hier vorgelegten Arbeit hervor, dass die Bibelkommentare nicht auf einen unmittelbaren Anlass zurückgehen, sie reagieren nicht auf das „Tagesgeschehen". Andererseits stehen sie auch nicht isoliert für sich, sondern antworten auf Angriffe und Anfragen der „Feinde". Wo Abraham a Sancta Clara auf die Bedrohung durch die Türken reagiert, reagieren die katholischen Exegeten auf die Bedrohung durch die protestantische Bibelauslegung. Sie sind also ebenso unmittelbar mit dem Zeitgeschehen verbunden. Das impliziert auch, dass es so etwas wie objektive, zeit- und personunabhängige Auslegung nicht gibt. Exegese geschieht im Gespräch mit Befürwortern (exegetische Vorbilder, die zitiert werden) und Gegnern (entgegengesetzte Meinungen und Kommentare), die widerlegt werden, sie fungiert als Antwort auf etwas und ruft wieder neue Antworten hervor. Bei ihren Antworten konzentrieren sich die Exegeten daher auf strittige Punkte, so dass die interessanteste Frage bei einer Hermeneutik der Bibel die ist, welche Fragen überhaupt an den Text gestellt werden.

Bibelexegese ist also zwar nicht immer unmittelbar, aber jedenfalls mittelbar adressatenbezogen. Und diese Adressaten bestimmen die Fragestellung. Hatten im 17. Jahrhundert Exegeten wie Lapide oder Calmet neben den Protestanten immer auch Befürworter im Blick, die dem Verweis auf die Kirchenväter zustimmend folgen würden, reduziert sich der Fokus im 18. Jahrhundert auf die Gegner und die Fragestellung engt sich radikal ein.

Noch deutlicher wird das in der Predigt: Predigt antwortet nicht nur auf kurzfristige Anlässe oder längerfristige „Zustände" (die moralische Verfasstheit der Hörer), sondern appelliert auch an die Rezipienten. Sie will eine direkte Veränderung bewirken. Dementsprechend zielgerichtet ist die Vorgangsweise: Aspekte, die zum Anlass passen, werden hervorgehoben, andere gar nicht thematisiert.

Sieht man sich die künstlerischen Gattungen Musik und Theater an, fällt auf, dass im untersuchten Zeitraum auch hier großteils Theologen am Werk waren, dass auch hier adressatenbezogen ausgelegt wird, dass auch hier der zeitliche Kontext die Auslegung bestimmt.

Selbstverständlich muss bei der künstlerischen Auslegung die Intention des Künstlers beachtet werden: Ein Kunstwerk, das biblische Motive aufnimmt und bewusst verfremdet, ihn in konträre Sinnzusammenhänge stellt, kann nicht in obigem Sinn Auslegung genannt werden. Auslegung ist das Ergebnis von Lesen, Verstehen und Interpretieren, sie muss also den Text, wie er ist, verstehen und deuten wollen. Wenn das jedoch zutrifft, sind künstlerische und theologische Auslegung gleich legitim.

Ein wesentlicher Unterschied zwischen bibelwissenschaftlicher Exegese und literarischer oder musikalischer Ausdeutung ist unter diesen Voraussetzungen nicht festzustellen. Deutungen der Kunst und Deutungen der Exegese stehen nicht in Konkurrenz, sondern in Konvergenz zueinander.

Beispiel eines Vergleichs mit heutiger Juditforschung

Die vorliegende Arbeit versteht sich als historische Arbeit. Die Relevanz der Untersuchungen besteht neben der Präsentation und Interpretation der größtenteils nicht erschlossenen Quellen vor allem in der Sichtbarmachung des Zusammenhanges der geschichtlichen Kontexte einerseits mit den Fragestellungen der Schriftauslegung andererseits. Entscheidend scheint zu sein, die Bibelauslegungen vor dem Hintergrund ihrer Zeit zu verstehen. Mit den Zeitbedingungen ändern sich die Zugangsweisen und Fragestellungen an die Bibel, die in jede Zeit sprechen will. Die historisch-kritische Methode fordert, die Intention des Autors der Heiligen Schrift ernst zu nehmen, seine Zeitumstände und Verständnisweisen zu erforschen. Analog dazu muss auch die Aussageabsicht eines Bibelauslegers, sei es ein Exeget oder Künstler aus seiner Zeit heraus verstanden und analysiert werden. Erst dann kann über Angemessenheit oder Unangemessenheit seiner Auslegung verhandelt werden.

Bei aller Vielfalt in der heutigen Juditforschung lassen sich zumindest einige wenige Schwerpunkte erkennen:

Das Juditbuch wird zunehmend *intertextuell* und *interdisziplinär* untersucht. Die Parallelen zu Debora/Jaël[469], zu Susanna und Ester[470] sowie zu Mose bzw. dem Buch Exodus insgesamt[471] rücken ins Blickfeld, daneben auch Ähnlichkeiten mit Delila[472]. Interdisziplinär dominieren psychoanalytische Ansätze,[473] die Judit als „phallische Frau" in Zusammenhang mit Kastrationsängsten der Männer untersuchen, und Arbeiten zur Auslegung Judits in der bildenden Kunst.[474]

Weiterhin gibt der *Charakter Judits* Fragen auf, wobei ihre Lüge und ihr Betrug zumeist als gerechtfertigt angesehen werden.[475] Daneben wird selbstverständlich intensiv über die *gender-Problematik* nachgedacht: Ob Judit ein Vorbild für Frauen sei oder ganz im Gegenteil Produkt patriarchaler Strukturen und dadurch geradezu die „Antithese einer frauenidentifizierten Frau"[476] darstelle und eher Gynophobie erzeuge[477].

Ohne hier ins Detail gehen zu können, zeugen schon die Titel dieser Arbeiten von veränderten Fragestellungen bei immer gleich bleibender Problematik: Wie man der Ambivalenz dieser Gestalt beikommen könnte.

Eines der wichtigsten Bücher in diesem Zusammenhang ist sicher der umfangreiche historische Rückblick auf Interpretationen Judits in Kunst, Kultur und Politik von M. Stocker. Sie macht in dieser Arbeit eindrucksvoll deutlich, wie sehr die Perspektive die Auslegung prägt.[478]

Als illustrierendes Beispiel dieser These soll ein Aspekt heutiger Juditforschung aufgegriffen werden und mit dem damaligen Ansatz verglichen werden:

Der Herr zerbricht Kriege? (Jdt 16,2)

Vers 16,3Vg (=16,2LXX): *Dominus conterens bella, (Dominus nomen est illi)*[479], (ὅτι θεὸς συντρίβων πολέμους) gilt heute als Schlüsselvers. Der Satz betont unmissverständlich, dass Gott die Kriege zerbreche, zerreibe. So sei das Ju-

---

469 Z.B. White, „In the Steps of Jael and Deborah: Judith as Heroine".
470 Z.B. Brenner, *A Feminist Companion to Esther, Judith and Susanna*.
471 Z.B. van Henten, „Judith as Alternative Leader: a Rereading of Judith 7-13".
472 Z.B. Merideth, „Desire and Danger: The Drama of Betrayal in Judges and Judith".
473 So zum Beispiel Efthimiadis-Keith, „The Dream of Judith", oder Jacobus, „Judith, Holofernes and the Phallic Woman".
474 Z.B. Bal, „Head Hunting: ‚Judith' on the Cutting Edge of Knowledge".
475 Craven, „Redeeming Lies", 16.
476 Milne, „What shall we do with Judith?", 54.
477 Milne, „What shall we do with Judith?", 55. Vgl. auch Merideth, „Desire and Danger".
478 Stocker, *Judith: Sexual Warrior, Women and Power in Western Culture*.
479 *Dominus nomen est illi* hat keine Entsprechung in 16,2LXX, wohl aber in Jdt 9,7LXX: καὶ οὐκ ἔγνωσαν ὅτι σὺ εἶ κύριος συντρίβων πολέμους κύριος ὄνομά σοι (Jdt 9,10Vg: *et nesciunt quia tu ipse es Deus noster qui conteris bella ab initio et Dominus nomen est tibi*).

ditbuch ein Buch, das an zwei zentralen Stellen (Jdt 16,2LXX und Jdt 9,7LXX) davon spreche, dass Gott nicht die Feinde, sondern die Kriege selbst, also die Gewalt abschaffe und zerstöre.

Als Schlüsselvers und zentrale Botschaft des Juditbuches genommen besagt der Vers nach heutiger Auslegung, dass Gott Kriege ad absurdum führe und somit eine klare Option gegen jede Form von militärischer Gewalt setze.[480] Außerdem verweist 16,2LXX auf Ps 45,10LXX (46,10Vg), wo allerdings nicht das Verb συντρίβων, sondern ἀνταναιρῶν πολέμους, verwendet wird.

Eine Verminderung der Gewalt ist in Judit insofern zu vermerken, als keine kriegerische Auseinandersetzung zwischen zwei Völkern stattfinden muss, sondern das Volk Israel von einem Kampf verschont bleibt. „JHWH wird in diesem Buch gerade nicht als Krieger beschrieben, der seine Macht mit anderen Kriegsherren mißt."[481] Der assyrischen Machtpolitik und Kriegsverherrlichung wird eine Absage erteilt. Die Kriegslogik eines Nebukadnezzar, der gesamte militärische Apparat wird ad absurdum geführt.

Vor allem Erich Zenger macht sich für diese Auslegung stark und verhilft dem Buch damit zu größerer Zustimmung seitens der RezipientInnen. Heute scheint uns diese Interpretation plausibel und logisch zu sein.

Ein Blick auf die untersuchten Auslegungen von Exegeten und Künstlern des 17. und 18. Jahrhunderts zeigt uns, dass das damals keineswegs so gesehen wurde:

Der Herr zerschmettert die Feinde?

Antworten der Exegeten

Vers 9,10Vg (= 9,7LXX) behandeln die Exegeten allesamt nicht.

Lapide erklärt den Vers 16,3Vg so, dass Judit hier auf Jehova anspiele, der zur Wurzel יהוה zurückgeführt dasselbe bedeute wie conterens. Diese (nicht haltbare) Rückführung begründet er damit, dass Judit hier Ex 15,3 zitiere („der Herr kämpft wie ein Krieger, Allmächtiger ist sein Name") und würde demnach bedeuten, dass schon im Gottesnamen das Zerreiben, Auslöschen, Verderben enthalten sei. Damit ist für Lapide auch klar, dass Gott keineswegs Kriege, sondern nur den Gegner vernichte.

Menochio verdeutlicht die Stelle mit den Worten: „Der die Feinde niederkämpft und ihre Kräfte zerreibt und vernichtet."[482] Statt der Kriege werden also die Feinde zerrieben. Mit dieser Deutung erübrigt sich daher auch die Option gegen militärische Gewalt. Gott ist hier nicht gegen militärische Gewalt an sich, er zerstört nur die der Feinde.

---

480 Vgl. Zenger, „Judith", 407; Rakel, „Buch Judit", 411.
481 Rakel, „Buch Judit", 411.
482 Menochio, *Commentarii*, 115.

Calmet gibt den Vers mit: „Le Seigneur met les armées en poudre"[483] wieder. Hier werden nicht Kriege, sondern Armeen zerrieben. Calmet führt im Kommentar weiter aus, dass die Hebräer ihren Gott „Gott der Armeen, Gott der Stärke, Gott der israelischen Truppen" genannt hätten. Und weiter unten, dass sie ihren Gott oft als mit einem Schwert bewaffnet beschrieben, der seine Feinde niederwerfe und in Stücke haue.[484] Nach Calmet gehe es demnach nicht um Frieden, sondern um den Sieg des israelitischen Volkes und die Auslöschung seiner Feinde.

In *Weitenauers* Übersetzung lautet Jdt 16,3 („Dominus conterens bella") sehr heutig: „Der Herr zernichtet die Kriege." Auch in Jdt 9,10 gebraucht er diese Wendung: „Sie wissen aber nicht, dass du unser Gott bist, der du vom Anbeginne die Kriege zernichtest und dessen Name ist, der Herr." Doch Weitenauer kommentiert beide Stellen nicht. Zur kopflosen Flucht der Assyrer Jdt 15,1 hingegen meint er, Gott habe „als Schutzherr seiner Gläubigen" die Heiden mit Blindheit geschlagen und viele tausend Männer in „eine weibische Flucht" gejagt.[485] Insgesamt stellt Weitenauer trotz der modernen Übersetzung von Jdt 16,3 eher den militärischen als den religiösen Kampf der beiden Parteien in den Vordergrund.

Widenhofer und *Jahn* kommentieren die einschlägigen Verse nicht.

Antworten in den untersuchten Oratorien
Bei *Draghi* und *Scarlatti* sind Krieg und Gewalt kein Thema. Bei Draghi ist Holofernes durch seinen Hochmut und seine Prunksucht ein Todeskandidat und nicht wegen des Krieges, den er führt. Bei Scarlatti tötet Gott zwar die Tyrannen, aber Krieg oder Gewalt an sich wird damit nicht problematisiert.

In *Zachers* Oratorium kann man zumindest vereinzelt kriegskritische Aussagen finden:
(1) Holofernes und sein Heer werden vor allem als kriegslüstern dargestellt, weniger als hochmütig wie sonst üblich. (2) Der Engel (Abh. 8) spricht davon, dass das Kriegsgetümmel noch heute brechen werde. (3) Die Betulier jubeln (Abh. 13) nach Judits Tat, aber noch vor ihrem Angriff, dass Gott „Schildt, Bogen, Pfeil und Spieß und alles stolze Pochen" gebrochen habe, mit dem „Syrien" sie in Not gesetzt habe. Das kommt der Aussage von *Dominus conterens bella* (Jdt 16,3) zumindest nahe. (4) Immer wieder wird betont, dass der Feind durch das *eigene Schwert* vernichtet wurde: Judit etwa sagt schon in der ersten Abhandlung, dass Holofernes, der das Mord-Schwert schon gezückt habe, selber ins Grab fallen werde.

---

483 Calmet, *Commentaire*, 482.
484 Calmet, *Commentaire*, 482.
485 Weitenauer, *Biblia* Sacra, 263.

Insgesamt entsteht so der Eindruck, als ob es weniger um moralische Werte ginge, als um die Vernichtung einer übermächtigen Kriegsmaschinerie durch die völlig unkriegerische Hand Judits nach Gottes Ratsschluss.

In *Badias/Stampiglias* Libretto gibt es keinerlei Hinweis dafür, dass man an der Rechtmäßigkeit des Krieges gezweifelt hätte. Entscheidend ist nur, dass der Feind vernichtet wird. Insbesondere der Tyrannenmord gilt als gerechtfertigt und wird von Judit auch als Tat, die Gott willkommen ist, dargestellt. Gott ist hier nicht der, der Kriege zerreibt, sondern der, der Vertrauen und Glauben belohnt. Es geht um den inneren, subjektiven Aspekt der Handlung und weniger um den öffentlichen, politischen: ‚Wer vertraut, wird siegen.' Die Außenseite: ‚Gott verabscheut militärische Gewalt und macht sie zunichte,' ist nicht Thema dieses Librettos.

Bei *Porsile/Maddali* greift Gott in die Schlacht direkt ein. Krieg und Gewalt sind auch hier kein allgemein betrachtetes Thema, sondern eine Frage des Sieges.

Ähnlich bei *Metastasio*: Gott kämpft für seine Getreuen, er wirft die Feinde nieder. Diese Rettung ist triumphalistisch und militärisch charakterisiert: Gott besiegt durch Judit das Böse, er hat gekämpft, er drückt die schändlichen Feinde nieder.[486] Jdt 16,3 wird nicht antikriegerisch verstanden.

Antworten der Theaterstücke
Im Theater ergibt sich ein ähnliches Bild:
Durch *Avancinis* starke Betonung von Gottes Vorsehung und die Abschwächung der menschlichen Handlungsfreiheit wird auch jeder Krieg als von Gott gewollt und von ihm befohlen gedeutet. Er lenkt die Geschicke bis ins kleinste Detail. Demnach müssen auch Kriege von ihm vorherbestimmt sein.

Gottes Stellung zu Krieg und Gewalt wird auch im *Volksschauspiel* nicht problematisiert. Die einschlägigen Verse (Jdt 9,10 und 16,3) fehlen, obwohl gerade das 9. Kapitel (Judits Gebet) fast durchgehend zitiert wird. Wieder wird Gottes Wirken nur als Vernichtung der Feinde, nicht aber als Vernichtung des Krieges an sich gesehen.

Ein intertextueller Bezug als Entscheidungshilfe?

Die heutige Exegese legt das Juditbuch nach der Septuaginta aus. Interessanterweise bietet gerade die Septuaginta einen wichtigen intertextuellen Hinweis für die Auslegung unseres Verses: Denn hier ist der Vers ein Zitat aus einem anderen berühmten Siegeslied: aus Ex 15,3, dem Siegeslied des Mose: κύριος συντρίβων πολέμους κύριος ὄνομα αὐτῷ. Dieser Bezug ist häufig unberücksich-

---

486 Schlusschor.

tigt geblieben[487], denn die Vulgata übersetzt Ex 15,3 nach dem (Proto-) Masoretentext mit: *Dominus quasi vir pugnator Omnipotens nomen eius*,[488] (auch wenn sie im Juditbuch insgesamt einen starken Exodusbezug aufweist) und die heutigen deutschen Bibelübersetzungen tun dasselbe. Wenn aber das Buch Exodus aus einer anderen Texttradition übersetzt wird als das Buch Judit, gehen auch die mit dem intertextuellen Bezug einhergehenden Implikationen unter: Sieht man nämlich in Jdt 16,2LXX eine bewusste Anspielung an Ex 15,3, zeigt sich, dass gerade dieser Vers im Kontext des Exodusbuches eine Sonderstellung einnimmt. Denn die weiteren Verse zielen auch in der Septuaginta keineswegs auf ein Ende der Kriege, sondern auf ein Ende des Gegners, sie entsprechen nämlich genau denen des Masoretentextes und erwähnen etwa in 15,7 deutlich: καὶ τῷ πλήθει τῆς δόξης σου συνέτριψας τοὺς ὑπεναντίους, („Und in der Fülle deiner Herrlichkeit zerbrichst du die dir feindlich sind"). Dasselbe Verb συντρίβω: zerbrechen, wird hier wieder verwendet, um Gottes Handeln an den Feinden zu verdeutlichen. Wenn Judit also auf Mose anspielt, spielt sie im Kontext gesehen auf das rettende Handeln Gottes an seinem Volk und gleichzeitig auf sein zerstörerisches Handeln an seinen Feinden an. Gleichzeitig bleibt aber der Vers selbst sowohl im Exodus- als auch im Juditbuch ein einsamer Mahner gegen vorschnelle Freund-Feind-Bilder im Krieg und für differenziertere Sichtweisen auf Gottes Einstellung zu Krieg und Gewalt.

Polysemie und Ambivalenz als Zugang zum Juditbuch

Die heutige Auslegungstendenz soll also keineswegs falsifiziert werden, doch auch umgekehrt wäre eine vorschnelle Aburteilung vergangener Interpretationen nicht angemessen. Die Vulgata setzt ja insgesamt einen thematischen Schwerpunkt im Bezug zum Buch Exodus. Von daher liegt es nahe, den Sieg über die Feinde als vorrangiges Ziel der Erzählung zu interpretieren. Die obigen Beobachtungen zum Verhältnis von Jdt 16,2LXX und Ex 15,3LXX bestätigen im Grunde beide Auslegungen. Die Ambivalenz bleibt, die Polysemie des Textes wirkt als Stachel gegen definitive, abschließende Antworten und regt zum Weiterdenken an.

Es hat sich gezeigt, dass viele der hier untersuchten Predigten, Oratorien und Theaterstücke auf konkrete politische bzw. historische Ereignisse antworteten. Abraham a Sancta Clara ermutigt „sein" Wien in Zeiten der Pest und während der Bedrohung durch die Türken. Genauso standen Texte wie Avancinis Jesui-

---

487 Ausführlich geht jedoch Barabara Schmitz in ihrer gründlichen Analyse der Reden und Gebete des Juditbuches darauf und auf andere intra- und intertextuelle Bezüge ein. Schmitz, *Gedeutete Geschichte*, 372 u.ö.
488 vgl. das oben zu Lapides Auslegung Gesagte, der aus dem Bezug zu Ex 15,3 das Kriegerische in Gottes Wesen herauslas.

tendrama oder Metastasios Oratorienlibretto unter dem Eindruck kriegerischer Bedrohung. Bei manchen Oratorien lässt sich der unmittelbare Anlass nicht so deutlich aufweisen, aber doch erahnen. Kriegerisch waren die Zeiten jedenfalls und Wien hatte nicht den besten militärischen Stand, musste sich also immer aufs Neue bewähren.

Heutige Exegeten und Künstler in Westeuropa finden andere, friedliche Bedingungen vor. Sie blicken aber zurück auf den unmenschlichsten Krieg der Geschichte, den sie teilweise noch selbst erlebt haben. Das erzwingt und ermöglicht einen neuen Blick auf die Aussagen des Juditbuches.

In Zeiten des Krieges (der aber lokal beschränkt und konventionell geführt wurde), wo Wien als schwach und unterlegen erlebt wurde, sah man im Juditbuch vor allem die Botschaft der Hoffnung, dass das vermeintlich Kleine und Schwache mit Gottes Hilfe siegen könne. In heutiger Zeit, in Zeiten des (lokalen) Friedens, aber im Hinblick auf die zerstörerischen, grausamen Weltkriege der jüngsten Vergangenheit, findet man im Juditbuch die Botschaft, dass Gott den Krieg nicht will und von Grund auf zerbricht.

Abschluss

So bleibt abschließend zu sagen, dass im Hinblick auf die Rezeptionsgeschichte des Juditbuches mehrfach Spannungen existieren und ausgehalten werden müssen:

(1) Die Spannung zwischen in der Rezeptionsgeschichte verwendeten Bibelausgaben/Bibelübersetzungen und heutigen: Insbesondere muss darauf geachtet werden, dass die Vulgata als meist verwendete Ausgabe oft gravierende Unterschiede zur Septuaginta aufweist.

(2) Die Spannung zwischen theologischer Auslegung und künstlerischer Interpretation: Beide Auslegungen sind legitim. Die Kunst kann hier mehr als theologische Aussagen bestätigen, sie kann der Theologie auch neue Erkenntnisse vermitteln, sie irritieren und herausfordern.[489]

(3) Die Spannung zwischen früheren Deutungen und heutigen: Das postmoderne Stichwort von der Polysemie eines Textes muss auch im Hinblick auf die Rezeptionsgeschichte ernst genommen werden. Statt Vergangenes vorschnell abzuurteilen, sollte die Frage im Vordergrund stehen, welche Zeitumstände zu welchen Deutungen führen (können).

(4) Schließlich die Spannung innerhalb des Juditbuches selbst: Die Vielfalt der Deutungen, die dem Juditbuch zuteil wurden und werden, weist

---

489 Vgl. Mertin, „Der allgemeine und der besondere Ikonoklasmus: Bilderstreit als Paradigma christlicher Kunsterfahrung": www.amertin.de/aufsatz/1988/ikonoklasmus.htm, 9. Die Problematik der Autonomie der Kunst, die Mertin breit entfaltet, ist damit allerdings noch gar nicht berührt.

eindrucksvoll darauf hin, dass ein „Fertigwerden" mit Judit und ihrer Geschichte nicht möglich ist und auch nicht möglich sein soll. Die Ambivalenz dieser Gestalt einseitig aufzulösen, wird ihr nicht gerecht. Nur wenn darauf verzichtet wird, den einen, wahren Sinn erkennen zu wollen, kann das doppelspiralige Muster[490] entstehen, das uns den zahllosen Facetten des Buches annähert.

---

490 vgl. Craven, „The Book of Judith", 209f.

Literaturliste

Abkürzungsverzeichnis:
AncB: The Anchor Bible
BEATJ: Beiträge zur Erforschung des Alten Testaments und des antiken Judentums
BiKi: Bibel und Kirche
BiLiSe: Bible and Literature
BLVS: Bibliothek des Literarischen Vereins in Stuttgart
BZAW: Beiheft zur Zeitschrift für Alttestamentliche Wissenschaft
CBQ: The Catholic Biblical quarterly
CBR: Currents in Biblical Research
EHS: Europäische Hochschulschriften
FCB: The Feminist Companion to the Bible
JSOT: Journal for the study of the Old Testament
JSOT.S Journal for the study of the Old Testament. Supplement series
LeTh: Leitfaden Theologie
MGG: Die Musik in Geschichte und Gegenwart: Allgemeine Enzyklopädie der Musik
MSU: Mitteilungen des Septuaginta-Unternehmens der Gesellschaft/Akademie der Wissenschaften in Göttingen
Mus.Hs.: Musikalische Handschrift
NEB: Neue Echter Bibel
ÖNB: Österreichische Nationalbibliothek
RGG: Handwörterbuch für Theologie und Religionswissenschaft
RIDM/Quaderni: Quaderni della rivista italiana di musicologia
SBPh: Sitzungsberichte der Österreichischen Akademie der Wissenschaften/Philosophisch-Historische Klasse
StANT: Studien zum Alten und Neuen Testament
TRE: Theologische Realenzyklopädie
WVM: Wiener Veröffentlichungen zur Musikgeschichte

Quellen:
Abraham a Sancta Clara, *Reim Dich / Oder Ich Liß Dich / Das ist: Allerley Materien / Discurs, Concept, und Predigen /...* (Salzburg: Melchior Haan, 1708).
Anfossi, P., *La Betulia Liberata* (hg. v. J. L. Johnson; Faks.; The Italian Oratorio 1650-1800: A Garland Series 30; New York u. London: Garland, 1987).
Badia, C. A., *La Giuditta: Oratorio, l' anno 1710. Poesia di Nunzio Stampiglia: Opus in duas partes divisum* (handschriftliche Partitur: ÖNB Mus. Hs. 17.079).
Bernasconi, A., *La Betulia Liberata. Oratorio. La poesia e di abbate (Petro) Metastasio* (handschriftliche Partitur: ÖNB Mus. Hs. 17085).

Biblia sacra iuxta Vulgatam Versionem Bd. 1 (hg. v. R. Weber; Stuttgart: Württembergische Bibelanstalt, 1969) 691-711.

Calmet, A., *Commentaire litteral sur tous les livres de l' ancien et du nouveau Testament* (Bd. 7; Paris: Emery Saugrain et Pierre Martin, 1723-26) 331-495.

Deutsche Volksschauspiele: in Steiermark gesammelt 2 (hg. v. A. Schlossar; Halle: Max Niemeyer, 1891).

Die Heilige Schrift des Alten und Neuen Testamentes: Aus der Vulgata (hg. v. J. Fr. Allioli; München und Landshut: Vogel'sche Verlagsbuchhandlung, [7]1851) 928-954.

Draghi, A., *Oratorio di Giuditta: Opus in duas partes divisum, et anno 1660-1697 compositum, Part. Ch. XVII.3* (handschriftliche Partitur; ÖNB: Mus. Hs. 16.274).

Evangelien sammt den Episteln oder Lectionen auf alle Sonn- und Feyertage des ganzen Jahres (Linz: Joseph Kastner, 1817).

Gassmann, F., *La Betulia Liberata: Oratorium in duas partes divisum... Opus anno 1772 numeris musicis ornatum* (handschriftliche Partitur; ÖNB: Mus. Hs. 19116).

Gretsch, A., *Homiletischer Nachlaß des weiland hochwürdigen A. G.: Sonntags-Predigten* (hg. v. L. Scherlich; Bd. 1-6; Wien: Mechitaristen-Congregations-Buchhandlung, 1834-1835).

Gretsch, A., *Sonntagspredigten* (Bd. 1.3-4; Wien: Trattner, 1797-1799).

Hausbibel: Einheitsübersetzung des Alten und Neuen Testaments (hg. im Auftrag der Bischöfe Deutschlands, Österreichs u. a.; Freiburg i. Br.: Herder Lizensausgabe [sic!], [12]1998) 497-512.

Holzbauer, I., *La Betulia Liberata* (handschriftliche Partitur; ÖNB: K.T.67 Mus.).

http://www.nocturnale.de/pdf/Missale/Missale.pdf; am 5.11.2005 u.ö.

http://www.sacred-texts.com/bib/sep/jdt.htm; am 6.5.2007 (u.ö.).

http://www.uni-mannheim.de/mateo/camena/avan3/jpg/s366.html, am 18.-20.5.2005.

Jahn, J., *Einleitung in die göttlichen Bücher des Alten Testaments* (Wien: Wappler u. Beck, 1802-1803) 909-924.

Jommelli, N., *La Betulia Liberata. La Passione di nostro signore Giesu Cristo* (hg. v. H. E. Smither; Faks.; The Italian Oratorio 1650-1800, A Garland Series 18; New York u. London: Garland, 1987).

Lapide, C. a, *Commentaria in Scripturam sacram 4* (Paris: Ludovicus Vivès, Bibliopola, 1860) 313-356.

Menochio, G. St., *Commentarii totius sacrae scripturae ex optimis quibusque auctoribus collecti 3* (Wien: Trattner, 1755) 104-116.

Metastasio, P., *Oratori sacri* (hg. v. S. Stroppa; Venedig: Marsilio, 1996).

Neue Predigten von Abraham a Sancta Clara: Nach den Handschriften der Wiener Nationalbibliothek (hg. v. K. Bertsche; BLVS 278; Leipzig: Verlag Karl W. Hiersemann, 1932).
Patrologiae Cursus Completus, seu Bibliotheca universalis... (Paris, Garnier Fratres u. J.-P. Migne successores, 1844-1888).
Piticchio, F., *La Betulia Liberata* (handschriftliche Partitur; Archiv der Ges. der Musikfreunde in Wien).
Porsile, G., *Il Trionfo di Giuditta: Oratorio, da cantarsi nell' augustissima capella della sacra cesarea cattolico...* (handschriftliche Partitur; ÖNB: Mus. Hs. 18.123).
Prudentius, C. A., *Die Psychomachie des Prudentius* (hg. u. übersetzt v. U. Engelmann; Freiburg i. Br.: Herder, 1959).
Reutter, G., *La Betulia Liberata* (Hg. v. Joyce L. Johnson; Faks.; The Italian Oratorio 1650-1800, A Garland Series 14; New York u. London: Garland, 1986).
Salieri, A., *La Betulia Liberata. Oratorio di Floriano Gassmann, con qualche cangiamento... 1821* (handschriftliche Partitur: ÖNB Mus. Hs. 3232).
Scarlatti, A., *Giuditta: Oratorio d' autore incerto. Cantato nell' Augustissima Cappella di Leopoldo. Musica di Alessandro Scarlatti* (Wien 1695: ÖNB: 406.741- BM).
Schott-Meßbuch für die Sonn- und Festtage des Lesejahres C: Originaltexte der authentischen deutschen Ausgabe des Meßbuches und des Meßlektionars (hg. v. den Benediktinern der Erzabtei Beuron; Freiburg, Basel u. a.: Herder, 1984).
Spanner, A., *Polyanthea sacra ex sacrae scripturae figuris, symbolis, testimoniis nec non e selectis patrum sententiis collecta* (Augsburg und Dillingen [Augustae Vindel. et Dilingae]: Bencard, 1702).
Tirinus, J., *Commentarius in vetus et novum testamentum* (Antwerpen [Antverpiae]: Nutius, 1632).
Weitenauer, I. v., *Biblia sacra: Oder die Heilige Schrift des Alten Testaments/7: Esdra, Tobia, Judith und Esther sammt dem Job, verdeutscht und mit Anmerkungen versehen durch Ignaz Weitenauer* (Augsburg: Wolff, 1779) 200-275.
Werke von Abraham a Sancta Clara: Aus dem handschriftlichen Nachlaß unter Förderung des Reichsstatthalters in Wien Reichsleiters Baldur von Schirach (Hg. v. der Akademie der Wissenschaften in Wien; bearbeitet von K. Bertsche; 3 Bde.; Wien: Verlag Adolf Holzhausens Nachfolger, 1943-45).
Widenhofer, F. X., *Sacrae Scripturae Dogmatice et Polemice Explicata Primus sive Testamentum Vetus Tomus Primus* (Augsburg und Würzburg [Augusta Vindelicorum Wirceburgi]: Veith, 1749) 481-497.
Wurz, I., „Lobrede auf die heilige Jungfrau und Martyrinn Apollonia," *Concio Collectanea 3* (Wien: Trattner, 1775) 5-23.
Wurz, I., *Sämmtliche Predigten* (8 Bde; Wien: Kurzbeck, 1783-1786).

Zacher, J. M., *Die heldenmüthige Judith in einem teutschen Oratorio* (Wien: Schlegel o.J.: ÖNB: 406.773-B.Mus).

Literatur:
Accorsi, M. G., „Le Azioni Sacre di Metastasio: Il Razionalismo Cristiano," *Mozart, Padova e la Betulia liberata: Commitenza, interpretazione e fortuna delle azioni sacre metastasiane nel '700. Atti del convegno internat. di studi 28-30 settembre 1989* (hg. v. P. Pinamonti; Quaderni della rivista italiana di musicologia 24; Firenze: Olschki, 1991) 3-26.
Adel, K., *Das Wiener Jesuitentheater und die europäische Barockdramatik* (Wien: Österreichischer Bundesverlag, 1960).
Angermüller, R., *Antonio Salieri: Dokumente seines Lebens unter Berücksichtigung von Musik, Literatur, Bildender Kunst, Architektur, Religion, Philosophie, Erziehung, Geschichte, Wissenschaft, Technik, Wirtschaft und tauglichem Leben seiner Zeit* (Bd. 3; Bad Honnef: Bock, 2000).
Augustinus, A., *Das Antlitz der Kirche* (hg. v. H. U. v. Balthasar; Einsiedeln u. a.: Johannes, 1991).
Bal, M. (Hg.), *Anti-Covenant: Counter-Reading Women's Lives in the Hebrew Bible* (JSOT.S 81; BiLiSe 22; Sheffield: Almond Press, 1989).
Bal, M., „Head Hunting: ,Judith' on the Cutting Edge of Knowledge," *A Feminist Companion to Esther, Judith and Susanna* (hg. v. A. Brenner; FCB 7; Sheffield: Sheffield Academic Press, 1995) 253-285.
Baltzer, O., *Judith in der deutschen Literatur* (Stoff- und Motivgeschichte der deutschen Literatur 7; Berlin, Leipzig: Walter de Gruyter & Co., 1930).
Bennett Elder, L., „Virgins, Viragos Virtuo(u)si among Judiths in Opera and Oratorio," *JSOT* 92 (2001) 91-119.
Beaujean, A., „Wolfgang Amadeus Mozart," *Harenberg-Chormusikführer: Vom Kammerchor zum Oratorium* (hg. v. H. Gebhard; Dortmund: Harenberg 1999) 601-602.
Berger, A. (Hg.), „Inventar der Kunstsammlung des Erzherzogs Leopold Wilhelm von Österreich, Nach der Originalhandschrift im Fürstlich Schwarzenberg'schen Centralarchiv in Wien," *Jahrbuch der kunsthistorischen Sammlungen des Allerhöchsten Kaiserhauses* Bd. 1 (Wien: Holzhausen, 1883) 495ff.
Beschreibender Katalog der Handzeichnungen in der Graphischen Sammlung Albertina Bd. II (hg. v. A. Stix, bearb. v. O. Benesch; Wien: Verlag Anton Schroll & co., 1928).
Birnbaum, E., *Das Alte Testament im Oratorium: Eine Rezeptionsgeschichte zwischen Verwendung und Verfremdung* (Diplomarbeit; Wien, 2004).
Bottineau, Y., *Die Kunst des Barock* (Große Epochen der Weltkunst Ars Antiqua; Freiburg, Basel, Wien: Herder, 1986).

Bradley, D. C., *Judith, Maria Theresia, and Metastasio: A cultural study based on 2 oratorios* (Dissertation; Tallahassee, 1985).
Brenner, A. (Hg.) *A Feminist Companion to Esther, Judith and Susanna* (FCB 7; Sheffield: Sheffield Academic Press, 1995).
CD-Booklet zu Gassmann, Betulia Liberata (Linz: 2003).
Conzen, I., *Die Wandlung des Judith- und Holofernes-Themas in der Deutschen und Niederländischen Kunst von 1500-1700: Zur Rezeptionsgeschichte einer weiblichen Heldengestalt vor dem Hintergrund von Reformation und Gegenreformation* (Magisterarbeit; Heidelberg, 1982).
Craven, T., „The Book of Judith in the Context of Twentieth-Century Studies of the Apocryphical / Deuterocanonical Books," *CBR* 1. 2 (2003), 187-229.
Craven, T., „Redeeming Lies in the Book of Judith" (paper delivered at the annual meeting of the Society of Biblical Literature in Anaheim, CA, 1989).
Day, L., „Faith, Character and Perspective in Judith," *JSOT* 95 (2001), 71-93.
DEHIO Handbuch, *Wien 1. Bezirk Innere Stadt der Kunstdenkmäler Österreichs* (Horn, Wien: Berger Verlag, 2003).
Die Musik in Geschichte und Gegenwart 7 (Personenteil): Allgemeine Enzyklopädie der Musik (Kassel, Basel u. a.: Bärenreiter, 1997).
Dieckmann, D., „Rezeptionsästhetik," *WiBiLex* (http://www.bibelwissenschaft.de/wibilex/das-bibellexikon/details/quelle/WIBI/zeichen/r/referenz/33446///cache/044ee1a46e/ am 20.4.2009).
Dubowy, N., „Le due ‚Giuditte' di Alessandro Scarlatti: Due diverse concezioni dell' oratorio," *L' oratorio musicale italiano e i suoi contesti: secc. XVII-XVIII, atti del convegno internazionale, Perugia, Sagra musicale umbra, 18-20 settembre 1997;* (Hg. v. P. Besutti; RIDM/Quaderni 35; Firenze: Olschki, 2002) 259-288.
Dubowy, N., „Piticchio, *Peticchio*, Francesco, *MGG 13* (Begründet von Fr. Blume, zweite Ausgabe hg. v. L. Finscher; Kassel, Basel u. a.: Bärenreiter, 2005) 641-642.
Erhart, I. S., *Judith: tugendhafte Heldin oder Lustmörderin?: Eine Untersuchung des Paradigmenwechsels des alttestamentlichen Themas in der bildenden Kunst vom Mittelalter bis in die Gegenwart an ausgewählten Beispielen* (Diplomarbeit; Innsbruck, 2001).
Eybl, F. M., *Abraham a Sancta Clara: Vom Prediger zum Schriftsteller* (Frühe Neuzeit 6; Tübingen: Max Niemeyer, 1992).
Ferino-Pagden, S., Prohaska, W. u. a., *Die Gemäldegalerie des Kunsthistorischen Museums in Wien* (hg. v. Kunsthistorischen Museum; Wien: Brandstätter, 1991).
Feuchtmüller, R. u. Tabbert, Ch., *Martin Johann Schmidt 1718-1801: Gedenkschrift zur Wiederkehr des 250. Geburtstages* (hg. v. der Kulturabteilung des Amtes der N.Ö. Landesregierung; Baden und Bad Vöslau: Grasl, 1968).

Franz Anton Maulbertsch: Ausstellung anläßlich seines 250. Geburtstages (hg. v. Kunstverein Wien u. Verlag Jugend und Volk Wien München; Wien u. München: Jugend und Volk Verlagsgesellschaft, 1974).

Frenzel, E., *Stoffe der Weltliteratur: Ein Lexikon dichtungsgeschichtlicher Längsschnitte* (Stuttgart: Alfred Kröner Verlag, ^{5}1981).

Fricke, K. D. u. Schwank, B., *Ökumenisches Verzeichnis der biblischen Eigennamen nach den Loccumer Richtlinien* (Stuttgart: Deutsche Bibelgesellschaft, ^{2}1981).

Fülöp-Miller, R., *Macht und Geheimnis der Jesuiten: Eine Kultur- und Geistesgeschichte* (Berlin: Th. Knaur Nachf., 1929).

Fürst, A., *Hieronymus: Askese und Wissenschaft in der Spätantike* (Freiburg i. Br.: Herder, 2003).

Gamberoni, J., *Die Auslegung des Buches Tobias in der griechisch-lateinischen Kirche der Antike und der Christenheit des Westens bis um 1600* (StANT 21; München: Kösel, 1969).

Gamper, L., *Die anthropozentrisch orientierte Verkündigung der „Letzten Dinge" in der Aufklärung: ein materialkerygmatischer Beitrag zur Charakterisierung der katholischen Predigt der Aufklärungszeit* (maschinschriftl. Dissertation; 2 Bde.; Wien, 1974).

Garas, K., *Franz Anton Maulbertsch. 1724-1796* (Aus dem Ungarischen übertragen v. K. Garas u. T. Alpari; Wien: Amalthea, 1960).

Georgen, H. Th., „Die Kopfjägerin Judith: Männerphantasie oder Emanzipationsmodell?," *FrauenKunstGeschichte: Zur Korrektur des herrschenden Blicks* (hg. v. C. Bischoff, B. Dinger u. a.; Giessen: Anabas-Verlag, ^{2}1985) 111-124.

Gregor, J., *Geschichte des österreichischen Theaters: von seinen Ursprüngen bis zum Ende der Ersten Republik* (Wien: Donau-Verlag, 1948).

Groß, H., *Tobit. Judit* (NEB 19; Würzburg: Echter 1987).

Große Frauen der Bibel in Bild und Text (Vorwort v. H. Haag; Freiburg, Basel u. a.: Herder, 1993).

Haag, E., „Judith als Typus der Gottesmutter Maria," *BiKi* 19 (1964) 46-50.

Hammer-Tugendhat, D., „Judith und ihre Schwestern: Konstanz und Veränderung von Weiblichkeitsbildern," *Lustgarten und Dämonenpein: Konzepte von Weiblichkeit in Mittelalter und Früher Neuzeit* (hg. v. A. Kuhn; Dortmund: Edition Ebersbach, 1997) 343-385.

Hanhart, R., *Text und Textgeschichte des Buches Judith* (MSU 14; Göttingen: Vandenhoeck & Ruprecht, 1979).

Harnoncourt, N., *Musik als Klangrede* (Salzburg u. Wien: Residenz-Verlag, ^{5}1985).

Heinz, G., *Die Gemäldegalerie im Kunsthistorischen Museum Wien* (Galerien und Kunstdenkmäler Europas; München: Wilhelm Goldmann Verlag, 1967).

Hellmann, M., *Judit – eine Frau im Spannungsfeld von Autonomie und göttlicher Führung: Studie über eine Frauengestalt des Alten Testaments* (EHS Reihe 23, 444; Frankfurt a. M., Bern u. a.: Peter Lang, 1992).
Henten, J. W. van, „Judith as Alternative Leader: A Rereading of Judit 7-13", *A Feminist Companion to Esther, Judith and Susanna* (Hg. v. A. Brenner; FCB 7; Sheffield: Sheffield Academic Press, 1995) 224-252.
Herrmann, W., *Jüdische Glaubensfundamente* (BEATJ 36; Frankfurt a. M., Berlin u. a.: Lang, 1994).
Herzog, U., *Geistliche Wohlredenheit: Die katholische Barockpredigt* (München: C. H. Beck, 1991).
Hiltl, N., *Die Oper am Hofe Kaiser Leopold I. mit besonderer Berücksichtigung der Tätigkeit von Minato und Draghi* (maschingeschriebene Dissertation; Wien, 1973).
http://79.1911encyclopedia.org/J/JA/JAHN_JOHANN.htm; am 4.10.2005.
http://de.wikipedia.org/wiki/Abraham_a_Sancta_Clara; am 23.5.2006.
http://de.wikipedia.org/wiki/Alessandro_Scarlatti, am 7.7.2005.
http://de.wikipedia.org/wiki/Francesco_Solimena; am 17.12.2006.
http://de.wikipedia.org/wiki/Ignaz_Holzbauer; am 12.10.2006.
http://de.wikipedia.org/wiki/Paolo_Veronese; am 12.3.2006.
http://de.wikipedia.org/wiki/Pietro_Metastasio; am 7.7.2006.
http://de.wikipedia.org/wiki/Pietro_Ottoboni_(Kardinal); am 7.7.2005.
http://en.wikipedia.org/wiki/Carlo_Saraceni; am 7.3.2006.
http://hoasm.org/VIIIB/Porsile.html; am 7.7.2005.
http://mdz.bibbvb.de/digbib/lexika/adb/images/adb042/@Generic_BookTextView/7...; am 4.10.2005.
http://www.aeiou.at/aeiou.encyclop.b/b117584.htm; am 26.2.2006.
http://www.aeiou.at/aeiou.encyclop.d/d814117.htm; am 7.7.2005.
http://www.aeiou.at/aeiou.encyclop.r/r558823.htm; am 7.7.2006.
http://www.aeiou.at/aeiou.encyclop.s/s023591.htm; am 7.7.2006.
http://www.artnet.de/library/06/0645/T064533.asp?; am 7.3.2006.
http://www.artnet.de/library/07/0796/T079633.asp; am 17.12.2006.
http://www.artnet.de/library/09/0901/T090199.asp?; am 27.3.2006.
http://www.bautz.de//bbkl/c/calmet_a.shtml; am 7.7.2005.
http://www.bautz.de/bbkl/c/cornelius_d_l.shtml; am 7.7.2005.
http://www.bautz.de/bbkl/j/Jahn_m_j.shtml; am 4.10.2005.
http://www.bautz.de/bbkl/r/rubens_p_p.s.shtml; am 4.4.2006.
http://www.bautz.de/bbkl/w/weitenauer.shtml; am 7.7.2006.
http://www.bautz.de/bbkl/w/wurz.shtml; am 26.11.2006.
http://www.musica-sacra-wien.at/noten/0/articles/2005/10/02/a3129/print; am 7.7.2005.
http://www.newadvent.org/cathen/10190c.htm; am 7.7.2005.

Jauß, H. R., *Literaturgeschichte als Provokation der Literaturwissenschaft* (Konstanzer Universitätsreden 3; Konstanz: Universitätsverlag 1967).
Kabiersch, A., *Nicolaus Avancini S.J. und das Wiener Jesuitentheater* (Maschinschriftliche Dissertation; Wien, 1972).
Kaulen, Fr., *Geschichte der Vulgata* (Mainz: Kirchheim, 1868).
Korten, M., „Wolfgang Amadeus Mozart," *Harenberg-Komponisten-Lexikon* (hg. v. R. Braun; Dortmund: Harenberg 2001) 630-632.
Leopold, S. u. Scheideler, U., *Oratorienführer* (Stuttgart, Weimar u. a.: J. B. Metzler u. Bärenreiter, 2000).
Luz, U., „Wirkungsgeschichte / Rezeptionsgeschichte," *RGG 8* (hg. v. H.-D. Betz, D. S. Browning u. a.; Tübingen: Mohr Siebeck, ^{4}2005) 1600-1601.
Massenkeil, G., „Oratorium I: Zur Terminologie und Vorgeschichte," *MGG 7 Sachteil* (Begründet von Fr. Blume, zweite Ausgabe hg. v. L. Finscher; Kassel, Basel u. a.: Bärenreiter, 1997) 741-744.
Mechel, Ch. v., *Catalogue des tableaux de la galerie imperiale et royale de Vienne* (Basle: chez l'auteur, 1784).
Merideth, B., „Desire and Danger: The Drama of Betrayal in Judges and Judith" *Anti-Covenant: Counter-Reading Women's Lives in the Hebrew Bible* (hg. v. M. Bal, JSOT.S 81; BiLiSe 22; Sheffield: Almond Press, 1989) 63-78.
Mertin, „Der allgemeine und der besondere Ikonoklasmus: Bilderstreit als Paradigma christlicher Kunsterfahrung":
www.amertin.de/aufsatz/1988/ikonoklasmus.htm (am 12.3.2009).
Milne, P. J., „What Shall We Do with Judith? A Feminist Reassessment of a Biblical 'Heroine'", *Semeia 62* (1993) 37-58.
Montfaucon, B. de, *La verité de l'histoire de Judith* (Paris: Langronne, ^{2}1692).
Moore, C. A., *Judith: A New Translation with Introduction and Commentary* (AncB 40; New York: Doubleday, 1985).
Nemeth, C., *Zur Lebensgeschichte von Carlo Agostino Badia (1672-1738)* (Mitteilungen der Kommission für Musikforschung 4; Wien, 1955).
Neuhaus, M., *Antonio Draghi* (handschriftliche Dissertation; Wien, 1903).
Nischik, R., „Literaturadaption," *Metzler Lexikon: Literatur- und Kulturtheorie* (hg. v. A. Nünning; Stuttgart u. Weimar: Metzler, ^{2}2001) 377f.
Oldenburg, R., „Die Nachwirkung Italiens auf Rubens und die Gründung seiner Werkstatt", *Jahrbuch der kunsthistorischen Sammlungen des allerhöchsten Kaiserhauses 34* (Wien: Holzhausen, 1918) 159-218.
Pigler, A., *Barockthemen: Eine Auswahl von Verzeichnissen zur Ikonographie des 17. und 18. Jahrhunderts* (Bd. 1; Budapest: Akadémiai Kiadó, 1974^2).
Pinamonti, P., „Il ver si cerchi, non la vittoria, implicazioni filosofiche nel testo della Betulia Metastasiana," *Mozart, Padova e la Betulia liberata: Committenza, interpretazione e fortuna delle azioni sacre metastasiane nel '700. Atti del convegno internat. Di studi 28-30 settembre 1989* (hg. v. P. Pinamonti; RIDM/Quaderni 24; Firenze: Olschki, 1991) 73-86.

Poeschel, S., *Handbuch der Ikonographie: Sakrale und profane Themen der bildenden Kunst* (Darmstadt: Primus-Verlag, 2005).
Preiss, P. (Hg.), *Franz Karl Palko (1724-1767), Ölskizzen, Zeichnungen und Druckgraphik* (Katalog der Ausstellung von 10. Juni bis zum 24. August 1989; Schriften des Salzburger Barockmuseums 15; Salzburg: Salzburger Barockmuseum, 1989).
Programmheft zu Mozart: Betulia Liberata, Musikverein Wien, 27. u. 28.5.2006.
Programmheft zu Mozart: Betulia Liberata, Salzburger Festspiele, Felsenreitschule, 18.8.2006.
Programmheft zu Mozart: Betulia Liberata, Theater an der Wien, 9.4.2004.
Purdie, E., *The Story of Judith in German and English Literature* (Paris: Librairie ancienne honoré champion, 1927).
Rädle, F., „Das Alte Testament im Drama der Jesuiten," *Paradeigmata: Literarische Typologie des Alten Testaments 1* (hg. v. F. Link; Schriften zur Literaturwissenschaft 5/1; Berlin: Duncker & Humblot, 1989) 239-252.
Rakel, C., „Das Buch Judit: Über eine Schönheit, die nicht ist, was sie zu sein vorgibt," *Kompendium: Feministische Bibelauslegung* (hg. v. L. Schottroff u. M.-Th. Wacker; Gütersloh: Kaiser, 1998) 410-421.
Rakel, C., *Judit – über Schönheit, Macht und Widerstand im Krieg: Eine feministisch-intertextuelle Lektüre* (BZAW 334; Berlin u. New York: Walter de Gruyter, 2003).
Reischert, A., *Kompendium der musikalischen Sujets: Ein Werkkatalog* (2 Bde; Kassel u. a.: Bärenreiter, 2001).
Riepe, J., „Oratorium II: Das italienische Oratorium," *MGG 7 Sachteil* (Begründet von Fr. Blume, zweite Ausgabe hg. v. L. Finscher; Kassel, Basel u. a.: Bärenreiter 1997) 744-758.
Rivius, A., *De optimis interpretibus Divinorum librorum praelectiones biblicae IV* (Basel [Coloniae Munatianae]: Thurneysen, 1783).
Rooses, M., *L' oeuvre de P. P. Rubens: Histoire et description de ses tableaux et dessins I* (Antwerpen [Anvers]: Maes, 1886-1892).
Sala di Felice, E., „Betulia come casa d'Austria," *Mozart, Padova e la Betulia liberata: Commitenza, interpretazione e fortuna delle azioni sacre metastasiane nel '700. Atti del convegno internat. di studi 28-30 settembre 1989* (hg. v. P. Pinamonti; RIDM/Quaderni 24; Firenze: Olschki, 1991) 43-63.
Sartori, C., *I libretti italiani a stampa dalle origini al 1800* (5 Bde u. 2 Indices; Cuneo: Bertola und Locatelli, 1992-94).
Scheid, N., *P. Nicolaus Avancini S.J.: ein österreichischer Dichter des 17. Jh. als Dramatiker* (Wissenschaftliche Beilage zum 22. Jahresberichte des Privatgymnasiums STELLA MATUTINA in Feldkirch; Düsseldorf: Verlag der Anstalt, 1913).
Schering, A., *Geschichte des Oratoriums* (Kleine Handbücher der Musikgeschichte nach Gattungen 3; Leipzig: Breitkopf & Härtel, 1911).

Schmitz, B., *Gedeutete Geschichte: Die Funktion der Reden und Gebete im Buch Judit* (HBS 40; Freiburg, Basel u. a.: Herder, 2004).
Schneyer, J. B., *Geschichte der katholischen Predigt* (Freiburg i. Br.: Seelsorge Verlag Freiburg, 1969).
Schott, A., *Das Meßbuch der heiligen Kirche: mit liturgischen Einführungen* (neubearbeitet von den Benediktinern der Erzabtei Beuron; Freiburg, Basel u. a.: Herder, 1962).
Seifert, H., *Die Oper am Wiener Kaiserhof im 17. Jahrhundert* (WVM 25; Tutzing: Hans Schneider Verlag, 1985).
Simon, R., *Histoire critique du vieux testament*. (Paris: o.V., 1680).
Simon, R., *Le grand dictionnaire de la bible ou explication literale et historiaue de tous les mots propres du Vieux et Nouveau Testament* (Lyon: Certe, 1717).
Smither, H.E., *History of the Oratorio I* (Chapel Hill u. a.: University of North Carolina Press, 1987).
Smolinsky, H., *Kirchengeschichte der Neuzeit I* (LeTh 21; Düsseldorf: Patmos, ²1997).
Sommerfeld, M. (Hg.), *Judith-Dramen des 16./17. Jahrhunderts nebst Luthers Vorrede zum Buch Judith* (Literaturhistorische Bibliothek 8; Berlin: Junker und Dünnhaupt, 1933).
Speck, C., *Das italienische Oratorium 1625-1665: Musik und Dichtung* (Speculum Musicae 9, Amsterdam, Cremona: Brepols Turnhout, 2003).
Stadtchronik Wien: 2000 Jahre in Daten, Dokumenten und Bildern (hg. v. Ch. Brandstätter u. G. Treffer; Wien u. München: Brandstätter, 1986).
Steinecker, J., *Die Opern und Serenate von Carlo Agostino Badia* (Dissertation; Wien, 1993).
Stocker, M., *Judith – sexual warrior: women and power in western culture* (New Haven, Conn. u. a.: Yale Univ. Press, 1998).
Straten, A., *Das Judith-Thema in Deutschland im 16. Jahrhundert: Studien zur Ikonographie; Materialien und Beiträge* (Dissertation; München, 1983).
Stroppa, S., *Fra notturni sereni: Le azione sacre del Metastasio* (Saggi di „Lettere Italiane" 44; Firenze: Olschki, 1993).
Thielmann, Ph., *Beiträge zur Textkritik der Vulgata, insbesondere des Buches Judith* (Speier: Kranzbühler, 1883).
Uppenkamp, B., *Judith in der italienischen Malerei von 1560-1700* (2 Bde.; Magisterarbeit; Hamburg, 1987).
Uppenkamp, B., *Judith und Holofernes in der italienischen Malerei des Barock* (Berlin: Reimer, 2004).
Voltaire, F. M. A. de, *La bible enfin expliquee par plusieurs aumoniers de S.M.L.R.D.P.* (London, [Genf]: o.V., 1776).
Vosatka, St., *Die Predigten von Abraham a Sancta Clara* (Dissertation; Wien, 1946).

Weber, H., „Mozart und andere La Betulia liberata – Vertonungen im Vergleich," *Beiträge zur Geschichte des Oratoriums seit Händel: FS Günther Massenkeil zum 60. Geburtstag* (hg. v. R. Cadenbach u. H. Loos; Bonn, Bad Godesberg: Voggenreiter, 1986) 151-178.

Welzig, W., (Hg.) *Katalog gedruckter deutschsprachiger katholischer Predigtsammlungen* (2 Bde.; SBph o.B.; Wien: Verlag der Österreichischen Akademie der Wissenschaften, 1984-1987).

White, S. A., „In the Steps of Jael and Deborah: Judith as Heroine", *„No One Spoke Ill of Her": Essays on Judith* (hg. v. J. C. VanderKam; Early Judaism and its Literature 2; Atlanta: Scholars Press, 1992) 5-16.

Wilson, B. E., „Pugnacious Precursors and the Bearer of Peace: Jael, Judith, and Mary in Luke 1:42," *CBQ 68, Nr. 3* (2006) 437-456.

Wurz, I., *Anleitung zur geistlichen Beredsamkeit* (2 Bde.; Wien: Bernardi, 1770-1772).

Zelisko, A., *Das Judith-Thema in der italienischen Kunst von 1500-1700* (Diplomarbeit; Wien, 1992).

Zenger, E., „Judith/Judithbuch," *TRE 17* (hg. v. G. Müller u. G. Krause; Berlin: Walter de Gruyter, 1988) 404-408.

ANHANG

Draghi/Anonymus: Oratorio di Giuditta

PERSONEN: *Testo*
Giuditta
Abra
Oloferne

PARTE PRIMA

Testo: Al Betulico Campo 1
da l' Asirio poter Vinto Oloferne
minacciaua Israel d' aspre catene;
già mancaua La speme
Al' afflitta Città, quando s' udio 5
sú i Labri di Judite
Cosi parlar alle sue genti Iddio:
Giuditta: Dunque al solo aparir d' empio tiranno
piegasi il collo al' insoffribil giogo,
é già betulia cade 10
preda più del timor, che delle spade.
  Dunque il Dio de le Vendette
  il suo Popolo abandona
  che fá l' ciel di sue saette
  se contro l' infedel, oh Dio, non tuona. 15
  Forse nostra sciagura
  il gran Motor non cura?
  Nò, ch' è sempre uniforme
  e se ueglia La fede Iddio non dorme.
Non si ceda si tosto, Io sola intendo 20
contro l' Asirio campo uscir à fronte;
chi sà femminea destra
da superno valor forse animata
sarà scorno à più forti
spesso all' opre più belle 25
Arco al fulmin diuino, e braccio imbelle.
Testo: Si disse e alla sua cara
e d' affetto, e di fé serua e Compagna
chiese Le ricche Vesti
con cui ne tempi andati 30
cingeua il fianco, et adornaua il busto
gemme bianche e uermiglie, e tutte quelle

            ch' al sol de la beltà seruon di stelle.
            Onde tutta stupor l' antica donna
            si con parlar seuero   35
            proferì queste accuse.
            Figlie del Zelo si, mà non del vero:
Abra: O' quanto è instabile,
            o' quanto è Labile
            uman pensiero.   40
            O quanto è uero
            ch' il tempo mobile
            nò lascia immóbile
            un cor sincero.
            Già del estinto sposo   45
            Le memorie perdeste,
            già si cangia la veste,
            e forsi il cor di nuova fiamma Herede
            ha cangiato desire affetto e fede.
Testo: Perch' è proua de giusti   50
            il martel de l' accuse
            Amica à queste hore risponde
            e la gran donna intanto
            di suo giusto desio la vecchia appaga.
            Questa più nò si Lagna,   55
            e già la grand' opra d' accusatrice
            ria diuien compagna.
Giuditta: Madre, ó quanto è Lontano
            da giudizi di Dio L' occhio del uolgo.
            queste ch' in' oportune   60
            spoglie tu vedi queste
            forse non furon mai
            a meglior uso cinte. onde t' acqueta!
            Seguimi, e in Dio confida;
            e, se troui auuenture io muovo il passo   65
            ciò che fassi pel cielo
            temerario ardimento, ah, non si dice,
            Per la fé per la Patria il tutto Lice.
Abra: Io ti seguo.
Giuditta: Iddio
            ne guida. Chi s' affida   70
            al ciel pietoso glorioso al porto
            arriva.
Abra: Che si tarda?

Giuditta:	Io muovo il piede.	
Ambi due:	Tutto puol ottener costanza e fede.	
Testo:	Cosi dalla Cittade	
	uscir le donne inuerso il campo ostile	75
	e si L' Amiche Genti	
	Le predisser Vittoria in questi accenti:	
	„Gite, gite	
	ó donne ardite,	
	doue il Cielo	80
	Vostro Zelo	
	amico scorge	
	già ui porge	
	La Vittoria	
	bella gloria.	85
	Si si che Iddio ben Vuole	
	che feminea virtude	
	sia del Popolo suo scampo, e salute.	
À tre:	O del Ciel alto Motore	
	nostro errore	90
	omai perdona,	
	forza dona	
	à costei ch' è tua fedele,	
	contro il Popolo crudele	
	ardita Vá	95
	Tua pietà;	
	deh non permetta,	
	Che l' Asirio poter sia tua Vendetta.	

PARTE SECONDA:

Testo:	Già nel Barbaro campo	
	giunta la bella Ebrea;	100
	del Ciglio al chiaro Lampo	
	L' aspro sen d' Oloferne acceso hauea	
	ed ei frátanto quella	
	che sua morte esser dovea	
	sua dolce Vita in simil note appella.	105
Oloferne:	Caro Volto adorabile,	
	Volgi un guardo à me pietoso;	
	perchè sei si sdegnoso	
	se fosti tanto amabile.	
	Si si bell' inumana,	110
	il ferito mio cor	

	uccidi ò sana	
	il ferito mio cor.	
Giuditta:	Son uinta si son uinta	
	e schiava à te mi rendo	115
	ah pur troppo comprendo	
	ch' opra è di tuo valore.	
	stringer catene al piede	
	e Lacci al core.	
Oloferne:	Queste furon mie proue;	120
	Ora tuo prigioniero	
	colpa degl' occhi tuoi persi il valore,	
	quando à questo mio sen rapiste il core.	
	Mà se del mio poter nulla rimane	
	in mezzo à i fasti miei,	125
	Vò che sian le mie glorie i tuoi trofei,	
	in mezz' all' Armi bella	
	se vuoi, ah, che tú puoi La Pace darmi.	
	In dolce calma	
	acqueta L' Alma	130
	amorosa,	
	riposa con me.	
	al tormento,	
	ch' io sento col sonno,	
	quest' occhi sol ponno	135
	porger breue conforto	
	à la mia fé,	
	riposa con me.	
Giuditta:	Si, Mio bene al caro ardore	
	stanco il ciglio si serra e s' apre il core.	140
Testo:	Si disse il fero e diede	
	le sue torbide luci in preda al sonno.	
	Mà la fida Compagna	
	Mentre ciò nò comprende	
	La giouinetta Ebrea cosi riprende:	145
Abra:	Dunque al saluar la patria	
	deue si offrire all' impietade il core?	
	Nó, nó, uinca Oloferne,	
	Mà trionfi del sen non del onore.	
	Questa è dunque nostra gloria	150
	così uince oggi Israele	
	e l' nemico più ribelle	
	fin nel campo ui si uede

	à portarli La Vittoria	
	ad offrirle Auguste prede.	155
Testo:	La giouinetta Ebrea	
	della vecchia matrona	
	ode i detti mordaci	
	e nò ascolta, anzi	
	si prostra umile	160
	e cosi parla in verso il ciel riuolta:	
Giuditta:	Pietà signor pietade	
	del tuo popolo amico	
	già l' afflitta cittade	
	preda di reo nemico	165
	Misera omai se n' cade.	
	È Ver, ch' i falli nostri	
	al tuo giusto rigor chieggon vendetta,	
	Mà già dolente aspetta	
	Israelle pentito humil perdono	170
	si, si, pietoso Iddio;	
	soura Le nostre colpe siano i pianti	
	dolenti onda d' oblio.	
	Del tuo spirto munita	
	ecco ch' io uibro il ferro e serua l' empio	175
	à nemici d' Iddio d' eterno esempio.	
Testo:	Ciò detto il Colpo sciolse e sciolto cadde	
	da lacci della Vita	
	del superbo tiranno	
	l' anima rea d' eterna morte in seno.	180
	Mortal cosi vien meno	
	di superbo ardimento il fasto altero	
	chi nel peccato dorme	
	errori sogna entro Letargo eterno.	
	Poich' al sonno de rei, notte è l' inferno.	185
	Del nemico Oloferne il teschio immondo	
	Già Betulia miraua	
	della forte sua donna il braccio onusto	
	onde liete le genti	
	celebraro i trionfi in questi accenti:	190
Coro:	Viua Dio, Juditte viua	
	ch' il suo popolo hà diffeso;	
	ogn' Altar si ueda acceso,	
	mà non men s' infiammi il Core	
	per offrir al gran Motore	195

          che la fé nò abandona
          che l' ardir al petto auuiua.

Badia/Stampiglia: La Giuditta

PERSONEN: *Giuditta*
Ozia
Oloferne
Un Capitano di Oloferne

PARTE PRIMA:
                Oloferne solo.
Oloferne: Mura voi che chiudete   1
          armate a' danni miei
          degl' ostinati ebrei le Turbe infide,
          Trofeo del mio valore al suol cadrete;
          su le vostre ruine   5
          con eterna memoria
          si vedrà passeggiar la mia vittoria.
                Città superba t' abbatterò
                e coi miei passi
                gl' alteri sassi   10
          stesi su l' erba calpesterò.
                Ozia. Giuditta. Popolo.
Ozia: Amici, è ver che fieri
          sono i nostri disastri,
          ma non destino in noi vili pensieri;
          S' aspetti almen, che cinque volte il sole   15
          torni sù l' alta mole,
          e se auuerrà, che intanto
          conforto al nostro pianto il Ciel non dia,
          Betulia ad Oloferne allor si renda,
          e con Betulia Ozia.   20
Giuditta: Soccorso a Dio tu chiedi
          e del soccorso a lui prefiggi i giorni?
          misero, non t' auuedi,
          che prouocar potrebbe un tanto ardire
          la sua Clemenza all' ire?   25
          non si nieghi a Giuditta
          dell' oppressa Betulia uscir le porte,
          e ritornando poi,

	trarrò di seruitù, Betulia, e voi.	
Ozia:	Vanne pur Donna saggia,	30
	vanne illustre eroina	
	la nostra a riparar strage vicina.	
Giuditta:	Grande è vero, è l' impresa ch' io tento	
	ma il mio core men grande non è.	
	Sono imbelle, ma nulla pavento,	35
	solo armata di speme, e di fè.	
Ozia:	Deh per pietà, signore,	
	i nostri voti ascolta,	
	guarda il nostro dolore;	
	Ogn' anima pentita	40
	piange, t' adora, e ti domanda aita.	
	Placati scordati	
	de falli miei	
	e sol ricordati	
	di tua pietà.	45
	Se un Dio tu sei	
	pietoso, e buono,	
	il tuo perdono	
	mi salverà.	

Capitano. Giuditta

Capitano:	Ferma, e dimmi chi sei	50
	Donna, che adorna il sen di gemme e d' ori	
	a questo campo intorno	
	il passo aggiri?	
Giuditta:	Gl' occulti sensi miei	
	ad Oloferne sol narrar degg' io.	
Capitano:	È pur vaga costei.	55
Giuditta:	Tu a lui mi guida,	
	e di saper ti basti,	
	che Giuditta mi chiamo, e sono ebrea,	
	nè sia che a te dispiaccia	
	s' altro dir non poss' io,	
	che il labro mio cosi convien che taccia.	60
Capitano:	Vieni, e qual tu mi brami ad Oloferne	
	io ti sarò di scorta,	
	ma poi…	
Giuditta:	ma poi?	
Capitano:	Chi sà?	
	se mira i lumi tuoi…	
Giuditta:	Che mai sarà?	

Capitano:	Sarà forse che acceso d' amore	65
	il suo core languisca per te,	
	Che da i raggi de vaghi tuoi lumi	
	onde l' Alma distruggi, e consumi	
	aver scampo possibil non è.	

Oloferne e detti.

Giuditta:	Guerrier, son d' Oloferne	70
	queste tende reali?	
Capitano:	Son d' Oloferne.	
Giuditta:	A lui	
	i miei voti presenta.	
Capitano:	Eccolo.	
Giuditta:	Dì, che per pietà mi senta.	
Capitano:	Signor, questa che miri ebrea sì bella	75
	favellar teco brama,	
	e Giuditta si appella.	
Oloferne:	Il Cor già l' ama.	
Giuditta:	Eccomi tutta umile	
	prostrata alle tue piante.	
Oloferne:	Che sembianza gentile?	80
Capitano:	A te desia suelare i sensi suoi.	
Oloferne:	Narrali, e dì, che vuoi.	
Giuditta:	Vendetta io bramo.	
Oloferne:	Come?	
Giuditta:	Infedele a Dio	
	offre il popolo eletto ai falsi Numi	85
	e vittime, e profumi.	
	t' aditerò la via	
	perchè Betulia cada,	
	e la sua strage sia	
	a Giuditta di gloria, e alla tua spada.	90
Oloferne:	Se vendicar ti vuoi	
	armati di quei dardi,	
	che da i begl' occhi tuoi	
	tu mi vibrasti il cor.	
	Che delle tue pupille	95
	san far gl' accesi sguardi	
	di mille spade e mille	
	strage più grande ancor.	
Giuditta:	Quest' amor, che scintilla	
	d' Oloferne nel petto	100
	fingerò che molesto a me non sia:	

	ad opprimer l' indegno	
	se la forza non val, vaglia l' ingegno.	
	Fingerò d' esser amante	
	ma il cor mio sempre costante	105
	al suo Dio non mancherà.	
	è virtude un bell' inganno	
	d' un Tiranno	
	a punir la crudeltà.	

PARTE SECONDA:

Oloferne. Giuditta

Oloferne:	Pietà, cara Tiranna,	110
	consola i dolor miei.	
	La Pena, che m' affanna,	
	la gioia mia tu sei.	
Giuditta:	Oloferne, il mio volto	
	forza non ha da tormentarti il core,	115
	e Giuditta non è degna d' amore.	
	Non amar che la tua fama	
	lascia, fuggi un cieco Amor.	
	A i trionfi il Ciel ti chiama,	
	non a perdere il tuo cor.	120
Oloferne:	Del tuo uago sembiante	
	fatto guerriero amante,	
	sospira, l' Alma mia, lagrima il ciglio,	
	e ti domanda aita, e non consiglio.	
Giuditta:	Tanto per me ti struggi,	125
	e pur di pregio alcuno	
	adorna non son' io.	
Oloferne:	Sonno importuno:	
	allontanati, parti.	
	Ahi che graue m' opprime,	
	e mi toglie il piacer di uagheggiarti;	130
	invan star desto io tento,	
	vorrei uegliarti appresso, e m' addormento.	
	Crudo sonno, più crudo d' Amore,	
	tu mi priui col negro tuo velo	
	della vista del caro mio Ben;	135
	Fà ch' io sogni per pace del core	
	giacchè i lumi fai chiudermi al Cielo,	
	lei che il core piagommi nel sen.	
Giuditta:	Dorme Oloferne, e la sua spada istessa	

	quella sia, che l' uccida,	140
	dal busto si recida	
	la superba cervice.	
	Vittima grata a Dio	
	già troncò la sua Testa il braccio mio.	
	Ozia solo.	
Ozia:	Che sarà di Giuditta e che di noi?	145
	Signor, volgi uno sguardo	
	al tuo popol dolente, e a lui perdona	
	la tua destra possente.	
	Se Betulia abbandona	
	in questi perigliosi affanni suoi,	150
	Che sarà di Giuditta, e che di noi?	
	Del tuo braccio la forza infinita	
	doni aita a chi chiede pietà.	
	Se ai miei prieghi Soccorso tu nieghi,	
	e qual mano salvar ci potrà?	155
	Ozia. Giuditta. Coro.	
Giuditta:	Voi di Betulia afflitta	
	fidi custodi udite,	
	a me le porte aprite, io son Giuditta.	
Ozia:	Vieni gran Donna, e dimmi	
	che fia di noi?	160
Giuditta:	Lieta novella io reco.	
	Ozia, già vinsi, e teco	
	il trofeo del mio braccio ogn' un rauuisi,	
	questa ch' io scopro, questa	
	d' Oloferne è la testa, io la recisi.	
Ozia:	O valorosa, o degna d' immortali	165
	ghirlande in sù le chiome?	
	Betulia oppressa, o come	
	or diviene per te tutta giuliua!	
Coro:	Viua Giuditta,…	
Ozia:	Il capo d' Oloferne	170
	posto sù queste mura	
	vista sia di paura	
	alle sue schiere, ora che il giorno arriua.	
Coro:	Viua Giuditta,…	
Giuditta:	Il mio valore	175
	non è già mio	
	è di quel Dio	
	che tutto può.	

	è solo gloria	
	del mio signore	180
	sia la vittoria	
	ch' ei mi donò.	
	Capitano.	
Capitano:	Che miro! il capo è quello	
	d' Oloferne tradito	
	è confuso, e smarrito	185
	meco il campo paventa	
	già folta turba ostile	
	vien di Betulia, e contro noi s' auuenta.	
	Si fugga, si scampi	
	da morte crudel,	190
	Balenano i lampi	
	de brandi nemici	
	e sembrano ultrici	
	saette del Ciel.	
	Ozia. Giuditta. Coro.	
Ozia:	Abattuto, e disperso	195
	fugge il nemico.	
Giuditta:	è trucidato cade	
	sotto le nostre spade.	
Ozia:	Sanguinoso è lo scempio	
Giuditta:	è già salua Betulia.	
Ozia e Giu.:	Al Tempio, al Tempio!	
Tutti:	Quando un core in Dio confida,	200
	non uà mai senza mercè	
	Sempre Speri un' alma fida	
	trouar premio a la sua fè.	

Porsile/Maddali: Il Trionfo di Giuditta

PERSONEN: *Giuditta (matrona di Bethulia).*
Oloferne (Principe della milizia Nabucdonosor).
Ozia (uno dei Principi di Bethulia)
Achior (Capitano degli Ammoniti nell' esercito di Oloferne)
Abra (damigella di Giuditta)
Un Capitano degli Assiri
Coro d' Israeliti

PARTE PRIMA:

Oloferne. Achior. Capitano.

Oloferne: Miei fedeli Guerrieri, 1
il cui valore alla destra potente
del gran Monarca Assiro accresce il fasto,
per cui sempre più vasto
dilata il suo dominio in ogni gente, 5
e prescrive di leggi alto terrore;
ditemi qual follia,
qual insano pensiero,
qual pervicace ardir muove, ed impegna
il popol d' Israele, 10
per altro inerme, e solo,
a non rendersi umile a chi già regna
sopra sì vasto impero?
Vorrei saper qual sia
la cagion che lo rende si ribelle 15
a Nabucdonosorre ed a le stelle.
    Dell' Assiro la potenza
    non ammette resistenza
    distrugge Regni ed ogni forza atterra.
    Sappia il popol d' Israele 20
    che per dono de le stelle
    il Re Nabucco è il solo Nume in terra.

Achior: Signor, se mi permette
l' alta tua dignità l' alto sapere,
spiegarti in umil voto il mio pensiere: 25
Sappi, che questi popoli sortiti
da la Caldea ne la Mesopotamia
indi in altre Provincie à far dimora
dei lor Progenitori
le molte Deità, l' insano culto 30
abbandonaro, e con fervente zelo
al vero Dio del cielo
offron vittime, e voti ai sacri altari;
nè gli esempij son rari, anzi frequenti,
che nei bellici eventi 35
hanno sempre ottenuto
dal loro Dio un opportuno aiuto;
render asciutto il mare in lor vantaggio
per sicuro passaggio
a fuggir dagli Egizij lor nemici: 40

     Indi quel seno stesso à favor loro
     gonfiar l' onda si forte
     che si fé degli Egizij e tomba, e morte.
     Ma quando poi ribelli alle sue leggi
     vengono dal lor Nume abbandonati,   45
     restan da i lor nemici soggiogati.
     Quindi informarsi è d' uopo se al presente
     hanno il Nume propizio, ò pur infausto;
     ch' al suo voler sovrano
     ogni umano poter contrasta in vano.   50
       Al lor costante zelo
       il vero Dio del cielo
       aiuto apporta.
       Saper se sia nemico
       per loro iniquità   55
       quel Nume, o' pur amico
       a la lor fedeltà,
       sia la tua scorta.

Capitano: Contro il potente Duce dell' Assiro
     Monarca e del gran Nume della terra   60
     cosi parlare ardisci?
     Dell' ardimento tuo dal braccio mio
     pagherai forsennato il giusto fio.

Oloferne: Ferma, pena adequata all' error suo
     voglio indicare al folle;   65
     Sia da la tua brigata
     in Bethulia assediata
     condotto vivo; e allor che per assalto
     a le nostr' armi cederan la vita
     quegli ostinati di perdono indegni,   70
     dal tuo brando traffitto,
     nell' eccidio comun venga atterato,
     e provi unito à quelli acerbo fato.
       Non è degno di perdono,
       chi contrasta al mio poter;   75
       Di quel Rè ch' è un Nume in terra
       conduttier dell' armi io sono,
       son partecipe del trono
       ed è legge il mio voler.

Capitano: Ad ubbidirti, o sommo Duce io volo,   80
     meco un picciolo stuolo
     venga di scelti armati à farne scorta.

Achior:	Io son con voi, ad ubbidire andiamo;	
	conducetemi pur sin' alla porta	
	di Bethulia infelice.	85
	A quella d' Oloferne il fier comando	
	Intimerò fedele.	
Capitano:	Contro di te non fù tanto crudele	
	il nostro Duce quanto esser dovea,	
	che la tua lingua rea d' empio delitto	90
	all' alta sua presenza	
	Io di mia propria man sveller volea;	
	ma ti riserba a maggior pena il fato.	
	Vanne ed intima à quelle menti insane	
	del popol d' Israele	95
	il più fiero rigor di stragi, e morte.	
	Tu puoi con ugual sorte	
	nell' eccidio fatale	
	di quella gente follemente ardita	100
	in pene atroci perderai la vita.	
	Vanne pur ed intima aspra guerra	
	a quel popol superbo, ed insano.	
	Il sol Nume, che domina in terra	
	è l' Assiro monarca sovrano.	105

Ozia. Poi Achior.

Ozia:	Già da turbe nemiche	
	circonvallata è la cittade, e a noi	
	per difesa non resta	
	che del monte guardar i passi angusti	
	sin che dal ciel pronto soccorso habbiamo,	110
	quindi dal nostro Dio pietà speriamo,	
	e in digiuni, orazion, pianti, e sospiri	
	di vero penitenza	
	chiediam dei falli nostri umil perdono,	
	e confidiam nell' alta sua clemenza.	115
	Del tuo popolo pentito,	
	sommo Nume ascolti il pianto	
	la divina tua pietà.	
	E al superbo Assiro vanto	
	nostro e tuo nemico ardito	120
	stragge apporti l' umiltà.	
Achior:	Signore, a te ne vengo	
	relegato dal campo d' Oloferne	
	all' incerto destino di Bethulia	

	perchè la nuda verità parlai;	125
	richiesto di consiglio, a lui spiegai	
	ch' il gran Dio d' Israele	
	il fido popol suo	
	che d' altre Deità lasciato il culto	
	offre à lui solo sacrificij e voti;	130
	da qualunque nemico ognor difende	
	sempre che le sue leggi ei non offende.	
	A questo mio parlar giusto, e sincero	
	quel superbo guerriero	
	contro me si sdegnò; e tosto comandò,	135
	sprezzando il gran poter del vostro Iddio,	
	ch' in Bethulia condotto unito a voi	
	ne la strage comun perissi anch' io.	
Ozia:	Non perirai, fedele amico; al zelo	
	con cui l'onor del vero Dio sostieni,	140
	e al pianto de' suoi servi penitenti	
	compartirà la sua clemenza il cielo.	
Achior:	Nel proseguire a questa volta i passi	
	Fionde armate di sassi	
	del monte c' impedirono il camino;	145
	ond' io ben stretto à forte tronco avvinto	
	Fui da le guide Assire e abbandonato;	
	Indi dalla pietà de tuoi disciolto	
	chiesi a la tua presenza esser guidato.	
	Unito a voi fido e costante,	150
	popoli amici, ugual destino seguir vogl' io;	
	Se il vostro Dio vuol, che cediate al fato rio,	
	io cederò, e unito a voi io morirò.	
	Se del superbo e contumace	
	Assiro è poi voler divino	155
	che nel trionfo voi lieti siate,	
	unito a voi, popoli amici trionferò.	
Ozia:	Unito dunque à noi degno campione	
	à parca amica mensa	
	vientene a ristorar la stanca salma (?),	160
	fido compagno d' ogni nostra sorte.	
Achior:	Si generosa offerta	
	ricusar non saprei, il core, e l' alma	
	saran sempre con voi sin' a la morte.	
	Giuditta. Abra.	
Giuditta:	Son risoluta, e tu serva, e compagna	165

	de l' alta impresa mia seguir mi dei;	
	son dettami del Ciel gl' impulsi miei.	
Abra:	Signora, ancor ch' io veda il gran periglio,	
	ch' a la tua vita, all' onor tuo sovrasta,	
	sento impulso, e piacer nel tuo consiglio;	170
	ed approvo che quando	
	il nostro Dio t' inspira, è suo comando.	
	Ti seguo dà per tutto	
	e spero un dolce frutto	
	de le fatiche tue de' tuoi disegni.	175
	Al tuo fedel desio	
	assiste il grande Iddio	
	poichè nel nome suo prendi gl' impegni.	
Giuditta:	Ai nostri sacerdoti	
	rimproveri farò, che vacillanti	180
	con vil timore pongono in oblio	
	quei, che fecero à Dio solenni voti.	
	Seguimi.	
Abra:	T' ubbidisco, e teco spero	
	felice sorte al tuo santo pensiero.	

Ozia. Giuditta. Abra. Coro.

Ozia:	Popoli miei, già sò, ch' il fier nemico	185
	a noi tagliò dell' acque le sorgenti,	
	onde ai vostri lamenti	
	ceder m' è d' uopo, e son d' accordo anch' io	
	salva la vita, e il culto al nostro Dio,	
	ch' il renderci sarà forza fatale.	190
	Or vi prometto, se nel quinto giorno	
	dà questo dì, soccorso non avremo	
	quel, che or da me bramate allor faremo.	
Giuditta:	Principi, e sacerdoti	
	ch' al popolo di Dio legge e consiglio	195
	deste sin' ora; e come in tal periglio	
	temete abbreviato il gran potere	
	del cielo? E all' infinito suo sapere	
	presumete dar limite, e confino?	
	Forse, che quando i voti	200
	con rassegnato, e con divoto zelo	
	offriste, vi mancò di pronto aiuto	
	il braccio suo divino?	
	La manna nel deserto:	
	le fonti scaturite:	205

	l' acque salse addolcite:	
	il mar, ch' a piede asciutto voi passaste:	
	Tante grazie del nostro grand' Iddio	
	un ingrato timor pone in obblio.	
	Deh! la fede ravvivate	210
	e implorate	
	la sovrana Providenza.	
	ma perdono dell' errore	
	chieda il core	
	con digiuni e penitenza.	215
Ozia:	Divota Figlia, e favorita ancella	
	del nostro Dio tu sei.	
	Egli il divin soccorso	
	mediante il tuo gran zelo, il tuo gran merto	
	ci fa sperar più certo.	220
Giuditta:	Udite, amici, e popoli fedeli	
	quanto in vostro soccorso oprar intendo.	
	Io la prossima notte	
	al campo dei nemici	
	sola con Abra mia sortir pretendo.	225
	Voi secondate sol con viva fede,	
	con divota umiltà, con cor contrito,	
	e ferventi preghiere i voti miei,	
	che quando sarò giunta	
	del superbo Oloferne avanti al soglio,	230
	agl' impulsi del cielo ubbidir voglio.	
Ozia:	Figlia, vanne felice; il ciel ti chiama;	
	la divina clemenza	
	ascolti i nostri preghi, e i voti tuoi;	
	Bethulia in penitenza	235
	aspetterà contrita, e notte, e giorno	
	il soccorso del ciel col tuo ritorno.	
Coro:	La speme or si ravvivi	
	la fede si consoli, esulti il core.	
	Si discacci da l' alma ogni timore.	240
	Poichè da mano imbelle	
	il gran Dio d' Israele, che ad alta impresa	
	il tuo gran zelo accende	
	d' umiliar l' altrui superbia intende.	

PARTE SECONDA:
Giuditta. Oloferne.

Giuditta:	Inclito Prence, e valoroso Duce	245
	del potente d' Assiria alto Regnante,	
	soffri, ch' a te d' avante	
	s' umilij per tuo ben femmina imbelle,	
	solo a te mi conduce	
	il voler de le stelle;	250
	Rammentati, che Achior a te predisse	
	il destin di Bethulia; io ti confermo	
	ch`il popol d' Israel il Nume há offeso;	
	onde preda sarà dell' armi tue;	
	perciò sortij dall' infelici sue	255
	vicende; e a te dirò con qual contegno	
	potrai sortir dal glorioso impegno.	
	Non disprezzar il Nume	
	se trionfar tu vuoi;	
	io de' trionfi tuoi sarò la scorta.	260
	Io ti darò quel lume	
	che seguitar tu puoi	
	e a la vittoria t' aprirò la porta.	
Oloferne:	Qual destino t' invia	
	Donna, ò per offuscar i sensi miei,	265
	o per aprirmi il varco à gran trionfi!	
	sento accendermi in petto	
	non sò qual sia, dolce, ò fatale affetto,	
	ch' al maestoso volto, ai grati accenti	
	stupido il cor mi rende,	270
	e v' imprime vicende	
	di traboccante amor d' alto rispetto.	
Giuditta:	Signor, dal parlar mio	
	non dei temer infedeltà veruna;	
	poichè la nuda verità ti svelo.	275
	Il vero Dio del cielo	
	quà mi spinse à eseguir gli alti decreti	
	de la sua providenza;	
	ne vuol, che tu mi vieti	
	di sortir ad ognora à cielo aperto	280
	a far le mie preghiere	
	a l' alta sua divina omnipotenza.	
	Questa m' indicherà metodo certo,	
	per dar effetto al tuo bramato impegno	

	di conquistar, e la cittade, e il Regno.	285
Oloferne:	Tutto ti sia permesso	
	in quel ricetto, dove si conserva	
	ciò che di prezioso ha il mio tesoro,	
	prendi alloggio, e riposo; e sortirai	
	a pregar il tuo Dio quando vorrai.	290
	Fa' per mezzo del Nume ch' adori,	
	ch' io trionfi del popol ribelle.	
	Voglio teco partir i tesori	
	e adorar il tuo Dio d' Israele.	
Giuditta:	Prence, quel che le stelle	295
	per comando divino han destinato,	
	io penetrar non oso; e solo spero	
	accetto al Nume, il mio pregar sincero.	
Oloferne:	Vanne, e comanda; il senno tuo discerne,	
	onde i trionfi suoi spera Oloferne.	300

Ozia. Popolo.

Ozia:	Miei fedeli compagni,	
	a quel destino, che dal ciel deriva,	
	conservate pur viva	
	la fede, e l' umiltà; Giuditta forte,	
	che per impulso del celeste Nume	305
	per noi s' espose à perigliosa sorte,	
	col merto suo sublime	
	a i voti de la nostra penitenza	
	implorerà dal nostro Dio clemenza.	
	Certo presentimento	310
	di fortunato evento	
	il cor mi dà	
	che predice la nostra libertà.	
	Che di Giuditta il zelo	
	con preghi ed umiltà	315
	a grand' onor del vero Dio del cielo	
	del superbo infedel trionferà.	

Giuditta. Abra. Oloferne dormente.

Giuditta:	Eccomi di ritorno, Abra fedele	
	dal gran convito, ove il superbo core	
	dell' incauto Oloferne,	320
	con forsennata speme,	
	abbagliato da' questo mio splendore,	
	in eccesso di gioia	
	con potenti liquori	

	propinando ad ogni suo campione,	325
	perdè insieme con lor senso, e ragione.	
Abra:	L' Eunuco Vagaò serrò la porta;	
	ed io mi son accorta,	
	che di quelle bevande preziose	
	con soverchio piacer anch' ei gustò;	330
	anzi ho ben osservato,	
	che dà profonda ebrietà sorpresi,	
	chi quà, chi là distesi in varij modi	
	d' Oloferne già dormono i custodi.	
Giuditta:	Nel suo ricetto dunque	335
	con lento passo rientriamo insieme	
	e vediamo in che stato egli si trova.	
Abra:	Ei qui giace supino	
	in profondo letargo.	
Giuditta:	Sento un impulso interno,	340
	che quasi lo direi voler divino,	
	di tor la vita all' empio;	
	ma se il ciel melo vieti,	
	o se melo comandi, io non discerno.	
Abra:	Non dubitar, ch' il nostro Dio lo vuole;	345
	qui vedi un arme appesa,	
	atta ad effettuar il gran disegno;	
	e poich' il ciel dà impulso all'alto impegno,	
	accingiti all' impresa.	
Giuditta:	Fervente orazione preceda il fatto;	350
	acciòche unita sia	
	col divino voler l' impresa mia.	
Abra:	È troppo giusto il tuo divoto zelo,	
	nè si comincia ben, se non dal cielo.	
Giuditta:	Eccelsa eterna mente,	355
	gran Dio de le battaglie,	
	ch' il tutto con sovrana omnipotenza	
	reggi pietoso: ch' il superbo atteri:	
	l' umile esalti: or del tu' onor geloso	
	i caldi preghi ascolta	360
	del popol di Bethulia penitente,	
	e per somma clemenza,	
	de la tua serva umile	
	al braccio imbelle, a cui l' impulso desti	
	di liberar la prediletta gente	365
	dal superbo nemico, or dà vigore	

	tal, che degna di te sia la vittoria,	
	e tutta sia del Nome tuo la gloria.	
	Si nel tuo santo Nome il ferro stringo,	
	e à la grand opra tua forte m' accingo.	370
Abra:	Dà un santo ardir guidato	
	fù il colpo fortunato,	
	e uccidesti il reo a' prò del giusto.	
Giuditta:	Separato dal busto	
	questo superbo teschio, o fida ancella,	375
	nel prezioso conopeo rinvolto	
	dentro la cesta, che portammo ascondi.	
	Par, che tu ti confondi.	
Abra:	Signora, tanto sangue mi spaventa.	
Giuditta:	Salviamoci in buon ora	380
	or che ognun dorme, ed in Bethulia entriamo,	
	pria che sorga l' aurora.	
Abra:	Son pronta; andiamne liete a la città;	
	il ciel ne guarderà da' ogni periglio,	
	poichè l' impresa tua fù suo consiglio.	385
	Il nostro Dio lodiamo	
	e in lieto passo andiamo	
	col fortunato evento	
	Bethulia a consolar.	
	Quel Dio che mai non erra	390
	l' altrui superbia atterra	
	e all' umil pentimento	
	vittorie sà donar.	
Giuditta:	Fuor del campo nemico	
	già sicure noi siamo.	395
	Non vedi ancor nessun' de' nostri, almeno	
	de la guardia avanzata?	
Abra:	Io temo, che la strada habbiam fallata.	
Giuditta:	Chi ha per guida il cielo errar non puole.	
	Io vedo già de la città le mura;	400
	onde chiamar bisogna ad alta voce	
	e far sentir che di ritorno siamo.	
Giu., Abra:	Aprite, amici, aprite a noi le porte,	
	per vostra sorte allegre a voi torniamo	
	e la virtù di Dio con noi portiamo.	405
Abra:	Le nostri voci han già sentite; io vedo	
	il popolo affollato, e parmi ancora	
	ch' i sacerdoti, ed i Rettori stessi	

	con molte faci ardenti escono fuora	
	allegri del felice tuo ritorno.	410

Giuditta. Abra. Ozia. Achior. Popolo.

Giuditta: Lodato il ciel, che pria che nasca il giorno
a la città siam giunte à salvamento.
Ozia: Diletta figlia, l' alto mio contento,
e del popol che viene ad incontrarti
tu stessa vedi, e senti; il tuo ritorno 415
empie ogni cor di speme, e d' allegrezza;
che tu ci porti per virtù divina
la nostra libertà la tua salvezza.
Coro: Viva, viva il Nume d' Israele
e con lui Giuditta viva! 420
Ozia: Felice giorno
ch' il tuo ritorno
del popol fido
rallegra il cor.
E gioia, e speme 425
nutrice insieme
ch' il tuo gran merto
trionfo aperto
dell' oste infido
riporta ognor. 430
Giuditta: Mercè del grand' Iddio
vedete amici, e popoli diletti
che felice sorti l' impegno mio.
Separata dal busto
del superbo Oloferne ecco la testa. 435
Questa volle il gran Dio de le battaglie
vittoria dar a la sua serva umile.
Anzi volle da' mano femminile
inetta, sola, imbelle,
punito il fier' orgoglio dell' Assiro, 440
e consolato il popol d' Israele.
Coro: Viva, viva il Nume d' Israele
e con lui Giuditta viva!
Achior: Gran donna, a te s' inclina
l' umil tuo servo Achior, ch' i preghi suoi 445
unì con questo popol penitente
per la felicità de' voti tuoi.
Giuditta: Il nostro Dio clemente

	la destra mia senza mio merto elesse	
	ad eseguir il suo fatal decreto.	450
Achior:	Io teco ne vo' lieto, ò donna illustre;	
	ed oggi voglio anch' io	
	unito a questo popolo fedele	
	il culto professar del vero Dio.	
	La sovrana eterna mente	455
	del gran Nume omnipotente	
	servo umile adorerò.	
	E col popol suo diletto	
	sin che spirto havrò nel petto	
	la sua legge osserverò.	460
Giuditta:	Or la confusione, e lo spavento	
	sorpresi havrà gli Assiri	
	per così nuovo inaspettato evento.	
	Tu, valoroso Eroe, sortir potrai	
	coi nostri armati ad assalirne il campo,	465
	sicuro, che di lor trionferai.	
	Non può trovare scampo	
	l' iniquità de rei dà quel valore	
	ch' il giusto Dio v' imprimerà nel core.	
	Armati dal cielo	470
	di fervido zelo	
	sortite o soldati	
	con solida fe.	
	Ch' il Nume divino	
	che regge il destino	475
	ai popoli amati	
	non nega mercè.	
Achior:	Animati dal merto di Giuditta	
	preparatevi amici,	
	e andiamo con fiducia et ardimento	480
	ad invader il campo dei nemici.	
Ozia:	Andate, ò miei fedeli;	
	io qui con essa resterò compagno	
	dei nostri difensori	
	a offrir al vero Dio	485
	incessanti preghiere, e ardenti voti,	
	a fin, che ritorniate vincitori.	
Giuditta:	Con viva fede e con umile intento	
	a batter il nemico, andate, o predi;	
	che la vostra vittoria	490

	il popol d' Israel farà contento.	
	E al nostro Nume accrescerà le lodi.	
Tutti:	Viva Giuditta viva,	
	viva il Dio d' Israele	
	e a noi conceda	495
	sul nemico infedel vittoria, e preda.	
	Il suo trionfo a noi serve di scorta,	
	che le grazie del ciel sicure implora,	
	chi del Nume divino le leggi osserva	
	e il santo nome adora.	500

Francesco Piticchio: Eingefügte Arien und Ensembles zu Metastasios „Betulia liberata"

Arie des Usija (statt VV. 12-18):

Quel nocchier che s' abbandona
all' orror del suo periglio;
manca d' arte e di consiglio
va nell' onde a naufragar.
Se la speme in noi vien meno
se il timor diventa eccesso
ah che andiam dal cielo istesso
la pietade ad oltraggiar.

Arie des Charmi (statt Arie Amital, VV. 95-102):

Mostra ormai che in tanti mali
serbi un cor pietoso in seno
colla pace, ah pensa almeno
le nostr' alme a consolar.
Per si barbare vicende
de nemici il più tiranno
si vedrebbe al nostro affanno
qualche lacrima versar.

Arie der Judit (statt VV. 312-318):

Caro suon che mi consoli
e m' accendi di furore
per te spera il mesto core
che contenta alfin sarò.
Chi m' accese…(wie im Original)

Rezitativ und Terzett Charmi, Judit und Usija (statt Chor VV. 319-327):
Rezitativ:
Charmi:	Dunque espor ti vorrai
	a periglio si grande?
Judit:	Io pur tel dissi,
	mi conduce e mi regge
	l' onnipossente man.
Usija:	Si lo comprendo
	dall' insolito ardore
	che t' accende il sembiante, e pur...
Judit:	Che vuoi
	dirmi, o signor? Forse che temi? Ah troppo
	il tuo timore offende
	quella man che mi guida, e mi difende.

Terzett:
Charmi:	Senti Giuditta oh Dio
	teco venir vogl' io
	ne mai ti lascerò.
Judit:	Resta, venire non puoi
	raffrena i moti tuoi
	sola al cimento andrò.
Usija:	Al tuo periglio estremo
	sento t' alor ch' io temo
	ma la ragion non so.
Judit:	Signor e perché mai
	questo timor perché
Charmi und Usija:	Cielo pietoso ormai
	proteggi la sua fe.
Charmi:	Quanto mai a tante pene
	respirar l' alme potranno
Alle drei:	Ah non v' è più crudo affanno
	che far possa palpitar.
	Dalla smania del furore
	io mi sento lacerar.

Rezitativ und Rondo der Judit (zwischen VV. 523 und 524):
Rezitativ:	Dirvi oh Dio! non saprei
	qual' è in seno m' inonda
	insolito piacer. Finiro alfine
	tanti orrori tanti
	affanni. Ah ben comprendo
	che nel trionfo mio

                    tutto oprò la tua mano, eterno Dio.
Rondo: Torni ormai la dolce calma
                    e consoli il mesto cor.
                    Abbastanza oppressa l' alma
                    fu da un barbaro dolor.
                    Più non spargono d' intorno
                    il terror funesti eventi
                    alme belle ed innocenti
                    Deh venite a giubilar.

Arie Charmi (statt VV. 613-622):
                    Scorda il valore usato
                    il pavido guerriero
                    più non minaccia altiero
                    la stragge ed il furor.
                    Non restano nemici
                    per trionfare in campo
                    toglie il timor lo scampo
                    ai più feroci ancor.

Finale (vor VV. 634):
Charmi: Quanti soavi affetti
                    prova nel seno il cor.
Judit: Accenda i nostri petti
                    puro celeste ardor.
Usija: Col vostro il mio contento
                    ah si confonde ancor.
Achior: Si fortunato evento
                    resti palese ognor.
Charmi und Judit: Scender più bella al core
                    già sento la pietà.
                    Ah che non v' è maggiore per noi felicità.

Bibelstellenverzeichnis

VULGATA:

Gen
3,15	70, 112
18,15	92
22	199f.
34	41
42,15f.	79

Ex
3,14	199, 203, 211
11,7	79
14	41, 48
14,21f.	199f.
15,3	300, 302f.
15,23-25	199f.
15,26	199f.
17,6	199f.
20,1-5	199, 201, 211

Num
11	199
16	199
21	199
25	86
31	86

Dtn
4,29	199, 202, 212
6,13	199, 202, 211
8,2.5	199f.
10,20	199, 202, 211

4 Kön
18,18	91

2 Esra
12,10	91

Jdt
1	25, 194
1,4	130
1,7	257
1,11	257
2	25, 194
2,1	128
2,1-3	257
2,3	80, 88
2,4	75, 128
2,4-6	257
2,5	95, 257
2,5f.	33
2,12-18	193f.
2,17f.	257
3	26, 194
3,1	257
3,2f.	257
3,2-6	35
3,11	48, 257
3,13	80, 88, 210, 257
4	26, 194
4,1-2.13	193
4,1-3	257
4,2	82, 260
4,3.8	129
4,6-8	176
4,7	74
4,8	128f., 257
4,8f.	257
4,8.10.15-17	47
4,12	74
4,12-14	34, 47
4,13	192, 196, 208
4,13f.	48, 257
5	26f., 64, 193f., 236, 293
5-6,6	176
5-14	178
5,1-4	195
5,1-5.7-9	193
5,3-7	257
5,3-17	257
5,4	82, 95
5,5	179, 195
5,5-25	35, 208
5,9-15.20	48
5,9-17	257
5,12-17.22-24	193
5,12.15	179
5,12f.	48
5,15	129
5,19	129
5,20	257
5,22	82

5,22f.	98	8,1-8	216
5,23	95	8,1-2.4-10	193
5,24f.	257	8,2	215
5,25	128	8,5f.	67
5,27	64, 257	8,6	91, 130 215f.
5,27f.	80	8,6-8	216
5,27-29	36	8,8	84
6	27, 64, 194	8,9	78
6,1-3.6.9-10	193, 195	8,9-10	216
6,1-9	193	8,9-10.12.13	196
6,2f.	257	8,10-12	192, 257f.
6,2-6	36	8,10-13	132
6,7	257	8,10-15	85
6,8-20	176	8,10-27	38-40, 262
6,9	195, 215, 257	8,12f.	193
6,10	195, 257	8,13	204
6,10-21	193	8,13f.	176
6,12f.	257	8,13-14.17	47
6,14-16.21	47	8,14	47
6,15	37, 47, 128, 257-259	8,14f.	257f.
6,16-17	193	8,15	147
6,17f.	38, 257f.	8,16f.	47
6,19	128f., 193, 257	8,18	95
6,21	128	8,18f.	208
7	27f., 189, 193f.	8,18-25	193, 196
7,1	129, 172	8,20	47
7,1-11	194	8,20f.	257f.
7,1-17	193	8,22f.	179
7,4	260	8,21-27	182
7,4.18-21	47	8,22-25.27	197f.
7,5	129	8,23	129
7,7-11	194	8,27	179, 196, 257f.
7,10	257	8,27-33	193
7,11	257	8,28f.	40
7,13	176, 197, 208, 257f.	8,28-34	257f.
7,14.17	196	8,29	216
7,16	197	8,29-34	176
7,16f.	257f.	8,30-33	40f., 196
7,19	147, 259	8,31	96, 137, 207, 243
7,19f.	257	8,31-33	47
7,19-21	37f.	8,34	216
7,20	47, 260	9	29, 47, 172, 180, 194, 198, 207, 219, 302
7,20f.	193f., 197, 257		
7,21	260	9,2	96, 128
7,23	128, 172	9,2f.	85, 92
7,23-25	176, 197, 193, 257f.	9,2-4	257f.
8	28, 172, 193f.	9,2-19	41f., 178
8,1	215	9,4.6	129

9,4-5.15-16	176	12,2-6	257f.
9,6	48f., 257f.	12,4	96
9,6-8	48	12,6	176
9,10	299-302	12,7f.	47
9,12	178f., 208	12,10	80, 193, 196, 257f.
9,12-19	257f.	12,11	75, 80, 193, 196
9,13	71, 78, 86, 96, 129, 262	12,12	88, 258, 260
9,14	218	12,12-14	196
9,16	47, 148, 178	12,12-20	180
9,17	47	12,13	80, 96
9,18	218	12,13f.	198, 257f.
10	29, 71, 73, 180, 194	12,16	196
10,2-4.6-8	193	12,17f.	257f.
10,3	69, 78, 92	12,17-20	176
10,3.5	257f.	12,20	117, 193, 196
10,4	47f., 86, 207, 219	13	30f., 92, 172, 194
10,5	128	13,1	128, 193
10,7	207	13,1-12	176
10,8f.	257f.	13,3-4.6-12	193
10,10	47	13,4-6	257f.
10,10-11	193	13,5	44
10,11	195	13,6f.	44
10,11-13	257f.	13,7	44, 77, 178, 196, 257f.
10,12f.	96, 196, 198	13,7.9	47
10,13	87	13,7-10	197
10,14	73	13,9	128
10,15f.	257f.	13,9f.	130
10,16	193, 195, 258	13,10	75, 129
11	29f., 72, 172, 194, 262	13,11f.	257f.
11-13	193	13,13	257f.
11,1-9	257f.	13,13-19.31	176
11,3	193, 195	13,15	193, 257f.
11,4-15	79	13,17f.	193
11,4-17	43f.	13,17-20	257f.
11,4-21	176, 193, 195, 198	13,17-21	44f., 47
11,6	72	13,18.21	47
11,10-17	257f.	13,20	66, 69, 167, 207
11,12	92	13,22	38, 47
11,14	87	13,22f.	193
11,14f.	72	13,22-24	257f.
11,16	72, 79	13,22-25	105
11,18	257f.	13,23	70, 198, 218
11,19-21	257f.	13,25	193, 196
11,21	89	13,27	48
12	30	13,27f.	257f.
12,1	176	13,28	48
12,1-9	193	13,28f.	193
12,2-4.7-9	180	13,31	257f.

14	31, 194	**Ijob**	
14-16	193	1,21	132
14,1f.	257f.	10,22	140
14,2.6	176		
14,2.6-8	193	**Ps**	
14,4f.	257f.	18,1	199, 202
14,7f.	195	18,2	202, 212
14,8-15,2	180	105,1	45
14,9f.	258	106,1	45
14,10	48	138,6-8	199, 202, 212
14,12	257f.		
14,12-13	260	**Spr**	
14,13f.	257f.	24,10	199, 201
14,14	193, 195, 261		
14,16	257f., 261	**Hld**	
14,17f.	261	6,9	199, 203, 206, 215
14,18	193, 195, 257f.		
15	32, 194	**Sir**	
15,1	193, 195, 301	7,19	97
15,1-4	257f.	10,15	199f., 203
15,3-14	193f.	24	105
15,3-16,31	180	42,14	73
15,10	105, 198		
15,10f.	34f.	**Jes**	
15,10-12	257f.	22,20	83
15,11	48, 66f., 92, 129, 169, 262	22,20-25	94f.
		34,14	140
15,14f.	257f.	37,16.20	199. 202, 211
16	32f., 194f., 262	66,24	97
16,1	257f.		
16,2-21	47	**Jer**	
16,3	93, 169, 210, 299-302	25,9	86
16,5f.	193, 197		
16,8	93, 193, 196f.	**Mt**	
16,9	79	4,1	144
16,9-11	197f.	5,22	147
16,11	96	8,18	205
16,12	193, 196	8,20	147
16,21	93, 97, 140	8,25	145
16,22-31	193	8,27	142
16,23	128	25,41	97
16,24	128	26,39	139
16,26	48, 129, 141	27,4f.	138
		27,5	140
2 Makk		27,46	133
7,37	199, 201, 211		
		Mk	
		9,43	97

Lk		4	26
1,42	193	4,2	98
14,11	145	4,3	45, 98
16,2	144	4,11.13	45
18,11	146	5	26f.
18,13	148	5,2-4	46
22,25	72	5,5-21	35
23,25	137	5,18	45
23,40	132	5,18f.	98
		5,19	98
Joh		5,23f.	36
19,16	133	6	27
		6,2-8	36f.
Röm		6,3	48
1,20	199, 202, 212	7	27f.
		7,13-15	36
1 Kor		8	28
7,8	69	8,11-27	38-40
7,9-11	69	8,16f.	46
8,4-6	199f., 211	8,24	45
9,24	67	8,27	46
		8,28-31	40
1 Tim		8,29	46
5,3-16	84	8,32-34	41
5,9	84	9	29
		9,1	45
2 Tim		9,2-14	41f.
1,7	199, 201	9,7	299f.
		9,14	46
1 Petr		10	29
5,5	148	11	29f.
		11,4	46
1 Joh		11,5	179
4,18	199, 201f.	11,5-19	43f.
		11,14	45
LXX:		12	30
Ex		12,13	46
15,3	302f.	12,20	117
15,7	303	13	30f.
		13,3	44
Jdt		13,4f.	44
1	25	13,14-16	44f.
1,11	45	13,17	38
2	25	14	31
2,5	46	15	32
2,5-13	33f.	15,9f.	34
3	26	16	32f.
3,2-4	35	16,2	299f., 303

350

Ps
45,10 300

Offb
11,19 105
12,1-6.10 105

Namensverzeichnis

Abaelard, Peter 213
Abraham a Sancta Clara 18, 103, 108, 109, 110, 111, 112, 113, 116, 117, 118, 119, 120, 121, 122, 123, 124, 125, 126, 131, 142, 149, 150, 292, 293, 297, 303
Alexander der Große 98
Alexander VIII. 158
Alkuin 22
Allori, Cristofano 265, 266
Ambrosius 67, 69, 70, 71, 74, 90, 107, 203, 205
Anfossi, Pasquale 227
Anselm von Canterbury 213
Antiochus Epiphanes 98
Antonius von Padua, hl. 151
Apollonia, hl. 141
Aristoteles 213
Asarhaddon 83, 94
Athanasius 90
Augustinus, Aurelius 67, 69, 74, 75, 81, 85, 97, 115, 134, 203, 204, 205, 206, 208, 211, 212, 214, 215, 230
Avancini, Florianus 235
Avancini, Nicolaus 17, 19, 20, 164, 169, 233, 235, 236, 241, 242, 243, 250, 251, 252, 263, 264, 295, 296, 302, 303
Badia, Carlo Agostino 170, 229, 294, 295, 302, 324
Badile, Antonio 267
Bal, Mieke 14, 299
Bartolomeo della Nave 270
Basilius der Große 97
Beethoven, Ludwig von 223
Bellarmin, Robert 81, 94
Benti Bulgarelli, Marianna 184
Bernasconi, Andrea 220
Bernhard, hl. 204, 205, 206, 212, 213
Bibiena, Antonio 281
Billy, Bertrand de 227
Blomaert, Frederik 265
Bossuet, Jacques Bénigne 130
Bradley, David Cameron 222
Brenner, Athalia 299
Caldara, Antonio 185
Calino, Cesare 94, 95, 96

Calmet, Dom Augustin 18, 20, 61, 80, 81, 82, 83, 84, 85, 86, 87, 88, 89, 90, 91, 94, 100, 195, 291, 297, 301
Calvin, Johannes 97
Canale, Comte de 213
Canisius, Petrus 59, 70, 89
Caraffa, Vincenzo 76
Caravaggio, Michelangelo da 265, 266, 267, 269, 274, 276, 277
Carracci, Agostino 265
Carracci, Annibale 265
Christina von Schweden 158
Chrysostomus, hl. 204, 205
Clara von Assisi 113, 114, 148
Clemens VIII. 22
Cranach, Lucas 266
Craven, Toni 14, 299, 305
Cyrus II. von Persien 98
d' Aviano, Marco 53, 108
Damasius I 21
Dante Alighieri 107
Darius Hystaspis 65
Deioces 83
Descartes, René 56, 213, 215, 230
Donatello (Donato di Niccolò di Betto Bardo) 266
Draghi, Antonio 152, 154, 172, 229, 293, 294, 295, 301, 319
Dubowy, Norbert 158
Duguet-d´Asfeld 215
Efthimiadis-Keith, Helen 299
Elder, Bennett 187, 216, 217, 294
Eleonora, Kaiserin 59, 118, 151, 152
Elsheimer, Adam 269, 278
Erzherzog Albert 276
Erzherzog Leopold Wilhelm 265, 266, 267, 270, 272, 274
Eusebius von Caesarea 94
Eybl, Franz M. 103, 108, 109, 110, 123, 125
Fattiboni, Francesco 198, 217
Felbiger, Johann Ignaz von 59
Ferdinand I. 233
Ferdinand II. 51, 53, 233, 265
Ferdinand III. 51, 233
Ferdinand von Spanien 112

Fischer v. Erlach, Joseph Emanuel 58
Fischer von Erlach, J. B. 58
Fischer von Erlach, Johann Bernhard 58
Fourment, Helene 276
Franz I. 52
Franz Stephan von Lothringen 52, 138
Fulgentius von Ruspe 67, 83
Fürst, Alfons 21
Fux, Johann Josef 175, 223
Galilei, Galileo 56
Galle, Cornelis 276
Gamberoni, Johann 62
Garas, Klara 283, 284
Gassmann, Florian Leopold 222, 223, 225, 226
Gentileschi, Artemisia 265, 266, 277
Gentileschi, Orazio 265
Georgen, Helga Theresa 268
Giordano, Luca 279
Gluck, Christoph Willibald 57, 222, 234
Gottsched, Johann Christoph 234
Gran, Daniel 279, 285
Gravina, Vincenzo 184, 213
Gretsch, Adrian 18, 104, 142, 143, 144, 145, 146, 147, 148, 150, 292
Groß, Heinrich 36, 42, 44, 46
Hafner, Philipp 234
Hamilton, Marquis von 270, 272
Händel, Georg Friedrich 158
Hanhart, Robert 23
Harnoncourt, Nikolaus 57, 227, 228
Harrach, Alois Thomas Raimund 279
Hasdrubal 68
Haydn, Joseph 220, 223
Haydn, Michael 220
Hellmann, Monika 14
Henten, Jan Willem van 299
Herodot 33, 62, 94
Herzog, Urs 103, 131
Hieronymus 21, 22, 23, 24, 29, 41, 47, 67, 68, 84, 90, 91, 99, 204, 205, 208
Hildebrandt, Johann Lukas von 58
Holzbauer, Ignaz 221, 224
Holzhauser, Therese 220
Ignatius von Loyola 53
Innozenz XI. 53
Isabella von Spanisch-Niederlande 276
Jacobus, Mary 299

Jahn, Johann 17, 18, 97, 98, 99, 100, 101, 291, 301
Jauß, Hans Robert 13
Jommelli, Niccolò 185, 227
Joseph I. 51, 166
Joseph II. 51, 52, 53, 54, 55, 56, 59, 164, 290
Josephus, Flavius 90
Jusupow, Fürst 283
Karl Emanuel III. von Savoyen 187
Karl II. 175
Karl III. = Karl VI. 175
Karl Sobieski 51
Karl VI. 51, 57, 58, 138, 151, 166, 170, 175, 185, 187, 231, 294
Karl von Lothringen 51
Kaulen, Franz 23
Kaunitz-Rietberg, Graf von 56
Khlesl, Melchior (Kardinal) 53
Kokoschka, Oskar 283
Kopernikus, Nikolaus 56
Kremser Schmidt = Schmidt, Martin Johann 58, 267, 285, 286, 287, 296
Lapide, Cornelius a 17, 20, 61, 62, 63, 64, 65, 66, 67, 68, 69, 70, 71, 72, 73, 74, 75, 76, 78, 79, 89, 90, 91, 100, 109, 169, 243, 290, 297, 300
Leo, Leonardo 185
Leopold I. 51, 53, 57, 108, 111, 118, 126, 151, 152, 164, 166
Leopold II. 52
Lisi, Anna Maria 170
Liss, Johann 265, 269, 284
Lucretia 68
Ludwig XIII. 274
Ludwig XIV. 279
Luther, Martin 55, 61, 90, 110, 116
Luz, Ulrich 13
Maddali, Bernardino 175, 177, 178, 179, 180, 183, 229, 294, 302, 329
Maria Magdalena Klugin von Grienenberg 164
Maria Theresia 51, 52, 54, 56, 57, 58, 59, 138, 152, 185, 187, 220, 222, 231, 234, 253, 255, 262, 282, 294, 295
Matthias (Kaiser) 51, 53, 233
Matthias, hl. 116
Maulbertsch, Anton 296

Maulbertsch, Franz Anton 17, 58, 266, 267, 279, 281, 282, 283, 284, 287
Maximilian von Österreich 112
Megerle, Abraham 108
Mellan, Claude 274
Menochio, Giovanni Stefano 17, 20, 62, 76, 77, 78, 79, 80, 81, 101, 243, 291, 300
Merideth, Betsy 299
Mertin, Andreas 304
Metastasio, Pietro 19, 57, 151, 178, 184, 185, 186, 187, 188, 189, 191, 192, 193, 195, 196, 197, 198, 200, 203, 205, 206, 209, 210, 211, 212, 213, 215, 217, 218, 219, 220, 222, 224, 225, 227, 228, 230, 231, 293, 294, 295, 302, 304, 342
Milne, Pamela J. 14, 299
Monaco, Pietro 284
Monika, hl. 115
Montfaucon, Bernard de 61, 62, 81
Moore, Albert C. 14
Moreelse, Paulus 278
Mozart, Wolfgang Amadeus 57, 185, 223, 224, 227, 228, 234
Müller, Ignaz 56
Napoleon da Bonaparte 52
Neri, Filippo 151
Nestroy, Johann Nepomuk 58, 235
Nikolaus, hl. 137
Noort, Adam van 276
Novelli, Anna Maria 170
Origenes 81
Ottoboni, Antonio 158
Ottoboni, Pietro 158, 160, 161, 170, 177, 184, 229, 294
Ottoboni, Pietro Vito 158
Padovanino = Varotari, Alessandro 266, 271, 272, 273, 286, 296
Pagninus, Santes 65
Palko, Franz (Xaver) Karl 266, 267, 279, 281, 296
Pamphilj, Benedetto 158
Pascal, Blaise de 214
Passionei, Domenico 188
Philipp V. 166
Phraortes 83
Piccini, Niccolò 185
Piccolomini, Francisco 76
Piticchio, Francesco 224, 225, 342

Pius V. 55
Platon 214
Plautus, Titus Maccius 233
Ponchino, Giovan Battista 271
Poppen, Christoph 228
Porsile, Giuseppe 175, 183, 185, 229, 293, 294, 295, 302, 329
Predieri, Giovanni Battista 185
Prehauser, Gottfried 234
Preti, Mattia 279
Prinz Eugen 51, 58, 187, 188, 279
Prudentius, Clemens Aurelius 18, 105, 107, 292
Ptolemäus 83
Rabanus Maurus 107
Racine, Jean 186
Raimund, Ferdinand 58
Rakel, Claudia 292, 300
Rauchmüller, Matthias 278
Rautenstrauch, Stephan 59
Rembrandt 270, 285
Reutter, Georg d. Ä. 220
Reutter, Georg d. J. 185, 187, 220
Ricoeur, Paul 13
Rolli, Paolo Antonio 187
Rubens, Peter Paul 19, 265, 267, 276, 277, 278, 286, 296, 355
Rudolf II. 51, 53
Rue, Karl de la 130
Salieri, Antonio 222, 223, 225, 226, 227, 228
Sanherib 94, 123, 133
Saosduchin 83, 94
Saraceni, Carlo 266, 269, 271, 272, 286, 296
Scarlatti, Alessandro 158, 159, 161, 170, 177, 229, 294, 295, 301
Scheid, Nicolaus 241, 242
Scherlich, Leopold 142, 143, 144, 145, 146, 147
Schlossar, Anton 253, 254
Schmidt, Johannes 285
Schmidt, Martin Johann (Kremser Schmidt) 285
Schmitz, Barbara 303
Schmutzer, Jakob 282
Schuppen, Jakob van 282, 285
Serarius, Nicolaus 61, 77, 78, 81, 94

Sigrist, Franz d. Ä. 296
Simon, Richard 62, 76, 81
Solimena, Angelo 279
Solimena, Francesco 267, 279, 286, 287
Spanner, Andreas 18, 127, 131
Stampiglia, Nunzio 170, 172, 174, 229, 294, 302, 324
Starmayr, Johann Gottlieb 285
Stix, Alfred 278
Stocker, Margarita 14, 299
Stranitzky, Josef Anton 57, 234
Swieten, Gerhard van 56, 59
Terenz (Publius Terentius Afer) 233
Tertullian (Quintus Septimius Florens Tertullianus) 81, 90
Theodoret von Cyrus 75
Thielmann, Philipp 23, 29, 33, 41
Thomas von Aquin 55, 116, 117, 211, 213, 215, 225, 230
Tintoretto, Jacopo 267
Tirinus, Jacobus 62, 69, 70
Titus Vespasian 119
Tizian 267, 272, 273
Trattner, Johann Th. Edler von 142, 146, 147
Treitschke, Friedrich 226
Troger, Paul 58, 266, 279, 282, 285
Übelbacher, Hieronymus 285
Uppenkamp, Bettina 266, 268, 271, 272, 275, 277
Urban VIII. 274
Varotari, Alessandro (Padovanino) 266, 271

Varotari, Dario 271
Veen, Otto van 276
Veit, hl. 116
Verhaecht, Tobias 276
Veronese, Paolo 266, 267, 269, 270, 274, 286, 296
Vivaldi, Antonio 158
Voltaire, Arouet de 83
Vouet, Simon 266, 273, 274, 275, 286, 296
Weitenauer, Ignaz von 18, 91, 93, 94, 95, 96, 97, 101, 291, 301
Wenzeslaus, hl. 117, 118
White, Sidnie A. 299
Widenhofer, Franz Xaver 18, 89, 90, 91, 92, 93, 101, 291, 301
Wilson, Brittany E. 292
Wolff, Otto 23
Wowerius, Jan 276
Wurz, Ignaz 18, 104, 127, 130, 131, 132, 133, 134, 135, 136, 137, 138, 139, 140, 141, 142, 146, 149, 150, 292
Xerxes I. von Persien 64, 65, 90, 91
Ximenes de Principi d' Aragona, Don Giuseppe 223
Zacher, Johann Michael 164, 229, 294, 295, 301
Zenger, Erich 300
Zeno, Apostolo 57, 151, 185, 186, 187, 188
Zillich, Nicolaus 89
Zwingli, Ulrich 110

Abbildungsverzeichnis

Abbildung 1: Paolo Veronese: "Judith mit dem Haupt des Holofernes" 357
Abbildung 2: Carlo Saraceni: "Judith mit dem Haupt des Holofernes" 357
Abbildung 3: Alessandro Varotari, genannt Il Padovanino: „Judith mit dem Haupt des Holofernes" 358
Abbildung 4: Simon Vouet: „Judith mit dem Haupt des Holofernes" 358
Abbildung 5: Peter Paul Rubens: „Judith" 359
Abbildung 6: Paulus Moreelse: „Judith mit dem Haupte des Holofernes" 359
Abbildung 7: Francesco Solimena: „Judith zeigt dem Volk das Haupt des Holofernes" 360
Abbildung 8: Franz (Xaver) Karl Palko: „Judith mit dem Haupt des Holofernes" 360
Abbildung 9: Franz Anton Maulbertsch: „Judith mit dem Haupte des Holofernes" 361
Abbildung 10: Martin Johann Schmidt, genannt Kremser-Schmidt: „Judith zeigt dem Volke das Haupt des Holofernes" 361

Abb. 1-4 und 7: Mit freundlicher Genehmigung des Kunsthistorischen Museums, Wien.
Abb. 5: aus: Rooses, M., *L' oeuvre de P. P. Rubens: Histoire et description de ses tableaux et dessins I*; Anvers: Maes, 1886-1892) 154-157, Pl. 37.
Abb. 6: aus: *Beschreibender Katalog der Handzeichnungen in der Graphischen Sammlung Albertina Bd. II* (hg. v. A. Stix, bearb. v. O. Benesch; Wien: Verlag Anton Schroll & co., 1928) Tafel 115, Nr. 461.
Abb. 8: Dia-Archiv der Universität Wien, Institut für Kunstgeschichte.
Abb. 9: aus: Garas, K., *Franz Anton Maulbertsch. 1724-1796* (Aus dem Ungarischen übertragen von K. Garas u. T. Alpari; Wien: Amalthea, 1960) Abbildungsverzeichnis: VIII, Bild 13.
Abb. 10: Mit freundlicher Genehmigung der Österreichischen Galerie Belvedere.

Abbildung 1: Paolo Veronese:
„Judith mit dem Haupt des Holofernes"

Abbildung 2: Carlo Saraceni:
„Judith mit dem Haupt des Holofernes"

Abbildung 3: Alessandro Varotari,
genannt Il Padovanino:
„Judith mit dem Haupt des Holofernes"

Abbildung 4: Simon Vouet:
„Judith mit dem Haupt des Holofernes"

**Abbildung 5: Peter Paul Rubens:
„Judith"**

**Abbildung 6: Paulus Moreelse:
„Judith mit dem Haupte des Holofernes"**

Abbildung 7: Francesco Solimena:
„Judith zeigt dem Volk das Haupt des Holofernes"

Abbildung 8: Franz (Xaver) Karl Palko:
„Judith mit dem Haupt des Holofernes"

Abbildung 9: Franz Anton Maulbertsch:
„Judith mit dem Haupte des Holofernes"

**Abbildung 10: Martin Johann Schmidt,
genannt Kremser-Schmidt:**
„Judith zeigt dem Volke das Haupt des Holofernes"

ÖSTERREICHISCHE BIBLISCHE STUDIEN

Herausgegeben von Georg Braulik

Band 1 bis 13 sind erschienen im Verlag Österreichisches Katholisches Bibelwerk. Bestelladresse: Stiftsplatz 8, A-3400 Klosterneuburg, Postfach 48, Tel.: 0043/2243/2938, FAX: 0043/2243/293839.

Band 1 Wilhelm Egger: Nachfolge als Weg zum Leben. Chancen neuerer exegetischer Methoden, dargelegt an Mk 10,17-31. (vergriffen)

Band 2 Herbert Migsch: Gottes Wort über das Ende Jerusalems. Eine literar-, stil- und gattungskritische Untersuchung des Berichtes Jeremia 34,1-7; 32,2-5; 37,3-38,28.

Band 3 Walter Kirchschläger: Jesu exorzistisches Wirken aus der Sicht des Lukas. Ein Beitrag zur lukanischen Redaktion.

Band 4 Roland Schwarz: Bürgerliches Christentum im Neuen Testament? Eine Studie zu Ethik, Amt und Recht in den Pastoralbriefen.

Band 5 Roman Kühschelm: Jüngerverfolgung und Geschick Jesu. Eine exegetisch-bibeltheologische Untersuchung der synoptischen Verfolgungsankündigung Mk 13,9-13 par und Mk 23,29-36 par.

Band 6 Ryszard Rubienkiewicz: Die Eschatologie von Henoch 9-11 und das Neue Testament (aus dem Polnischen übersetzt von Herbert Ulrich).

Band 7 Birgit Langer: Gott als "Licht" in Israel und Mesopotamien. Eine Studie zu Jes 60,1-3,19f.

Band 8 Gerhard Langer: Von Gott erwählt – Jerusalem. Die Rezeption von Dtn 12 im frühen Judentum.

Band 9 Ursula Struppe: Die Herrlichkeit Jahwes in der Priesterschrift. Eine semantische Studie zu $k^e b\hat{o}d$ YHWH.

Band 10 Ingeborg Gabriel: Friede über Israel. Eine Untersuchung zur Friedenstheologie in Chronik I 10 - II 36.

Band 11 Gottfried Glaßner: Vision eines auf Verheißung gegründeten Jerusalem. Textanalytische Studien zu Jesaja 54.

Band 12 Martin Stowasser: Johannes der Täufer im Vierten Evangelium. Eine Untersuchung zu seiner Bedeutung für die johanneische Gemeinde.

Band 13 Michael Weigl: Zefanja und das "Israel der Armen". Eine Untersuchung zur Theologie des Buches Zefanja. 1994.

Seit 1996 erscheint die Schriftenreihe bei der Peter Lang GmbH, Internationaler Verlag der Wissenschaften in Frankfurt am Main.

Band 14 Alfred Friedl: Das eschatologische Gericht in Bildern aus dem Alltag. Eine exegetische Untersuchung von Mt 24,40f und Lk 17,34f. 1996.

Band 15 Herbert Migsch: Jeremias Ackerkauf. Eine Untersuchung von Jeremia 32. 1996.

Band 16 Gianni Barbiero: Das erste Psalmenbuch als Einheit. Eine synchrone Analyse von Psalm 1-41. 1999.

Band 17 Reginaldo Gomes de Araújo: Theologie der Wüste im Deuteronomium. 1999.

Band 18 Jean-Marie Carrière: Théorie du politique dans le Deutéronome. Analyse des unités, des structures et des concepts de Dt 16,18-18,22. 2001.

Band 19 Agnethe Siquans: Der Deuteronomiumkommentar des Theodoret von Kyros. 2002.

Band 20 Markus Tiwald: Wanderradikalismus. Jesu erste Jünger – ein Anfang und was davon bleibt. 2002.

Band 21 Michael P. Maier: Ägypten – Israels Herkunft und Geschick. Studie über einen theo-politischen Zentralbegriff im hebräischen Jeremiabuch. 2002.

Band 22 Georg Braulik / Norbert Lohfink: Osternacht und Altes Testament. Studien und Vorschläge. Mit einer Exsultetvertonung von Erwin Bücken. 2., durchgesehene Auflage. 2003.

Band 23 Georg Braulik (Hrsg.): Das Deuteronomium. 2003.

Band 24 Miroslav Kocúr: National and Religious Identity. A Study in Galatians 3,23–29 and Romans 10,12-21. 2003.

Band 25 Rudolf Kutschera: *Das Heil kommt von den Juden* (Joh 4,22). Untersuchungen zur Heilsbedeutung Israels. 2003.

Band 26 Jerzy Seremak: Psalm 24 als Text zwischen den Texten. 2004.

Band 27 Hans Ulrich Steymans: Psalm 89 und der Davidbund. Eine strukturale und redaktionsgeschichtliche Untersuchung. 2005.

Band 28 Georg Braulik / Norbert Lohfink: Liturgie und Bibel. Gesammelte Aufsätze. 2005.

Band 29 Johannes Marböck: Weisheit und Frömmigkeit. Studien zur alttestamentlichen Literatur der Spätzeit. 2006.

Band 30 Ulrich Fistill: Israel und das Ostjordanland. Untersuchungen zur Komposition von Num 21, 21–36,13 im Hinblick auf die Entstehung des Buches Numeri. 2007.

Band 31 Theodor Seidl / Stephanie Ernst (Hrsg.): Das Buch Ijob. Gesamtdeutungen – Einzeltexte – Zentrale Themen. 2007.

Band 32 Blažej Štrba: *Take off your sandals from your feet!* An Exegetical Study of Josh 5,13–15. 2008.

Band 33 Georg Braulik / Norbert Lohfink: Osternacht und Altes Testament – Ergänzungsband. Vertonung des Vigilvorschlags durch Godehard Joppich. 2008.

Band 34 Dieter Böhler: Jiftach und die Tora. Eine intertextuelle Auslegung von Ri 10,6–12,7. 2008.

Band 35 Elisabeth Birnbaum: Das Juditbuch im Wien des 17. und 18. Jahrhunderts. Exegese – Predigt – Musik – Theater – Bildende Kunst. 2009.

www.peterlang.de